I0842474

prometeo
libros

Consejo Latinoamericano de Ciencias Sociales **CLACSO** **Conselho Latino-americano de Ciências Sociais**

Editor Responsable
Emir Sader - Secretario Ejecutivo de CLACSO

Coordinador Académico
Pablo Gentili - Secretario Ejecutivo Adjunto de CLACSO

Colección Grupos de Trabajo
Director de la Colección
Marcelo Langieri - Coordinador del Programa de Grupos de Trabajo

Asistentes del Programa
Rodolfo Gómez, Pablo Vommaro y María Chaves

Área de Producción Editorial y Contenidos Web

Responsable Editorial Lucas Sablich
Director de Arte Marcelo Giardino

Consejo Latinoamericano de Ciencias Sociales
Conselho Latino-americano de Ciências Sociais
Av. Callao 875 | piso 5º | C1023AAB Ciudad de Buenos Aires | Argentina
Tel [54 11] 4811 6588 | Fax [54 11] 4812 8459 |
e-mail clacso@clacso.edu.ar | web www.clacso.org

CLACSO cuenta con el apoyo de la Agencia Sueca de Desarrollo
Internacional (ASDI)

Isidoro Cheresky
(compilador)

Ciudadanía y legitimidad democrática en América Latina

prometeo libros   CLACSO

©De esta edición, Prometeo Libros, 2011
Pringles 521 (C11183AEJ), Ciudad Autónoma
de Buenos Aires, Argentina
Tel.: (54-11) 4862-6794 / Fax: (54-11) 4864-3297
info@prometeolibros.com
www.prometeoeditorial.com

Cuidado del texto, diseño, diagramación y edición técnica:
Taller de Edición/Espinosa
tallerdeedicion@speedy.com.ar
blancoynegro@interbourg.com.ar
(54 11) 15 3557 1492

ÍNDICE

Prólogo

El Grupo de Trabajo CLACSO "Ciudadanía, organizaciones populares y representación" llevó a cabo su primera reunión con el auspicio del Colegio de México en la capital azteca entre el 3 de mayo y el 3 de junio de 2010. En asociación con el grupo de investigación "Las nuevas formas políticas" de la Universidad de Buenos Aires (Instituto de Investigaciones Gino Germani), se realizó un segundo encuentro en la capital argentina a fines de octubre del mismo año, con la invitación a participar del mismo a investigadores locales. Este libro es el resultado de presentaciones inicialmente preparadas para esos encuentros que contaron con los auspicios mencionados y con el apoyo del Instituto Federal Electoral de México, el Consejo Nacional de Investigaciones Científicas y Técnicas (CONICET) y la Agencia Nacional de Promoción Científica y Tecnológica (ANPCyT) de Argentina, la Facultad Latinoamericana de Ciencias Sociales (FLACSO), el Servicio de Cooperación y Acción Cultural de la embajada de Francia en Argentina, las agregadurías culturales de las embajadas de Estados Unidos en Buenos Aires y de Argentina en México, y las delegaciones para el Cono Sur y los Andes de la Cooperación Regional Francesa: la realización de esas reuniones y esta publicación no habrían sido posibles sin su sostén.

La revisión técnica de los artículos estuvo a cargo de la Lic. Gabriela Mattina con la colaboración de la Lic. Andrea Pereyra Barreyro.

Introducción

Isidoro Cheresky[1]

A lo largo de las tres décadas transcurridas desde el inicio de las transiciones posautoritarias hemos asistido a una mutación en las democracias de la región. Es decir que la democracia electoral se ha instalado firmemente en cada uno de los países, pero el tipo de régimen político no corresponde en términos generales al modelo que inicialmente se consideraba como punto de llegada. No se trata solo y quizás no principalmente de los déficits institucionales en el sistema representativo y en el alcance limitado del Estado de derecho en la región. Las propias democracias "maduras" que se tomaban como referencia parecen experimentar una mutación y en América Latina ésta se hace sentir con intensidad.

La legitimidad surgida de las urnas es indiscutible y en ese sentido se ha afirmado la voluntad popular o ciudadana como sustento del poder: ello se ha producido en detrimento de los poderes corporativos (sin dudas del militar, el cual fue el principal factor de inestabilidad política y promoción de la instalación de dictaduras, pero también del corporativismo empresario y sindical) que en el pasado solían sustituir a la expresión electoral y aun condicionar a los gobiernos que surgieran de ella.

La democracia electoral tiene un sentido amplio que excede la elección de gobernantes y representantes y se extiende a la vida aso-

[1] Facultad de Ciencias Sociales, Universidad de Buenos Aires (UBA). Consejo Nacional de Investigaciones Científicas y Técnicas (CONICET). Argentina.

ciativa, debilitando vínculos de poder burocráticos o autoritarios en toda la extensión del tejido social.

Pero si nunca la ciudadanía estuvo confinada a su esporádico rol de electorado, ahora se puede constatar un verdadero desplazamiento en la vida política y pública. Una ciudadanía informada y vigilante alcanza una presencia continua en la vida pública, pues el haber votado por unos o por otros no la lleva a depositar una confianza definitiva en quienes gobiernan sino que, por el contrario, la mantiene en estado de alerta. En algunos casos se trata de ciudadanos organizados que se manifiestan masiva y regularmente en las calles de las grandes ciudades, pero lo más habitual es que sus opiniones sean expresadas en las encuestas de opinión o por un malestar de múltiples y variadas manifestaciones. Estas últimas incluyen el pronunciamiento de otras instancias formales e informales de representación no electoral —es decir, instituciones o líderes que tienen reconocimiento ciudadano— o bien expresiones movilizadas y fugaces de veto, ya sean fragmentadas o masivas. Los partidos —debilitados en casi todos los países— conservan una existencia de importancia variable, pero generalmente ya no son los canales de la expresión ciudadana espontánea ni los que fijan la agenda pública.

De modo que a la vez que la representación democrática —es decir, el gobierno sustentado en el voto ciudadano— se ha extendido y devenido más auténtica, los recursos de la representación tradicional se han debilitado y ésta también se encuentra desafiada por otras formas representativas o de autorrepresentación ciudadana.

Naturalmente esta renovación de las prácticas políticas está sostenida no en humores pasajeros, sino en un cambio en las creencias ciudadanas y en la relación de éstas con las instituciones.

El descrédito de los partidos y las asambleas representativas (congresos) es un rasgo duradero que puede ser interpretado como una ambivalencia propia de los cambios sociales y tecnológicos contemporáneos: los representantes son necesarios para gobernar y legislar pero constituyen una elite o aristocracia que goza de privilegios y aspira a reproducirse en el poder. En consecuencia se vota, para los cargos ejecutivos sobre todo, a líderes que gozan de popularidad y por ello pueden gobernar a veces de un modo decisionista –ignorando la división de poderes y las restricciones normativas–, pero que son vulnerables pues su crédito público debe ser renovado permanentemente. En estas circunstancias cada decisión de gobierno significativa debe ser legitimada en sí misma y con cierta frecuencia debe ser resignada ante el veto popular o ciudadano.

La invocación de la ciudadanía, que es ahora más frecuente que la tradicional alusión al pueblo, requiere ciertas especificaciones. La expansión multifacética de la ciudadanía –como electorado fluctuante en sus preferencias, como opinión pública vigilante de los actos de gobierno y que puede movilizarse ocasionalmente en el veto o como minorías que reclaman por un reconocimiento postergado de derechos o que se constituyen para invocar un derecho inédito– ha relativizado la figura del pueblo como una unidad substancial, considerado entonces como un *a priori* y no como una construcción eventual de una u otra voluntad política. Este pueblo-sustancia era mencionado como fuente de legitimidad desde el surgimiento de la democracia representativa y a lo largo del siglo XX. En cambio, la ciudadanía es potencialmente (esto es, si se genera el vínculo requerido) comunidad política signada por la división, es decir, el conflicto y la deliberación.

La condición ciudadana, en un sentido, se deriva de la vigencia de los derechos constitucionales que hace de los individuos partícipes de la vida pública de un modo que no está predeterminado. Son audiencia de los medios de comunicación y configuran opiniones mediante ese recurso y el de las redes de Internet –en las que participan pasiva o activamente– así como también interactúan según los casos en un medio laboral, profesional, étnico y asociativo voluntario. A veces predomina una pertenencia adscripta o voluntaria y en ese sentido se reconoce la presencia de minorías que actúan como tales. Éstas pueden ser una pervivencia con raíces en el pasado, la cual experimenta la reactivación de identidad, pero con frecuencia se trata una subjetivización construida en el presente que da lugar a una identificación con rasgos comunitarios.

La ciudadanía también está constituida o tiene una configuración posible en la movilización o protesta popular. Ésta incluye un abanico que abarca desde los movimientos sociales tradicionales (aunque pueden ser de reciente data) enraizados en la estructura social en sentido clásico (sindicalismo, grupos étnicos) hasta formas emergentes de protesta que son tributarias de la previamente mencionada revolución de las tecnologías de comunicación. Los "piqueteros" son el ejemplo más característico de las formas más recientes, pues generalmente no son la expresión en el espacio público de un colectivo sociológico preexistente, sino que se aglutinan y potencian en la ocupación de un espacio público territorial (ruta, plaza) que adquiere resonancia y pretensión de representación virtual por su visibilidad vehiculizada por Internet, la televisión y otros medios de comunicación.

La constitución pública de sujetos actuantes más novedosa es la que se deriva de la trama social generada por la pertenencia a redes sociales en el ciberespacio. En tanto sujetos virtuales, pueden pesar de un modo decisivo en la vida política y transmutarse en actores presentes congregándose: ello ha sido ampliamente ilustrado por las revoluciones democráticas del Magreb —que continúan extendiéndose— así como por las protestas de los indignados ante las consecuencias sociales de la crisis económica en los países europeos. Las sociedades de la región no han sido ajenas a esta nueva trama social, que es cada vez más significativa.

La permanencia de la actividad y presencia ciudadanas en la variedad de sentidos descripta ha sido objeto de atención en las investigaciones políticas emprendidas por quienes participan de este libro y de los equipos de investigación involucrados en el mismo.

La participación es otro foco de actividad ciudadana presente en los estudios que aquí se presentan. Se trata de la injerencia ciudadana en las decisiones y en la ejecución de las mismas. La gama de experiencias es variada; una forma en expansión es la de instituciones locales a cargo de políticas que en el pasado estaban centralizadas y que, en algunos casos, han dejado de ser exclusivo resorte del poder y la administración centrales. Existen modalidades de participación directa o mediada, la más conocida de las cuales es el presupuesto participativo, una experiencia que nació en Porto Alegre y que se ha expandido en otros confines de la región. Esta vinculación o conexión con el Estado en sus diferentes niveles ha suscitado interrogantes y debates sobre la medida en que esa participación ciudadana sería efectiva y autónoma, o más bien heterónoma y generalmente confinada a la ejecución de decisiones adoptadas en ámbitos exclusivamente políticos o administrativos.

La participación tiene otras modalidades en principio más autónomas, algunas de ellas vinculadas con los movimientos e identidades tradicionales y públicamente constituidos que se mencionaron precedentemente. Por lo pronto, una modalidad de participación característica –aunque de uso limitado– es la de democracia directa, siendo el plebiscito la más usual. En cuanto a la vida asociativa, existen variadas formas: una de ellas es la vinculada a la provisión de bienes básicos y satisfacción de necesidades, en donde la asociatividad de los vecinos se encamina a lograr progresos en sus condiciones de vida. Otras formas asociativas definen objetivos más generales y en algunos casos no involucran directamente intereses inmediatos de sus participantes (suele ser el caso de las vinculadas al ambientalismo y la seguridad).

En torno a la asociatividad se ha desplegado un debate y variados cuestionamientos referidos, en cuanto a la primera forma mencionada, a la eventual manipulación y utilización políticas –incluso funcionamiento de redes de clientela– al servicio de los gobiernos, que suelen ser los proveedores de fondos y que pueden actuar arbitrariamente según sus necesidades partidarias cuando no se han definido criterios universalistas, una normativa e instancias institucionales para dar cabida a esa participación. En lo referido a la segunda forma de asociatividad, el predominio de ONG auspiciadas por promotores internacionales o nacionales, con frecuencia acompañadas de fondos y un funcionariado, plantea el problema de la medida en que los vecinos/ciudadanos son inspiradores y agentes de esa asociatividad o bien si son capturados por la misma, siendo probablemente "socializados" pero pudiendo permanecer como núcleos desconectados de la ciudadanía común, que en ese caso cuando se expresa o se moviliza lo hace por fuera de esos vectores construidos.

La mutación democrática a la que se hace aquí referencia está ilustrada ampliamente también por los cambios en la relación de los ciudadanos con los gobiernos y, en consecuencia, por el modo de gobernar. En algunos de los países de la región el advenimiento de la democracia y su cambio de fisonomía se asociaron a la instalación de gobiernos reformistas, y en otros a la emergencia de proyectos fundacionales que accedieron al poder cuestionando la institucionalidad tradicional. En todos los casos ha emergido una dirigencia política nueva, no tan solo en términos generacionales sino también culturales y sociales. Esos nuevos gobiernos han resultado de los cambios ciudadanos mencionados y a la vez han procurado canalizarlos.

Los diferentes enfoques compilados en este libro procuran dar cuenta de estas novedades que se presentan para los estudios políticos en América Latina.

I
Ciudadanía, identidad y organizaciones populares en América Latina

Movimientos sociales y participación política en Bolivia

Fernando Mayorga[1]

Resumen

Este ensayo analiza las complejas relaciones entre el Movimiento al Socialismo (MAS) —como partido de gobierno— y las organizaciones campesinas e indígenas, para evaluar las transformaciones en las pautas de participación política en la democracia boliviana. Dichos actores conforman una coalición flexible e inestable que apoya la gestión de Evo Morales desde enero de 2006. Esas relaciones están marcadas por transacciones entre el proyecto político del MAS y los intereses corporativos de los movimientos sociales en aspectos cruciales como la implementación de una nueva Constitución Política (2009) y la ejecución de políticas públicas distributivas. Esta novedosa forma de participación política de las organizaciones campesinas e indígenas tuvo un importante efecto institucional con la instauración del Estado Plurinacional. Este modelo estatal reconoce un sujeto portador de derechos colectivos definido como "naciones y pueblos indígena originario campesinos" con reglas que incentivan su presencia en los niveles de gobierno y en el sistema de representación política. La presencia campesina e indígena en esos espacios institucionales muestra una importante renovación de las elites políticas con fuerte acento en aspectos identitarios, tanto de carácter étnico como de género. En ambos casos se trata de procesos de larga data que adquirieron especial impulso

---

[1] Universidad Mayor de San Simón (UMSS). Bolivia.

desde el arribo del MAS al gobierno. El protagonismo político de los campesinos e indígenas, así como las nuevas reglas que formalizan su participación en las esferas del poder, son parte de un proceso continuo de ampliación de la democracia.

Palabras clave: Participación política, movimientos sociales, democracia, Estado Plurinacional, campesinos, indígenas, Evo Morales, MAS.

Abstract

This essay analyzes the complex relations between Movement to Socialism MAS —as government party— and peasant and indigenous organizations, to analyze the transformations in the patterns of political participation in Bolivia. These actors form a flexible and unstable coalition which supports the Evo Morales administration since 2006. These relations are marked by transactions between the MAS' political project and the social movements' corporative interests in crucial aspects such as the implementation of a new Political Constitution (2009) and the implementation of redistributive public policies. This novel way of peasant and indigenous organizations' political participation had an important institutional effect on the Plurinational State instauration. This State model recognizes a subject who carries collective rights, defined as "peasant, native and indigenous nations and peoples", with rules that stimulate its presence in the levels of government and in the system of political representation. The peasant and indigenous presence in these institutional spaces shows an important renovation of the political elites with a strong emphasis on identitary aspects —of ethnic and gender types—. Both are long-dated processes which acquired a special impulse since MAS came to government power. The political centrality of peasants and indigenous people and the new rules which formalize their participation in the power spheres are part of a continuous process of democracy widening.

Keywords: Political participation, social movements, democracy, plurinational State, peasants, indigenous, Evo Morales, MAS.

***

En los últimos años se han modificado las pautas de participación política en Bolivia debido al protagonismo del movimiento campesino e indígena que respalda al gobierno de Evo Morales. El despliegue del proyecto político del MAS implica un proceso de transición estatal que comporta una ampliación de la ciudadanía y de las instituciones democráticas.

Un rasgo peculiar de la política boliviana es el protagonismo de los movimientos sociales, un protagonismo acrecentado desde principios de la década pasada y que acompaña las transformaciones políticas que se condensaron en la aprobación de una nueva Constitución Política del Estado en enero de 2009 que modifica la trama normativa de la participación política y de la ciudadanía. Un aspecto novedoso que caracteriza este proceso es el peculiar lazo que existe entre el partido de gobierno y los sindicatos campesinos y obreros y varias organizaciones populares, entre las que se destacan los pueblos indígenas. Una relación que presenta distintas fases, donde entran en juego combinaciones y tensiones entre autonomía, colaboración y cooptación en el transcurso de la primera gestión gubernamental de Morales (2006-2009) y adquirió nuevas connotaciones en su segunda gestión presidencial (2010-2014).

La autonomía respecto del Estado es un elemento central de la cultura sindical, que proviene del origen contestatario del proletariado minero desde los años cuarenta del siglo pasado y que se extendió a otras organizaciones de la sociedad civil como modalidad organizativa dominante. En algunas circunstancias de la historia política, se produjeron situaciones de colaboración entre sindicatos y Estado que adoptaron la forma de cogobierno: entre 1952 y 1954, los primeros años de la revolución nacionalista; en 1970, bajo un gobierno militar de izquierda; y entre 1983 y 1984, en los inicios del primer gobierno de la transición democrática. El movimiento obrero, particularmente el proletariado minero, fue un actor decisivo en estas experiencias y desde la década de 1970 el movimiento campesino asumió una importancia similar. Por su parte, diversos gobiernos desplegaron acciones de cooptación o control de las organizaciones sindicales para instrumentar su comportamiento con fines electorales y también para resolver conflictos con sectores opositores, como ocurrió entre 1952 y 1976 con los sindicatos campesinos, inclusive bajo una alianza con gobiernos militares, con rasgos de heteronomía.

Es decir, el vínculo entre Estado, gobierno y movimientos sociales, así como la presencia de organizaciones sindicales en la arena política, tiene vastos antecedentes en la historia política del país y esos elementos forman parte del actual proceso político con sus obvias peculiaridades. A partir de un análisis de las relaciones entre organizaciones sociales y partido en el seno del oficialismo, evaluaremos las nuevas pautas de participación política y la ampliación de la ciudadanía.

El MAS y los movimientos sociales: una coalición original

Desde el arribo de Morales a la presidencia, los sindicatos campesinos y las organizaciones indígenas, junto con otros sectores populares como colonizadores, cooperativistas mineros, mujeres campesinas e indígenas, obreros, jubilados y juntas de vecinos conformaron nuevas modalidades de organización y movilización en apoyo al gobierno del MAS y su proyecto político. Esta participación en la esfera política expresa también una transformación en las elites, con la masiva presencia de dirigentes sindicales, sobre todo campesinos e indígenas, en las instancias de representación y de gobierno a escala nacional y subnacional. Este resultado es parte de un proceso que tiene como hitos centrales a las victorias electorales del MAS en las elecciones de 2005 y 2009 y tiene como antecedente, a mediados de los años noventa, la determinación del sindicalismo campesino para conformar un "instrumento político"[2].

Se trata de una compleja relación entre partido de gobierno y organizaciones populares, porque existe una tensión entre autonomía (sindical) y

---

[2] La relación entre el MAS y los sindicatos es intrínseca en su origen aunque tiene una curiosa historia. Inicialmente, las organizaciones campesinas intentaron registrar un partido denominado "Asamblea por la Soberanía de los Pueblos" (ASP), nombre que fue modificado por "Instrumento Político por la Soberanía de los Pueblos" (IPSP). Por circunstancias que no viene al caso relatar, los dirigentes sindicales aceptaron la "donación" del registro de una fuerza política de izquierda que se denominaba "Movimiento Al Socialismo" (MAS) para formalizar su participación electoral en 1999. Por eso, en la actualidad, la sigla oficial es MAS-IPSP y nos interesa resaltar la noción de "instrumento político" para evidenciar los rasgos peculiares de este partido, que es "instrumento" y "movimiento". Al respecto, véase Komadina y Geffroy (2007).

cooptación (gubernamental), que se caracteriza por una recíproca influencia y colaboración que varía de acuerdo a los temas de la agenda política nacional y que adquirió contornos más complejos a fines de diciembre de 2010 –un año después de la reelección de Morales– que ponen en cuestión la hegemonía labrada por el MAS en cinco años de supremacía política y directriz sobre los movimientos sociales.

En el discurso gubernamental se sostiene una discutible tesis acerca del protagonismo excluyente de los movimientos sociales en el proceso político de toma de decisiones y la irrelevancia del sistema de partidos. Una idea reforzada a partir de la obtención del control oficialista en las dos cámaras de la Asamblea Legislativa Plurinacional, merced a su victoria electoral en diciembre de 2009, y del control de la mayoría de los gobiernos departamentales y municipales autónomos conformados mediante voto en abril de 2010. Esa tesis es reiterada por algunos voceros del gobierno, como el vicepresidente del Estado, Álvaro García Linera, quien señala que "la clave del momento es la política de los movimientos sociales, que va más allá del Estado, pero que necesita también al Estado", y que el desafío es cómo construir el Estado desde los movimientos sociales (*La Razón*, 18/3/2011). Esta tesis refuerza la confusa noción de "gobierno de los movimientos sociales" que también es utilizada por el discurso oficialista para caracterizar su estilo de gestión y ha sido motivo de diversas interpretaciones.[3] En este trabajo no abordamos el debate en torno a esta caracterización porque constituye un falso problema. Nos interesa analizar las relaciones entre el partido de gobierno y las organiza-

---

[3] Al respecto, puede observarse una aproximación a las diversas interpretaciones y percepciones de miembros del Gobierno y dirigentes sindicales, en Cámara, Tórrez y Zegada (2008). Algunos autores extranjeros vinculados al movimiento antiglobalización alimentan esta idea con interpretaciones supuestamente originales acerca de la transición boliviana. En un libro que compila conferencias de Toni Negri, Michael Hardt, Giuseppe Cocco y Judith Revel, entre otros, se afirma: "[…] el desafío de la relación entre gobierno y movimientos sociales, y de este gobierno en particular, es la transición por la vía de la apertura democrática, y no por la dictadura. Una transición positiva y no negativa para formar un pueblo, una multitud capaz del autogobierno; crear una dinámica entre gobierno y movimientos sociales, y así poder transformar la naturaleza humana de manera más positiva" (Hardt, 2010: 68-69).

ciones sociales, para evaluar los cambios en la democracia y en las pautas de participación política como parte de un proceso de institucionalización de las prácticas y demandas de los movimientos sociales, en particular, los campesinos e indígenas.

A partir de estos criterios analizaremos las modalidades de imbricación entre partido de gobierno y movimientos sociales, prestando atención a dos entidades que desempeñaron importantes papeles en diversas circunstancias: el Pacto de Unidad en el seno de la Asamblea Constituyente realizada entre 2006 y 2007, y la Coordinadora Nacional por el Cambio (CONALCAM) durante el transcurso de la primera gestión gubernamental de Morales, como fuerza de presión en situaciones de conflicto y base de apoyo electoral para la aprobación de la nueva Constitución Política del Estado y la reelección. Sin embargo, a fines de 2010, al cumplirse el primer año de la segunda gestión gubernamental del MAS, se produjo una inflexión en este vínculo, porque se dieron las primeras protestas populares contra el Gobierno. Diversos sectores sociales —incluyendo sindicatos afines al MAS— y en regiones consideradas sus bastiones electorales manifestaron su descontento ante una medida gubernamental que incrementó el precio del combustible, provocando una ola especulativa en los precios de alimentos y tarifas de transporte. La medida fue promulgada el 26 de diciembre y, debido a la reacción popular, fue derogada en vísperas de Año Nuevo. Este evento no solamente provocó un evidente menoscabo en la popularidad de Morales y su gobierno, sino que también puso en evidencia los límites del poder de un partido de gobierno que tiene como sello peculiar su lazo con movimientos sociales y muestra las tensiones, precisamente, entre autonomía, colaboración y cooptación.

El Pacto de Unidad y la Asamblea Constituyente

La Asamblea Constituyente se realizó entre agosto de 2006 y diciembre de 2007 y en su seno actuó una instancia de coordinación de organizaciones campesinas e indígenas denominada "Pacto de Unidad". Este grupo definió el comportamiento de la mayoritaria bancada oficialista en ese cónclave, puesto que su propuesta fue asumida por el MAS como base para la redacción del nuevo texto constitucional.

El Pacto de Unidad fue conformado en septiembre de 2004 bajo el influjo de las movilizaciones que propiciaron la caída del anterior régimen y el ascenso del MAS, congregando a las tres principales organizaciones campesinas del país: Confederación Sindical Única de Trabajadores Campesinos de Bolivia (CSUTCB), Confederación Sindical de Colonizadores de Bolivia (CSCB) y la Federación de Mujeres Campesinas e Indígenas de Bolivia Bartolina Sisa (FMCBBS), y a dos entidades que representan a los pueblos indígenas de tierras altas y bajas.

Las organizaciones campesinas son de carácter nacional y se conforman a partir de sindicatos de base en las comunidades campesinas, estos sindicatos se agrupan en centrales a nivel de las provincias y convergen en federaciones departamentales, en consonancia con el mapa de división política del país. Esta red territorial confluye en una confederación nacional que representa unitariamente a todos sus afiliados. Es un modelo organizativo basado en el sindicalismo obrero que se expandió en el campo impulsado por los gobiernos de la revolución nacional de 1952, que sirvió de sustento a los gobiernos militares en los años sesenta y setenta bajo el Pacto Militar-Campesino, y que en la transición democrática adquirió independencia orgánica y autonomía ideológica del Estado y se alió a la Central Obrera Boliviana en la lucha contra los gobiernos dictatoriales realizando bloqueos de caminos y cercos a las ciudades. El sindicalismo campesino fue tornándose en un actor político relevante en los años noventa y adoptó una estrategia electoral para disputar el poder mediante la creación de un "instrumento político" como mecanismo de autorrepresentación, asumiendo un discurso anticolonialista, al influjo de la conmemoración de los quinientos años del descubrimiento de América, y recuperando la tradición antiimperialista y anticapitalista de la izquierda de raigambre clasista y obrera. La creación del MAS respondió, en cierta medida, a esta decisión sindical y esas tres federaciones campesinas nacionales, que conforman la principal base de apoyo al Gobierno. Vale la pena destacar que, paradójicamente, las organizaciones sindicales de los cocaleros —cuyo principal dirigente es Morales— no formaron parte del

Pacto de Unidad, pese a que constituyen la base sindical más fiel al partido de gobierno, aunque en términos formales son parte de la CSUTCB.

Los representantes de las organizaciones campesinas en la bancada oficialista de la Asamblea Constituyente se plegaron a las directrices del partido de gobierno, en cambio, los asambleístas de los pueblos indígenas cuestionaron algunas decisiones del MAS, tornándose en un ala radical del Pacto de Unidad.

Precisamente, a la presencia de las tres confederaciones campesinas en el Pacto de Unidad se suma la participación de dos organizaciones indígenas de carácter nacional que, a diferencia de los campesinos, privilegian su identidad étnico-cultural, demandan territorio y cuestionan el proyecto nacionalista de integración social. Se trata del Consejo Nacional de Ayllus y Markas del Qollasuyo (CONAMAQ), que se creó en la región andina en 1997 y que agrupa a comunidades aymaras y quechuas; y de la Confederación de Pueblos Indígenas de Bolivia (CIDOB), que representa a los indígenas de tierras bajas junto con otras organizaciones: como la Confederación de Pueblos Étnicos de Santa Cruz, la Confederación de Pueblos Moxeños del Beni y la Asamblea del Pueblo Guaraní, que entre las tres agrupan a alrededor de treinta grupos étnicos de los llanos y la Amazonía. Estas organizaciones se crearon a partir de 1980 y adquirieron notoriedad en la década de 1990, cuando protagonizaron marchas hacia la sede del Gobierno exigiendo la convocatoria a una asamblea constituyente, una demanda que fue asumida con el paso del tiempo por otros actores sociales y los partidos de izquierda, entre ellos el MAS. A diferencia de los sindicatos campesinos, estas organizaciones presentan mayor autonomía de acción respecto del gobierno y esgrimen propuestas más radicales, como la autodeterminación indígena.

El Pacto de Unidad presentó un proyecto de nuevo texto constitucional con el título: "Por un Estado Plurinacional y la autodeterminación de los pueblos y naciones indígenas, originarias y campesinas"[4], que fue asumido

---

[4] La elaboración de ese documento fue resultado de múltiples asambleas y seminarios, varios encuentros nacionales y un congreso nacional que contó con la participación de "más de mil dirigentes hombres y mujeres, de organizaciones indígena originario campesinas de todo el país" y con el asesoramiento y apoyo de personeros de varias ONG vinculadas a estos sectores sociales (Garcés, 2010).

por el MAS como propuesta oficialista en la Asamblea Constituyente. No obstante, el texto aprobado asume parcialmente su visión indigenista en el diseño estatal. Durante el desarrollo de la Asamblea Constituyente, algunas organizaciones indígenas cuestionaron las negociaciones del MAS con la oposición y rechazaron incorporar enmiendas al proyecto de texto constitucional. Sin embargo, finalmente terminaron alineándose a las posiciones del Gobierno porque la nueva Constitución Política recoge sus demandas, aunque de manera moderada. La influencia del movimiento campesino e indígena se expresó en el diseño institucional aprobado en la nueva Constitución Política, que define la conformación de un Estado Plurinacional que se sustenta en el reconocimiento de derechos colectivos de las "naciones y pueblos indígena originario campesinos", ampliando la ciudadanía como sistema de derechos y, también, como sentido de pertenencia a la comunidad política.

Una vez concluida la Asamblea Constituyente, el Pacto de Unidad perdió protagonismo, porque el Gobierno dio impulso a una nueva instancia de aglutinamiento de movimientos sociales: la CONALCAM. Ésta había sido creada en enero de 2007 —al cumplirse el primer año de gestión de Morales— con la finalidad de evaluar el desempeño del Gobierno en una sesión de "informe" presidencial a los movimientos sociales, a la usanza de los actos convencionales ante el Parlamento. En la medida que no se trata de instituciones formales, sino de instancias de coordinación y acción conjunta, las organizaciones del Pacto de Unidad —que sigue vigente en algunas coyunturas— también forman parte de CONALCAM. La diferencia entre ambos entes radica en el grado de aproximación y subordinación respecto del partido de Gobierno.

CONALCAM y el "proceso de cambio"

La Coordinadora Nacional por el Cambio (CONALCAM) se formó sobre la base de las organizaciones campesinas e indígenas y con la presencia de otros sectores —como cooperativistas mineros, jubilados, fabriles, campesinos sin tierra, petroleros y juntas de vecinos— con el objetivo de movilizar a sus afiliados en diversas coyunturas de confrontación política y disputa electoral. En los momentos de mayor conflictividad, plegaron su accionar en apoyo al gobierno inclusive la Central Obrera Boliviana y otras entidades sindicales.

En cierta medida, la CONALCAM actúa como una suerte de brazo sindical del partido de gobierno y articula a diversos sectores en torno a demandas de alta agregación. Así ocurrió con la aprobación del nuevo texto constitucional y el apoyo a Morales en el referéndum revocatorio, y en general con "la defensa del proceso de cambio" ante la polarización política que entre 2007 y 2009 tuvo contornos dramáticos, con enfrentamientos entre seguidores del oficialismo y de la oposición en varias ciudades que hacían presagiar una "guerra civil".

Si el Pacto de Unidad fue gestado por las organizaciones sociales para actuar como protagonistas en el proceso constituyente, al extremo de incidir en la agenda de la Asamblea, manteniendo su autonomía y marcando distancia con el Gobierno, la CONALCAM fue promovida desde aquel mismo —por iniciativa del Presidente— con la finalidad de apuntalar la gestión gubernamental y encarar otros desafíos del proceso político. No se trata de una instancia distinta, sino ampliada y flexible, porque articula a las organizaciones nacionales de sectores campesinos e indígenas que formaron parte del Pacto de Unidad y a otros sectores populares afines al gobierno. La CONALCAM fue movilizada para enfrentar situaciones de crisis política y de movilización electoral, poniendo en evidencia un intento de cooptación gubernamental: en agosto de 2008, promovió acciones proselitistas para ratificar a Morales en ocasión de la realización del referéndum revocatorio; a principios de 2009, apoyó la campaña para la aprobación de la CPE en consulta popular; en diversas oportunidades, organizó "cercos" al Congreso para forzar la aprobación de leyes promovidas por el oficialismo; y sus bases se movilizaron en varias ciudades para contrarrestar acciones de la oposición en momentos intensos de polarización política (Fuertes, 2010).

Su papel abarcó otros aspectos, como la "evaluación" de la gestión gubernamental —aunque sus recomendaciones para la remoción de ministros nunca fueron aceptadas por Morales—, la presencia de dirigentes sindicales en el gabinete ministerial y la definición de listas de candidatos a puestos de elección popular, en una suerte de distribución de incentivos selectivos.

En el periodo transcurrido desde la aprobación del proyecto de texto constitucional por la Asamblea Constituyente en diciembre de 2007 y la realización del referéndum para la aprobación de la nueva Constitución en enero de 2009, se exacerbó la polarización política en el país. Frente a esta situación, el MAS fortaleció a la CONALCAM y apeló a la generalidad de los movimientos y organizaciones sociales mediante una convocatoria de contenido ideológico que actuó como incentivo colectivo: la defensa del "proceso de cambio" conducido por el Gobierno.

En el primer año de la segunda gestión gubernamental se manifestó un criterio de formalización del papel de la CONALCAM, otorgándole el manejo del "control social", una nueva institución participativa reconocida constitucionalmente que implica una modalidad más amplia de relación entre organizaciones sociales y el Estado en sus distintas instancias, y en vínculo con la gestión pública. La futura Ley de Control Social prevé la participación de los movimientos sociales en tareas de vigilancia a las instituciones públicas, incluyendo a los gobernadores, alcaldes y al Gobierno central, aunque en la definición constitucional se menciona, vagamente, a "organizaciones de la sociedad civil" y no a movimientos sociales.

Para cumplir esta finalidad se pretende dotar a CONALCAM de una nueva estructura, en la que convergerían no solo los dirigentes sindicales sino también representantes del Gobierno, de la Asamblea Legislativa Plurinacional y del MAS, denotando una tendencia a la cooptación. Se plantea como objetivo general la lucha militante por la consolidación histórica del proceso de cambio, la defensa del Gobierno y la construcción de un Estado Plurinacional Socialista Comunitario. Así, se concibe a la CONALCAM como un espacio para la formulación de demandas sociales, para consensuar leyes, formar líderes y emitir sanciones contra dirigentes o militantes que generen división o conflicto.

La estrategia gubernamental apunta a reducir el grado de incertidumbre o inestabilidad, definiendo reglas para racionalizar las relaciones entre las organizaciones sociales y el Gobierno. Es también una respuesta a los conflictos provocados en torno a la designación de candidatos en los comicios de 2010, puesto que el MAS no respetó las decisiones de las organizaciones sociales para la elaboración de listas, poniendo en evidencia el intento de control partidista que fue cuestionado por dirigentes sindicales y autoridades comunales.

Es decir, en varias circunstancias ciertas organizaciones se desmarcaron de la estrategia gubernamental y se opusieron a determinaciones del MAS. Por ejemplo, las organizaciones indígenas protagonizaron marchas de protesta y cuestionaron al partido de gobierno en el caso de la definición de la cantidad de circunscripciones electorales especiales para representantes de los pueblos indígenas: el MAS aprobó siete escaños, mientras que las organizaciones indígenas demandaban el doble. Aconteció algo similar en torno a la aprobación de proyectos de inversión petrolera o construcción de carreteras en territorios indígenas, vulnerando sus flamantes derechos. Estos hechos ponen en evidencia la contradicción que existe entre los intereses del partido de gobierno y los derechos colectivos de los pueblos indígenas. Situaciones análogas se han dado con otros sectores sociales, cuyas demandas corporativas entran en contradicción con el interés general que representa el Estado.

De esta manera, las relaciones entre movimientos sociales y el MAS no se pueden comprender bajo la antinomia convencional de autonomía/cooptación, ni se limitan a la mutua colaboración. En este sentido, caracterizamos el lazo entre el partido de gobierno y las organizaciones sindicales como una "coalición inestable y flexible". Veamos. En primer lugar, cuando las demandas de un movimiento social son canalizadas por el MAS se produce una participación estable de esa organización en la coalición oficialista. Las organizaciones que presentan estas características son las confederaciones nacionales de campesinos (CSUTSB), de colonizadores (CSCB) y de mujeres campesinas indígenas (FMCBS) y, obviamente, los cocaleros, aunque sin presencia orgánica específica. En segundo lugar, cuando se origina una disyunción entre demanda grupal y política gubernamental el vínculo entre movimiento social y partido de gobierno se debilita o rompe circunstancialmente. Los sectores que muestran este comportamiento son las organizaciones de los pueblos indígenas de tierras altas (CONAMAQ) y de tierras bajas (CIDOB), los cooperativistas mineros y los fabriles. Por ello, esta coalición adquiere rasgos de inestabilidad en su funcionamiento y flexibilidad en su composición, porque depende de la correspondencia entre intereses grupales y decisiones gubernamentales y no solamente de la convergencia de intereses mutuos. No obstante, el conjunto de los actores sociales comparte los lineamientos centrales del "proceso de cambio" impulsado por el MAS. En esta trama de relaciones, el liderazgo de Morales –a la vez presidente del Estado, jefe del MAS y principal dirigente de las federaciones de cocaleros– es el único factor indiscutible de cohesión de estas organizaciones en torno a las directrices del Gobierno. Por esa razón, Morales preside la CONALCAM, otro ingrediente que supone cooptación gubernamental. Sin embargo, la dinámica descrita muestra que la realidad es más compleja, en especial cuando el gobierno enfrentó las primeras protestas populares de gravedad a fines de 2010.

¿Un momento de inflexión?

A fines de diciembre de 2010 el Gobierno promulgó un decreto incrementando 75 % el precio de los combustibles y provocando protestas generalizadas, las más contundentes se realizaron en regiones que son consideradas bastiones electorales masistas. Una semana después el Gobierno abrogó la medida, empero no se mitigaron sus efectos negativos en la economía popular porque se produjeron alzas en los precios de varios productos imprescindibles de la canasta familiar y también en las tarifas del transporte público.

La medida fue caracterizada como "gasolinazo", un término utilizado para criticar las políticas neoliberales y que fue esgrimido por sectores populares para increpar al gobierno del MAS.

Uno de sus efectos políticos inmediatos fue la modificación de la relación entre el MAS y los movimientos sociales. El Gobierno no realizó una consulta a las organizaciones agrupadas en CONALCAM ni planificó una acción de respaldo a la medida, lo que debilitó la decisión gubernamental y provocó un alejamiento de las organizaciones sociales (excepto en el caso de los campesinos, que respaldaron una medida que no les afectaba directamente). De esta manera, ante el riesgo del incremento de las protestas y su radicalización, el Gobierno se reunió con un par de sectores importantes, los trabajadores mineros y los cocaleros, y en ambos casos la respuesta fue negativa.

Los mineros del sector estatal desahuciaron una negociación con los ministros y lanzaron la amenaza de marchar hacia la sede del Gobierno. Los dirigentes cocaleros, en una asamblea de emergencia con la presencia de Evo Morales, aceptaron el pedido presidencial de apoyo a la medida gubernamental, empero no garantizaron el acatamiento por parte de sus afiliados. Estas decisiones, en la medida que se trata de sectores que apoyan incondicionalmente al oficialismo, hacían prever un incremento de las protestas con consecuencias insospechadas. Otros sectores sociales, como los indígenas de tierras altas y los campesinos, manifestaron su rechazo a la medida a través de dirigentes de CONAMAQ y CSUTCB, denotando el malestar en las filas de organizaciones afines al Gobierno.[5] La decisión de abrogar el decreto en cuestión respondió a ese estado de ánimo en las organizaciones populares, porque no solamente estaba en riesgo la implementación de la medida económica sino también la estabilidad política por efecto de las protestas sociales contra el Gobierno.

Para evaluar las reacciones en el seno del oficialismo es preciso insistir en la caracterización de las relaciones entre el partido de gobierno y los movimientos sociales como una "coalición inestable y flexible", cuya composición y accionar dependen de los temas que están presentes en el campo político y en la agenda gubernamental. Cuando estaba en juego una demanda de alta agregación, como la aprobación del nuevo texto constitucional o la reelección de Morales, la coalición oficialista se ampliaba congregando a una diversidad de organizaciones sociales (de campesinos, indígenas, mujeres campesinas, colonizadores, cooperativistas mineros, obreros, juntas vecinales y jubilados, entre otras) y sus integrantes actuaban de manera compacta bajo la conducción del Gobierno. Así aconteció en la Asamblea Constituyente con el Pacto de Unidad como referente organizativo, y en otras coyunturas con la CONALCAM como instancia

---

[5] Algunas declaraciones ilustran esta situación: "Pedimos al hermano Evo Morales revertir esta medida, caso contrario vamos a tomar medidas de presión, porque nos han mentido, nos han hecho creer que la economía del país está bien" (Rafael Quispe, dirigente de CONAMAQ). "Este (decreto) va a desestabilizar, va a generar una convulsión, nosotros vamos a pedir que se subvencione nuestros productos, o al sector campesino, para poder equilibrar y no estar sufriendo por ese incremento en el diesel y la gasolina" (Rodolfo Machaca, dirigente de CSUTCB) (*Página Siete*, 29/12/2010).

supraorganizativa. No obstante, una vez que se materializaron las metas generales de carácter político, pasaron a primer plano las demandas de baja agregación: aquellas que expresan intereses sectoriales o corporativos y tienen que ver con la gestión pública. Entonces, la coalición oficialista pierde capacidad para actuar de manera eficaz y uniforme, y se reduce a las organizaciones campesinas, aquellas vinculadas orgánicamente al MAS.

Precisamente, el "gasolinazo" provocó el predominio de intereses corporativos y necesidades concretas de las bases sindicales, como asalariados y consumidores, respecto de la adscripción incondicional al "proceso de cambio" como consigna general. En anteriores situaciones se produjeron desplazamientos o alejamientos momentáneos de organizaciones sindicales o indígenas de la coalición porque el MAS no canalizó sus pedidos, empero eso no implicó la adopción de una postura contraria al Gobierno. En el caso del "gasolinazo" se produjo el rechazo generalizado de las organizaciones sociales (de nuevo, con la excepción de las tres confederaciones campesinas que conforman la base permanente de la CONALCAM). Inclusive las organizaciones de cocaleros asumieron una postura ambigua pese a la conminatoria de Morales, que los convocó como "vanguardia del proceso de cambio". El resto de las organizaciones cerraron filas en contra de la medida.

Esta es la primera coyuntura en la que la CONALCAM no tiene protagonismo y su fuerza organizativa y movilizadora se diluye ante la disyuntiva de apoyar o rechazar una decisión gubernamental. Es más, algunos dirigentes plantearon que la vigencia de este supraorganismo había concluido con la aprobación de la Constitución Política, pese a que el Gobierno vislumbraba su nuevo rol en la implementación del "control social". Otras organizaciones indígenas formularon la necesidad de establecer un nuevo "pacto" entre el Gobierno y los movimientos sociales para "reconducir el proceso de cambio". En suma, el resultado fue el menoscabo de la capacidad del MAS para agruparlos bajo una conducción centralizada y adscritos a las políticas gubernamentales

En conclusión, la relación entre el gobierno del MAS y los movimientos sociales está matizada por momentos de colaboración, coyunturas de subordinación a las directrices del MAS y circunstancias en las que predomina la autonomía de las organizaciones sindicales e indígenas. Es una coalición que se caracteriza por la inestabilidad en su conducta y la flexibilidad en su composición, y los formatos organizativos que asume se adaptan a las exigencias de la coyuntura política. Así aconteció con el Pacto de Unidad en la Asamblea Constituyente y con la CONALCAM en los últimos años; en el primer caso, con un mayor grado de autonomía respecto de los dictámenes del gobierno y menor capacidad de movilización; en el segundo caso, con menor independencia respecto del MAS y mayor capacidad de acción. Esta convergencia, a pesar de sus vaivenes, se tradujo en la aprobación e implementación de un nuevo modelo estatal que privilegia las demandas e intereses del movimiento campesino e indígena, con efectos institucionales en la ciudadanía y en la democracia. En ambas circunstancias, el liderazgo de Morales resultó decisivo para un estilo de gobierno que se sustenta en los movimientos sociales pero no se subordina a ellos ni los utiliza como simples instrumentos al servicio de los objetivos oficiales. Un aspecto complementario de este lazo se manifiesta en las peculiaridades del MAS como organización política.

Dinámica partidista y organizaciones populares

El MAS es una compleja entidad política donde las fronteras entre partido y organizaciones sindicales son difusas y sus modos de vinculación son variables. En el Estatuto Orgánico de este partido (MAS, 2009) –modificado y aprobado en enero de 2009– se reconoce una doble calidad de pertenencia que muestra esa ambigüedad: "Los militantes, participan en la vida activa del Partido y los simpatizantes deben identificarse a través de las Organizaciones Sociales y naturales comprometidas con el Partido" (artículo 9). En esa medida, "los candidatos serán elegidos mediante los usos y costumbres [...] y serán propuestos por sus Organizaciones Sociales, su Sector y su Circunscripción y su Distrito" (artículo 42), poniendo en evidencia la complejidad de las relaciones entre aparato partidista y organizaciones sindicales.

Su estructura es territorial "en función de la división territorial y político-administrativa del Estado boliviano" (artículo 8), y se articula en seis niveles: departamental, regional, provincial, seccional, distrital y sectorial, a la usanza del sindicalismo campesino. Con todo, como ocurre en la generalidad de las organizaciones políticas del país, el cumplimiento de las normas estatutarias no es lo común. En el caso del MAS el sector de los campesinos cocaleros es fundamental en la toma de decisiones del partido de gobierno, no solamente porque Morales sigue siendo el principal dirigente de las federaciones sindicales del sector sino porque éstas constituyen la base social más compacta y nítidamente alineada con el Gobierno.

Este balance muestra la participación de los movimientos sociales en el proceso político a partir de su relación con el MAS como partido de gobierno y como organización política, donde las fronteras entre lo partidista y lo sindical son difusas, así como son sutiles los nexos entre ambos mundos. Una reflexión basada en estudios de caso referidos a la selección de candidatos en los comicios de 2010 concluye con un criterio similar:

> [Existe una] tensión entre la "autorrepresentación" de las organizaciones sociales (simbolizada por el concepto mismo de instrumento político que funciona como una suerte de "ideal organizativo" en el seno del MAS) y la relación de fuerzas que existe entre las propias organizaciones sociales y el MAS, y entre las organizaciones entre sí (Do Alto y Stefanoni, 2010: 354-355).

Al margen de estas vicisitudes, la presencia del MAS en el poder ha impulsado una mayor participación campesina e indígena en los espacios de representación y de gobierno, provocando una renovación en las elites políticas. Asimismo, el protagonismo de estos movimientos sociales tuvo efectos normativos e institucionales que se incorporaron en la nueva Constitución Política del Estado bajo la noción de "Estado Plurinacional" y el reconocimiento de la democracia comunitaria.

Participación política con nuevos rostros

Con la presencia del MAS en el Gobierno, se han ampliado los grados de participación política y se han incorporado nuevas identidades en el sistema de representación política; en términos simbólicos y discursivos, existe un predominio de la identidad indígena que ocupa el centro del espacio de discursividad política y tiene efectos institucionales.

La participación indígena tiene importantes avances desde mediados de los años noventa, cuando se profundiza la democracia municipal y se incorporan diputaciones uninominales, es decir que se trata de un proceso que se inicia con antelación al arribo del MAS al gobierno. Un estudio realizado en 1996 consignaba menos de un tercio de alcaldes y concejales indígenas, en cambio, en 2002 se estableció la presencia de alrededor de 65 % de autoridades municipales que se autoidentificaron como indígenas (Albó y Quispe, 2004). Ese año también se incrementó la presencia de parlamentarios campesinos e indígenas debido a los resultados electorales que obtuvieron el Movimiento Indígena Pachakuti (MIP) y sobre todo el MAS, para entonces convertido en la segunda fuerza política. En la actualidad, las listas del partido de gobierno y de otras fuerzas políticas incluyen a indígenas y campesinos con una presencia que supera la mitad de la Asamblea Legislativa Plurinacional. Esta presencia tiene matices porque algunos legisladores se autodefinen como indígenas, pero fueron postulados para representar a su sector laboral.

Es preciso poner de relieve que el nuevo orden constitucional reconoce la representación directa de los pueblos indígenas a través de circunscripciones especiales. Ésta es una faceta de la democracia comunitaria que se combina con la democracia representativa y la participativa. Por lo pronto, se limita a siete escaños —de 130 que componen la cámara baja—, pese a que los indígenas demandaron el reconocimiento del doble de circunscripciones especiales. La posibilidad de ampliación del número de escaños indígenas fue postergada hasta 2011 y depende de los resultados de un censo nacional de población, cuyos datos servirán para definir la nueva disposición de las circunscripciones electorales.

En cuanto a la presencia indígena en el ejercicio del poder la imagen de Morales tiñe de ese rasgo al gobierno del MAS. La identidad indígena es dominante en la retórica oficial del Gobierno, al margen del origen étnico o regional y condición socioeconómica de sus personeros, y esta centralidad se traduce en el diseño de la institucionalidad del Estado Plurinacional.

Así, por ejemplo, la identidad étnica es una condición para acceder a algunos cargos en los órganos del Estado o para tener mayor puntaje en la calificación de méritos. Por ejemplo, en la calificación de méritos para la selección de candidatos al Tribunal Supremo de Justicia se toma en cuenta el ejercicio de los postulantes como autoridades tradicionales en las comunidades indígenas; en la preselección de candidaturas para el Tribunal Agroambiental debe garantizarse su composición pluralista considerando "criterios de plurinacionalidad"; en el caso del Tribunal Constitucional la elección de magistrados debe ser con criterios de plurinacionalidad, con representación del sistema ordinario y del sistema indígena originario campesino; el Tribunal Supremo Electoral está compuesto por siete miembros y al menos dos de ellos deben tener "origen indígena originario campesino". Al margen de la imprecisión de algunas de estas nociones, es evidente que la introducción de estas pautas identitarias como requisitos o condiciones para la conformación de los poderes estatales, tiene consecuencias en la configuración de la elite política y expresa la existencia de nuevas condiciones para la participación en las instituciones políticas. Al margen de la presencia dominante del MAS en los diversos ámbitos de la política institucional estas normas, en términos étnico-culturales, incentivan una composición pluralista de los órganos del Estado y pueden crear condiciones para la interculturalidad en razón del intercambio y conjugación de reglas de cultura política. No obstante, también pueden propiciar un multiculturalismo excluyente si los actores políticos subordinan el ejercicio de ciudadanía a intereses corporativos o grupales.

Otra faceta de la ampliación de la participación es la mayor presencia de mujeres en la política institucional. A diferencia del movimiento campesino e indígena, no existe una acción similar que permita sugerir la existencia de un movimiento de mujeres, sino que el impulso participativo fue resultado de la labor de una red de activistas feministas, consorcios de ONG y del respaldo de organismos de cooperación internacional que promueven la equidad de género a nivel internacional. Si los campesinos e indígenas lograron sus conquistas incursionando en la disputa electoral mediante la gestación de organizaciones políticas propias, en el caso de las mujeres el empuje principal fue de carácter normativo, porque mediante leyes y reglamentos se establecieron incentivos y obligaciones para las organizaciones políticas con la finalidad de incrementar la participación femenina.

La participación de mujeres se formalizó en la segunda mitad de los años noventa con la aprobación de una ley de "cuotas", la que estableció la obligatoriedad de un tercio de mujeres en las listas de candidatos. En las elecciones de 2002 se eligieron 18 % de diputadas mujeres y 15 % de senadoras. Los avances fueron progresivos, porque en la Asamblea Constituyente las mujeres ocuparon 35% de los escaños. Los resultados de las elecciones de 2009 incrementaron aún más la presencia femenina en el Senado alcanzando a 47 %, mientras que en Diputados la cifra fue menor a un tercio debido a que alrededor de la mitad de los representantes provienen de circunscripciones uninominales en las cuales prevalecen los varones. Estos resultados tienen que ver con una disposición constitucional que establece que se garantizará la igual participación de hombres y mujeres en la elección de representantes a la Asamblea Legislativa Plurinacional (artículo 147).

La equidad de género también se puso en práctica en el gabinete de ministros. En 2010, y por primera vez, Evo Morales puso en vigencia la prerrogativa presidencial de "Designar a las Ministras y a los Ministros de Estado, respetando el carácter plurinacional y la equidad de género en la composición del gabinete ministerial" y nombró a diez varones y diez mujeres, cuatro indígenas, en las carteras ministeriales.

En suma, indígenas y mujeres son identidades que han fortalecido su participación política de manera creciente, en un proceso que data de los años noventa y que adquirió un impulso peculiar desde el arribo del MAS al Gobierno. Este proceso se consolidó institucionalmente con la incorporación de derechos colectivos para los pueblos indígenas y normas de equidad de género en la nueva Constitución Política del Estado.

Ciudadanía, nuevos derechos y pluralismo nacional

Otra consecuencia de la creciente participación política de los movimientos sociales, en particular de los pueblos indígenas, es la ampliación de la ciudadanía. La nueva Constitución Política del Estado, mediante el modelo de Estado Plurinacional, aborda dos facetas convencionales de la ciudadanía: por un lado aquella que la concibe como sistema de derechos y, por otro, aquella que la define como sentido de pertenencia a la comunidad política. En otras palabras, la ciudadanía está vinculada "a exigencias de justicia y de pertenencia, de posesión y ejercicio de derechos y de dimensión personal-comunitaria" (Caetano, 2010: 4). Estos aspectos han sido respondidos de manera novedosa en el nuevo ordenamiento constitucional boliviano. En el caso de la primera faceta se incorporaron derechos colectivos de los pueblos indígenas, ampliando el sistema de derechos antes acotado a los de carácter liberal-individual. Caso de la segunda los criterios de pertenencia a la comunidad política se tornaron más complejos a partir de un reconocimiento de la diversidad étnica como "pluralismo nacional", cuestionando el proyecto de nación homogénea en tanto modelo de integración social a través del Estado.

La nueva Constitución Política del Estado Plurinacional reconoce derechos a un nuevo sujeto colectivo definido por criterios de identidad étnica y cultural. Este nuevo sujeto son las "naciones y pueblos indígena originario campesinos" con derecho a la participación política, a la presencia en los órganos del Estado, al autogobierno y a la autonomía territorial, pueblos a los que debe consultarse previamente a la autorización de inversiones productivas, reconocerse sus lenguas como idiomas oficiales y sus normas de justicia consuetudinaria con el mismo rango que al derecho positivo. En el diseño del sistema de gobierno se incorpora la democracia comunitaria junto con la democracia representativa, participativa y directa. La democracia comunitaria implica la elección de autoridades y representantes de pueblos indígenas mediante sus usos y costumbres, aunque en el caso de la categoría de diputados esta elección habrá de ser refrendada con el voto universal y se limitan los representantes de los pueblos indígenas minoritarios a 5 % del total de diputados. La materialización de la vigencia de la nueva Constitución es progresiva en las autonomías territoriales indígenas que, por ahora, no superan el 5% de alrededor de trescientos municipios, es decir que el reconocimiento de la democracia comunitaria no conlleva, hasta el momento, el riesgo de un dualismo en el sistema de representación política ni en otros aspectos de la nueva institucionalidad estatal.

La idea de nación como modelo de igualdad ciudadana y homogeneización cultural –impulsada por la revolución de 1952–, fue puesta en tapete de discusión hace varios años a partir de la necesidad del reconocimiento de la diversidad étnica y cultural de la sociedad. La diversidad social en clave de pluralismo étnico y multiculturalismo fue incorporada en la reforma constitucional de 1995. No obstante, en la nueva Constitución Política del Estado Plurinacional se da otra respuesta a la crisis del modelo de Estado-nación, sustentada en el reconocimiento del pluralismo en sus diversas facetas: cultural, lingüística, económica, jurídica y política sobre la base del reconocimiento de los derechos colectivos de "naciones y pueblos indígena originario campesinos", que serían la expresión del "pluralismo nacional", una definición que no contenía el anterior texto constitucional.

Respecto de "lo plurinacional" existe cierta confusión en el discurso oficialista, porque el Estado puede ser definido de esa manera para incluir criterios de identidad étnica en la conformación y funcionamiento de las instituciones estatales, sin embargo, eso no implica que la sociedad boliviana sea "plurinacional". El debate al respecto es pedestre porque la retórica gubernamental, y de algunas organizaciones indígenas, supone que el número de "naciones" se definiría a partir de treinta y seis lenguas nativas que han sido reconocidas constitucionalmente como idiomas oficiales; se trata de un reduccionismo lingüístico que carece de pertinencia sociológica puesto que no existe un sujeto social que comprenda todos los rasgos contenidos en la figura de "naciones y pueblos indígena originario campesinos". Este sujeto es resultado de una transacción discursiva que combina las nociones de "pueblos indígenas", que nombra a los indígenas de tierras bajas; "naciones originarias", que corresponde a los grupos indígenas de tierras altas; y, "campesinos", que caracteriza a los trabajadores y pequeños productores del campo. Estos tres grupos, como vimos, propiciaron y apoyaron la creación del MAS, impulsaron el proceso constituyente y respaldan el proyecto político del partido de Morales, al margen de las tensiones en las filas de la coalición oficialista. Los derroteros del proceso político siguen dependiendo, en buena medida, del accionar de estos movimientos sociales que han transmutado la trama de la democracia boliviana.

Bibliografía

Albó, Xavier y Quispe, Victor (2004), *¿Quiénes son indígenas en los gobiernos municipales?* (La Paz: Cipca/Plural).

Caetano, Gerardo (2010), *Pobreza y derechos humanos, cambios en la ciudadanía y nuevas democracias en América Latina* (San José: IIDH).

Cámara, Gloria, Tórrez, Yuri y Zegada, María Teresa (2008), *Movimientos sociales en tiempos de poder* (La Paz: Plural).

Do Alto, Hervé y Stefanoni, Pablo (2010), "El MAS: las ambivalencias de la democracia corporativa" en García, Alberto y García, Fernando (comps.) *Mutaciones del campo político en Bolivia* (La Paz: PNUD-Bolivia).

Fuertes, N. "CONALCAM: una alianza por el cambio 2006-2009", Tesis de Licenciatura, Cochabamba.

Garcés, Fernando (2010), *El Pacto de Unidad y el proceso de construcción de una propuesta de Constitución Política del Estado. Sistematización de la experiencia* (La Paz: Preview Gráfica).

García, Alberto y García, Fernando (coords.) *Mutaciones del campo político en Bolivia* (La Paz: PNUD-Bolivia).

Hardt, Michael "El proceso boliviano" en Negri, Toni et al., *Imperio, multitud y sociedad abigarrada* (La Paz: CLACSO).

Komadina, Jorge y Geffroy, Céline (2007), *El poder del movimiento político. Estrategias, tramas organizativas e identidad del MAS en Cochabamba (1999-2005)* (La Paz: Pieb/CESU-UMSS).

Negri, Toni et al., *Imperio, multitud y sociedad abigarrada* (La Paz: CLACSO).

Documentos electrónicos

Bolivia (2008), "Nueva Constitución Política del Estado" en <http://www.presidencia.gob.bo/download/constitucion.pdf> acceso 15 de agosto de 2011.

Movimiento Al Socialismo (MAS) 2009 "Estatuto Orgánico" en <*www.iadb.org/document.cfm?id=35322362*> acceso 15 de agosto de 2011.

Diarios, periódicos y revistas

La Razón 2011 (La Paz) 18 de marzo.

Página Siete 2010 (La Paz) 29 de diciembre.

Ciudadanos, partidos y gobernadores

Silvia Gómez Tagle[1]

Resumen

En este texto se discute el nuevo papel que juegan los gobernadores en el proceso de democratización del régimen político mexicano. Se parte de los resultados de las elecciones de gobernadores de 1988 a 2010 para mostrar cómo la alternancia de partidos en los gobiernos estatales ha venido modificando el mapa político nacional. Este análisis se limita a considerar cómo se ha dado el proceso de alternancia en los gobiernos de las treinta y dos entidades de la República, el segundo aspecto que se aborda son las alianzas y los resultados de las elecciones locales de 2010 y finalmente se analiza la influencia de los gobernadores y las corporaciones sindicales en las elecciones presidenciales de 2006. Estos cambios en los partidos que gobiernan y la capacidad de los gobernadores de ejercer influencia en las elecciones locales y federales, a su vez se relacionan con las características del régimen político y con el alcance de los cambios que se han venido produciendo. ¿Es posible hablar de un nuevo régimen político mexicano a raíz de la alternancia en los diferentes niveles de gobierno?

Palabras clave: Alternancia, democratización, gobiernos locales, cambio de régimen, corporaciones sindicales, líderes de popularidad.

---

[1] Centro de Estudios Sociológicos, El Colegio de México. México.

Silvia Gómez Tagle

Abstract

This text discusses the new role of governors in the process of democratization of the Mexican political regime. We show how the alternation of parties in state governments has been changing the national political map. This analysis is focused in the first place on the process of alternating governments of the thirty-two states of Mexico, in the second place on the alliances and the results of local elections in 2010 and, finally, on the influence of governors and union corporations in the 2006 presidential election. These changes in the governing parties and the ability of governors to influence local and federal elections, in turn relate to the characteristics of the political regime and the scope of the changes that have occurred. Can we talk about a new Mexican political regime following the alternation of different levels of government?

Keywords: Alternation of parties, democratization, local governments, political regime change, union corporations, popularity leaders.

***

Introducción

En México, la democracia ha sido producto de un largo proceso de negociaciones entre fuerzas políticas y económicas adversas que ha dado por resultado la gradual liberalización del sistema electoral. La liberalización ha sido muy desigual, mientras en algunas entidades tuvo inicio en los años ochenta del siglo pasado, en otras regiones ha gobernado el mismo partido por más de ochenta años. Sin pretender discutir aquí la pertinencia de las nociones minimalistas o maximalistas de la democracia, en el presente texto me referiré exclusivamente a los aspectos electorales, donde un indicador importante es la alternancia en el poder de diferentes partidos. Con este criterio analizaré las etapas en que se ha producido la alternancia en México en los gobiernos de las 32 entidades de la República.

Los momentos críticos que han marcado cambios en el sistema de partidos mexicano con el paso de un sistema de partido hegemónico-pragmático —o también llamado sistema de partido predominante (Sartori, 1987: 284-285)— a un sistema plural con alternancia se pueden ubicar en el nivel de grandes reformas electorales como las de 1977 y 1996 o en elecciones presidenciales como las de 1988 y 2000, cuando se logró un cambio importante en la configuración del sistema de partidos gracias a la fuerza de un candidato carismático y de las fuerzas políticas que lo apoyaron.

Después de las elecciones presidenciales de 1988, las contiendas locales fueron el escenario de la lucha por la democratización en los municipios y en los gobiernos de los estados, con lo que se inició un lento proceso en el que fueron mutando los sistemas de partidos en las entidades.

Ese lento proceso democratizador permitió la alternancia en la presidencia de la República en el año 2000 cuando Vicente Fox, candidato del Partido Acción Nacional (PAN), derrotó a Francisco Labastida, candidato del Partido Revolucionario Institucional (PRI). En el presente siglo se ha venido produciendo un debilitamiento de la figura presidencial y, paralelamente, los gobernadores han ganado notable autonomía respecto de la presidencia, que en épocas anteriores tenía inclusive el privilegio de destituirlos de una manera bastante arbitraria, no tanto por su buen o mal desempeño sino por convenir al fortalecimiento del grupo político del presidente en turno. Sobre todo en las entidades donde el PRI sigue acaparando el espacio político los gobernadores han concentrado el poder, no solo para someter o corromper a los líderes de otros partidos sino también para oponerse al presidente en turno. En este artículo se analizará la manera en que ha tenido lugar la alternancia partidaria en los estados, así como el nuevo papel que juegan estos gobernadores con mayor autonomía de las estructuras de poder nacionales, y en condiciones en las que las elecciones han adquirido una importancia central para el acceso al poder político. ¿Cómo se ha transformando el mapa político nacional de 1988 a 2010? ¿Qué capacidad tienen los gobernadores para ejercer una influencia capaz de modificar las preferencias electorales de los ciudadanos? ¿Qué papel han jugado los candidatos y los partidos para promover la alternancia? Y, ¿qué tanta influencia pueden ejercer los gobernadores y las corporaciones sindicales del antiguo régimen priista en los resultados de una elección presidencial?

Estas preguntas a su vez se relacionan con las características del nuevo régimen político mexicano y con el alcance de los cambios que se han venido produciendo en el régimen político mexicano a través de las elecciones locales y federales. ¿Es posible hablar de un nuevo régimen político mexicano a raíz de la alternancia en los diferentes niveles de gobierno?

Las etapas de la liberalización electoral

El proceso de cambios más notables en la política electoral mexicana tuvo como momento fundador la reforma política de 1977 en el ámbito institucional, porque fue mediante una reforma constitucional y electoral, promovida por el secretario de Gobernación y dirigente del PRI Jesús Reyes Heroles, que nuevas fuerzas políticas tuvieron acceso a la arena electoral para promover posteriores reformas que paulatinamente transformaron las reglas del juego político. Pero tuvieron que transcurrir varios años para que la democratización empezara a producir una real vinculación de los ciudadanos con la política electoral: los resultados se advirtieron primero en las elecciones municipales y después en las elecciones a gobernadores, hasta que su impacto se reflejó en un cambio importante en todo el sistema de partidos nacionales (Martínez Assad, 1985).

Las elecciones de Chihuahua en 1986 fueron las primeras elecciones a gobernador (después de la reforma electoral de 1977) en las que el PAN demostró estar en condiciones de derrotar al PRI (Aziz, 1985). A pesar de las fuertes evidencias de fraude electoral el PRI logró retener la gobernación, gracias a que no había medios de impugnación autónomos ni una autoridad jurisdiccional competente en el sistema electoral mexicano por encima del Colegio Electoral, integrado éste por los mismos diputados locales que habían sido beneficiados con el resultado electoral que se impugnaba, por lo que constituían una parte interesada en el conflicto.

Las elecciones de 1988 pueden verse como un momento de cambios profundos en el sistema de partidos mexicano porque el Frente Democrático Nacional (FDN), que promovió la candidatura de Cuauhtémoc Cárdenas, significó una ruptura de amplios sectores del PRI que modificó en forma permanente el sistema de partidos mexicano. Las elecciones presidenciales de 1988 fueron las primeras en las que se presentó una verdadera competencia que puso en riesgo el triunfo del candidato del partido, que hasta esa fecha se había considerado el único heredero legítimo de la "revolución mexicana", identidad que desde entonces ha sido cuestionada por otros partidos de izquierda, pero, sobre todo, por el PRD dadas sus raíces en liderazgos tan emblemáticos como el de Cuauhtémoc Cárdenas, hijo de Lázaro Cárdenas, fundador del Partido de la Revolución Mexicana, antecesor inmediato del PRI. Cuauhtémoc Cárdenas, Ifigenia Martínez, Porfirio Muñoz Ledo, Andrés Manuel López Obrador y muchos más se trasladaron al Partido de la Revolución Democrática (PRD) en 1989, con lo que modificaron el mapa de los partidos mexicanos en forma definitiva: el sistema con tendencias bipartidistas PAN-PRI se transformó en un sistema de tres grandes partidos, quedando el PRI quedó en el centroderecha.

Entre 1988 y 1995 se dio un periodo muy conflictivo, en el que las elecciones locales y federales cobraron inusitada centralidad, y en la mayoría de las veces desembocaron en pugnas irresolubles, sobre todo tratándose de elecciones locales. Fue en 1996, ya siendo presidente Ernesto Zedillo Ponce de León, cuando se alcanzó un acuerdo entre todos los partidos para realizar una "reforma electoral de fondo", que diera las garantías necesarias para que las elecciones permitieran a todos los partidos ganar espacios de poder.

Los alcances que tuvo la reforma electoral de 1996 incluyeron las disposiciones legales y las instituciones que han podido asegurar que las elecciones se ajustasen a principios suficientes de transparencia y equidad, como única vía de acceso al poder político "legítimo" cuando menos hasta 2006. La efectividad de los acuerdos se apreció en la disminución de conflictos poselectorales y la alternancia que empezó a producirse como resultado de las elecciones en todos los niveles de gobierno, primero en las locales desde 1997 en adelante, y desde 2000 en las elecciones presidenciales.

En México no se puede hablar realmente de transición porque no se ha producido un pacto de gran aliento que posibilite de realizar una gran "reforma del Estado" (Gómez Tagle, 2001: 113-126; Salazar, 2001: 17-40; Palma, 2004: 28-36); los cambios se han limitado casi exclusivamente al campo electoral, por lo que permanecen en pie las instituciones del viejo régimen, aun cuando ya no funcionen, porque el presidencialismo se ha debilitado y no hay otras instancias que sustituyan las funciones que antes cubría el Poder Ejecutivo federal, en virtud de tener la dirección del partido hegemónico y, al mismo tiempo, el control sobre las cámaras de Senadores y de Diputados. Por eso desde 1997, cuando el PRI perdió la mayoría en la Cámara de Diputados, se ha venido agudizando una contradicción entre una democracia que se fortalece en lo electoral, pero que en otros campos se ve paralizada e inclusive seriamente en riesgo de perder el control político. Además, las condiciones que bastaron para dar legitimidad a los procesos electorales en 1996 resultaron insuficientes en las elecciones presidenciales de 2006, de ahí la necesidad de otra reforma electoral en 2007, la que ha dejado muy insatisfechos a muchos de los actores políticos.

Alternancia en las elecciones locales

Después de 1988 se inició un lento proceso de cambio en los escenarios de competencia de las elecciones locales, desarrollándose luchas por la democratización en esos niveles de gobierno: desde los municipios, las diputaciones locales y los gobiernos de los estados. Pero este proceso fue irregular, porque favoreció más al PAN que al PRD dado que sus triunfos se aceptaron primero, y porque los cambios en el sistema de partidos han sido muy diferentes en las 32 entidades de la República.

Con el fin de visualizar la trayectoria de la alternancia de partidos en los gobiernos de los estados se presentan dos cuadros: el Cuadro 1 muestra los cambios hasta 1996 y el Cuadro 2 lo hace de 1997 a 2010.

En el periodo 1989-1996 las elecciones solamente dieron por resultado la alternancia en cuatro estados, y en todos el PAN fue triunfador; primero ganó Baja California en 1989 donde el PRI fue diligente para reconocer su derrota, pero esa voluntad política para aceptar el cambio no se conservó en otras elecciones: en 1991 el triunfo de Vicente Fox Quezada en Guanajuato no fue reconocido, y después de un largo conflicto que impidió al candidato del PRI asumir su supuesta victoria, acabaron por nombrar un gobernador sustituto, también panista. Chihuahua fue ganado por el PAN en 1992 y Jalisco en 1995, también en condiciones difíciles, pero al fin se aceptaron los resultados de las elecciones. En cambio, en Yucatán —donde el

PAN compitió fuertemente por la *gubernatura*– acabó por imponerse el PRI a pesar de los conflictos poselectorales. En 1991 en las elecciones de San Luis Potosí la candidatura de Salvador Nava[2] aglutinó un amplio movimiento social y político, que obtuvo el apoyo tanto del PAN como del PRD, pero fue derrotado a pesar de haber alcanzado una capacidad de convocatoria nacional por la defensa de la democracia (Gómez Tagle, 1994: 83-90).

El PAN fue cambiando su perfil y abandonando el carácter que mantuvo desde la década de 1940, como un partido de centroderecha, que defendió los principios de la democracia política y abanderó algunos liderazgos locales sin grandes posibilidades de ganar una participación importante en el Congreso o en los gobiernos estatales y menos en la Presidencia. Este partido se nutrió de los sectores inconformes del PRI, pero su crecimiento en los últimos veinte años del siglo pasado pareciera haberse sustentado en los sectores empresariales emergentes que optaron por abandonar sus lealtades priístas —las cuales les permitían hablar con los gobiernos del PRI en defensa de sus privilegios y en la búsqueda de oportunidades de negocios vinculados con la administración pública— para ingresar directamente a la política electoral desde la plataforma política del PAN. Los triunfos en elecciones locales en los gobiernos y en los municipios de las capitales de los estados fueron proporcionando a esta fuerza una presencia nacional amplia y una distribución de sus estructuras partidarias lo suficientemente homogénea como para perfilarse como el partido más apto para aspirar a la presidencia en 2000.

---

[2] Líder democrático que se enfrentó a uno de los cacicazgos históricos de México en esa entidad desde la década de 1960.

Cuadro 1
Partidos que han gobernado en los estados de la República de 1988 a 1996

Nº	Nombre	1988	1989	1990	1991	1992	1993	1994	1995	1996	Alternancia
1	Aguascalientes	PRI				PRI					PRI
2	Baja California	PRI	PAN						PAN		PRI-PAN
3	Baja California Sur	PRI									PRI
4	Campeche	PRI			PRI						PRI
5	Coahuila	PRI					PRI				PRI
6	Colima	PRI			PRI						PRI
7	Chiapas	PRI					PRI				PRI
8	Chihuahua	PRI				PAN					PRI-PAN
9	Distrito Federal	PRI						PRI			PRI
10	Durango	PRI									PRI
11	Guanajuato	PRI			PAN						PRI-PAN
12	Guerrero	PRI					PRI				PRI
13	Hidalgo	PRI					PRI				PRI
14	Jalisco	PRI						PAN			PRI-PAN
15	México	PRI	PRI				PRI				PRI
16	Michoacán	PRI				PRI			PRI		PRI
17	Morelos	PRI						PRI			PRI
18	Nayarit	PRI					PRI				PRI
19	Nuevo León	PRI			PRI			PRI			PRI
20	Oaxaca	PRI				PRI					PRI
21	Puebla	PRI				PRI					PRI
22	Querétaro	PRI			PRI						PRI
23	Quintana Roo	PRI					PRI				PRI
24	San Luis Potosí	PRI			PRI		PRI				PRI
25	Sinaloa	PRI				PRI					PRI
26	Sonora	PRI			PRI						PRI
27	Tabasco	PRI					PRI	PRI			PRI
28	Tamaulipas	PRI					PRI				PRI
29	Tlaxcala	PRI					PRI				PRI
30	Veracruz	PRI					PRI				PRI
31	Yucatán	PRI			PRI			PRI	PRI		PRI
32	Zacatecas	PRI					PRI				PRI

Referencias: PRI (Partido Revolucionario Institucional) y PAN (Partido Acción Nacional).
Fuente: Elaboración propia en base a datos de los gobiernos estatales y del Tribunal Electoral del Poder Judicial de la Federación (TEPJF).

El PRD, fundado por Cuauhtémoc Cárdenas en 1989, tuvo una suerte muy distinta a la del PAN, porque en el seno del partido nunca se aceptó la legitimidad de las elecciones de 1988 o de la presidencia de Carlos Salinas de Gortari. Esta posición colocó al partido en una situación de confrontación permanente con el gobierno federal, que inclusive llegó a la violencia en elecciones locales. En esos conflictos perdieron la vida muchos militantes, mientras que el PRD enfrentó situaciones muy adversas en todas las contiendas electorales, aun en los estados donde tenía una presencia importante como Guerrero, Michoacán, Tabasco, Estado de México y Morelos. La situación dio lugar a conflictos constantes como el corte de carreteras, la toma de los edificios de los gobiernos municipales, o la gran marcha que encabezó López Obrador desde Tabasco a la Ciudad de México (más de mil kilómetros de recorrido); con lo que se creó un círculo vicioso de conflicto y violencia poselectoral (Gómez Tagle 1994: 77-83; Crespo, 1995). En el Distrito Federal[3], este partido obtuvo la mayoría de los votos en 1988, pero en dicha entidad no había elecciones locales, así que fue necesario esperar a la reforma electoral de 1996 para que sus votos se transformaran en gobierno. Al final del gobierno de Salinas de Gortari, la historia electoral muestra un país donde apenas cuatro entidades de 32 habían logrado cambiar el gobierno local.

Las dificultades económicas y políticas que enfrentó Ernesto Zedillo Ponce de León al arribar a la presidencia de la República en 1994 propiciaron la búsqueda de nuevos acuerdos para otra reforma electoral "de fondo". Para la elaboración de este proyecto, a iniciativa de algunos de los miembros del Consejo General del Instituto Federal Electoral (IFE), fueron convocados todos los partidos (incluyendo el PRD) en 1995, así como también muchos actores independientes de la sociedad civil. Finalmente los lineamientos generales se aprobaron por consenso en la Cámara de Diputados en 1996.

Pueden destacarse los rasgos que explican su importancia: a) la autonomía de IFE; b) la creación de un tribunal federal electoral –también autónomo, especializado en materia electoral y perteneciente al Poder Judicial– con la facultad para dirimir los conflictos electorales locales o federales como "última instancia"; c) la disposición constitucional que obliga a las entidades de la República a asumir principios similares a los expresados en la legislación federal; y por último d) la reforma política en el Distrito Federal, que devolvió a los ciudadanos de esta entidad (la ciudad capital) sus derechos políticos, para elegir al jefe del

---

[3] En el Distrito Federal no hubo elecciones para gobiernos locales sino hasta 1997, los gobernantes eran designados por el presidente.

gobierno local, y de 2000 en adelante a los "jefes de Gobierno" de las 16 demarcaciones administrativas en las que se divide la entidad.

A pesar de que este último aspecto ha sido desatendido en muchos estados, la existencia del Tribunal Electoral del Poder Judicial de la Federación (TEPJF), con capacidad para dirimir los conflictos a un nivel superior, ha tenido un gran impacto. Esto queda en evidencia porque a partir de 1997 la alternancia en los gobiernos locales se extendió a gran parte de las entidades del país, como se observa en el Cuadro 2. Pero en este periodo, la alternancia se ha dado en varias direcciones, por decirlo de alguna manera: en la mayoría de los casos ha sido del PRI al PAN o del PRI al PRD, pero también se ha dado a la inversa, de otros partidos de vuelta al PRI. El PAN ha gobernado en quince entidades, pero de esas entidades el poder del gobierno estatal ha regresado al PRI como resultado de ocho elecciones. Solamente en cuatro estados ha gobernado por más de un periodo consecutivo y todavía conservaba el poder en 2010.

En 1997 el PRD obtuvo el triunfo en la primera elección local para jefe de Gobierno y diputados locales del Distrito Federal, y esta entidad se ha convertido en su bastión más importante con dos gobiernos consecutivos. En los trece años transcurridos desde que la reforma de 1996 entró en vigor, este partido también ha gobernado en Zacatecas, Tlaxcala, Chiapas, Baja California Sur, Michoacán y Guerrero. Además ha tenido fuerte presencia en otras entidades como Tabasco (que sigue teniendo un gobierno del PRI), Oaxaca (donde ganó el PRD con una amplia coalición en 2010) e Hidalgo (donde la coalición con el PAN no logró el triunfo en 2010). En varios estados los candidatos del PRD salieron del PRI solo unos meses antes porque no obtuvieron la candidatura de ese partido: esto permite suponer que tanto los liderazgos como las bases priístas han seguido nutriendo el desarrollo del PRD, como ocurrió en 1988 (Cuadro 1). El PRD ha gobernado en siete estados, en cinco de los cuales ha refrendado su triunfo cuando menos una vez, lo cual indica una mayor consolidación como partido en las entidades donde gobierna. Tlaxcala es la única entidad que ha sido gobernada por los tres principales partidos, el PRI, el PRD, el PAN y el PRI en 2010; así como también Zacatecas regresó al PRI en 2010, después de dos periodos con gobiernos del PRD.

Como se observa en el Cuadro 1, las alianzas entre la izquierda y la derecha no son algo nuevo, desde que en 1991 Salvador Nava promovió una alianza con el PRD y el PAN para favorecer su candidatura a gobernador, la cual no prosperó a pesar de que dio lugar a un amplio movimiento social. En 2000 la alianza del PRD con el PAN permitió derrotar al PRI en un estado paradigmático como Chiapas, el cual había sido una de las entidades de más alta votación para el PRI, de más alta marginación, con mayor población indígena y con la presencia de un movimiento indígena radical como el zapatismo, que ha convocado a la no participación electoral. En 2001 se dio otra alianza similar en Yucatán que además incluyó al Partido Verde Ecologista de México (PVEM) y al Partido del Trabajo (PT), la cual fue exitosa por un periodo de seis años ya que el PRI recuperó el gobierno de la entidad en 2007. En Guerrero el triunfo del PRD en 2005 se consiguió gracias a la alianza con Convergencia (CO). El PRI también hizo alianzas, una de las más exitosas fue la que le permitió conservar el gobierno del estado en Oaxaca en 2004.

Ahora bien ¿cuál es el color de las alianzas? En este trabajo yo he asumido que en algunas entidades donde hubo alianzas el partido que imprimió su sello al gobierno en forma más destacada fue el PAN y en otras ocasiones el PRD, teniendo en cuenta los antecedentes electorales y en general políticos de la entidad: es más probable que el partido con mayor arraigo en las bases sociales ejerza mayor influencia, pero también hay que tomar en cuenta que el partido del presidente de la República tiende a inclinar la balanza a su favor en la relación con los estados. Con esta advertencia he considerado que Chiapas ha conservado un perfil más cercano al PRD, mientras que en Nayarit y Yucatán el PAN fue el partido más fuerte de la alianza y el que imprimió su sello al gobierno, que por cierto solo duró un periodo de seis años.

El análisis histórico de los resultados de las elecciones de gobernadores de 1988 a 2010 sugiere varias reflexiones. En primer lugar sorprende la firmeza con la que el PRI ha conservado su influencia en los estados: inclusive después de perder la presidencia en 2000, existen todavía diez estados de la República que han sido gobernados por el PRI y sus antecesores desde 1930. Entre estos se cuenta el Estado de México, que rodea prácticamente al Distrito Federal, y que es el estado más importante tanto por su población, como por su participación en el PBI.

Cuadro 2

Partidos que han gobernado en los estados de la República de 1997 a 2010

Nº	Nombre	1997	1998	1999	2000	2001	2002	2003	2004	2005	2006	2007	2008	2009	2010
1	Aguascalientes		PAN						PAN						PRI
2	Baja California				PAN							PAN			
3	Baja California Sur			PRD						PRD					
4	Campeche	PRI						PRI						PRI	
5	Coahuila			PRI						PRI					
6	Colima	PRI						PRI						PRI	
7	Chiapas				PRD-PAN						PRD				
8	Chihuahua		PRI						PRI						PRI-PT-PVEM-NA
9	Distrito Federal	PRD			PRD						PRD				
10	Durango		PRI						PRI						PRI
11	Guanajuato	PAN			PAN						PAN				
12	Guerrero			PRI						PRD-CO					
13	Hidalgo			PRI						PRI					PRI-PVEM-NA
14	Jalisco				PAN						PAN				
15	México			PRI						PRI					
16	Michoacán						PRD					PRD			
17	Morelos				PAN						PAN				
18	Nayarit			PAN-PRD-PT-PRS						PRI					
19	Nuevo León	PAN						PRI							PRI
20	Oaxaca		PRI						PRI-PT-PVEM						PRI-PAN-CO-PT
21	Puebla		PRI						PRI						PRI-PRD-CO-NA
22	Querétaro	PAN						PAN						PRI	
23	Quintana Roo			PRI						PRI					
24	San Luis Potosí	PRI						PAN						PRI	
25	Sinaloa		PRI						PRI						PAN-PRD-CO
26	Sonora	PRI						PRI						PAN	
27	Tabasco				PRI						PRI				
28	Tamaulipas		PRI						PRI						PRI
29	Tlaxcala		PRD						PAN						PRI
30	Veracruz		PRI						PRI						PRI
31	Yucatán					PAN-PRD-PVEM-PT						PRI			
32	Zacatecas		PRD						PRD						PRI

Referencias: PRI (Partido Revolucionario Institucional), PAN (Partido Acción Nacional), PRD (Partido de la Revolución Democrática), CO (Convergencia), PT (Partido del Trabajo), NA (Nueva Alianza), PRS (Partido de la Revolución Socialista), PVEM (Partido Verde Ecologista de México).

Fuente: Elaboración propia en base a datos de los gobiernos estatales y del Tribunal Electoral del Poder Judicial de la Federación (TEPJF).

Los partidos que han venido conquistando espacios en elecciones locales más importantes son el PAN y el PRD. Hay una división territorial de tiempo atrás, desde que el proceso de liberalización democrática fue permitiendo el avance de partidos distintos al PRI; en unas entidades se afianzó el PAN mientras que en otras la oposición ha sido encabezada por el PRD. Pero en casi todos los casos se ha conservado un esquema bipartidista, en el que el PRI sigue siendo un actor principal, sea como primera o segunda fuerza. De hecho, como se advierte en los dos cuadros anteriores solamente en Tlaxcala se ha producido una alternancia PRI-PRD-PAN-PRI. Sin embargo, en muchas de las elecciones locales se advierte que cada vez hay un nivel de competencia más alto, lo que a la larga permitirá que el PRI sea sustituido en varios estados, pero en otros este partido regresa al gobierno y se mantiene firme.

Los cambios que se han venido produciendo en la relación entre poder federal y poderes locales son evidentes si se considera que Salinas de Gortari (presidente de 1988 a 1994) destituyó a diecisiete gobernadores que le resultaron "incómodos" (Martínez Assad 2001: 312). Después de la reforma de 1997, ningún gobernador ha sido destituido por el presidente, lo que demuestra que ha cambiado la fuente de su poder, el cual cada vez más se sustenta en los resultados electorales. Por un lado ese gran poder del presidente se ha fragmentado en las gubernaturas de las treinta y dos entidades; y por el otro en algunos casos los gobernadores también están obligados a atender a la opinión pública cuando se trata de designar a su sucesor, como lo demuestran las experiencias en las elecciones de gobernadores sobre todo en 2010, porque si conceden su apoyo al candidato equivocado, corren el riesgo de que éste sea derrotado por un candidato más popular de otro partido.

Elecciones de gobernadores en 2010

Como resultado de la reforma electoral de 2007, el 4 de julio de 2010 se unificaron las fechas de catorce elecciones locales: doce de gobernadores y dos elecciones de legisladores y de ayuntamientos. En 2010, después de veintidós años de "cambios políticos" el PRI todavía gobernaba en la mayor parte de las entidades del país (Cuadro 3).

Cuadro 3
Partidos que gobernaban en las 32 entidades en México en 2010

Partido	Elecciones de gobernador		
	No hubo elección en 2010	Hubo elección en 2010	Entidades ganadas
PAN	3	2	ninguna
PRI	10	9	9
PRD	5	1	ninguna
Coalición PAN, PRD y otros	-	-	3
Total	18	12	

Fuente: Elaboración propia en base a datos de los gobiernos estatales y del Tribunal Electoral del Poder Judicial de la Federación (TEPJF).

A continuación se analizan las elecciones locales, cinco de gobernadores (Oaxaca, Puebla, Hidalgo, Sinaloa y Durango). El interés que tienen las elecciones locales de 2010 en estas cinco entidades, donde nunca se había producido la alternancia, es que cristalizaron alianzas de fuerzas políticas y partidos alrededor de una candidatura popular que logró un alto nivel de competitividad.

Cómo se formaron las alianzas opositoras

Las alianzas entre fuerzas políticas distintas se han dado en México tanto en las elecciones presidenciales de 1988, 2000 y 2006 como en las elecciones intermedias de 2003 y 2009, casi siempre con resultados interesantes porque han permitido a los grandes partidos posicionarse en escenarios de competencia intensa. Por ejemplo, Alianza por el Cambio (PAN-PVEM) contribuyó a ganar la presidencia en 2000; la Coalición por el Bien de Todos (PRD, Convergencia, PT) llevó a su candidato a medio punto porcentual de la presidencia en 2006; en las elecciones legislativas de 2003 y 2009 la alianza del PRI con el PVEM en distritos donde el PRI había perdido capacidad de convocatoria le permitió a este último recuperar el control mayoritario sobre la Cámara de Diputados.

En 2010 el PRI en Chihuahua reeditó sus alianzas con el PVEM, el Partido Nueva Alianza (NA) e inclusive con el PT, a pesar de la fuerte influencia que ejerce sobre este partido Andrés Manuel López Obrador (acérrimo enemigo de las alianzas con "la derecha" donde ubica al PRI y al PAN). También llama la atención la flexibilidad del partido NA, formado por integrantes del sindicato del magisterio bajo el liderazgo de Elba Esther Gordillo, que en ese año se ubicó aliado del PRI en algunas entidades (tales como Chihuahua y Durango) y en otras participó en la coalición opositora (Puebla). El PRI recuperó otras dos entidades: Aguascalientes, antes gobernada por el PAN, y Zacatecas, antes gobernada por el PRD– pero allí no necesitó de alianza para derrotar al partido que ocupaba el gobierno. El resultado de las doce elecciones de gobernadores se aprecia en el Cuadro 4.

Cuadro 4
Estados donde hubo elecciones para gobernadores en 2010

Antes de las elecciones gobernados por	Después de las elecciones gobernados por	Cantidad de estados
PAN	PRI	2
PRI	PRI	6
PRI	Coalición PAN, PRD y otros	3
PRD	PRI	1
		12

Fuente: Elaboración propia en base a datos de los gobiernos estatales y del Tribunal Electoral del Poder Judicial de la Federación (TEPJF).

Las cinco entidades donde se formaron alianzas opositoras con partidos de "ideologías opuestas" tenían como rasgo en común que siempre habían estado en manos del PRI y se podría afirmar que el régimen de partido hegemónico todavía tenía vigencia allí. La derrota del PRI en aquellas entidades donde no se había producido la alternancia fue el eje político que unificó a la derecha con la izquierda para las elecciones de gobernadores: éste fue el incentivo en el nivel de las direcciones nacionales de los partidos, así como en el de líderes políticos como Manuel Camacho Solís (quien proviene del PRI como muchos otros, pero hace años ha militado en la oposición a ese partido). Además hay que tomar en cuenta la coyuntura política local, en la que se advertía el desprestigio del gobernador y una selección inapropiada del candidato del PRI (lo cual ocurre con frecuencia debido a que el gobernador en turno toma la decisión pensando en sus propios intereses en vez de buscar al mejor, por temor a que sean descubiertos manejos inadecuados de recursos o a ser marginado políticamente). Cuando todas las circunstancias coinciden, las alianzas –contradictorias o no– responden no solo a la voluntad de los partidos, sino que se tornan en una demanda ciudadana.

La controversia respecto de estas alianzas fue intensa porque por un lado representaban una contradicción fundamental en los principios de estos dos partidos con fuertes diferencias ideológicas y enfrentados en 2006; y por el otro implicaban atender los reclamos sociales de cambio de las fuerzas locales que habían sido subyugadas por gobiernos locales autoritarios.

El estado de Oaxaca tuvo como gobernador a Ulises Ruiz, quien cometió todo tipo de abusos de poder a lo largo de los seis años de su gobierno, en especial en contra del movimiento popular denominado Asamblea Popular de los Pueblos de Oaxaca (APPO) en 2006. No obstante, fue ejemplo notable de la solidaridad del PRI ya que, gracias al apoyo que recibió de los legisladores locales y federales, fue imposible iniciarle un juicio político o destituirlo de su cargo a pesar de existir abundantes evidencias de los delitos cometidos por sus sicarios. El candidato de la "alianza opositora" fue Gabino Cué Monteagudo, quien también provenía del PRI pero lo había abandonado hacía varios años. Seis años antes ya había sido postulado como candidato a gobernador por una coalición amplia y no habiendo tenido éxito fue legislador por el PAN. Pero en 2006 dio apoyo público a López Obrador, de la Coalición por el Bien de Todos (CPBT) y en 2010 López Obrador respaldó a Cué Monteagudo en las giras por municipios indígenas previas a las elecciones para gobernador. Pero este candidato gozaba de gran popularidad en su estado desde antes del inicio del proceso electoral de 2010, así que su candidatura no fue una sorpresa y fue bien recibida tanto por la dirigencia nacional del PAN como del PRD.

A la coalición Unidos por la Paz y el Progreso (UPP), que postuló a Gabino Cué Monteagudo como candidato a gobernador en 2010, se sumaron el PRD, el PAN, Convergencia y el PT. En algún momento del proceso se consideró que Nueva Alianza también apoyaría la coalición, pero Irma Piñeyro –que había sido una gran impulsora de ese proyecto– al final prefirió ser postulada por su partido como candidata, lo que puso en evidencia que en realidad esta dirigente de la NA solo estaba en busca de propugnar su propia candidatura. El escaso impacto de la NA en las elecciones demostró que la influencia del magisterio, cuando menos en Oaxaca, no es tan grande como se había dicho en 2006.

Cuadro 5
Resultados elecciones para gobernador: Oaxaca 2010

Fuerza	Votos (Nº)	Votos (%)
UPP	733.783	50,11
ATO	613.651	41,91
PUP	48.972	3,34
NA	20.178	1,38
No registrados	535	0,04
Nulos	47.118	3,22
Total	1.464.237	100

Referencias:

UPP Unidos por la Paz y el Progreso (PAN, PRD, PT, CO), candidato Gabino Cué Monteagudo.

ATO Alianza por la Transformación de Oaxaca (PRI, PVEM), candidato Eviel Pérez Magaña.

PUP Partido Unidad Popular, candidata María de los Ángeles Abad Santibáñez.

NA Partido Nueva Alianza, candidata Irma Piñeyro Arias.

Fuente: Acta de los Resultados de la Elección de Gobernador del Estado de Oaxaca (Instituto Estatal Electoral y de Participación Ciudadana de Oaxaca).

La votación a favor de Gabino Cué fue contundente, con una diferencia de ocho puntos porcentuales respecto del candidato del PRI. A su vez, el Partido de Unidad Popular (PUP), partido local, tuvo una presencia significativa que podría indicar sus posibilidades de desarrollo en el futuro. En cambio, la NA tuvo muy poco peso, lo cual demuestra que las aspiraciones de Piñeyro eran desmesuradas.

En Puebla el gobernador priísta tenía un prestigio también dudoso, entre otras cosas había sido acusado de violar derechos humanos de menores y perseguir a la periodista que denunció los hechos. Sin embargo, a diferencia de Oaxaca, en este estado la oposición más fuerte se identificaba con el PAN: ya desde 2006 Rafael Moreno Valle había renunciado al PRI porque en ese partido no logró obtener la candidatura a senador que finalmente le ofreció el PAN con buenos resultados (pues obtuvo una banca por el principio de representación proporcional). En 2010 Moreno Valle ganó con un amplio margen la candidatura a gobernador en la competencia interna del PAN, habiendo derrotado a su contrincante, Ana Teresa Aranda, con el 77% de los votos. La coalición Compromiso por Puebla (CCP), que lo postuló como candidato a gobernador, estuvo integrada por el PAN, el PRD, Convergencia y la NA. Como en el caso de Oaxaca, el resultado de la votación mostró que Moreno Valle, con diez puntos porcentuales de diferencia, gozaba de una amplia base de apoyo, mientras que el candidato del PRI quedó muy atrás. Sin embargo, es interesante considerar la importante votación que recibió el PT, dada la polarización de las tendencias en esta elección.

Cuadro 6
Resultados elecciones para gobernador: Puebla 2010

Fuerza	Votos (N°)	Votos (%)
CCP	1.111.318	50,43
APA	883.285	40,08
PT	123.285	5,59
No registrados	1.530	0,07
Nulos	84.101	3,82
Total	2.203.868	100

Referencias:
CCP Coalición Compromiso por Puebla (PAN, PRD, CO y NA), candidato Rafael Moreno Valle.
APA Alianza Puebla Avanza (PRI-PVEM), candidato Javier López Zavala.
PT Partido del Trabajo, candidato Armando Etcheverry Beltrán.

Fuente: Reynoso, Víctor Manuel (2011).

En Hidalgo, donde impera un clima de autoritarismo, con una fuerte población indígena y alta marginación (situación similar a la de Oaxaca y Puebla) también se dio una alianza que tenía como centro a un personaje identificado con el PAN: en este caso la candidata fue Xóchitl Gálvez Ruiz, quien encabezó la alianza Hidalgo Nos Une (HNU) (conformada además por el PRD y Convergencia). Al iniciarse el proceso electoral el PT había participado en la alianza, pero después decidió presentar a su propio candidato. Por su parte el PRI aquí también conformó la alianza Unidos Contigo (UC), con el PVEM y la NA.

Xóchitl Gálvez, quien venía de colaborar primero con el gobierno de Fox (2000-2006) y luego con el de Calderón —en el mismo cargo[4]—, fue la

---

[4] Xochitl Gálvez se desempeñó como titular de la Comisión para el Desarrollo de los Pueblos Indígenas durante todo el gobierno de Vicente Fox y un año del gobierno de Calderón, renunciando debido a un desacuerdo sobre presupuesto. Se retiró de la vida pública hasta 2007, cuando anunció su tentativa para gobernar Hidalgo. Consúltese México (2011).

única mujer que presidió una alianza electoral en su intento por modificar la correlación de fuerzas en el estado. Su candidatura recibió el apoyo de los líderes nacionales tanto del PRD como del PAN. Sin embargo, algunos líderes del PRD, como el senador José Guadarrama, decidieron no participar en la elección por considerar que el acuerdo entre los partidos favorecía al PAN: sin duda ello restó fuerza a la alianza, dado que el PRD ha sido el segundo partido en Hidalgo. Otro elemento que jugó en contra de Gálvez fue la campaña en su contra que realizó López Obrador, quien finalmente logró que el PT lanzara su propio candidato.

La alianza opositora no ganó en Hidalgo, pero Xóchitl Gálvez fue relativamente exitosa ya que obtuvo el 45% de los votos contra el 51% del candidato del PRI, a pesar de no contar con el apoyo de sectores de la izquierda dentro y fuera del PRD. Además, HNU obtuvo tres diputaciones de mayoría y cinco de representación proporcional, lo cual permitió romper el bloque mayoritario del PRI en el congreso local. Y el PT, con el apoyo del López Obrador, solo recibió el 0,29% de los votos (Cuadro 7).

Cuadro 7
Resultados elecciones para gobernador: Hidalgo 2010

Fuerza	Votos (N°)	Votos (%)
HNU	396.561	45,13
UC	441.571	50,25
PT	2.527	0,29
Nulos y no registrados	38.127	4,34
Total	878.786	100

Referencias:
HNU Hidalgo nos Une (PAN, PRD, CO), candidato Xóchitl Gálvez Ruiz.
UC Unidos Contigo (PRI, PVEM, NA), candidato Francisco Olvera Ruiz.
PT Partido del Trabajo.

Fuente: Programa de Resultados Preliminares del Instituto Estatal Electoral de Hidalgo.

Las otras dos entidades donde cristalizaron alianzas opositoras significativas fueron Sinaloa y Durango. Con características socioeconómicas muy distintas a Oaxaca, Hidalgo y Puebla, estas entidades se ubican en regiones agrícolas o ganaderas más vinculadas a la agroindustria, con una economía en general más próspera, pero también con una presencia más fuerte del narcotráfico y de la violencia asociada a éste. Tanto en Sinaloa como en Durango la coalición opositora se formó porque el dirigente priísta con mejor prestigio y buenas posibilidades de ganar no tuvo oportunidad de competir por la candidatura y decidió salirse de ese partido en busca de mejores oportunidades fuera, con el apoyo de otros partidos.

En el caso de Durango, la situación de violencia, la reciente matanza de niños y jóvenes en Nuevo Ideal, los hechos sangrientos y de corrupción en el penal de Gómez Palacio y el hecho de ser el lugar de residencia de algunos de los jefes criminales más perseguidos del país contribuyeron a un discurso electoral basado en acusaciones recíprocas entre opositores. Pero la violencia no solo creó un clima adverso a la participación, sino que incidió directamente en el proceso electoral, pues varios alcaldes fueron asesinados, lo que desalentaba a los candidatos potenciales y cuestionaba la vigencia del Estado de derecho en esa región.

En 2010 el Comité Ejecutivo Nacional del PRI tomó la decisión, con la participación de Beatriz Paredes y Jesús Murillo Karam (presidenta nacional y secretario general respectivamente), de nombrar a Jorge Herrera Caldera sin tomar en cuenta la opinión pública local.

La alianza surgió en parte como resultado de la confluencia de organizaciones sociales de izquierda, tales como la Unión Popular Independiente, el Comité de Defensa Popular Francisco Villa, la Coordinadora Nacional del Movimiento Urbano Popular y la Organización de Izquierda Revolucionaria Línea de Masas, las cuales habían jugado un papel importante en la vida política local e inclusive contribuyeron al triunfo del PT en el ayuntamiento de Durango. A esto hay que agregar la popularidad con que contaba José Rosas Aispuro Torres, la cual sin duda facilitó la coalición electoral "Durango Nos Une" integrada por el PAN, el PRD y CO.

Los votos del PT, el cual rechazó la alianza y fue a la elección con un candidato propio, habrían cambiado el resultado a favor de Aispuro Torres porque la diferencia entre el candidato ganador del PRI y el de la coalición "Durango Nos Une" no llegó a tres puntos porcentuales (Cuadro 8).

Cuadro 8
Resultados elecciones para gobernador: Durango 2010

Fuerza	Votos (N°)	Votos (%)
DNU	279.597	45,72
PRI	297.027	48,57
PT	25.593	4,19
PVEM	5.618	0,92
Partido Duranguense	3.665	0,60
Total	611.500	100

Referencias:
DNU Durango Nos Une (PAN, PRD, CO), candidato José Rosas Aispuro.
PD Partido Duranguense, candidato Juan Ángel De la Rosa.
PRI Partido Revolucionario Institucional, candidato Jorge Herrera Caldera.
PT Partido del Trabajo, Gabino Martínez Guzmán.
PVEM Partido Verde Ecologista de México, candidata Nora Loera de la Paz.

Fuente: Arzaluz Solano, Socorro, (2011).

Sinaloa es un estado donde se podría afirmar que el "partido hegemónico" no ha desaparecido, lo mismo que en los estados antes mencionados. Podría decirse que el PRI aplastó a la oposición en los municipios y en las elecciones para diputados de mayoría (por distritos electorales) en 2007. También en las elecciones federales de diputados de 2009 ganó los ocho distritos electorales de mayoría. Por eso tanto el PRD como el PAN habían estudiado la posibilidad de una alianza opositora con el principal objetivo de derrotar al PRI. Para las elecciones de 2010 se conformaron dos grandes alianzas: Alianza para Ayudar a la Gente (del PRI con el PVEM y la NA) y la "oposicionista" "El Cambio es Ahora por Sinaloa" (integrada por el PAN, el PRD y Convergencia). Mario López Valdez ("Malova") tenía buenas perspectivas como candidato por su buena trayectoria política: había sido senador y presidente municipal de Ahome, donde ganó gran popularidad. Sin embargo, en el PRI le fue negada la candidatura debido a los intereses de grupos cercanos al gobernador anterior, quien prefirió apoyar a Jesús Vizcarra Calderón, algo similar a lo ocurrido en Durango. El resultado favoreció con toda claridad a la alianza opositora que postuló a Malova, por una diferencia de casi seis puntos porcentuales, y la votación se dividió solo entre estos dos candidatos[5].

Cuadro 9
Resultados elecciones para gobernador: Sinaloa 2010

Fuerza	Votos (N°)	Votos (%)
CCS	576.431	51,84
AAG	515.483	46,36
No registrados	2.422	0,22
Nulos	17.555	1,58
Total	1.111.891	100

Referencias:
CCS Coalición Cambiemos Sinaloa (PAN, PRD, CO), candidato Mario López Valdez.
AAG Alianza para Ayudar a la Gente (PRI, PVEM, NA), candidato Jesús Vizcarra Calderón.
PT Partido del Trabajo, no registró candidato.

Fuente: Hernández Norzagaray y Shobert (2011).

Los resultados de las elecciones de 2010

La estrategia de las "alianzas opositoras al PRI" para postular candidatos a gobernador en cinco estados que no habían conocido la alternancia, las cuales involucraron a partidos como el PRD y el PAN, obedecieron a la preocupación en algunos dirigentes en ambos partidos por detener el avance del PRI, a lo que se deben añadir las condiciones políticas locales propicias, como la existencia de un descontento popular con los gobernadores priístas y la presencia de dirigentes capaces de convocar a los ciudadanos y a los partidos. En 2010 los casos más notables fueron el de Oaxaca y el de Puebla porque los gobernadores habían desarrollado fuertes mecanismos de control político, pero en los cinco estados analizados se puede afirmar que el papel que jugaron los candidatos fue tanto o más importante que el de los partidos. También se destaca el papel que jugaron los pequeños partidos en las alianzas electorales, ya sea con el PRI o con la oposición, porque aportaron la pequeña cantidad de votos requerida para ganar. El pragmatismo del PT y de la NA llama la atención porque aparecieron en algunos estados como aliados del PRI y en otros de sus contrarios.

---

[5] Los resultados oficiales solo manejan datos de las coaliciones lideradas por estos dos candidatos.

A pesar del clima de violencia que prevalecía en el país, la participación electoral de los ciudadanos fue alta en las entidades donde hubo alianzas exitosas que permitieron la alternancia en el gobierno, lo que resulta un indicador de que los mexicanos todavía apuestan a la democracia electoral. Además, las encuestas de boca de urna revelan que los ciudadanos usaron su voto para el cambio y que votaron más por el candidato que por el partido (o coalición de partidos) (*El Universal*, 18/7/2010). Ello hace pensar en un proceso similar al que ha sido observado en otros países latinoamericanos, donde los partidos también han perdido su perfil ideológico y son los candidatos de popularidad los que articulan la movilización electoral. El resultado final entre elecciones ganadas y elecciones perdidas dejó a los tres principales partidos con el mismo número de gobernadores que antes (Cuadro 4). La conclusión de estas elecciones es que, con o sin partidos, los ciudadanos lograron cambiar el gobierno a través de su voto en la mitad de las entidades donde se eligieron gobernadores el 4 de julio de 2010, inclusive en aquellas como Oaxaca y Puebla donde prevalecían condiciones adversas por los rasgos autoritarios del gobierno.

La contraparte negativa de este panorama positivo está en el perfil de los partidos, desdibujado en muchos casos por alianzas necesarias para ganar las elecciones pero contradictorias por el perfil ideológico del PAN y del PRD. Otros aspectos que impactaron negativamente en los procesos electorales de 2010 fueron las deficiencias en la organización electoral a cargo de los órganos electorales locales, la injerencia de gobernadores y hasta del presidente de la República y, por último, la utilización de recursos públicos y privados para las campañas electorales. Los escándalos y las acusaciones mutuas entre los contendientes políticos, ampliamente difundidos en los medios, han tenido un doble efecto: por un lado desprestigian a todas las instituciones políticas y por el otro ponen en evidencia la dificultad de realizar elecciones en escenarios de alta competitividad, en ausencia de un pacto político entre los principales actores respecto de las normas que deben ser observadas por unos y por otros, en un escenario nacional donde ya no existe un poder supremo capaz de dirimir todas las controversias, para mal o para bien, como lo hacían los presidentes en el régimen autoritario.

La influencia de los gobernadores en las elecciones presidenciales de 2006

La otra cuestión que se discute en este texto es la influencia que pueden ejercer estos gobernadores todopoderosos sobre los resultados de las elecciones federales. Esta pregunta resulta de especial interés en 2006, porque no todos los gobernadores del PRI apoyaron al candidato a la presidencia de su partido. De ahí el interés de analizar los resultados de esa elección presidencial por entidad, teniendo como referencia las entidades gobernadas por estos tres partidos en ese momento. La hipótesis era que los gobernadores —especialmente los priístas— siguen ejerciendo una fuerte influencia sobre los votantes a través de la utilización clientelar de programas sociales y del uso de recursos públicos en propaganda.

La pregunta de fondo desde el punto de vista del papel de los ciudadanos en la democracia es: ¿Qué tanta capacidad tuvieron los "actores no autorizados" —gobernadores o líderes sindicales— para modificar o influenciar la voluntad de los ciudadanos, al punto de cambiar el resultado de la elección? Esta pregunta se relaciona con un cambio en el papel que han adquirido los ciudadanos en la democracia mexicana. Las elecciones de 2006 no solamente mostraron un electorado dividido en preferencias por los dos candidatos más populares, Felipe Calderón Hinojosa del PAN y Andrés Manuel López Obrador de la CPBT[6], sino que también mostraron un país dividido en regiones o entidades, unas panistas y otras perredistas. En esa elección el candidato a la presidencia del PRI, Roberto Madrazo, quedó desplazado a un tercer lugar y no tuvo mayoría de votos ni en las entidades gobernadas por su partido.

La derrota del candidato del PRI a la presidencia debe contemplarse en el contexto de los conflictos que atravesaron a ese partido en los últimos tres años, los cuales dieron origen a la inconformidad tanto de un grupo de gobernadores que se identificaron como "Todos Unidos Contra Madrazo" (TUCOM), como de Elba Esther Gordillo, ex presidenta del PRI y dirigente del Sindicato Nacional de Trabajadores de la Educación (SNTE). Por ello "la maestra", convocó a los docentes de niveles básico y secundario de la educación pública para movilizar sus recursos políticos

---

[6] Compuesta por el PRD, PT y Convergencia.

a favor de Calderón. Como es posible imaginar, la capacidad de ejercer una influencia en las preferencias electorales de los maestros de todos los niveles, pero en particular los de la educación pública de nivel básico, a través de su influencia en los niños y sus padres, puede ser enorme. Hace ya muchos años que se tenían indicios en la prensa del uso clientelar del magisterio para fines políticos, pero en una conferencia de prensa convocada expresamente por la maestra el 29 de junio de 2011, Gordillo misma reveló que llegó a un "arreglo político" con Felipe Calderón para que miembros de su grupo fueran designados en las direcciones del Instituto de Seguridad y Servicios Sociales de los Trabajadores del Estado (ISSSTE), la Lotería Nacional y el Sistema Nacional de Seguridad Pública (*El Universal*, 30/6/2011).

Para explorar la influencia de los gobernadores en las elecciones presidenciales (y en general para el desarrollo de los partidos) se clasificó la información de las elecciones presidenciales de 2006 en cuatro grupos: a) entidades gobernadas por el PAN; b) entidades gobernadas el PRD; c) entidades gobernadas por el PRI en estados fieles a Madrazo y c) entidades en que los gobernadores del PRI se pelearon con Madrazo (PRI-TUCOM).

Los resultados de las elecciones presidenciales de 2006 muestran que en siete de las nueve entidades gobernadas por el PAN el resultado fue favorable a su candidato: Calderón Hinojosa obtuvo una votación mucho más alta que su promedio nacional que solo fue de 35,89%. La votación más alta fue la de Guanajuato donde llegó al 60%, pero en seis entidades estuvo entre el 45% y el 50%. Cinco de estas entidades están ubicadas en el centro y centrooeste del país, correspondiendo a regiones con fuerte influencia de la Iglesia Católica y donde han predominado tendencias políticas conservadoras: Aguascalientes, Guanajuato, Jalisco, Querétaro y San Luis Potosí. A su vez, Yucatán y Baja California están en las fronteras más remotas del país, una en el sureste y otra en el noroeste, y tienen características diametralmente distintas: mientras que Yucatán ha sido una entidad muy conservadora, Baja California, por lo contrario, es una entidad en frontera con California (Estados Unidos), de intensa migración y con una cultura muy vinculada a la modernidad.

En Yucatán y Baja California la votación se dividió entre el PAN y el PRI, con un pobre desempeño de CPBT que postuló a Andrés Manuel López Obrador como candidato. La CPBT solo superó al PAN en la votación de dos entidades gobernadas por este último: Morelos y Tlaxcala. Ambas se encuentran en la zona metropolitana de la Ciudad de México y han tenido en algún momento una fuerte influencia de la izquierda o del PRD.

Las elecciones en los estados que gobernaba el PAN

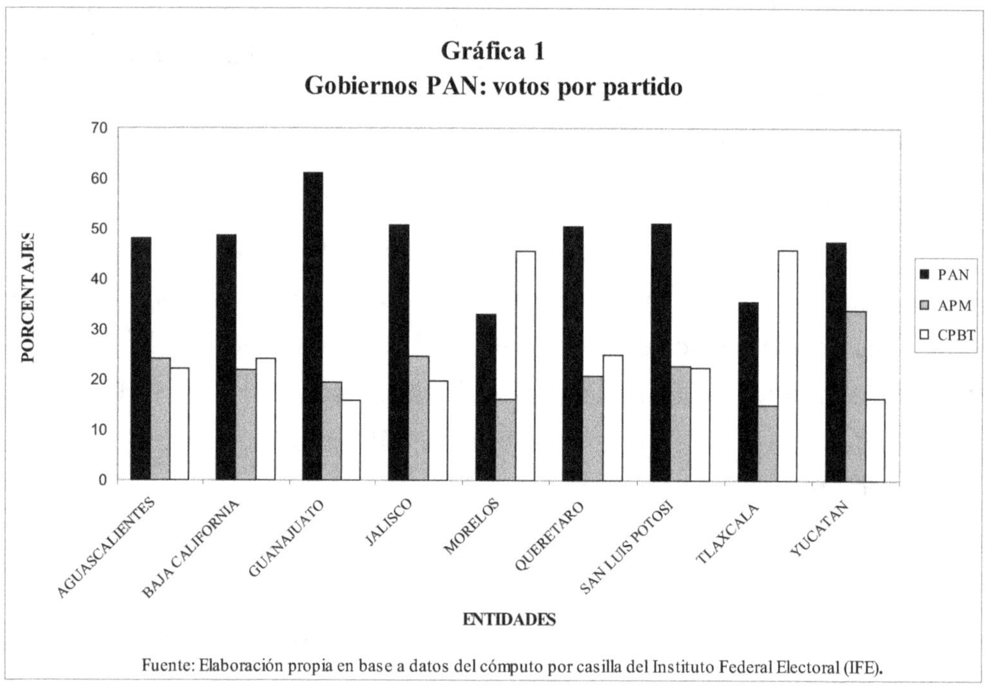

Fuente: Elaboración propia en base a datos del cómputo por casilla del Instituto Federal Electoral (IFE).

El PRD solo gobierna en seis entidades, aun cuando el peso demográfico y político del Distrito Federal (capital de la República y zona metropolitana) le da una importante presencia nacional. La Ciudad de México fue donde López Obrador obtuvo su más alta votación, lo cual es explicable porque gobernó esta entidad desde 2000. En todas estas entidades el candidato de la CPBT obtuvo un porcentaje mucho más alto que los de los otros partidos, inclusive en el Distrito Federal llegó a casi el 60%. De estas seis entidades, solamente en Chiapas y en Guerrero la competencia se dio entre la CPBT y el PRI, mientras que en las otras cuatro el PRI quedó en tercer lugar y la competencia se dio entre la CPBT y el PAN, pero con ventaja para la primera.

Las elecciones en los estados que gobernaba el PRD

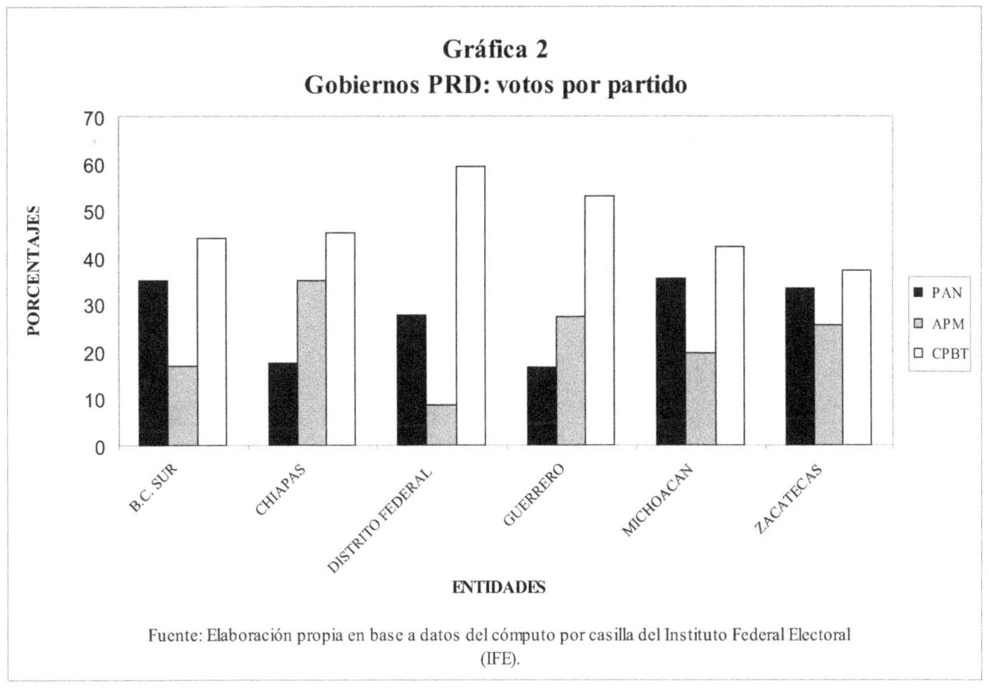

Fuente: Elaboración propia en base a datos del cómputo por casilla del Instituto Federal Electoral (IFE).

Elecciones en entidades gobernadas por el PRI leales al candidato presidencial

La candidatura de Roberto Madrazo (bajo la Alianza por México conformada por el PRI y el PVEM) tuvo poco éxito inclusive en los nueve estados con gobernadores leales a su persona. Las entidades se pueden dividir entre aquellas en la que obtuvo más votos Felipe Calderón —Colima, Chihuahua, Durango y Puebla— y aquellas en las que el candidato con más votación fue Andrés Manuel López Obrador: Nayarit, Oaxaca, Quintana Roo y Tabasco. También en este caso las entidades del centronorte y oeste son las que presentan una mayor inclinación por el PAN. Nayarit en el oeste es una excepción, porque es la única entidad de esa región en la que el PRD ha logrado una presencia electoral importante, probablemente por la tradición de izquierda que viene de los años setenta.

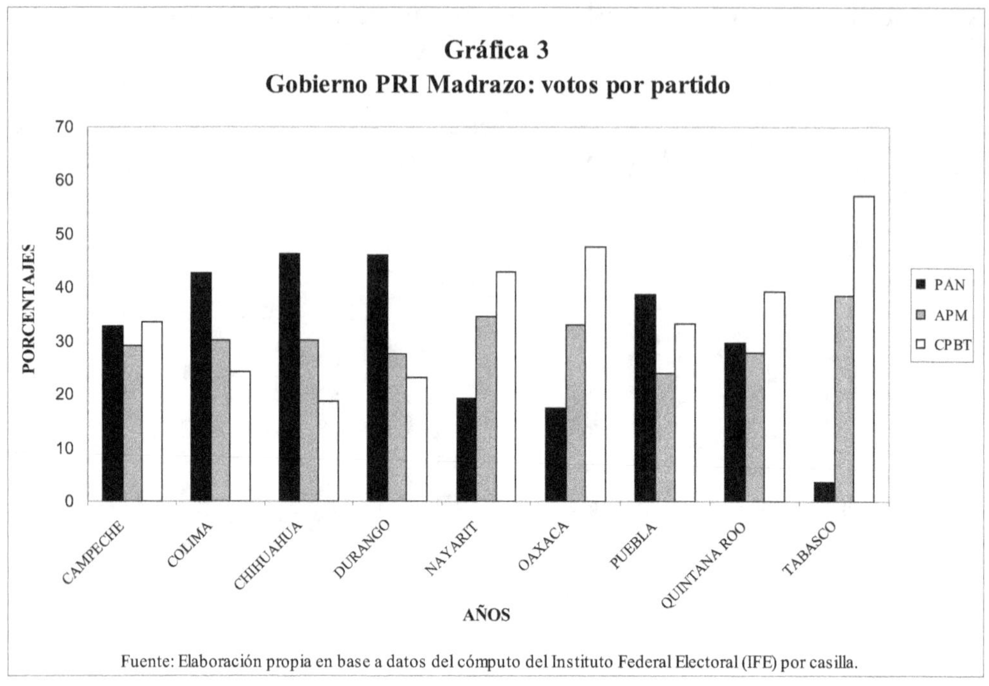

Fuente: Elaboración propia en base a datos del cómputo del Instituto Federal Electoral (IFE) por casilla.

En el sureste Campeche presenta un esquema de tres partidos importantes, pero con una ligera ventaja para el candidato de la CPBT. Por su parte, Tabasco muestra el extremo de la polarización PRI-PRD, donde el PAN casi desaparece, pero con ventaja para Andrés Manuel López Obrador. Hay que destacar que tanto Madrazo como López Obrador son originarios de esa entidad y ambos ya se habían enfrentado a la competencia por el cargo de gobernador del estado, el cual ganó Madrazo en circunstancias de dudosa legitimidad (Gómez Tagle, 2007: 24-30).

Las elecciones en las que gobierna el PRI-TUCOM (opositores a Madrazo)

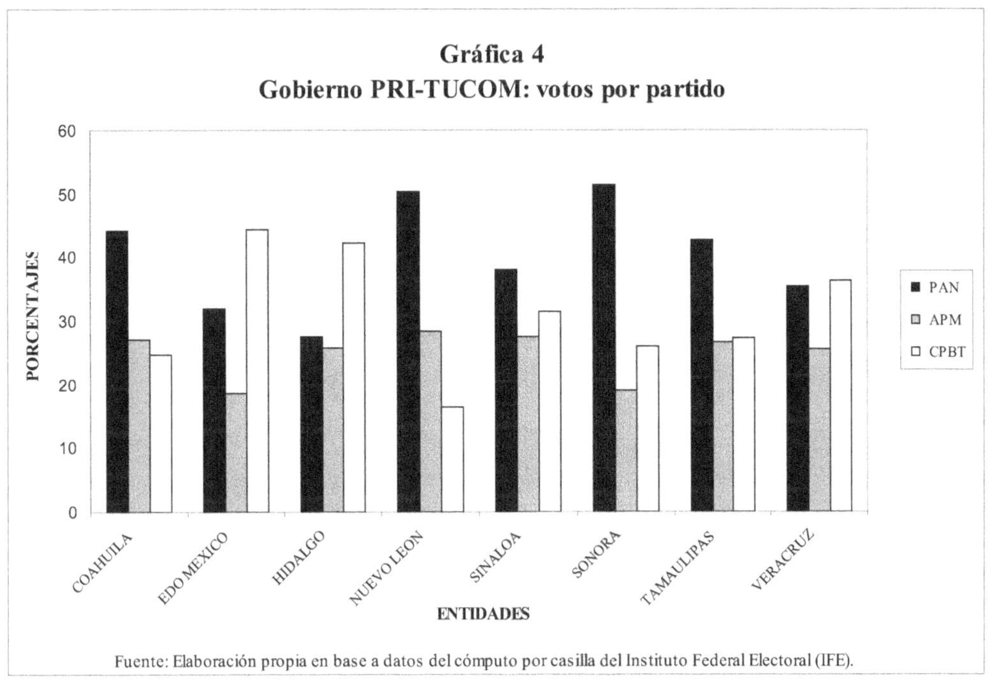

Fuente: Elaboración propia en base a datos del cómputo por casilla del Instituto Federal Electoral (IFE).

De los ocho estados gobernados por el PRI-TUCOM, cinco favorecieron al PAN (Coahuila, Nuevo León, Sonora y Tamaulipas), mientras que la CPBT quedó en tercer lugar, por abajo del 25% (diez puntos menos que su promedio nacional). Esta última solo aventajó en tres entidades: en el Estado de México e Hidalgo lo hizo con una mayoría de votos, mientras que en Veracruz su ventaja sobre el PAN fue pequeña.

Los resultados de las elecciones presidenciales de 2006, analizados desde la perspectiva de las entidades gobernadas por los tres principales partidos, demuestran que la capacidad de los gobernadores para promover a los candidatos de sus respectivos partidos es limitada. Los gobernadores del PRI, ya fueran leales o no a Madrazo, hicieron poco por su "candidato". Los gobernadores del PAN pueden haber apoyado a Calderón Hinojosa, pero en Tlaxcala y Morelos no lograron superar la votación a favor de López Obrador. Mientras tanto, los gobernadores del PRD fueron más eficientes o tuvieron a un candidato más popular, tomando en cuenta que Calderón Hinojosa contó con los recursos que aportaron a su campaña los gobernadores de su partido, y además, con los recursos políticos y materiales que aportó el entonces presidente del PAN, Vicente Fox Quesada.

Reflexiones en la perspectiva de las elecciones presidenciales de 2012

En México los partidos han sido los actores del cambio político porque han construido el vínculo entre los ciudadanos y el Estado, al ser capaces de movilizar al electorado en momentos cruciales —al principio en condiciones adversas, como ocurrió antes de que se lograran reformas mínimas para garantizar la efectividad del sufragio— y de ser actores independientes que han venido rediseñando su "cancha de juego" electoral a través de múltiples reformas legislativas (Mair, 1998: 88-89). Sin embargo, el dilema de la democracia electoral está en darle una dirección, dado que los partidos políticos —ya sean aquellos nuevos surgidos en los últimos veinte años como resultado del proceso de liberalización electoral, o bien los partidos tradicionales, el PAN y el PRI— en muchos casos carecen de vínculos profundos con la sociedad, lo que ha dado por resultado una democracia electoral que se consolida como mecanismo de acceso al poder pero que ha seguido un rumbo errático. Desde esta perspectiva es posible hablar de la ausencia de representación política.

Se puede afirmar que después de veintidós años esa gran organización partidaria que constituyó el partido hegemónico de la Revolución Mexicana todavía sigue siendo poderosa en el sistema de partidos mexicano, a pesar del largo proceso de desprendimientos y de conformación de nuevos partidos que ha tenido lugar desde 1988 hasta la fecha. Tanto en 2010 como entonces los dos ejes ideológicos centrales son, en primer lugar, la democratización político-electoral (con opción de alternancia) que coloca en coyunturas específicas al PAN y al PRD como aliados en el mismo campo y en segundo lugar la concepción económico-política con la que el PRI se identifica con el PAN en el neoliberalismo (por la cual el PRI ha abandonado su postura frente a la injerencia de principios religiosos como la condena del aborto, la libertad de enseñanza religiosa en las escuelas públicas o el papel del Estado como responsable de regular la economía y en general la vida pública).

En todos los años transcurridos desde 1988 subsisten los alineamientos ideológicos que cruzan a la izquierda y la derecha cuando el objetivo ha sido avanzar en la democratización política, pero cuando la disputa entre partidos ha tenido que ver con proyectos sociales más amplios, que incluyen bienestar social, equidad, modelo económico, Estado laico, como ocurrió en 2006, el PRD y el PAN se han identificado con claridad como la izquierda y la derecha respectivamente, ofreciendo la posibilidad de diversas alianzas con otros sectores sociales donde el PRI sigue jugando un papel ambiguo. La polémica en torno a la legitimidad de los procesos electorales no ha disminuido en la medida en que nuevos actores ingresan a la competencia, como ocurrió en 2006, cuando la controversia se trasladó de la democracia política a la posibilidad de alternancia entre un proyecto en general identificado con la derecha (PAN-PRI) y otro representado por la izquierda (CPBT). Sin embargo, ante el resurgimiento de la fuerza del PRI en gran parte del territorio nacional, emergieron nuevamente alianzas entre el PAN y los partidos de izquierda (incluido el PRD) para las elecciones locales de 2010, en situaciones locales donde la alternancia nunca se había producido. El objetivo de dichas coaliciones fue evitar la reedición de gobiernos locales con más de ochenta años de continuidad. Estas alianzas que en 2010 muchos han descalificado como aberrantes tienen antecedentes antiguos: se plantearon en 1987 y en 1999 cuando se trataba de derrotar al PRI en la elección presidencial pero no se consolidaron; se pusieron en práctica en las elecciones de Yucatán, Nayarit y Chiapas, con diversos resultados y en 2010 se reeditaron con objetivos muy similares —falta ver qué tipo de gobiernos resultan ahí donde fueron exitosas: Oaxaca, Puebla y Sinaloa—[7].

Pero también se advierte que la ciudadanía ha asumido un papel importante para definir el futuro de los partidos y del rumbo político del país. Ha sido la protesta ciudadana, más allá de los partidos, la que obligó al régimen autoritario a conceder el respeto al voto de los ciudadanos y ha sido ese voto el que ha desechado a los múltiples partidos sin arraigo en la sociedad, decantando a las fuerzas políticas más importantes y llevando así a conformar un nuevo sistema de partidos. En 2000 los partidos de izquierda y de derecha

---

[7] La elección de gobernador en Durango estuvo en litigio varios meses, hasta que el TEPJF se la asignó al candidato del PRI.

no llegaron a una alianza para derrotar al PRI, pero los ciudadanos hicieron uso de su voto "útil" para el "cambio" y favorecieron al candidato del PAN, Vicente Fox Quesada, quien se encontraba mejor posicionado.

En las entidades donde tanto el PRI como el PAN gobernaban y donde estas fuerzas obtuvieron mayor cantidad de votos en la elección de legisladores, muchos ciudadanos dieron su voto en 2006 al candidato de la CPBT (Andrés Manuel López Obrador) no solo por tener posibilidades de éxito sino también porque su oferta programática parecía dar respuesta a las inquietudes y anhelos que ni los gobiernos del PRI ni los del PAN habían resuelto. Los gobernadores intentaron ejercer su influencia a favor del candidato de su partido: sin embargo, la geografía electoral reflejó tendencias mucho más complejas que revelaron un alto nivel de autonomía ciudadana. En 2010, en las doce gubernaturas en juego surgieron alianzas inexplicables en un contexto nacional que obedecieron a las dinámicas políticas de estados donde el PRI había gobernado por más de ochenta años sin interrupción. Se podría afirmar que ahí, al igual que en 2000 y en 2006, fueron candidaturas populares y forjadas en una relación con la ciudadanía más allá de los partidos las que protagonizaron los procesos electorales y fueron exitosas en cinco entidades donde han existido gobiernos priístas con rasgos autoritarios: en Oaxaca, Puebla y Sinaloa las coaliciones opositoras (PAN, PRD y otros) ganaron las elecciones; y en Durango e Hidalgo lograron una votación muy importante.

Una primera reflexión que se desprende de este análisis es que los gobernadores sí importan, pero su capacidad para modificar las tendencias de la votación es limitada por otros factores. La explicación es compleja: a) puede deberse a que el gobernador ejerce una influencia para movilizar votos a favor de su partido a través de los múltiples recursos a su alcance: desde el gasto social dirigido en forma clientelar, hasta la buena imagen pública de un gobierno honesto y con compromiso social o b) también puede ocurrir que un partido gane elecciones de gobernador en aquellas entidades donde es más fuerte y su candidato a la presidencia también se beneficie de esa simpatía. Sin embargo, el encuadramiento de los votantes en las estructuras partidarias solamente resulta válido cuando no surgen candidatos realmente populares que sumen su capacidad de convocatoria a la de los partidos, dado que en esas coyunturas especiales los ciudadanos mexicanos parecen haber adquirido mayor autonomía.

Bibliografía

Arzaluz Solano, Socorro (en prensa), "Conflicto Electoral en México: Elecciones en Durango 2010", en López Montiel, Gustavo; Mirón Lince, Rosa María y Reveles Vázquez, Francisco (coords.) *Los Estados en el 2010: El nuevo mapa de poder regional,* (México D.F.).

Aziz Nassif, Alberto (1985), "La coyuntura de las elecciones en Chihuahua", en Martínez Assad, Carlos (coord.) *Municipios en conflicto* (México D.F.: ISS-UNAM/GV Editores).

——————— (2009), "El desencanto de una democracia incipiente. México después de la transición" en Rodríguez Araujo, Octavio (coord.) *México ¿un nuevo régimen político?* (México D.F.: Siglo XXI).

Crespo, José Antonio (1995), *Urnas de Pandora. Partidos políticos y elecciones en el gobierno de Salinas* (México D.F.: Espasa Calpe).

Galindo, Adrián (en prensa), "Elecciones Hidalgo 2010: Nuevos escenarios, viejas prácticas, resultados inciertos" en López Montiel, Gustavo; Mirón Lince, Rosa María y Reveles Vázquez, Francisco (coords.) *Los Estados en el 2010: El nuevo mapa de poder regional* (México D.F.).

Gómez Tagle, Silvia (1994), "Electoral Violence and Negotiations, 1988-1991" en Harvey, Neil y Serrano, Mónica (eds.) *Party Politics in an "Uncommon Democracy": Political Parties and Elections in Mexico* (Londres: The Institute of Latin American Studies, University of London).

——————— (2001), *La transición inconclusa: treinta años de elecciones en México* (México D.F.: El Colegio de México).

——————— (2007), "El efecto gobernadores: las elecciones 2006 vistas desde los estados" en *Este País* (México D.F.) N° 197, agosto.

——————— (2010), *Del partido hegemónico al pluralismo político en México: ¿hacia un nuevo sistema de partidos?* (México D.F.: IFE 20 años).

Hernández Norzagaray, Ernesto y Shobert, Lorena (en prensa), "Elecciones, coaliciones y alternancia en Sinaloa" en López Montiel, Gustavo; Mirón Lince, Rosa María y Reveles Vázquez, Francisco (coords.) *Los Estados en el 2010: El nuevo mapa de poder regional* (México D.F.).

Mair, Peter (1997), *Party System Change* (Oxford: Clarendon Press).

Martínez Assad, Carlos 1985 "Nava: de la rebelión de los coheteros al juicio político" en Martínez Assad, Carlos (coord.) *Municipios en conflicto* (México D.F.: ISS-UNAM y GV Editores).

Martínez Assad, Carlos (2001), "El poder de los Gobernadores" en Martínez Assad, Carlos (coord.) *Los sentimientos de la región, del viejo centralismo a la nueva pluralidad* (México D.F.: Instituto Nacional de Estudios Históricos de la Revolución Mexicana- Océano).

——————— (2009), "Los gobernadores y el sistema político" en Rodríguez Araujo, Octavio (coord.) *México ¿un nuevo régimen político?* (México D.F., Siglo XXI).

Merino, Mauricio (2001), "La participación ciudadana en la democracia" en *Cuadernos de la Divulgación de la Cultura Democrática* (México D.F.: IFE) Nº 4.

Palma, Esperanza (2004), *Las bases políticas de la alternancia: un estudio del PAN y del PRD durante la democratización* (México D.F.: División de Ciencias Sociales y Humanidades, UAM Azcapotzalco).

Porto Gutiérrez, Stephanie y Génesis Puente, Romero (en prensa), "Proceso electoral Oaxaca 2010" en López Montiel, Gustavo; Mirón Lince, Rosa María y Reveles Vázquez, Francisco (coords.) *Los Estados en el 2010: El nuevo mapa de poder regional.* (México D.F.).

Reynoso, Víctor Manuel (en prensa), "La alternancia en Puebla (4 de julio de 2010)" en López Montiel, Gustavo; Mirón Lince, Rosa María y Reveles Vázquez, Francisco (coords.) *Los Estados en el 2010: El nuevo mapa de poder regional* (México D.F.).

Salazar, Luis (coord.)(2001), *México 2000: alternancia y transición a la democracia* (México D.F.: Ediciones Cal y Arena).

Sartori, Giovanni [1987(1976)], *Partidos y sistemas de partidos. Marco para un análisis* (Madrid: Alianza Editorial) Vol. 1.

Documentos electrónicos

El Universal. Programa de Resultados Preliminares 2010 del Instituto Estatal Electoral de Hidalgo. En <http://www.eluniversal.com.mx/prep/hidalgo.html> acceso 30 de marzo de 2011.

Instituto Estatal Electoral y de Participación Ciudadana de Oaxaca. Acta de los Resultados de la Elección de Gobernador del Estado de Oaxaca. En <http://www.iee-oax.org.mx/acuerdos/2010/actagobernador.pdf> acceso 30 de marzo de 2011.

Sitios web

Instituto Federal Electoral <http://www.ife.org.mx/portal/site/ifev2> acceso 30 de marzo de 2011.

México. Presidencia de la República. Gabinete. <http://fox.presidencia.gob.mx/gabinete/?contenido=15035> acceso 25 de abril de 2011.

Tribunal Electoral del Poder Judicial de la Federación <http://portal.te.gob.mx/>
    acceso 30 de marzo de 2011.

Diarios, periódicos y revistas

El Universal 2010 (México D.F.) 18 de julio.
El Universal 2011 (México D.F.) 30 de junio.

Definiciones de pertenencia e identidades oficialistas en la Argentina de Néstor Kirchner y el Brasil de Luiz Inácio Lula da Silva

María Dolores Rocca Rivarola[1*]

Resumen

Este artículo analiza las definiciones de pertenencia e identidades halladas al interior de dos conjuntos oficialistas, el de Luiz Inácio Lula da Silva (primer gobierno) y el de Néstor Kirchner. En el marco de dos escenarios nacionales que compartían el rasgo de una intensa y permanente fluctuación de las identidades políticas y del comportamiento electoral, un interrogante central del trabajo es cómo esos escenarios incidían sobre el modo en que distintos actores partidarios y políticos pertenecientes a la base de sustentación activa del presidente definían su propia identidad e interpretaban su pertenencia al conjunto oficialista. En primer lugar, se presenta un relato introductorio de la llegada de ambos líderes a la presidencia. En segundo lugar, se expone la doble vertiente del marco conceptual que ha organizado la investigación. En tercer lugar, se desarrolla el modo en que los entrevistados interpretaban sus propios contextos nacionales de fluctuación política y volatilidad electoral. En cuarto lugar, se reflexiona, a partir de los relatos de

[1] Facultad de Ciencias Sociales, Universidad de Buenos Aires (UBA). Argentina.

los entrevistados, sobre lo que ocurrió con la identidad petista y peronista al interior de los gobiernos de Lula y de Kirchner durante el periodo. Por último, el artículo se pregunta sobre distintas identidades parciales existentes al interior del conjunto oficialista y también acerca del significado que tenía para estos actores la pertenencia al oficialismo.

Palabras clave: Identidades políticas, oficialismo, presidente, Gobierno, Partido Justicialista, Partido de los Trabajadores, coalición, alianzas.

Abstract

This paper analyzes the definitions of belonging and identities found within two government supporting ensembles (*oficialismos*), the one formed around Luiz Inácio Lula da Silva (first term) and the one that converged around Néstor Kirchner. In the context of two scenarios that shared the feature of an intense and continuous fluctuation in political identities and a volatile voting behavior, a central question is how these scenarios influenced the way different political and partisan actors that belonged to the president's active base defined their own identity and membership to that supporting ensemble. First, we present an introductory account of the arrival of the two leaders to the presidency. Second, we structure the two parts of the conceptual framework that has organized the research. Third, we analyze how respondents interpreted their own national contexts of political and electoral volatility and fluctuation. Fourth, we look at the accounts of those interviewed to discuss what happened with the PT and the PJ identity within Lula's and Kirchner's governments. Finally, the paper reflects on different partial identities existing within the government supporting ensembles under study, and also on the meaning those actors gave to belonging to the government.

Keywords: Political identities, government supporting ensembles, president, government, Peronist Party, Workers' Party, coalition, alliances.

***

Introducción

¿Qué es pertenecer al oficialismo? ¿Qué implicaba esa pertenencia para los propios actores colectivos que lo integraban (organizaciones y espacios oficialistas)[2], en un contexto definido por la fluctuación de los alineamientos políticos y de las identidades?

Este artículo es parte de una investigación más amplia que se ha propuesto abordar las bases de sustentación activa y organizada de los presidentes Luiz Inácio Lula da Silva (primer mandato) y Néstor Kirchner desde la perspectiva de legisladores, militantes y dirigentes de diferentes organizaciones oficialistas[3], para comprender el modo en que se formulaba la pertenencia al conjunto, el vínculo con el gobierno y la interacción intraoficialista y para, a partir de ello, identificar dinámicas internas propias de ambos oficialismos.

Defino para ello al oficialismo como el conglomerado de sectores organizados (con distintos niveles de organización interna) que fueron confluyendo, alejándose y realineándose en torno de las figuras de Kirchner y Lula. En otros términos, la base de apoyo activo en la que se sostenía el presidente, y cuyas organizaciones y espacios políticos desarrollaron manifestaciones públicas de apoyo a la política oficial o a la figura misma del primer mandatario a lo largo del periodo escogido por el recorte temporal (2002-2006 en Brasil y 2003-2007 en Argentina, es decir, el primer mandato de Lula y el gobierno de Kirchner). La decisión de utilizar la noción de oficialismo (que podríamos traducir al portugués como *governismo*), que formaba parte del lenguaje cotidiano de los propios actores y de los medios de comunicación, se fundamenta en el propósito de distinguir a ambos conjuntos de la idea de "partidos oficiales" y de "coaliciones partidarias". Dadas las particularidades del escenario político en esos años, pensar esos conjuntos en términos de partidos gobernantes implica una reducción forzada de la amplia heterogeneidad de organizaciones y espacios que conformaban la órbita política de ambos presidentes, e incluso una distorsión de la composición y dinámicas de esos conjuntos. El concepto de oficialismo, entonces, no solo ha contribuido a

---

[2] La noción de actores es aquí utilizada en términos colectivos, en referencia a organizaciones y espacios (aquéllos que no lograron estructurarse como organizaciones) oficialistas, no a los entrevistados concebidos en términos individuales. Cuando sea ése el caso, lo especificaré a través del término "actores individuales".

[3] Los entrevistados ofrecían, en tanto miembros de organizaciones y espacios, perspectivas y puntos de vista producidos colectivamente.

evitar una caracterización distorsiva de esas bases de sustentación que las presente como dominadas por partidos con una vida interna unificada y con incidencia efectiva sobre la política de gobierno, sino que, a su vez, ha permitido incluir en el análisis a actores no organizados en partidos (como el espacio transversal) y también a dos sectores, además del partidario, que tenían una presencia clave dentro de esos conjuntos (las centrales sindicales y las organizaciones sociales).

Es decir, he distinguido para su análisis tres sectores dentro del conjunto oficialista: organizaciones sociales (*Movimento Sem Terra*, Barrios de Pie/Libres del Sur, Movimiento Evita, Federación Tierra, Vivienda y Hábitat, Frente Transversal Nacional y Popular), centrales sindicales (Confederación General del Trabajo, Central de Trabajadores de Argentina y *Central Única dos Trabalhadores*), "espacio partidario" (*Partido dos Trabalhadores*, Partido Justicialista y distintas fuerzas políticas aliadas). No se ha pretendido una enumeración exhaustiva de cada componente dentro del oficialismo —cuyas fronteras, por otra parte, se han advertido borrosas e inestables a lo largo del periodo—, sino que se han seleccionado distintas organizaciones y espacios de dirigentes agrupándolos en tres sectores que a su vez fueran comparables entre ambos países. Esta delimitación ha sido asimismo el criterio tomado para la realización de entrevistas y para el relevamiento de material elaborado por las propias organizaciones.

Este artículo versa sobre definiciones de pertenencia e identidades halladas al interior de dos conjuntos oficialistas y en el marco de un escenario de fluctuación permanente de las identidades políticas y del comportamiento electoral. En primer lugar, presentaré un relato introductorio de la llegada de ambos líderes a la presidencia. En segundo lugar, expondré la doble vertiente del marco conceptual que ha organizado la investigación. En tercer lugar, será desarrollado el modo en que los entrevistados interpretaban sus propios contextos nacionales de fluctuación política y volatilidad electoral. En cuarto lugar, se reflexionará, a partir de sus relatos, sobre lo que ocurrió con la identidad petista y peronista al interior del gobierno durante el periodo. Me preguntaré, por último, sobre identidades parciales al interior del conjunto y también acerca del significado, para estos actores, de pertenecer al oficialismo.

La constitución del oficialismo en los gobiernos de Lula y Kirchner

Luiz Inácio Lula da Silva llegaba al poder luego de más de una década de participación del Partido de Trabajadores (PT) en elecciones presidenciales. Él mismo sostenía, durante la campaña de 2002, que esa elección era la última para él como candidato a la primera magistratura. Detrás de Lula había un robusto armado organizativo que incluía al PT, a partidos menores, a la Central Única de Trabajadores (CUT) —aquella central sindical que había llevado a cabo una férrea oposición al gobierno de Fernando Henrique Cardoso—, al propio Movimiento Sin Tierra (MST) —el mayor movimiento social del país— y a organizaciones menores.

Pero además, 2002 sería el año de génesis de una base de sustentación aún más amplia —y conflictiva— para el candidato petista, y de una campaña electoral novedosa para el PT en cuanto a los recursos utilizados y al modo de presentación del candidato ante la ciudadanía. Se intentaba con ello que el histórico sindicalista de origen nordestino se convirtiera en una figura aceptable para la mayoría del electorado brasilero.

En Argentina, Néstor Kirchner había crecido como dirigente político en la Provincia de Santa Cruz, gobernándola desde 1991 a 2003. Pensando en una eventual candidatura presidencial exitosa para 2007, Kirchner había iniciado una estrategia de visibilidad de su figura a partir de la crisis de 2001. En el verano de 2003, sin embargo, luego de descartar otras opciones, Eduardo Duhalde, entonces presidente interino, decidía patrocinar a Kirchner como su candidato a sucederlo. Ese impulso le significaba al postulante el alineamiento de una porción de las redes del Partido Justicialista (PJ) de la Provincia de Buenos Aires y, en menor medida, de otros distritos del país. Pero también le permitía mostrar a la opinión pública la imagen de una continuidad de su futura gestión con el gobierno de Duhalde, a través de la selección de Daniel Scioli como compañero de fórmula y el compromiso de permanencia de Roberto Lavagna como ministro de Economía.

Con una base realmente propia muy reducida —algunos actores del PJ, sectores minoritarios del sindicalismo, y un pequeño entorno de dirigentes y ex funcionarios de la gobernación de Santa Cruz–, Kirchner salía segundo en las elecciones presidenciales de abril de 2003 y asumía como presidente dada la negativa del ganador, Carlos Menem, a participar de una segunda vuelta electoral.

A partir de la popularidad de ambos presidentes, que fue creciendo a lo largo de sus respectivos mandatos, y de una necesidad de ampliar su base de sustentación, se configuraban, alrededor de estos líderes, conjuntos heterogéneos, no solo de distinta procedencia política sino también con organizaciones por fuera del espacio propiamente partidario. Organizaciones sociales, por ejemplo, cuya gravitación pública y política se incrementaría en comparación con experiencias de gobierno previas.

Así, con esos orígenes disímiles, Kirchner y Lula encabezaban cada uno, un año después de su asunción como jefes de Estado, una base de sustentación activa y mucho más amplia y heterogénea que la que los había acompañado antes.

En ambos países estos gobiernos suscitaron divisiones al interior de diversas organizaciones al producirse lecturas muy diferentes entre sí sobre su rumbo y carácter. Por ello ha sido difícil para las ciencias sociales estudiar a ambos conjuntos oficialistas desde perspectivas que no se asuman militantes a favor o en contra de los mismos, desde una mirada que no procure reivindicarlos ni tampoco criticarlos. En ese sentido, estudiar las bases de sustentación de estos dos presidentes a partir de las interpretaciones y testimonios de sus propios protagonistas ha sido un modo de sortear ese obstáculo, pero, a la vez, de meterse en aquella discusión política sobre lo que ambos gobiernos implicaban o eran a través de la mirada de sus propios actores. Como afirma Vommaro (2004),

> En ocasiones, al abordar fenómenos políticos, nos encontramos con cuestiones tan actuales que, al ser objeto de disputa simbólica por parte de los mismos actores estudiados, la aproximación desde las ciencias sociales necesita de herramientas analíticas que le permitan tomar distancia de esa disputa sin perder, en ese movimiento, su especificidad fenomenológica (Vommaro, 2004: 157).

Me referiré a ambos oficialismos enfocando la atención en los distritos en los que fue realizado el trabajo de campo[4] (San Pablo, Río de Janeiro, Ciudad de Buenos Aires y conurbano bonaerense —especialmente La Matanza–), con lo cual los argumentos que sean esbozados en este artículo se circunscribirán a las definiciones de pertenencia de los actores de esas localidades, y no, por ejemplo, los de Salta (Argentina) o los de Minas Gerais (Brasil).

Dentro de esos conjuntos el foco ha sido colocado en las definiciones de pertenencia de sus propios actores, a través de la realización de entrevistas en profundidad. Se ha apuntado, con ello, a retomar la apelación de Svampa (2009) a superar la tendencia de parte de la sociología argentina a estudiar las transformaciones del vínculo social y político a partir de enfoques que privilegian una mirada "desde arriba" (Svampa, 2009: 24). En palabras de la autora,

> la actual crisis por la que atraviesan los modelos de referencia en las diferentes dimensiones de la vida social nos obliga a adentrarnos en los marcos de significación de los actores, a reflexionar acerca del proceso de destrucción y recomposición de las identidades sociales a partir de la variedad de respuestas que los sujetos elaboran (Svampa, 2009: 24).

Marco conceptual: la discusión teórica y el diagnóstico como punto de partida

El estudio de los oficialismos ha sido desarrollado en este artículo a partir de una doble vertiente conceptual.

En primer lugar, se parte de un diagnóstico de transformación del lazo político a nivel general (Manin, 1992), de una escena —latinoamericana pero también anunciada en otros continentes (Montero y Gunther, 2002), aunque con matices en cada caso— de formatos de representación diferentes al concebido tradicionalmente como "democracia de partidos" desde la Ciencia Política. En ese formato de "democracia de partidos" se definía

---

[4] En ambos casos se realizaron entrevistas semiestructuradas a militantes y dirigentes partidarios, de organizaciones sociales y centrales sindicales. Para este artículo solo he tomado a las entrevistas hechas a militantes y dirigentes del sector espacio partidario (23 en Brasil y 31 en Argentina).

a los partidos a partir de su capacidad de configurar identidades políticas fieles al sello partidario, o de condicionar eficazmente la autonomía de los miembros, sometidos a la disciplina impuesta por la estructura partidaria (Duverger, 1957; Sartori, 1980 [1976]; Michels, 1972). Pero los indicadores de esa identidad partidaria estable (Greene, 2004) —vigencia de un voto constante (y unificado entre los distintos niveles) al partido de preferencia a lo largo de sucesivos procesos electorales, escasa manifestación de fenómenos como la defección partidaria, y nutrida participación en actos políticos de esa fuerza— han sido sacudidos por las mutaciones en el formato representativo. La proliferación de electores que, en las encuestas de opinión, se niegan a identificarse con algún partido en particular, la caída en los niveles de afiliación a los partidos, el debilitamiento de los vínculos estructurales y psicológicos entre los partidos y los ciudadanos (Montero y Gunther, 2002), y la posibilidad de los líderes políticos de prescindir de los cauces partidistas tradicionales, por lo menos, a la hora de establecer un vínculo identitario con sus votantes (Montero y Gunther, 2002; Manin, 1992), termina convirtiendo a los partidos en meros dispositivos electorales de los que se valen líderes de popularidad para competir en los comicios (Cheresky, 2006a).

Existe, por otra parte, bibliografía especializada que exhibe expresiones específicas del fenómeno de transformaciones del formato representativo y de las identidades políticas en Argentina y Brasil.

Observando los escenarios de asunción y mandato de los presidentes Lula y Kirchner, más que partidos de masas fuertes y comportamientos electorales e identidades políticas estables, asistimos a una escena político-electoral en ambos casos caracterizada por la volatilidad electoral, la fluctuación política de los propios dirigentes (defecciones partidarias, reconstitución frecuente de los bloques parlamentarios por el ingreso y salida de legisladores de sus respectivos espacios políticos) y la personalización de la oferta electoral.

Para comprender esas transformaciones en las identidades políticas en el contexto argentino han sido de especial utilidad las perspectivas de Cheresky (2006a; 2006b; 2006c; 2007), Palermo y Novaro (1996), Pousadela (2007) y Svampa (2009). Aunque el peronismo se caracterizó a lo largo de su historia por autodefinirse a través de un formato organizativo más movimientista que partidario (Perón, 2006 [1952]; Levitsky, 2003) –luego, en los años ochenta la fracción autodenominada "renovadora" abogaría por su institucionalización en tanto "partido" (García y Montenegro, 1986; Altamirano, 2004; Gordillo y Lavagno, 1987)–, la capacidad del PJ para configurar identidades políticas duraderas, para mantener un electorado propio y estable a lo largo de los años y asegurar ciertos niveles de disciplina interna no era menor que la descripta por los autores clásicos mencionados antes para los partidos de masas tradicionales. Todo ello, sin embargo, ha ido experimentando profundos cambios, iniciados en forma incipiente a partir del retorno a la democracia (1983), e intensificados con la crisis de 2001. Y el kirchnerismo, asimismo, especialmente desde 2004, se postularía como un lazo político que trascendía ampliamente al PJ y cuya convocatoria ni siquiera apelaba a sus seguidores en los primeros años en términos centralmente peronistas (Carlos Altamirano, entrevistado por Natanson, 2004).

Para el caso brasilero, aunque esa misma fisonomía de la representación no era producto de transformaciones recientes, como en Argentina, sino que estaba asociada íntimamente al propio sistema (Mainwaring, 1999; Pousadela, 2007), se ha observado desde la transición democrática (1985) una progresiva profundización de esas tendencias. Así, no se producía una estabilización del comportamiento electoral (Kinzo, 2005), y disminuía el número de electores que exhibían preferencias o sentimientos partidarios (De Souza Carreirão, 2008), desarrollándose vínculos menos ideológicos y programáticos entre los partidos y el electorado (Mainwaring y Torcal, 2005). La escena partidaria se caracterizaba más bien por su contingencia, con grandes y rápidas variaciones (Palermo, 2000). Como manifestaciones de esos fenómenos, se asistía, por tanto, a campañas electorales centradas en los candidatos individuales y no en las fuerzas políticas, altos niveles de volatilidad electoral, migraciones partidarias al interior de las bancadas parlamentarias, un desconocimiento en el electorado respecto de a qué partido pertenecían los principales líderes políticos, e incluso sobre cuáles son los partidos brasileros. Mientras que algunos autores han anunciado en los últimos años una institucionalización y consolidación del sistema de partidos (Santos y Vilarouca, 2008), otros trabajos han señalado, en cambio, una intensificación de esas tendencias (Hochstetler y Friedman, 2008), especialmente desde 2002, momento de llegada de Lula al poder (Paiva, Braga y Pimentel Jr., 2007), advirtiendo una creciente desafección con los partidos en general. Incluso el propio PT, sindicado en distintos trabajos (Kinzo, 2005; De Souza Carreirão, 2008; Freire de Lacerda, 2002; Mainwaring, 1999) como una suerte de excepción, como un partido que lograba una efectiva identificación del electorado en términos de un voto por el sello PT [*legenda*], no solo sufrió desde los años noventa transformaciones sustantivas (Palermo, 2003; Power, 2008; Guidry, 2003; Freire de Lacerda, 2002; Amaral, 2010) que acortarían en varios aspectos esa distancia respecto del funcionamiento de los demás partidos brasileros. Tampoco pudo lograr que el apoyo electoral a la figura de Lula —46,4% en 2002— se tradujera en un caudal de votos semejante para los candidatos legislativos y locales del PT (en el Congreso, los gobiernos estaduales y los municipios), que fue menor al 20%. De todos modos, a diferencia de la mayoría de los demás partidos brasileros, el PT seguía manteniendo una vida interna en términos organizativos, un funcionamiento de sus autoridades (y procesos de selección de las mismas), pronunciamientos públicos como unidad política, disciplina interna, una continuidad de su sello en todo el territorio nacional brasilero para los procesos electorales y para el funcionamiento de su bloque parlamentario. De ese modo, se producía la paradoja de militantes actuando en el seno partidario y siguiendo lógicas propias del mismo pero a la vez en un ambiente de volatilidad electoral y con un presidente mucho más popular que la organización a la que pertenecía.

Esos escenarios políticos caracterizados, en ambos países, por identidades políticas fluctuantes en el electorado (e incluso en la dirigencia política) y por partidos políticos con poca capacidad de configurar y sostener en el tiempo esas identidades, exhibían, no obstante, matices, especialmente en torno a la historia de ambos países, dado que, en Argentina, ese escenario comenzó a perfilarse con la redemocratización y se consolidó luego de la crisis de 2001; mientras que, en Brasil, se trataba de una característica más estructural del sistema, que algunos autores han creído progresivamente modificada y otros han considerado profundizada.

Una segunda perspectiva conceptual sobre la que se sostiene este artículo es la de identidades colectivas concebidas no como un conjunto de cualidades predeterminadas sino como una construcción nunca acabada, abierta a la contingencia, inmersa en el juego de las diferencias e íntimamente vinculada a la cuestión de la representación (Arfuch, 2002). Identidades descentradas y vinculadas con los significados que los actores individuales van elaborando de su propia experiencia (Elliot, 2001), que se constituyen como identidades cuando y si los actores sociales las internalizan y construyen su significado alrededor de esa internalización (Castells, 1997). Específicamente, se ha tomado a la identidad colectiva como delineada a partir de puntos de similitud —no importa cuán vagos, poco importantes o ilusorios sean o parezcan— que definen la pertenencia de personas a una colectividad, evocando, a su vez, la diferenciación (Jenkins, 1996). Las identidades han sido concebidas aquí como crecientemente contingentes y fluctuantes. Svampa (2009) ha resumido este estado de las identidades, para el contexto de las "sociedades periféricas", señalando la progresiva desestructuración de los antiguos marcos colectivos de socialización, el consecuente "fin de las identidades 'fuertes'", y el ingreso a una era de identidades más efímeras, más centradas en la subjetividad de los actores, actores con compromisos políticos y sociales más parciales (Svampa, 2009: 21).

Como parte del andamiaje teórico utilizado en este artículo he acuñado nuevos términos para captar la riqueza y la heterogeneidad presentes dentro del espacio partidario de ambos países, que ya no podían ser comprendidas solo a través de la noción tradicional de "partidos políticos". Es decir, siguiendo un diagnóstico sobre las transformaciones en los partidos políticos y el carácter fluctuante de las identidades políticas (Manin, 1992; Montero y Gunther, 2002; Cheresky, 2006b) me valdré de distintas formas de nominación alternativa posibles, más allá de la de "partido", para caracterizar a los distintos actores colectivos del espacio partidario oficialista: "redes disgregadas", "sello partidario", "sello electoral" y "espacio político inorgánico". Estos conceptos constituyen una posibilidad de dar cuenta de una diversidad novedosa dentro del mundo partidario de ambos casos nacionales en el periodo del recorte temporal de esta investigación (primer mandato de Lula y gobierno de Kirchner). Nos permiten, por un lado, reconocer las transformaciones en el lazo representativo antes enumeradas (fluctuación de las identidades políticas, volatilidad en el comportamiento electoral, pérdida de importancia de las etiquetas partidarias a la hora de configurar el voto, liderazgos que prescinden de los partidos para la conformación de un lazo con la ciudadanía, entre otros cambios) y su impacto sobre los partidos. Y, por otro lado, esas nominaciones serán utilizadas para hacer referencia a actores colectivos cuyas definiciones de pertenencia al oficialismo se estudian aquí, especialmente para contrastar la situación del PT y del PJ en los periodos analizados, y también, la del espacio transversal y los sellos partidarios de la base oficialista de Lula.

Esa diversidad incluía en los dos países la existencia de espacios de dirigentes y sus respectivas redes que se consideraban afines mutuamente pero que no confluían en un formato organizativo en tanto actor oficialista (transversales en Argentina) —y a los que he denominado "espacio político inorgánico"—; la proliferación de sellos que solo funcionaban durante las elecciones (siendo incluso prestados a distintos candidatos en cada contienda) y que no eran el reflejo de una vida militante o de una inserción en el territorio (como el Partido de la Victoria, también en Argentina) —"sellos electorales"— y la existencia de supuestas organizaciones partidarias que exhibían una continuidad en su nombre formal —sellos partidarios— pero no una disciplina interna de sus distintas autoridades regionales (directorios estaduales, en el caso de Brasil) que les permitiera funcionar efectivamente como un partido nacional (*Partido do Movimento Democrático Brasileiro* —PMDB—, *Partido Liberal* —PL—, entre otros). En tanto, el PT se perfilaba como la única organización que funcionaba, aun con transformaciones y con una desaparición de ciertas prácticas militantes de base y en territorio, como un *partido* nacional[5]. Y en el caso del PJ, sus avatares durante el gobierno de Kirchner (parálisis de su funcionamiento

---

[5] El *Partido Comunista do Brasil* (PCdoB) también lo era, pero sus dimensiones y gravitación en el escenario político-electoral eran mucho menores que las del PT.

nacional e incluso provincial, intervención judicial, acefalía nacional y proliferación de redes opositoras al gobierno que reivindicaban su pertenencia al partido, entre otras circunstancias) impedían considerarlo en esos términos, ante lo cual el concepto de "redes disgregadas" aparece como más ilustrativo de la situación que atravesó al PJ entre 2003 y 2007.

Estas formas alternativas de nominación de lo que comúnmente es caratulado en forma indistinta como "partidos" emergieron como producto del trabajo de campo y del análisis de los testimonios, aunque no fuesen conceptos *in vivo*. Se trata de conceptos creados con el propósito de captar contrastes entre esos distintos actores colectivos y no continuar forzando sobre los mismos la denominación de "partidos".

Las interpretaciones de los entrevistados sobre el contexto: la cuestión de los "sentimientos partidarios" en Argentina y Brasil

En este apartado analizaré las interpretaciones de los entrevistados, especialmente los del PT y del PJ, sobre el escenario político electoral de los gobiernos de Lula y Kirchner, en términos de la fluctuación política y del peso que, según ellos, tenían en los votantes lo que Veiga (2007) denomina la "identidad partidaria", y que Paiva, Braga y Pimentel Jr. (2007) llamaron "sentimientos partidarios".

A través de distintos trabajos especializados, he descripto ya ambos escenarios políticos (2002-2006 en Brasil y 2003-2007 en Argentina) como marcados por la volatilidad electoral, la fluctuación de las identidades políticas, la personalización de la política electoral, y la escasa capacidad de los partidos para configurar identidades asociadas a sí mismos y duraderas en el electorado.

Examinemos entonces, a continuación, y en cada caso nacional, el modo en que los entrevistados interpretaban sus propios contextos en términos de los lazos entre los partidos y el electorado, y sus lecturas sobre la supuesta excepcionalidad del PT y del PJ y la gravitación de esa identidad partidaria en particular en la sociedad.

Brasil

Entre los entrevistados petistas, junto con la afirmación de que en Brasil no se votaban partidos (sellos) sino personas, de que los partidos no lograban concitar y sostener adhesiones propias como organizaciones a lo largo del tiempo, aparecía esa idea antes mencionada de que el PT era una suerte de excepción.

Por un lado, el consenso era evidente en el diagnóstico sobre la situación general de las identidades políticas y los partidos en Brasil, resaltando, todos —petistas y no petistas—, el carácter altamente personalizado de la política y el débil lazo que los partidos forjaban con el electorado:

Pedro: Desgraciadamente el gran problema en Brasil es la inexistencia de partidos políticos. Eso termina generando que si primero el legislador precisa del partido para elegirse, después lo abandona y se mueve a partir de sus intereses individuales [...]. Antes y durante la elección, el partido importa [para el legislador]. Después de la elección, el partido no existe.

(Entrevista N° 9 en Brasil, Pedro, concejal del PT en San Pablo —PT-SP—.)

Renato: [el brasilero] es un sistema electoral muy individualizado, centrado en la persona. No centrado en propuestas ni en un partido.

(Entrevista N° 10 en Brasil. Renato, ex militante del PT y militante del *Partido Socialismo e Liberdade* —PSOL— en San Pablo al momento de la entrevista.)

Baltasar [en referencia a las elecciones municipales]: Como no hay voto en lista en Brasil, hay voto nominal, en la elección municipal la personalización del voto alcanza niveles absurdos. Porque todo el mundo conoce a alguien, o tiene un pariente que quiere entrar como concejal [*vereador*]. Es un horror.

(Entrevista N° 21 en Brasil. Baltasar, dirigente del PT de Río de Janeiro —PT-RJ—.)

Reinaldo: Hoy veo que el electorado vota a la persona, a la persona que conoce, a la persona con la que se identifica. Son pocos los que votan a un partido. [...] Lula fue bueno, entonces las personas lo votaron de nuevo [en 2006], incluso con todos esos escándalos que ocurrieron en el PT. Eso fue la prueba de que el electorado no vota más en el partido, porque sino el pueblo no habría votado por Lula. Si Lula hubiese vinculado su propia candidatura al PT, no tengo dudas de que habría perdido la elección.

(Entrevista N° 25 en Brasil. Reinaldo, legislador del *Partido Socialista Brasileiro* –PSB– en Río de Janeiro.)

Felipe: Salvo por el PT, los otros partidos creo que son solo… líderes. Nosotros, por ejemplo, si hacés una encuesta, vas a ver un 2% allá; en Bahía, que somos muy fuertes, tal vez 5%. […] Jandira Feghali aquí en Río, es mucho mayor desde el punto de vista de la imagen. Ella es una militante del partido, no trabaja contra el partido. Pero es mucho mayor que el PCdoB […], ella no negó, ni escondió la sigla del partido. Es miembro de la dirección, expone bastante la sigla. Pero [los votantes] no saben lo que es el PCdoB, hasta quizás piensan que es el PT, que es "un partido que está siempre con Lula". No saben lo que es el PCdoB.

(Entrevista N° 32 en Brasil. Felipe, dirigente del PCdoB en Río de Janeiro.)

Para Felipe, del PCdoB, por otro lado, el PT era un poco la excepción a ese fenómeno, aunque también aclaraba que el PT había perdido parcialmente esa cualidad. Varios petistas, asimismo, insistían, en las entrevistas, en caracterizar al PT a partir de esa excepcional capacidad –excepcional por el contexto brasilero– de generar un voto genuinamente partidario, de eludir la mera personalización que marcaba al resto de las fuerzas políticas. Sostenían que el voto a Lula estaba asociado con la identidad petista y que el PT lograba una fuerte identificación partidaria. Más allá de la discusión sobre si esa lectura de excepcionalidad estaba en lo cierto o debía ser relativizada, ya era un dato significativo el hecho de que esos entrevistados petistas lo vieran así. Veamos un ejemplo:

Ingrid: Brasil no tiene mucho esa cultura partidaria, y los sellos [*legendas*, en portugués] se mueven solo en las campañas, entonces no hay militancia, no hay discusión en las ciudades[6]. No hay una cultura partidaria,

---

[6] Tanto en el caso argentino como en Brasil, se advertían relatos sobre el uso de los sellos por parte de distintos actores, es decir el "alquiler" o "préstamo" de los sellos que tenían personería formal a otros actores para una elección. Javier describía, por ejemplo, el préstamo del sello Frente Grande a un candidato local que no pertenecía al partido, mientras que otro que sí provenía del mismo había ido con otro sello. Y Einar, del PSOL, decía: "En Brasil hay mucha tradición de siglas de alquiler. Partidos pequeños, sello libre, tanto es así que muchas veces la derecha va y ocupa una sigla, usa un partido." (Entrevista N° 3, Einar, ex militante petista y dirigente local del PSOL). Esas

> sea por el pueblo o por los políticos, porque es común que los políticos pasen por tres o cuatro partidos en su vida partidaria [...]. El PT tiene una historia más partidaria, incluso aunque existan políticos del PT que cambien de partido u otros que vengan para el PT, es menor que en otros partidos. El PT afirma mucho su sello, el "13" [código del PT en el voto electrónico] es muy bien votado.
>
> (Entrevista N° 28. Ingrid, legisladora del PT en Río de Janeiro.)

Otras interpretaciones de entrevistados petistas, en cambio, matizaban esa seguridad respecto de la propia excepcionalidad, afirmando que el PT había ido transformándose hasta parecerse un poco más a las demás fuerzas, como vimos antes afirmar a Felipe, del PCdoB, o bien advirtiendo una marcada diferencia entre la adhesión a Lula y la adhesión al PT. Veamos ambos argumentos ejemplificados en Baltasar, dirigente petista de Río de Janeiro, y Vítor, de San Pablo:

> Baltasar: Como la campaña proporcional [en elecciones legislativas] es nominal, no se compite con una plataforma contra los otros partidos. Competís con tu nombre o tu candidato, contra todo el mundo, incluidos tus compañeros de partido. Eso crea distorsiones enormes [...], esas distorsiones del sistema político-electoral son cada vez más incorporadas por el partido [PT].
>
> (Entrevista N° 24. Segunda realizada a Baltasar, dirigente del PT en Río de Janeiro.)
>
> Vítor: Estando en el gobierno, no se consiguió una dinámica de construcción [del partido], de organización... lo que hizo que a lo largo de estos seis años el lulismo haya crecido en la población y el petismo haya crecido mucho menos.
>
> (Entrevista N° 15 en Brasil. Vítor, dirigente del PT-SP.)

En relación con esas lecturas respecto de un PT cada vez más parecido a los demás partidos, Kinzo sostiene, aun pensándolo como excepción al contexto brasilero, que "el PT perdía con los años apelación [*apelo*]

---

situaciones eran ilustrativas del contexto más general de débil identificación partidaria: ese préstamo era posible porque esos sellos, esos nombres de "partidos" no convocaban por sí mismos, el voto. Habían perdido valor político o peso electoral.

afectiva" (Kinzo, 2005: 400). Y Ribeiro (2008) resalta, como ya ha sido mencionado, la amplia diferencia entre los votos a candidatos legislativos y estaduales del PT (y de la propia coalición electoral de 2002) y los votos a Lula para presidente.

Argentina

En Argentina, para los entrevistados del PJ de La Matanza, la identidad peronista seguía siendo operante en el electorado de ese distrito. Pero a la hora de esbozar una lectura sobre la sociedad argentina en términos generales, aparecía la noción de que las cosas habían cambiado en términos del voto. Es decir, por un lado, sostenían insistentemente que La Matanza era netamente peronista, y que esa identidad era imbatible y duradera en las localidades del distrito más pobres y más alejadas de la Ciudad de Buenos Aires (lo que es denominado segundo y tercer cordón del municipio). Pero, por otro, reconocían que a nivel nacional las identidades partidarias estables ya no eran la característica definitoria del escenario político-electoral. Veamos, primero, qué decían sobre la identidad peronista en La Matanza:

> Roberto: [En La Matanza] hay un trabajo territorial, la gente está identificada bien en el peronismo. [...] A veces no se comprende que el peronismo, más allá de que estuvo Federico Russo o Alberto Pierri, o Balestrini, la gente sigue acompañando al peronismo.

> (Entrevista N° 1 en Argentina. Roberto, legislador del PJ de La Matanza.)

> Dolores: En el 2005 ustedes reivindicaban muy fuertemente la identidad peronista, acá en Matanza, en la campaña, algo que no parecía muy característico por ejemplo de la campaña a nivel provincial. Y a mí me daba la impresión de que tenía que ver con que el adversario era el duhaldismo, que también era peronista. Ahora [2007] parecería haber ciertas cosas muy parecidas en ese sentido de reivindicar el peronismo. Hay varios carteles, bueno, lo de Balestrini diciendo que es el "Frente Peronista para la Victoria". ¿Por qué la necesidad de enfatizar el carácter peronista?

> Javier: Porque es así el militante y el votante peronista. En La Matanza es así. Que yo puedo estar de acuerdo o en desacuerdo. Pero

tengo que hablar el mismo idioma. Yo no sé si estará medido de alguna forma el piso del votante peronista. Ese que vota la boleta donde están la cara de Perón y Evita. No sé si estará medido. Pero acá es muy alto.

(Entrevista N° 15 en Argentina. Javier, militante del PJ de La Matanza.)

Dolores: En el rastrillaje [en las elecciones legislativas de 2005], entonces ¿cómo presentaban esa opción? ¿Presentaban la otra lista como no peronista?

Maxi: No, nosotros nos identificábamos como peronistas. Tanto en el 2005 como en el 2007, sacamos, aparte de la lista que iba en el cuarto oscuro, un afiche con la foto de la boleta en grande, que decía "ésta es la boleta del peronismo". En el 2005 se hizo todo el material de mano, acá se dividió en dos todo lo que es primer cordón, de lo que es segundo y tercero. La propaganda era más o menos la misma: las obras que se hicieron, etc. En el primer cordón se hablaba más de Kirchner, Cristina, de renovación, de la situación económica. En el segundo y tercero, ahí sí, escudo, foto, y peronismo. En esta elección se hizo lo mismo. Se identificó más al peronismo en el segundo y tercer cordón que en Ramos, Lomas del Mirador, Madero [primer cordón].

(Entrevista N° 21 en Argentina. Maxi, militante del PJ en La Matanza.)

Martín (Entrevista N° 17 en Argentina) y Gonzalo (Entrevista N° 18 en Argentina), dos dirigentes de agrupaciones del PJ de La Matanza, también decían, al hablar sobre las distintas elecciones en la historia, que La Matanza era un lugar netamente peronista, que allí el peronismo era aún muy fuerte como identidad política.

Aunque la idea de estos entrevistados respecto de la vigencia de la identidad peronista en La Matanza estaba presente en forma abrumadora en las entrevistas, estos mismos actores consideraban, a la vez, al caso de La Matanza justamente como un escenario particular en un contexto nacional de cada vez mayor incertidumbre y volatilidad electoral. Así lo ilustraban Javier y Maxi:

Javier: La etapa de los partidos de masa hoy no prende, no va más. Eso creo que ha llegado a la cabeza de los dirigentes. Entonces por eso se está abandonando un poco, con todo lo que significa para mí el escudo de PJ...

> Dolores: Igual ustedes en los carteles lo siguen poniendo. Los carteles de Espinoza [candidato a intendente en 2007] dicen "PJ, Frente para La Victoria".
>
> Javier: Pero eso tiene que ver con el voto cautivo. Es necesario tenerlo, porque hay un porcentaje que van a votarlo, que van a votar ese escudo. Por supuesto, la imagen de Perón y de Evita, para nosotros significa mucho, para el público en general, ya no.
>
> (Entrevista N° 15 en Argentina. Javier, militante del PJ de La Matanza.)
>
> Maxi: A mi entender, la sociedad no se está jugando mucho con un partido. La gente vota según cómo está ahora. Hay más pragmatismo, al no estar tan identificado el ciudadano con un partido político. [...] Mucha gente se dejó de identificar con el peronismo.
>
> (Entrevista N° 21 en Argentina. Maxi, militante del PJ La Matanza.)

El propio "conductor" político del distrito, Alberto Balestrini, tenía una lectura en la cual el PJ nacional también había sido afectado por las transformaciones en el formato de representación, y, por lo tanto, era desde un supuesto bastión de permanencia de la identidad peronista, La Matanza, que se debía promover una reactivación y reorganización del peronismo como identidad partidaria a nivel nacional. Así lo expresaba a la prensa local:

> En esta elección tendremos que redoblar esfuerzos porque debemos tener un triunfo no solo en nuestro distrito, sino en toda la provincia, porque *es la última reserva que le queda al peronismo en nuestro país.* [...] Hoy el partido no existe como tal, es una conjunción de partidos provinciales, en muchos casos conducidos de forma feudal. Tenemos que reinventar una segunda renovación del peronismo.
>
> (Declaraciones del ex intendente Balestrini al periódico local *UNO*, 9/4/2007. Énfasis propio.)

Salvador, otro entrevistado del PJ, que desarrollaba su actividad política en un distrito del conurbano bonaerense con menos trayectoria de gobiernos peronistas y en el que el voto al PJ era más bien bajo, mostraba cierto hartazgo con una coyuntura que podemos caracterizar como de intensa fluctuación política, incluso entre la propia dirigencia. Un escenario en el que cada nuevo proceso electoral inauguraba incertidumbre y realineamientos diferentes:

> Salvador: Ahí entraría en la discusión la otra parte que yo digo que es la discusión formal. Si realmente los límites en el sistema electoral existen o no. Soy un día vecinalista, un día PJ, un día UCR, juego a la interna tuya, mañana a la del otro. [...] A ver, creo que nos quedamos sin reglas. En algún momento, la política tenía valoraciones. La Argentina tenía un alto nivel de movilización política y de participación. [...] Pasamos de una lealtad absolutamente inflexible, que era la lealtad que significaba la muerte, a una lealtad moral o ética o partidaria, pónganle el título que quieran, a una lealtad financiada, en un momento y en una estructura en la que si no tenías recursos no podías participar de la interna [....], hasta un escenario donde la lealtad es la excepción, como es hoy. [...] O sea, a ver, ¿cuál es el mérito de ser leal si uno no sabe en realidad cómo va a ser el proceso de selección de candidaturas dentro de seis meses? Nadie te garantiza nada. [...] Hay una flexibilidad de la norma que implica que, si vos no vas con el sello oficial, podés ir con otro sello que quizás tiene menos costos que jugar por adentro del partido. [...] La campaña se transforma en un cara a cara. Cara a cara en un escenario con la sociedad alejada de los partidos políticos. [...] El partido hoy no tiene un valor político a la hora de decidir candidaturas a cargos electivos.
>
> (Entrevista N° 32 en Argentina. Salvador, dirigente del PJ en la zona norte del conurbano bonaerense.)

Vemos, en consecuencia, tanto entre los entrevistados del PJ como entre los del PT, una tensión implícita entre su visión del propio partido como excepción a la fluctuación y volatilidad que afectaba al resto de las identidades partidarias y políticas, y un reconocimiento de que efectivamente las transformaciones que habían experimentado sus respectivos partidos y/o el contexto político-electoral nacional en el que éstos actuaban habían configurado una realidad a la cual esos partidos tampoco eran inmunes.

He analizado en este apartado la cuestión de la identificación partidaria en ambos escenarios nacionales desde el modo en que los entrevistados los interpretaban, especialmente los militantes y dirigentes del PT y del PJ, fuerzas de las que provenían Kirchner y Lula. Examinaré a continuación lo que ocurrió con la identidad petista y la identidad peronista en los gobiernos de Lula y Kirchner.

Peronismo y petismo en el oficialismo kirchnerista y lulista. Las lecturas sobre la despetización y la desperonización de ambos gobiernos

Ahora bien, si las identidades en general habían sufrido mutaciones y se perfilaban, en estos dos contextos, parciales, contingentes y fluctuantes ¿qué ocurría con la identidad petista y peronista durante los gobiernos de Kirchner y Lula? Sabemos que ambos partidos habían sufrido transformaciones sustantivas en su identidad en momentos históricos (años noventa) en los que las identidades sociales en términos generales pasaban por procesos de transformación y dislocación, y en los que los vínculos identitarios aparecían fragilizados y fluctuantes. ¿Qué ocurriría con esas identidades al interior del oficialismo kirchnerista y lulista a partir de 2003 y 2002, respectivamente?

Mientras que el apartado anterior analizó el modo en que los entrevistados del PT y del PJ interpretaban sus propios contextos nacionales de identidades políticas fluctuantes, este apartado se preguntará qué aconteció con la identidad petista y peronista en los gobiernos de Kirchner (2003-2007) y Lula (primer mandato: desde su elección en 2002 hasta el final en 2006). Se observará primero, en forma comparada, las características de ambas identidades en esos periodos y los modos en que era concebida por los distintos actores del espacio partidario oficialista; y se abordarán luego las lecturas, insinuadas en ambos países por distintos actores, de una desperonización y despetización de estos gobiernos.

Identidad peronista e identidad petista en los actores del oficialismo

El objetivo de este apartado es reflexionar sobre lo que aconteció con la presencia de las identidades peronista y petista durante el gobierno de Kirchner y el primer mandato de Lula, respectivamente.

Para el caso argentino, la transversalidad como espacio político inorgánico durante el kirchnerismo es un buen punto de partida para ese análisis.

Al interior de ese espacio kirchnerista no perteneciente institucionalmente al Partido Justicialista (y autodefinido como externo y diferente al mismo), la vinculación con la identidad peronista era, sin embargo, intensa. Aunque explícitamente disociada del vínculo con el PJ como organización partidaria, la identidad peronista aparecía manifestada como propia por muchos entrevistados kirchneristas –la mayoría–, que la reivindicaban de distintas formas: a través de la invocación del primer gobierno de Juan Domingo Perón (1946-1952) en casi todos los casos; y en algunos de los entrevistados que se autodefinían como parte de lo que había sido, según ellos mismos, "la izquierda peronista", el recuerdo del breve gobierno de Héctor Cámpora (1973). Incluso se veía en algunos casos una caracterización del peronismo como el fenómeno de mayor apoyo popular de la historia argentina, con una implícita noción de la inevitabilidad de adherir ellos mismos, por lo tanto, a esa identidad política[7].

Lo cierto es que la identidad peronista aparecía en los entrevistados como algo irreductible al PJ como organización, como mucho más amplia y trascendente a la estructura partidaria, a pesar de la inexistencia de otro partido político en la actualidad que le disputara esa identidad al PJ con éxito, y de que algunos de los entrevistados, incluso, hubieran militado más o menos formalmente en las agrupaciones del PJ hasta los años ochenta o noventa (incluso el propio Frente Grande surgía, en 1993, a partir de la ruptura de un grupo de diputados del PJ con su bloque).

Veamos algunos ejemplos de esa noción sobre la identidad peronista, de considerarla propia aun no estando dentro del PJ y no pretendiendo tampoco estarlo en un futuro. Ser peronista, pero no en términos de una pertenencia partidaria:

---

[7] Algo similar había ocurrido desde fines de la década de 1960 e inicios de la siguiente, con jóvenes que no provenían del peronismo y se insertaron en organizaciones peronistas bajo ese razonamiento de que el movimiento obrero y los sectores populares eran peronistas. Ver, para un relato novelado de esos procesos, Anguita y Caparrós (1996).

> Román: Yo, más que ser un militante del PJ, soy un peronista, que
> es algo que nosotros consideramos más amplio que el concepto de
> la pertenencia a un partido. Sino, la idea del movimiento nacional y
> popular, la idea de las expresiones históricas. [...] Después de haber
> visto el vacío de contenidos ideológicos y programáticos que significó
> el Partido Justicialista en la década del noventa...
>
> (Entrevista N° 36 en Argentina. Román, legislador kirchnerista de la
> Provincia de Buenos Aires.)

Román reivindicaba en otros extractos de la entrevista lo que consideraba una recuperación por parte de Kirchner, desde 2003, de las "mejores banderas del peronismo", "identidad muy sentida por todos nosotros". Jaime, del Frente Grande (Entrevista N° 37 en Argentina), también expresaba esa identidad peronista pero no asociada al PJ sino en confrontación con lo que éste había encarnado en las últimas décadas, pues sostenía que muchos transversales venían "del tronco peronista". Y Alicia, legisladora kirchnerista del Frente Grande (Entrevista N° 41 en Argentina), también expresaba su identidad peronista presentándola como una identidad no partidaria: "Yo no militaba en ningún partido pero me decía peronista. Pero no estaba en la estructura del PJ. Así estuve toda la vida. No en la estructura del PJ".

Gran parte de la transversalidad se reclamaba peronista, aunque con un rechazo más o menos agudo —según el caso— a la reputación del Partido Justicialista, a las prácticas de construcción política que se le atribuían y a su pasado neoliberal en la década de 1990. De ahí la preocupación en algunos de ellos en torno a que "el kirchnerismo se pejotizara". Y es que el mismo Kirchner había descalificado indirectamente al PJ, o al menos a parte de él, al introducir el concepto, durante los primeros años de su gobierno, de "pejotismo":

> Cuando me preguntaban [en 2003] si iba a ir por adentro o por fuera del
> PJ, les decía que solo hubiera ido a la interna si el justicialismo se ponía
> de acuerdo en un programa de gobierno común, que luego defendiera
> el ganador. ¡Pero Menem tiene una visión totalmente opuesta a la que
> tenemos nosotros! Lo que quiso hacer fue poner al "pejotismo" buro-
> crático al servicio de los sectores neoliberales. Éste es un término de mi

autoría. ¿Sabe a qué llamo "pejotismo"? Para mí define la deformación a la que llevó Menem al Partido Justicialista. Un aparato de poder vaciado de contenido, sin ideas.

(Kirchner, entrevistado por Di Tella, en: Kirchner y Di Tella, 2003: 131.)

La prevalencia de la identidad peronista en los transversales podría, en principio, ser interpretada como una manifestación más de la noción histórica del peronismo como un movimiento más que como un partido. Pero la identidad peronista de los transversales se planteaba no solo como irreductible y más amplia al partido, sino incluso como externa a la dicotomía peronismo-no peronismo. Es decir, la transversalidad portaba una pretensión de instituir eventualmente un nuevo clivaje que reorganizara políticamente a la sociedad argentina (siguiendo las apelaciones políticas de Kirchner en esa misma dirección). Por eso no se consideraban "el peronismo transversal" o, incluso, como había ocurrido en el pasado con facciones peronistas rivales, "el verdadero peronismo", sino el kirchnerismo transversal, inclusivo de dirigentes provenientes del ARI y del Partido Socialista, entre otras fuerzas, y no públicamente definido como otro peronismo. Aunque muchos de los transversales, digámoslo nuevamente, se consideraban peronistas.

La identidad peronista de la transversalidad se perfilaba, entonces, como una identidad peronista muy diferente a la que habían construido los entrevistados que sí se reconocían como militantes del Partido Justicialista, una de cuyas aspiraciones era, durante el gobierno de Kirchner, que el justicialismo recuperara el lugar que le correspondía legítimamente —según la visión de estos militantes— al interior del conjunto oficialista: un reconocimiento a su peso como estructura territorial y a su capacidad militante durante los procesos electorales.

Aparecían entonces, entre los entrevistados argentinos del espacio partidario, diferentes acepciones de la categoría "peronista". Por un lado, el peronismo como identidad política pero no partidaria. Como un sentimiento producto de una determinada lectura del legado de los gobiernos de Perón, un sentimiento que, habiendo recorrido desde la muerte del líder un camino separado del que fue recorriendo el Partido

Justicialista como organización, habría sido recuperado por Kirchner, según esos transversales, en términos de la política que llevó adelante el gobierno (aunque no en términos de su liturgia proselitista). Y por otro lado, el peronismo como movimiento organizado en el marco de la estructura denominada PJ, devenida en redes territoriales y estatales. Ese peronismo que contenía dirigentes y militantes que reivindicaban a ese conglomerado como la mayor fuerza política del país, la única garante de gobernabilidad, la que tenía más vocación práctica de poder, y la que, sentían, habría quedado algo relegada en los primeros años del gobierno kirchnerista.

Con el petismo ocurría algo diferente. La identidad petista era indisociable del PT. A pesar de existir críticas a las transformaciones sufridas por el PT como organización desde los años noventa, no existía una identidad petista que se reivindicara en forma sostenida por fuera del partido. La excepción eran los militantes y dirigentes que luego fueron al PSOL, y que rescataban gran parte de la historia del PT, al que pertenecieron hasta el 2003 o 2005 según el caso, pero que no seguían reivindicándose luego como petistas contra la estructura partidaria del PT, sino "de izquierda", subyaciendo así la conclusión, en estos entrevistados, de que el PT (junto con el gobierno de Lula) se había posicionado "del otro lado", abandonando sus banderas históricas.

Para los entrevistados petistas, entonces, la cuestión de la identidad petista aparecía siempre vinculada al aspecto partidario y también al programático, y, en consecuencia, se configuraba una tensión siempre latente: si la identidad petista era asociada siempre con un programa político, ¿cuánto podía transformarse y cambiar el PT sin "descaracterizarse"? Este término, "descaracterización", aparecía todo el tiempo en las entrevistas y aludía a una pérdida de identidad, a quedar vaciado el partido de la misma, de su perfil. La transformación en el perfil ideológico del PT, especialmente desde los años noventa, ha sido analizada por distintos trabajos (Palermo, 2003; Power, 2008; Guidry, 2003; Freire de Lacerda, 2002; Coggiola, 2003; Ottmann, 2006; Meneguello y Amaral, 2008). Roma (2006) citaba, en su trabajo comparativo sobre el PT y el *Partido da Social Democracia Brasileira* (PSDB), una encuesta realizada entre afiliados del PT en 1997[8] que ya mostraba que un 48% de los encuestados temían, como impacto del ejercicio del gobierno sobre la estructura partidaria (el PT ya tenía gobiernos municipales y alguna experiencia en gobiernos estaduales), una "pérdida de la identidad en la estrategia política y actuación del PT" (Roma, 2006: 161). Es decir, el miedo a que el partido perdiera su identidad o se "descaracterizara" –en términos de los entrevistados– con la llegada al poder ya estaba presente años antes de que Lula obtuviera la presidencia.

Para el propio Lula no se trataba de una descaracterización sino de una maduración. En el documental *Presidentes de Latinoamérica* (2009), el mandatario no negaba las transformaciones acontecidas en la identidad del PT, pero consideraba que las mismas habían preparado al partido (y a él mismo) para gobernar. De ese modo, Lula invertía el razonamiento de algunos entrevistados petistas, que se preguntaban cómo habría sido un gobierno del PT si hubiesen ganado en 1989, proceso electoral previo a esos cambios dentro del partido:

> Perdí las elecciones [en 1989]. Pero pienso que ahí estuvo el dedo de Dios. Que nosotros no teníamos que ganar esas elecciones. Porque nosotros éramos muy radicales. Si yo hubiera ganado esas elecciones, con el discurso que tenía, no sé si hubiera gobernado seis o siete meses. No era solo yo. Mi grupo y mi partido. Teníamos un discurso muy duro. En doce años se aprende mucho. Ganamos intendencias, estados, y todos fueron madurando. Entonces cuando yo gané ya estábamos preparados para gobernar.
>
> (Lula, entrevistado por Daniel Filmus, en *Presidentes de Latinoamérica*, 2009.)

Para los entrevistados argentinos identificados como PJ, esa tensión entre el cambio y el miedo a una "descaracterización" parecía no existir o no tener pertinencia. Porque la identidad peronista no se presentaba primordialmente definida por estos entrevistados en términos programá-

---

[8] La encuesta fue realizada por el propio PT bajo la coordinación de la Fundación *Perseu Abramo*. La muestra reunía una representación proporcional de los delegados partidarios de todos los estados. Los datos fueron cedidos a Roma, el autor, por el directorio municipal del PT de San Pablo.

ticos sino más bien como legado histórico, y hasta como una identidad de ribetes sociales y culturales predominando por sobre los programáticos. Aparecía así, en algunos entrevistados del PJ, una idea del peronismo como una suma de valores sociales (justicia social y solidaridad con los pobres, entre otros) más que de ideas políticas, de modo que algunos incluso concebían como posible "ser peronista" sin estar explícitamente a favor de la figura de J. D. Perón. Álvaro, por ejemplo, decía:

> Álvaro: El peronismo es la base política más importante que tiene la Argentina. Porque aunque muchos que dicen que no son peronistas, lo son. [...] Yo tenía a mi mamá que era radical. Y le decía "vos sos más peronista que yo", porque cuando una persona es solidaria, cree en la justicia social, defiende los intereses del pueblo, es porque tiene una comunión de ideales con el peronismo.
>
> (Entrevista N° 14 en Argentina. Álvaro, legislador del PJ proveniente de La Matanza[9].)

Incluso algunos de los entrevistados del PJ insistían en que había sido un error —y hasta una manipulación intencional— intentar caracterizar la tradición peronista según el espectro izquierda-derecha[10]. Ocurría, de ese modo, con muchos de los entrevistados identificados como PJ algo que Pousadela (2007) ya había advertido en su propio trabajo de entrevistas a ciudadanos y dirigentes políticos centrado en las nociones sobre la

---

[9] Esa reflexión parece retrotraernos a la célebre frase de J. D. Perón del peronismo como una identidad de todos los argentinos cuando Eloy Martínez lo consultaba sobre la composición política del país y el dirigente había dicho:

> Perón: Hay un diez por ciento de socialistas, un 30 por ciento de radicales, un cinco por ciento de comunistas.
> Eloy Martínez: ¿Y peronistas, cuántos?
> Perón: Peronistas somos todos.

[10] Esos entrevistados reeditaban así una disputa histórica al interior del peronismo entre sectores que habían abogado, desde inicios de la década de 1970, por "La Patria Socialista" y quienes desde la consigna "La Patria Peronista" habían identificado a aquellos como infiltrados dentro del movimiento. Ver, para esta disputa, Bonasso (1997), Anguita y Caparrós (1996), Verbitsky (1995). Maxi, militante del PJ de La Matanza, afirmaba en este sentido que el peronismo de su distrito era "independiente" y que "El peronismo no es de izquierda. Lo dijo Perón. Lo que cantaban los montoneros no existe" (Entrevista N ° 21 en Argentina. Maxi, militante del PJ en La Matanza).

representación política: varios justicialistas se sustraían a la clasificación derecha-izquierda al autodesignarse como peronistas. Es decir, el término "peronista" aparecía en muchos casos, como un rótulo "autoexplicativo" (Pousadela, 2007: 37).

Se perfilaba en esos entrevistados una apelación identitaria planteada en términos de sentimientos que el peronismo movilizaba o había movilizado a nivel personal, y por ello, por ejemplo, el constante uso de citas del líder en el lenguaje coloquial de militantes y dirigentes ("como decía el General…"), la importancia de la liturgia y de las imágenes de Eva y de J. D. Perón, y el énfasis en la ritualidad de las fechas significativas para el Movimiento: Día de la Lealtad (17 de octubre), del Militante (17 de noviembre), aniversario del "renunciamiento" de Evita a la vicepresidencia (22 de agosto) y aniversario de su muerte (26 de julio), entre otras.. Esos sentimientos jugaban, en esa identidad así planteada, un rol tan básico y nuclear que cualquier programa o construcción ideológica podía ser prescindible, efímera[11] y hasta redundante. Especialmente si, como vimos, el peronismo era visto por varios de sus militantes y dirigentes, siguiendo a Pousadela (2007), como un rótulo autoexplicativo.

En Brasil, ese desprendimiento de la identidad petista respecto de lo programático y respecto de la estructura del partido era impensable. Era inconcebible que pudiera haber personas que se considerasen petistas pero no del PT. Antes de ser apresuradamente corregida por el lector, debería aclarar que, por supuesto, esto último tiene que ver con que en Argentina la existencia de un líder carismático y fundador del movimiento, ya fallecido, permitía la identificación con la tradición que éste generó y encarnó sin que eso necesariamente implicase pertenecer a la estructura partidaria del PJ o considerarla como la encarnación de esa identidad. En Brasil, en cambio, la expresión "petista" perdía sentido si no refería a la pertenencia al PT, cuya fundación había sido un proceso colectivo y marcado por la diversidad de organizaciones, grupos y sectores que con-

---

[11] Así, Javier caracterizaba la diversidad del peronismo del siguiente modo: "Dentro del movimiento peronista hay como 20 partidos […] según quién prevalezca en la lucha interna va a ser el proyecto que se está viendo." (Entrevista N° 16 en Argentina. Segunda entrevista a Javier, militante del PJ de Matanza.)

fluyeron en su nacimiento. Sin embargo, esa diferencia entre ambos casos ilustraba asimismo dos formas muy diferentes de pensar la identidad por parte de quienes eran militantes o dirigentes de ambos partidos. Estas dos formas se vinculaban con la disciplina partidaria. Tan diferentes eran ambas identidades que en el caso brasilero nadie podía imaginarse que algún sector del partido siguiera reivindicándose petista, no se desafiliara y sin embargo presentara, por ejemplo, un candidato opositor a Lula para las elecciones presidenciales de 2006. En Argentina, en cambio, aquello era concebible en el marco de un PJ que no funcionaba en la práctica, entre 2003 y 2007, como un partido con disciplina interna, procesos de selección de candidaturas y reuniones partidarias regulares de sus autoridades.

El peronismo de los entrevistados del PJ (es decir, el peronismo en su acepción como identidad partidaria) y el petismo compartían una característica: precedían a los gobiernos de Lula y Kirchner y a los símbolos identitarios que éstos pudieran movilizar para aglutinar a una base de sustentación propia. Por tanto, militantes y dirigentes petistas y peronistas estaban, en términos de Elliot (2001), inevitablemente ligados emocionalmente a una historia política personal e incluso a historias generacionales previas a ambos gobiernos. En otros términos, estaban marcados por una lectura personal de lo que esas identidades habían implicado para sus propias vidas hasta el momento de inicio de ese gobierno, especialmente tomando en cuenta que se trataba de personas que habían dedicado parte de su vida a la militancia política. Por ello, en muchos casos, esa identidad política se vivía de modo muy emocional y personalizado, como lo ilustraban los relatos de José y Paulino, militantes del PJ de La Matanza, y Teresa, dirigente del PT de Río de Janeiro:

Dolores: ¿Vos cuando eras chico no eras peronista?

José: Yo digo que en la villa hay mayoría peronistas y de Boca. Después… que vos tengas un análisis, no.

Dolores: No, sí, digo de identidad, no de si militaban…

José: De identidad porque tu papá te hace… en el caso de mi vieja, Evita le regaló la primera alpargata en Corrientes y la tiraban del tren.

Entonces, para mi vieja que tenía tan pocos estudios, que le regalen una alpargata fue…! […] Pero no hacíamos análisis finitos de Eva Perón… sabíamos que era Partido Justicialista. Por eso a veces entiendo cuando dicen "la insignia". Muchos se pelean por la insignia. No se pelean por la insignia porque son fanáticos de Perón. La insignia trae lo que tengo yo, lo que me contó mi vieja, mi abuela, eso trae.

(Entrevista N° 12 en Argentina. José, funcionario municipal y militante del PJ en La Matanza.)

Paulino: Yo creo que ser peronista tanto hoy como ayer es un sentimiento. Uno lo incorpora, en mi caso, lo siento como si fuera… yo soy de Boca y lo siento y no soy fanático, pero sí soy fanáticamente peronista por lo que fue el peronismo en la Argentina.

(Entrevista N° 20 en Argentina. Paulino, militante del PJ de La Matanza.)

Teresa: Las mujeres petistas […] abandonaron sus casas, sus maridos, sus hijos, y fueron por fe. Yo ni tuve hijos, porque mi hijo es el PT, mi hijo tiene 29 años, y es el PT. Así es como soy petista, estoy loca, me tendría que tratar [risas].

(Entrevista N° 20 en Brasil. Teresa, dirigente del PT de Río de Janeiro.)

Y esa forma de vivir y experimentar la identidad partidaria influía sobre sus definiciones de pertenencia y de lealtad al oficialismo como conjunto. Así, aquellos entrevistados del PJ que veían relegado el rol de éste dentro del kirchnerismo desarrollaban en las entrevistas una identidad primaria peronista, muy por encima de la identidad "Frente para la Victoria", vista, en cambio, como circunstancial. Ya se advertía esa disociación en las palabras de Roberto, legislador del PJ en La Matanza (Entrevista N° 1 en Argentina), cuando decía que era peronista y que en la elección de 2005 había "jugado" en el Frente para la Victoria", o también la reflexión de Maxi, militante del PJ en Argentina (Entrevista N° 21 en Argentina), que sostenía que "más allá de ir como Frente para la Victoria [en 2005], nunca dejamos de ser peronismo".

Para muchos petistas, por otro lado, aquel carácter emocional de su identidad partidaria y vinculado con su propia historia personal de militancia en el partido, sumado a muchos años de espera para llegar finalmente al gobierno, incidía también sobre sus definiciones de pertenencia pero de otro modo: pertenecer al oficialismo era no haberse ido del PT aun en los momentos de crisis, tanto en el proceso derivado de las denuncias del *Mensalão* como antes, cuando el gobierno de Lula exhibió, desde el inicio, un rumbo diferente al esperado por muchos petistas.

¿Despetización y desperonización del gobierno?

En términos del destino que correrían la identidad peronista y petista en el marco de los gobiernos de Lula y Kirchner, cabe reflexionar sobre el tema de la despetización y de la desperonización de ambos gobiernos, dos fenómenos proclamados desde la prensa y que eran leídos de diferente modo entre los entrevistados brasileros y argentinos. Ya han sido esbozadas ideas asociadas a esos fenómenos desde la academia: Ribeiro (2008) habla de un distanciamiento simbólico de Lula respecto del PT en el que Lula establecía una vinculación directa con amplios estratos del electorado sin la intermediación de su partido, eliminando la simbología petista de sus campañas, por ejemplo. Altamirano (entrevistado en Natanson, 2004), para el caso argentino, describía a Kirchner como alguien que, aun proviniendo del peronismo, no actuaba como un presidente peronista y que había relegado a la iconografía peronista en su apelación política.

Para los entrevistados del PJ que criticaban la transversalidad como política de alianzas del gobierno de Kirchner —tanto los que en 2005 jugaron con el duhaldismo como los que se quedaron con Kirchner pero que en las entrevistas manifestaban cierto malestar por la transversalidad o, como ellos mismos la denominaban, "el pluralismo"—, era el gobierno el que había tomado distancia respecto del PJ y el que lo había desestimado como eje organizativo del oficialismo.

Para los petistas —e incluso para quienes se fueron en 2003 y 2005 y fueron confluyendo en el PSOL y dejaron, por ende, de concebirse como petistas—, en cambio, no se trataba de que el gobierno se hubiera despetizado sino de que el PT mismo había cambiado, se había transformado, al perder parte de su vitalidad organizativa de base, convertirse en una máquina electoral y desarrollar un viraje en sus posiciones. No aparecía, entonces, en el caso brasilero, esa tensión entre la base militante identificada como petista y un gobierno supuestamente distanciado del folklore y de la simbología del PT como sí se observaba en las entrevistas del caso argentino, aunque Lula efectivamente hubiera protagonizado ese distanciamiento y se hubiera constituido como un liderazgo sin mediaciones. Incluso el tener que coexistir con otros sellos partidarios (de centro, fisiológicos[12], etc.) en el seno del oficialismo no significaba que el PT hubiese sido abandonado por el gobierno. En Brasil, para los entrevistados, era el PT el que había cambiado —y lo había hecho antes de 2002—, y no el gobierno el que había dejado de lado al PT.

Los entrevistados petistas, entonces, descreían de la idea de un fenómeno de despetización del gobierno de Lula. Como veremos, algunos de ellos identificaban, sin embargo, una suerte de proceso de despetización de Lula previo a la llegada al poder. Veamos primero el rechazo a la lectura sobre una supuesta despetización del gobierno. Aun reconociendo que Lula era más popular que el PT, Gaspar negaba que hubiese habido una separación del presidente respecto del partido. Para él, "el partido se beneficia de Lula en cuanto figura carismática y, de la misma manera, Lula se beneficia de ser respaldado por un partido" (Entrevista N° 17 en Brasil. Gaspar, dirigente del PT de Río de Janeiro), y por eso, la tesis de la despetización era considerada por él una lectura superficial —sino un invento malintencionado— de los medios. Virgílio, por su parte, descreía de esa tesis de despetización o de una pérdida de influencia del PT sobre el gobierno por el simple hecho, decía, de que "el PT nunca influenció al

---

[12] La fisiología se define, en términos biológicos, como la ciencia que estudia las funciones vitales de los organismos, tanto animales como vegetales (Gran Diccionario Salvat, 1992). En términos políticos, este concepto ha adquirido su propia definición. Bresser Pereira (1989) caracterizaba al político brasilero fisiológico como "un oportunista por definición", como una persona que transforma a la política en un negocio que implica intercambios, para los cuales usa su propio poder político. Intercambios que responden a sus intereses personales y materiales, colocados por encima de las ideas, principios y valores que podrían, de otra forma, presidir su acción política. Para la gran mayoría de los entrevistados petistas y del PCdoB (y para una parte del PSB), una gran parte de los sellos partidarios que se encontraban en la base oficialista de Lula eran "fisiológicos": estaban allí porque eso es lo que estos sellos partidarios hacían con cada gobierno (no solo nacional sino también en estados y municipios de distinto color político): negociar su participación en él.

gobierno de Lula, es decir, ¡quien influencia el gobierno de Lula es Lula!" (Entrevista N° 27 en Brasil. Virgílio, militante histórico del PT de Río de Janeiro sin cargos en el partido al momento de la entrevista). En otros términos, no había habido una pérdida del espacio del PT en el gobierno sino una continuidad del dominio del PT por parte de Lula. Y, por último, Baltasar presentaba su crítica a esa idea de despetización para luego afirmar que la política del gobierno de Lula seguía saliendo del PT:

> Baltasar: Esa tesis [de la despetización del gobierno] tiene dos puntas. Existe en la política también, no es solo una elaboración académica. En mi opinión tiene dos puntas: una punta de derecha, que intenta justificar los altos índices de aprobación del gobierno con una idea de que es porque el gobierno se disoció del PT [...] que el gobierno es mejor porque se despetizó, porque incorporó la política económica del PSDB, y que el problema del gobierno era el PT. La otra punta está a la izquierda, más o menos lo mismo, que el gobierno es una porquería, porque se distanció del PT.
>
> Dolores: ¿Vos pensás que ninguna de ésas...?
>
> Baltasar: [...] El núcleo duro del gobierno, su núcleo central, es el PT. Cuando se hacen programas que el gobierno implementa, tienen origen en la tradición del PT y de los demás partidos de izquierda brasileros. El programa Bolsa Familia, por ejemplo, como estructura central de una idea de inclusión social y distribución de ingreso. [...] Creo que esa tesis es muy reduccionista.
>
> (Entrevista N° 24 en Brasil. Segunda entrevista a Baltasar, dirigente del PT-RJ.)

Así, frente a la pregunta directa sobre la idea de despetización, era muy difícil encontrar petistas que aceptaran esa idea en la descripción del gobierno de Lula[13], aunque sus explicaciones para rechazarla fueran muy distintas entre sí.

---

[13] Una excepción era Ingrid (Entrevista N° 28 en Brasil): para ella efectivamente había habido una pérdida de espacio y de influencia del PT dentro del gobierno, y atribuía ese proceso a un triunfo, al interior del oficialismo, del argumento de la necesaria gobernabilidad, y de cómo ésta sería garantizada por el aumento de la presencia y espacio de los aliados parlamentarios. Es decir, para ella, el argumento de la gobernabilidad terminó contribuyendo a la despetización.

Aunque predominaba el rechazo a la tesis de la despetización del gobierno entre los entrevistados del PT, sí emergió, en algunos de ellos, la idea de que durante el periodo previo a la victoria electoral, Lula había ido desplazando al PT en tanto polo formulador de políticas de un futuro gobierno. Es decir, una suerte de despetización previa a la llegada al poder. En un libro de análisis sobre el primer año de gobierno, Tavares Soares et al. (2004) afirmaban que, en los últimos años antes de 2002, Lula había centrado "su actuación en el Instituto de la Ciudadanía, distanciándose incluso de la vida interna del PT" (Tavares Soares, Sader, Gentili y Benjamin, 2004: 87. Traducción propia). En las entrevistas, distintos petistas como Josué (del PT-SP, Baltasar (del PT-RJ) y Lúcio (que había salido del PT-RJ en 2005) elaboraban un relato similar. Según ellos, Lula había armado, a través de la ONG Instituto de la Ciudadanía, una suerte de estructura paralela desde la cual se tomarían decisiones en torno al programa de gobierno que diferían de lo resuelto formalmente por el partido en diciembre de 2001. Incluso se definirían pasos cruciales de campaña, como la *Carta ao Povo Brasileiro*, que pasarían por las instancias formales de decisión del PT recién más tarde, ya como hechos consumados[14]. Estamos, entonces, ante el caso de un partido con reputación de disciplinado a nivel interno, con autoridades locales, estaduales y nacionales funcionando (a diferencia del PJ) y en el que, de todos modos, también se veían mecanismos de establecimiento de una relación directa del líder con el electorado, salteando las instancias partidarias que lo respaldaban. Lula presentaba, a través de la *Carta ao Povo*, un manifiesto ante la opinión pública que cambiaba radicalmente la posición de su partido ante la cuestión del FMI y de la deuda sin que esa carta pública hubiese pasado por las instancias formales de decisión del partido, que tuvo luego que disponerse a refrendar algo ya realizado y presentado públicamente.

---

[14] Según Josué (Entrevista N° 14 en Brasil), el grupo más cercano a Lula había impuesto la *Carta ao Povo Brasileiro* al partido: una semana antes de la reunión del directorio nacional del PT, Lula presentaba la carta como candidato, y luego el argumento de Dirceu —presidente del partido— en el directorio del PT era "ahora Lula ya la presentó", evidenciando la imposibilidad de cambiarla. Josué dudaba de que hubiera siquiera tenido el consenso de *Articulação*, la tendencia mayoritaria del partido, de la que provenía Lula.

En Argentina, aunque no eran interpretadas en las entrevistas explícitamente como una desperonización, las apelaciones de Kirchner a un formato transversal del conjunto oficialista y su insinuación de que el electorado debería reconfigurarse en torno a un polo de centro-izquierda y otro de centro-derecha —desprendiéndose así del histórico clivaje peronismo-antiperonismo— eran recibidas con malestar por parte de las redes del PJ, aunque Kirchner luego no avanzase efectivamente en esa iniciativa.

A partir de una pregunta sobre cómo había sido la escenografía de un acto de Kirchner en La Matanza en los días previos a la entrevista, Javier (Entrevista Nº 15 en Argentina) respondía que no había habido "simbología peronista", y agregaba que ello era producto de "lo que el presidente quiere, por lo general". Distintos entrevistados introducían esa cuestión de la ausencia de iconografía peronista en los actos del presidente en el territorio, incluso sin que hubiera preguntas del tema, como si fuese ya algo previamente conversado entre los militantes del PJ de La Matanza. La desperonización de los actos de Kirchner, la ausencia del folklore y de la escenografía más tradicional peronista como nuevo modo de interpelación al electorado (que veía esos actos por la televisión) por parte de un líder que provenía del peronismo no pasaba desapercibida para estos entrevistados. Podemos interpretar lo que ocurría, y lo que decían al respecto, incluso como una disputa latente y silenciosa entre esas redes de militantes —para quienes la imagen de Perón y Eva significaba más que para los propios votantes, según ellos mismos admitían— y el presidente Kirchner y su estrategia transversal. Esa disputa era menos una evidencia de un electorado cautivo de esa simbología que una puja por el lugar que esas redes ocupaban dentro del oficialismo, en la competencia con otros sectores y espacios políticos y sociales.

En 2005, incluso, asistíamos a una reacción directa frente a ese supuesto fenómeno de desperonización: los duhaldistas que se enfrentaron a Kirchner en la Provincia de Buenos Aires en esas elecciones legislativas convirtieron la campaña en una suerte de cruzada por el peronismo, al que consideraban amenazado. Y construían discursivamente al adversario de esas elecciones (Frente para la Victoria) como un conjunto ajeno y amenazante al peronismo[15], cuando en la práctica, muchos de los intendentes del PJ eran parte de ese frente (Rodríguez, 2005).

Desde el kirchnerismo no PJ también había una noción de que el Presidente había procurado mantener al PJ relegado, en una posición desde la cual no pudiera condicionarlo en sus políticas de gobierno. Así lo ilustraba Jaime, del Frente Grande:

> Jaime: Kirchner, como él mismo dice, cuando llega, tiene a los tipos del PJ, imponiéndole condiciones, y él haciéndose el tonto, y diciéndoles, no, no, bueno, ya, y qué se yo. Y después haciendo otra cosa, por ejemplo con el tema de derechos humanos. Mientras tenía un reclamo importante de, bueno, terminemos con esto, los juicios, que se vayan terminando y qué se yo, el tipo hace todo lo contrario.
>
> (Entrevista N° 37 en Argentina. Jaime, dirigente del Frente Grande en la Ciudad de Buenos Aires.)

Algunos incluso enfatizaban que el presidente había desarrollado una convocatoria que no tenía al PJ como actor central de la base oficialista, siendo la valoración de ese proceso positiva y en ocasiones portando una sobreestimación de los alcances del mismo, como por ejemplo en la

---

[15] Los que habían apoyado a Chiche Duhalde en 2005 y luego se habían realineado con Kirchner, manifestaban en 2005 que el presidente estaba intentando destruir al peronismo bonaerense después de haberlo usado en 2003 para su propia elección. Es el caso de Rodolfo, legislador de La Matanza entrevistado en septiembre de 2005, que sostenía:

> Hoy [en el Frente para la Victoria] tienen una *mélange* de algunos peronistas equivocados, de algunos dirigentes piqueteros, que no tienen nada que ver con el peronismo, que son de izquierda, y bueno, con las ansias de ganar más poder, han hecho las listas que han hecho, pero en contra del peronismo, porque ni siquiera pudieron... [...] Hubiéramos ido a internas y el que ganaba conduce, y el que pierde acompaña. Si ellos armaron un partido aparte, llámese como se llame... yo digo que el partido se llama "Frente para UNA Victoria", porque esto es una coyuntura. [...] Y yo creo que éstos vienen por la destrucción del peronismo. Es una pelea ideológica.
> (Entrevista N° 4 en Argentina. Rodolfo, legislador del PJ en La Matanza opositor al kirchnerismo en las elecciones de 2005 y realineado en 2006 en torno al oficialismo.)

lectura –ilustrada por Román (legislador kirchnerista transversal)– sobre las elecciones de 2005 en la Provincia de Buenos Aires como una disputa entre la transversalidad y el PJ, aun sabiendo que el Frente para la Victoria, sello oficialista en esos comicios en la Provincia de Buenos Aires, incluía a la mayor parte de los intendentes del PJ del conurbano en sus filas.

Durante la campaña de 2007, cuando Néstor Kirchner aún estaba en funciones, el gobierno hizo apelaciones indirectamente en línea con la desperonización y con una concertación de actores diferentes al PJ en boca de su candidata oficial a presidenta, Cristina Fernández de Kirchner:

> En aquel 17 de octubre [de 1945], millones de argentinos, radicales, mujeres y hombres que ni siquiera podían decirse peronistas, porque el peronismo no existía… El Partido Justicialista se funda después… Eran socialistas, radicales, conservadores como había sido mi abuelo, del conservadurismo popular en la Provincia de Buenos Aires cuando se hace peronista, porque se identifican con un hombre en la superficie, pero en las esencias se identifican con la patria, con un modelo de país, con un modelo de crecimiento, con el orgullo de sentirse argentinos. Este 17 de octubre tiene similitudes con aquél. Esta concertación que hoy les ofrecemos a todos los argentinos, incorpora a hombres y mujeres de distintas experiencias históricas, con diferentes identidades, pero con un objetivo común […], hoy el objetivo es el mismo, construir un futuro […], para que nunca más nos vuelvan a dividir. […] Seguramente tal vez algunos se acuerdan de las cosas que nos pasaron a los argentinos cuando los partidos nacionales, populares y democráticos se dividieron. Cada vez que nos hicieron creer que un radical o un socialista o un peronista podía ser nuestro enemigo es allí donde hicieron pie las minorías que nunca quisieron a los argentinos; y entonces nos llevaron a un proyecto de hambre, miseria y dolor ¡Hagamos aprendizaje histórico!
>
> (Registros de campo tomados en el acto por el 17 de octubre en plena campaña electoral para las elecciones presidenciales. Discurso de Cristina Fernández de Kirchner. 17/10/2007. Escuela Fábrica de la UOM, La Tablada, La Matanza, Provincia de Buenos Aires.)

Fernández de Kirchner pronunciaba ese discurso en un acto protagonizado por el PJ local, ya de por sí reacio, como vimos, a defender ese tipo de armado transversal o concertacionista con parte del radicalismo, y, sobre todo, en un día íntimamente vinculado a la identidad peronista, lo cual le daba a aquella operación de la candidata un carácter cercano a lo herético en la visión hipotética de un peronista tradicional. Es decir, en un acto tan cargado de simbolismo como el del 17 de octubre, "Día de la Lealtad", realizado en 2007 en La Tablada, y con un público movilizado de distintas agrupaciones justicialistas del distrito, la candidata presidencial resignificaba, en su discurso, el 17 de octubre de 1945, fecha fundacional para la identidad peronista en la historia, y lo revestía de un carácter concertacionista. Volvemos entonces a la idea, ya presentada, de una disputa latente entre esas redes peronistas que, aun permaneciendo en el oficialismo, compartían la sensación de que el PJ había sido desplazado dentro del conjunto del lugar que le correspondía, y una apelación presidencial que seguía sin posicionarlas como núcleo central de la base oficialista y sin siquiera reactivar las instancias de funcionamiento formal de un PJ que permanecía acéfalo.

Sin embargo, cabe destacar que en ninguno de los dos casos nacionales se consolidó una identidad alternativa (lulista, en Brasil, y kirchnerista, en Argentina) aglutinadora y operante en todos los actores del oficialismo que pasara a ser una nueva referencia sustituta de las distintas identidades ya existentes.

Identidades al interior del oficialismo y definiciones de pertenencia

En primer lugar, las entrevistas mostraban la ausencia de una identidad compartida por todo el conjunto. La idea de que había ciertos actores dentro del conjunto con los que no había otra coincidencia política que el mismo hecho de ser oficialistas, y que el elemento que funcionaba como aglutinador de toda esa diversidad en estructural tensión era la propia figura presidencial (su nivel de aprobación popular y su poder en tanto jefe de Estado, entre otras cuestiones) aparecía planteada con fuerza en las entrevistas. Las entrevistas a Baltasar, militante del PT; Virgílio, figura histórica del partido, y Raimundo, dirigente del PSB, eran ilustrativas de ese argumento para el caso brasilero:

Dolores: Antes hablábamos de la alianza, de los sectores. ¿Qué te parece que los unificaba a los diferentes sectores?

Baltasar: ¿A toda la coalición o a parte de ella?

Dolores: A la coalición entera.

Baltasar: La aprobación popular del gobierno, la necesidad de esos partidos de tener presencia en el aparato de Estado. No vas a encontrar nada en el programa del PT que justifique la presencia del PP [*Partido Progressista*] en el gobierno de Lula. [...] Cuando busques un programa político, una trayectoria común, no vas a encontrar nada. Nada.

(Entrevista N° 24. Segunda realizada a Baltasar, dirigente del PT en Río de Janeiro.)

Dolores: ¿Había algo que para vos unificaba a todos esos sectores en el apoyo a Lula?

Virgílio: Es solo la popularidad de Lula. No había nada más. Son intereses dispersos, diversos, ¿entendés? El PMDB, por ejemplo, apoya a Lula porque cree que él puede ganar [la próxima elección].

(Entrevista N° 27 en Brasil. Virgílio, militante histórico del PT de Río de Janeiro sin cargos en el partido al momento de la entrevista.)

Raimundo: Lula es la única amalgama que nosotros tenemos [en la base oficialista]. Él es la amalgama entre los partidos. [...] hoy él es una figura popular más fuerte que todos los partidos de izquierda juntos.

(Entrevista N° 29 en Brasil. Raimundo, dirigente del PSB en Río de Janeiro.)

En Argentina, incluso, era la popularidad presidencial la que era resaltada como elemento aglutinador de un conjunto carente de una identidad compartida y marcado en cambio por tensiones. Así lo ilustraba Javier:

Javier: A veces me preguntan ¿Por qué se encolumnan, por qué todos se sacan la foto con el presidente? Porque es el que manda. ¿Y por qué es el que manda? Porque es el que tiene los votos. Hoy en día hay algunas encuestas, no sé si vos manejás algunas encuestas, pero la imagen en Matanza del presidente es altísima.

(Entrevista N° 15 en Argentina. Javier, militante del PJ de La Matanza.)

Así lo revelaban también las palabras de José, cuando sostenía que "hoy lo que arrastra todo es Kirchner" (Entrevista N° 12 en Argentina. José, funcionario municipal y militante del PJ de La Matanza). José colocaba la alta popularidad de Kirchner en la opinión pública como mayor factor de tracción de nuevos actores y de cohesión de la base oficialista. Pero, a la vez, esa figura presidencial con altos niveles de aprobación popular y que había desarrollado una convocatoria amplia terminaba promocionando una competencia intraoficialista a nivel municipal, exhibiendo las grietas de esa cohesión. Esa competencia avalada por un presidente que los dejaba confrontar entre ellos a nivel local, absteniéndose en muchos casos de intervenir en esas tensiones y lidiando con ellos por separado, se daba en ambos casos nacionales[16].

En Argentina, en ese sentido y como ya vimos, los comicios de 2007 exhibieron, en muchos distritos de la Provincia de Buenos Aires, un escenario que podríamos denominar de "pankirchnerismo". Dos, tres, cuatro y hasta cinco candidatos locales que intentaban presentarse ante el electorado como referentes locales de Kirchner pero que se presentaban como portadores de identidades y proyectos locales antagónicos. Esa indefinición presidencial sobre las características específicas de su proyecto a nivel local era vista de modo crítico por algunos entrevistados. En palabras de Vicente, dirigente local del PJ y de la CGT:

Vicente: Néstor tendría que haber profundizado el proyecto desde el peronismo en la Provincia de Buenos Aires. […] Me parece que fue un error ir con las colectoras, por ejemplo. Apadrinar candidatos. Bueno, vamos a dar un ejemplo que ahora, ya pobre, no está. Quindimil y Díaz

---

[16] Por supuesto, la promoción de la competencia intraoficialista a nivel local —no pronunciándose por alguna de las listas, o manifestando su preferencia de modo ambiguo— puede ser considerada, en sí misma, una forma de intervención. En algunos distritos, por otro lado, Kirchner intervenía activamente en las escenas locales fomentando alguna candidatura o sector por sobre otro, tal como ocurrió en las elecciones legislativas de 2003. La propia habilitación de colectoras puede ser pensada como una forma de intervención, permitiendo la presentación de listas con sellos electorales efímeros que competían con los intendentes locales.

Pérez, en la Provincia de Buenos Aires, me parece que fue un error. Tendríamos que haber profundizado, en ese caso, con Díaz Pérez y jugarnos con un solo candidato. Y no la dualidad…

Dolores: ¿Por qué te parece que fue un error?

Vicente: Me parece que no dejó en claro el proyecto político y el modelo que íbamos a seguir políticamente. Porque no es lo mismo Quindimil que Díaz Pérez desde lo político. […] No era lo mismo Villaverde en la Provincia de Buenos Aires que… Giustozzi. […] Me parece que fue un error esa dualidad del kirchnerismo en algún momento. […] Vos no dejás claro bien qué sos. Y me parece que no es lo mismo todo, digamos, ¿no?

(Entrevista N° 42 en Argentina. Vicente, dirigente de un sindicato dentro de la CGT. Miembro del PJ de la Ciudad de Buenos Aires.)

En Brasil, la competencia intraoficialista y el no posicionamiento del Presidente ante la misma se observaba, por ejemplo, en las elecciones estaduales de 2006 en Río de Janeiro, donde Lula dejaría competir al candidato petista, Vladimir Palmeira, y a Marcelo Crivella, del PRB (antes PL, partido del Vicepresidente), presentándose ambos candidatos como la opción lulista a nivel estadual. Así lo recordaba Gaspar, del PT-RJ:

Gaspar: Aquí en Río en 2006, conseguimos colocar nuestro candidato para el gobierno estadual, que era Vladimir Palmeira, solo que ahí el gobierno […] simpatizó también con la campaña de Crivella.

Dolores: ¿Qué hizo Lula?

Gaspar: Fue así. Vladimir consiguió ser candidato, pero aquí había otras dos candidaturas que eran de la base del gobierno. Principalmente la de Crivella. Y como Crivella tenía una relación cercana… personal con Lula, y era del partido del Vicepresidente, Lula medio que se cruzó de brazos para la campaña, sin posicionarse.

(Entrevista N° 17 en Brasil. Gaspar, dirigente del PT de Río de Janeiro.)

Esa misma dinámica de un presidente que era un potencial árbitro de disputas intraoficialistas pero que, en muchos casos, terminaba rehusándose a tomar posición, se observaba en las elecciones municipales de 2004, como lo ilustra Baltasar, dirigente del PT de Río de Janeiro:

Dolores: En 2004, ¿cómo te acordás que hicieron campaña? ¿Cómo fue la participación de Lula?

Baltasar: Lula se metió muy poco, muy poco. Poca participación. Como sumó una base partidaria muy amplia, cuyo grado de conflicto en los estados y principalmente en los municipios es enorme, para no causar un problema en esa base de sustentación de la gobernabilidad, la participación del gobierno fue muy pequeña, diminuta.

(Entrevista N° 21 en Brasil. Baltasar, dirigente del PT-RJ.)

Asistimos, entonces, a dos oficialismos que se iban articulando y alimentando de nuevos actores a partir de la figura del líder, de su propia popularidad expresada en votos y en encuestas y de su capital político como jefe de Estado. Y así el presidente terminaba siendo el alternativo eje articulador de un conjunto compuesto por actores muy diferentes entre sí, actores que no compartían un núcleo de ideas básicas sobre el tipo de modelo que pretendían. En algunos casos, no solo no las compartían con otros actores del oficialismo sino tampoco con el mismo presidente o con sus apelaciones públicas.

Esa figura del líder como único vínculo es analizada por Touraine (1999) al abordar lo que el autor denomina "la política nacional y popular". Más allá de coincidir o no con su diagnóstico —la eventual descomposición de esa política como resultado de su propia fragilidad—, su interpretación nos permite pensar la figura del presidente en el oficialismo de Lula y el kirchnerismo. Siguiendo a Touraine (1999), "la política nacional y popular no tiene otro principio de unidad interna que la personalidad de un jefe político demasiado flexible para mantener la integración interna de su partido o gobierno en circunstancias cambiantes" (Touraine, 1999: 352). Es posible, así, pensar a ambos conjuntos oficialistas como conglomerados de actores en mutua tensión y con distintas identidades atomizadas en su seno, en los que la figura del líder actuaba como único principio de unidad interna, sin haber instituido éste una identidad común a todo el conjunto.

Argumentando entonces la ausencia de una identidad compartida por todos los actores y la existencia, en cambio, de distintas identidades en tensión al interior del oficialismo de Lula y de Kirchner[17], presentaré aquí algunas características de determinados gérmenes de identidades parciales (es decir, compartidas por solo una porción del conjunto), estableciendo un contraste entre ambos casos nacionales en esa cuestión. Luego formularé algunas observaciones sobre los modos en que los entrevistados de distintas fuerzas del espacio partidario definían su pertenencia al oficialismo, exhibiendo significados e implicancias diferentes de esa pertenencia.

En dos oficialismos en los que la identidad peronista y petista no fagocitaban a las demás, nos encontramos con la ausencia de una identidad compartida por todos los actores y, en cambio, con una diversidad de identidades atomizadas y parciales al interior del conjunto. En el caso argentino, asistimos a un conjunto con diversos fragmentos de construcción política (y territorial) transitoriamente alineados en torno a un líder. En Brasil, en cambio, con sellos partidarios más claramente organizados, al menos formalmente.

La pertenencia al oficialismo en tanto conjunto se planteaba, en estos dos casos, de modo diferente a como se asumía en el pasado la identidad partidaria. Todos estos actores construían una referencia a partir del presidente, líder del oficialismo y, a su vez, líder de popularidad entre la ciudadanía. Ese lazo, sin embargo, aparecía como mucho más inestable que la identidad partidaria del pasado, porque no se trataba de una fuerza organizada sino de un conglomerado de actores muy distintos entre sí. Es decir, esa identidad que los distintos actores iban elaborando en torno a su propia pertenencia al oficialismo era más bien una diversidad de identidades parciales y específicas dentro del conjunto oficialista, todas ellas conectadas con la figura presidencial, pero no a través de los mismos símbolos, rituales y mensajes, en palabras de lo que la identidad significa para Sidicaro (1990). No era entonces que el conjunto oficialista reconstituyera una identificación perdida por los partidos, sino que era el propio líder el que aglutinaba, en torno a sí mismo, sectores y actores

---

[17] Al afirmar la ausencia de una identidad compartida me refiero a dos conjuntos oficialistas en los que el presidente no había instituido una identidad que fuera operante para todos los actores dentro de esos conglomerados.

bien distintos pero surgiendo con ello diferentes identidades parciales que coexistían en tensión o, en algunos casos, se consideraban afines con otras dentro del conjunto (petistas, "bloque-democrático popular", aquellos que elogiaban la moderación y continuidad de Lula respecto de las políticas de Fernando Henrique, el "progresismo" en Argentina, el "peronismo", entre otras).

En el caso brasilero, la construcción de una identidad parcial –es decir, no compartida por todos los actores oficialistas– que se consideraba a sí misma más nuclear dentro del oficialismo estaba asociada a la trayectoria de Lula y del PT mucho más que a la coyuntura del primer gobierno en sus medidas concretas (aliados históricos del PT, como el PCdoB, además de la CUT y el MST –que no han sido analizados en este artículo–, es decir, los que se consideraban a sí mismos el núcleo más leal a Lula). Estaba planteada en términos de la relación histórica entre las organizaciones de pertenencia de los entrevistados. En Argentina, en cambio, aquello con lo que los transversales se identificaban era el Kirchner pos-llegada al poder, aquel que desarrollaba medidas inesperadas y por las cuales se habían sentido convocados. Podemos pensar aquí, entonces, un contraste entre ambas identidades (la "nuclear" en Brasil, y la "transversal" en Argentina) –que seguían siendo parciales, porque no todo el conjunto oficialista podía ser incluido dentro de ellas–: una identidad marcada por una trayectoria común, por "banderas históricas", defendidas junto con el propio Lula durante décadas; y otra constituida en el curso del propio gobierno de Kirchner, a partir de una lectura sobre su carácter y desempeño. Y aquí es de utilidad la noción de Castells (1997) sobre las identidades colectivas, vistas como construyendo valores e intereses y proyectos alrededor de la experiencia. En el caso de Kirchner, esa identidad parcial se construía, no alrededor de la tradición partidaria que el Presidente representaba (PJ), sino a partir de la experiencia concreta de sus medidas de gobierno y de símbolos de los que Kirchner, recién después de asumir su cargo, se apropiaba y combinaba para sustentar su apelación política: en palabras de Adamovsky (2007), símbolos como el nacionalismo de los años setenta, la lucha por los derechos humanos de los ochenta y la resistencia al neoliberalismo de los noventa (Adamovsky,

2007: 95). A esa combinación podríamos sumarle incluso el impulso de otro símbolo por parte del Presidente: la crisis de 2001 como punto de inflexión en los vínculos de representación política y en el rumbo de los gobiernos argentinos, la cual estaba presente en los relatos de la mayoría de los entrevistados argentinos, aunque fuera interpretada por éstos de modos distintos.

Así como había distintas identidades parciales al interior de ambos conjuntos oficialistas, había también distintos significados, entre los entrevistados, de lo que ser oficialista implicaba o suponía para la propia organización o actor individual, en línea con Huddy (2001) y Castells (1997) en sus reflexiones sobre el carácter subjetivo de las identidades colectivas, sobre diferencias de significado en su interior y las repercusiones políticas de esas diferencias. En el caso de los oficialismos de Lula y Kirchner, ser oficialista tenía implicancias diferentes para los distintos actores del conjunto y, así, las definiciones de pertenencia se mostraban diversas. Por ejemplo, desde sellos partidarios aliados a Lula se elogiaban justamente las medidas del gobierno que muchos petistas o actores del denominado "bloque democrático-popular" criticaban[18]. En el caso argentino, no se elogiaban medidas opuestas pero sí había diferentes énfasis, algunos más centrados en la recuperación económica, por ejemplo, y otros colocados más bien en medidas como la renovación de la Corte Suprema y la política de derechos humanos.

En Argentina, la noción de una pertenencia primaria al peronismo muy por encima de una pertenencia circunstancial al oficialismo estaba muy presente en las entrevistas a dirigentes y militantes del PJ. Para los

---

[18] Otro ejemplo: cuando en 2002 muchos candidatos del PT de Alagoas renunciaron a sus candidaturas como forma de rechazo a la alianza electoral del PT con el PL, forzada desde el Directorio Nacional petista sobre el directorio estadual, João Caldas, presidente del PL de Alagoas afirmaba "Lula mostró que no va a quedar rehén de los radicales del partido, mostró que el PT cambió" (*Folha de São Paulo*, 5/7/2002). Su comentario, que elogiaba la decisión del Directorio Nacional del PT de intervenir al PT-Alagoas (PT-AL) era una muestra más de lo heterogéneas y hasta opuestas que eran las definiciones de pertenencia de los distintos actores. Mientras que para gran parte del PT apoyar a Lula en esa coyuntura significaba hacerlo a pesar de ese quiebre, para Caldas, esa decisión reforzaba su propio apoyo a Lula.

entrevistados del PJ de La Matanza, por ejemplo, el "nosotros" era la red local —o el conjunto de redes territoriales y estatales de la localidad— a la que pertenecían y que respondía al intendente, y no el gobierno nacional, que era visto como otro actor separado. Por eso utilizaban términos como "jugar" en el Frente para la Victoria, o "acompañar" al presidente Kirchner[19]. La pertenencia era primero al peronismo, y a su organización formal, el PJ.

Desde el kirchnerismo no PJ entrevistado, en cambio, la definición de pertenencia adquiría un carácter identitario con la figura de Kirchner mismo y con los símbolos que éste había promovido. En relación con el conjunto como totalidad, en cambio, algunos transversales entrevistados exhibían una definición de pertenencia más pragmática y menos afín, enfatizando la existencia de actores indeseables dentro del oficialismo, mientras que otros presentaban una noción más estricta, y hasta prescriptiva, de lo que la pertenencia al "proyecto" significaba. Mariano era un ejemplo de los primeros; y Román, del segundo grupo:

> Dolores: Entonces me decías, ¿hubo diferentes lecturas en la organización sobre el gobierno?
>
> Mariano: Hubo mucha renovación. Está todo bien para mí. Scioli no es mi candidato, ni de cerca. Y como Scioli, miles de otros intendentes. Ahora, vayamos a construir, si querés, una alternativa a eso cuando nos construyamos como alternativa. Lo tengo a un duhaldista de un lado, con mucha fuerza, y a un kirchnerista, que no es de los más avanzados si querés… y si yo me retiro de las filas del kirchnerismo y armo una lista propia, lo único que hago es sacarle votos […]. Nosotros somos una fuerza independiente del gobierno. O sea, lo apoyamos porque creemos que hay un camino que compartimos.
>
> (Entrevista N° 31 en Argentina. Mariano, militante del Partido Comunista Congreso Extraordinario, PCCE.)

---

[19] Ello evoca una frase comúnmente utilizada en el PJ, "el que pierde, acompaña", usada para ilustrar la decisión, muy frecuente por parte de las fracciones internas opositoras a una dominante, de realinearse en torno al liderazgo triunfante en, por ejemplo, unas elecciones internas.

Román: [En referencia a legisladores electos en la lista oficialista y que luego habían formado o integrado bloques separados] ¿Por qué uno puede integrar una lista, para ingresar [como legislador], y después no ser parte del bloque al cual pertenece? […] Yo soy crítico en ese sentido. Yo creo que… acá hay dos formas de mirar esto. […] Si uno esto lo mira desde su perspectiva individual, y de su proyección personal; si uno lo mira desde su pertenencia de grupo; o si uno mira esto en función de un proyecto, ¿no? […]. A mí me eligieron para ser parte de este proyecto, no para ser… no somos librepensadores, eso es lo que hay que cambiar. Nosotros, uno piensa como ser parte de un proyecto. Si yo fuera librepensador, bueno, dediquémonos a escribir. […] Cuando uno es parte de un proyecto, debe someterse a ese proyecto.

(Entrevista N° 36 en Argentina. Román, legislador kirchnerista de la Provincia de Buenos Aires.)

Esa última definición de pertenencia guardaba similitudes con el modo en que se definía la pertenencia partidaria y al oficialismo entre los entrevistados petistas (y también del PCdoB), aunque paradójicamente era esbozada por un legislador argentino que había elegido no pertenecer al PJ y que no se había integrado a ninguna otra fuerza política formal. Se trataba de una definición de pertenencia vinculada a la noción de la representación parlamentaria como un mandato condicionado estrictamente por las posiciones que asuma la organización o frente a través del cual fue electo ese legislador. Era, nuevamente, una definición más estricta de la pertenencia al oficialismo, con mayores implicancias. Pero era esbozada por un legislador vinculado a un gobierno sin la mediación de un partido. Paradójicamente, un legislador no encuadrado (ni con pretensiones de hacerlo en el futuro) en una organización partidaria esbozaba una definición de pertenencia similar a la propia de una identidad partidaria como la de los partidos organizativos de masas —usando el concepto de Duverger (1957)—, partidos disciplinados y que concebían el mandato parlamentario individual como atado a las posiciones asumidas por el partido en forma colectiva.

En Brasil, por otro lado, para los petistas, la pertenencia al oficialismo se definía a partir de su inscripción en el propio partido. Pertenecer al oficialismo implicaba entender la necesidad de gobernabilidad y sus consecuencias no deseadas para el perfil y la identidad del PT. Pertenecer al oficialismo era no haber abandonado el partido y el gobierno a pesar del rumbo que éste había tomado, como sí lo habían hecho otros petistas que ahora eran del PSOL. La pertenencia aparecía vinculada a un "compromiso a pesar de" —a pesar de la política de alianzas con partidos que, según se creía, nada tenían que ver con el PT, a pesar del rumbo del gobierno— y no a "un compromiso como resultado de", como sí se veía entre los kirchneristas no PJ en Argentina —compromiso, apoyo y pertenencia al oficialismo como resultado de las políticas asumidas por el gobierno[20]. Los entrevistados petistas defendían al gobierno por todo lo que éste —su propio líder, sus funcionarios del PT, etc.— encarnaba en términos de lucha histórica social y política, y por la importancia que tenía su propia existencia —el primer presidente del PT y con el perfil que tenía Lula—, más que por la orientación de sus medidas como gobierno. Veamos ejemplos ilustrativos de esa definición en Brasil:

> Dolores: ¿Qué te acordás, cómo fue para Uds. en tu sector ese primer año en el gobierno?
>
> Gaspar: Y… fue muy difícil, muy difícil. Creo que para [su sector dentro del partido] fue un impacto muy grande. Terminar teniendo que obligarse a sí mismos a hacer una defensa de un gobierno que, a pesar de ser un gobierno que nosotros construimos, construimos para que fuera electo, no lo conseguíamos entender muy bien.
>
> (Entrevista N° 17 en Brasil. Gaspar, dirigente del PT de Río de Janeiro.)
>
> Dolores: ¿Te acordás cómo vivieron ustedes, en particular, en tu sector, todo ese proceso de salidas, en 2003 y 2005, de legisladores del PT que después formaron el PSOL? ¿Cómo vivieron ustedes ese proceso? ¿Los afectó de algún modo?
>
> Ingrid: De mi sector no salió nadie. Quedamos muy tristes porque algunas personas se fueron del PT. Creo que esas personas tensaban

---

[20] Por supuesto, en el caso argentino también hay elementos del rumbo de gobierno que esos entrevistados criticaban, pero la forma de definir la pertenencia enfatizaba mucho más esa noción de compromiso "como resultado de" que "a pesar de".

internamente y eso ayudaba al PT a ir a la izquierda, pero también pensé que para esas personas estaba siendo difícil entender lo que significa ser gobierno, porque una cosa es aquello de lo que te hablaba antes, criticar internamente, tensar para que las cosas avancen. Y otra cosa es que sean oposición. Estar en un partido que está en el gobierno y comenzar a hacer oposición.

(Entrevista N° 28 en Brasil. Ingrid, legisladora del PT en Río de Janeiro.)

Se ponía en juego, entonces, una definición de pertenencia al oficialismo muy asociada a la propia organización de pertenencia, el PT, más incluso que a símbolos promovidos por el líder durante su gobierno (a diferencia de lo que ocurría con los transversales kirchnerista).

Y esa definición de pertenencia aparecía, también, como fruto del contraste con lo que los entrevistados petistas consideraban que era el modo de concebir la pertenencia al oficialismo por parte de los actores de sellos partidarios "fisiológicos", es decir de aquellos aliados vistos como circunstanciales: el acuerdo programático se oponía, así, al oportunismo; la identidad política como nexo se oponía al intercambio instrumental atribuido a esos actores. Una definición de pertenencia basada en la trayectoria común aparecía contrastada por los entrevistados con lo que se asumía como una definición de pertenencia al oficialismo íntimamente vinculada a la relación institucional con el Estado, a través de cargos en el gabinete o en cargos menores en el gobierno.

Observaciones finales

Este artículo ha analizado la cuestión de las identidades al interior del oficialismo y modos en los que distintos actores colectivos dentro del conjunto definían su pertenencia al mismo. He argumentado que esas definiciones identitarias y de pertenencia diferían entre los actores y organizaciones oficialistas, y hasta incluso se perfilaban opuestas. También, que se trataba, por otro lado, de identidades y definiciones de carácter diferente a lo que en el pasado era la identidad partidaria o la pertenencia a un partido político. Y que las propias identidades petista y peronista sufrieron transformaciones durante los gobiernos de Lula y Kirchner, proceso que los entrevistados también advertían e intentaban comprender bajo sus propios marcos interpretativos aun cuando considerasen que el PT y el PJ seguían siendo una suerte de excepción al escenario político nacional de desafección entre la ciudadanía y los partidos.

En Brasil, los entrevistados —tanto los petistas como otros oficialistas— caracterizaban el voto del electorado brasilero como un voto personalizado, carente de identificación partidaria, con campañas individuales en las que los partidos perdían presencia y los votantes conocían a los candidatos pero no sabían, en muchos casos, de qué fuerza provenían. Por otro lado, los entrevistados coincidían en concebir al PT como una suerte de excepción a esa situación, pero, a la vez, muchos sostenían que en los últimos años había ido perdiendo un poco ese carácter excepcional, que había ido mimetizándose con el contexto de personalización de la política en Brasil.

En Argentina, para los entrevistados del PJ de La Matanza, su propio distrito era la expresión de un voto partidario (al justicialismo). Pero a la hora de esbozar una lectura sobre la sociedad argentina en términos generales, aparecía —con distinta fuerza según el caso— la noción de que ese voto partidario ya no era la regla. Es decir, por un lado, sostenían insistentemente que La Matanza era netamente peronista, y que esa identidad era imbatible y duradera allí, especialmente en las localidades de La Matanza más alejadas de la Ciudad de Buenos Aires. Pero, por otro, reconocían que a nivel nacional las identidades partidarias estables ya no eran una característica del escenario político-electoral. En otros términos, estos entrevistados consideraban a La Matanza como un caso particular y diferenciado en un contexto nacional de incertidumbre y volatilidad electoral.

Se observaba, en consecuencia, tanto entre los entrevistados del PJ como entre los del PT, una tensión implícita entre su visión del propio partido como excepción a la fluctuación y volatilidad que afectaba al resto de las identidades políticas, y un reconocimiento de que efectivamente las transformaciones que habían experimentado el PT y el PJ y el contexto político-electoral nacional en el que actuaban habían configurado una realidad ante la que esos partidos tampoco eran inmunes.

Pero, ¿qué sucedió con esas dos identidades, petista y peronista, durante los gobiernos de Lula y Kirchner, respectivamente? ¿Y cómo jugaban ambas dentro de las distintas fuerzas políticas oficialistas?

En Argentina, la identidad peronista era hallada en la mayoría de los actores oficialistas como algo ineludible a la hora de las apelaciones políticas (no en torno al PJ como partido, sin embargo). Al interior de la transversalidad, por ejemplo, aunque era un espacio kirchnerista no perteneciente al Partido Justicialista, la vinculación con la identidad peronista era, no obstante, intensa. Aunque explícitamente disociada del vínculo con el PJ como organización partidaria, la identidad peronista aparecía manifestada como propia por muchos entrevistados kirchneristas.

Pero, entre los transversales que se reivindicaban peronistas o con alguna influencia de esta identidad, se hacía presente una acepción del "ser peronista" diferente de la pertenencia partidaria. Una identidad que aparecía en los entrevistados como algo irreductible al PJ como organización, como más amplia y trascendente a la estructura partidaria e incluso que podía ser disociada de las estructuras y redes del partido.

En cambio, era la otra acepción del "ser peronista" la que predominaba en los entrevistados del PJ: una identidad directamente pensada en asociación con el Partido Justicialista, con el "peronismo organizado", y que era reivindicada por esos entrevistados que mostraban cierta disconformidad por el estado de *impasse* en el que Kirchner había mantenido al PJ durante todo su gobierno, y que reclamaban un rol de fuerza motriz para el PJ dentro del oficialismo.

Ambas acepciones de lo que ser peronista implicaba constituían, en la práctica, dos identidades parciales diferentes dentro del oficialismo kirchnerista (que, he argumentado, carecía de una identidad propia operante para todos sus actores), dado que reivindicaban, por ejemplo, significados e implicancias distintas en torno a la representación política y a la forma en que se concebía una identidad política, si como partidaria o bien como pasible de transcurrir y desarrollarse por fuera de un partido.

Por el contrario, la identidad petista era indisociable del PT. De hecho, ningún entrevistado esgrimía de modo sostenido una identidad petista externa al partido, aun existiendo críticas a las modificaciones organizativas que el PT atravesó desde los años noventa. Existía una sola acepción de la identidad petista en términos prácticos o de pertenencia partidaria (aunque hubiera múltiples corrientes dentro del partido con posiciones programáticas diferentes).

Asimismo, he reflexionado sobre dos fenómenos postulados durante el periodo en la prensa con respecto a ambas fuerzas políticas: el de una despetización y de una desperonización de los gobiernos de Lula y Kirchner, respectivamente. Es decir, de un distanciamiento simbólico de ambos líderes respecto de sus partidos de origen. En torno a esos diagnósticos, los entrevistados presentaban lecturas diferentes en ambos países.

En Argentina, aunque no se referían ellos mismos explícitamente a una desperonización del gobierno, los entrevistados del PJ daban cuenta de una lectura interna en esa dirección, una lectura que identificaba un relegamiento de la iconografía peronista en las apelaciones políticas de Kirchner y, sobre todo, que consideraba que el presidente había desestimado al PJ en tanto eje organizativo del oficialismo. Esto se veía tanto en aquellos entrevistados del PJ que habían apoyado a Chiche Duhalde en 2005 como en aquéllos que se posicionaron junto al gobierno en esas mismas elecciones.

En Brasil, la idea de la despetización del gobierno de Lula era recibida por los entrevistados petistas como una lectura superficial y hasta malintencionada por parte de los medios y de actores oficialistas hostiles al PT. Predominaba, así, un rechazo a esa tesis, aunque emergía en algunos la idea de que, durante el periodo previo a la victoria en las elecciones de 2002, Lula había ido distanciándose del PT en tanto polo formulador de políticas de un futuro gobierno (siendo la *Carta ao Povo Brasileiro*, que contradecía lo decidido en el último congreso del partido en diciembre de 2001, el ejemplo paradigmático). Pero no se observaba en los entrevistados petistas esa tensión entre la base militante identificada como petista y un gobierno supuestamente distanciado del folklore y de la simbología del PT, como sí aparecía en las entrevistas del caso argentino, aunque Lula efectivamente pudiera haber protagonizado tal distanciamiento y se hubiera constituido como un liderazgo sin mediaciones.

En ambos casos, estos dos líderes populares habían aglutinado en sus bases de sustentación activa a actores por fuera de sus partidos de origen, aunque sin instituir una identidad kirchnerista o lulista que fuera operante para todo el conjunto oficialista o que sustituyera en forma total la presencia de las identidades petista y peronista.

Otra cuestión que ha abordado este artículo es, sosteniendo la ausencia de una identidad compartida por el conjunto, la existencia de distintas identidades oficialistas parciales, en tanto no aglutinaban o representaban a todos los actores dentro del conjunto. Identidades que, en algunos casos, se asemejaban más o podían coexistir sin tensión, mientras que en otros portaban elementos antagónicos unas con otras. No se ha procurado enumerar y describir a todas ellas sino más bien presentar evidencia de la existencia de esa diversidad a través del testimonio de los entrevistados.

Dos de esas identidades parciales, como hemos visto, portaban especial riqueza para establecer un contraste entre ambos oficialismos, el de Lula y el de Kirchner. En el caso brasilero, había una identidad compartida por actores que se consideraban a sí mismos el núcleo oficialista más leal al Presidente (como ya vimos, el propio PT, y aliados históricos de éste, como el PCdoB, y dos organizaciones que no he tomado aquí, la CUT y el MST). Esa identidad se presentaba como asociada a la trayectoria de lucha sindical, social y política de Lula y del PT (y no se disociaba a Lula del PT en la vinculación identitaria de estos actores con el gobierno) mucho más que a la coyuntura del primer gobierno en sus medidas concretas (que eran, por otro lado, criticadas por varios de esos actores). Es decir, se perfilaba como una identidad en términos de la relación histórica entre las organizaciones de pertenencia de los entrevistados. En Argentina, en cambio, aquello con lo que los transversales (además de las organizaciones sociales y los grupos oficialistas dentro de la Central de Trabajadores de la Argentina (CTA), que no han sido analizados en este artículo) se identificaban era el Kirchner pos-llegada al poder, su propia figura una vez que asumió, aquél que desarrollaba medidas inesperadas y por las cuales se habían sentido convocados. No su partido de origen ni tampoco la trayectoria política del líder. En el caso de Kirchner, esa identidad parcial se construía, no alrededor de la tradición partidaria que el presidente representaba (PJ), sino a partir de la experiencia concreta de sus medidas de gobierno y de símbolos de los que Kirchner, recién después de asumir su cargo, se apropiaba y combinaba para sustentar su apelación política (principalmente, el setentismo, la demonización del neoliberalismo y la interpretación de la crisis de 2001 como un punto de inflexión en los lazos de representación en el país).

Se observa, entonces, un contraste entre Brasil y Argentina en torno a dos identidades parciales que se delineaban dentro de estos oficialismos. Una definida por trayectorias comunes entre las organizaciones de pertenencia de los entrevistados, en Brasil. Y otra basada en apelaciones políticas del líder con posterioridad a su llegada al poder más que en lazos organizativos, y que no derivaba tampoco en nuevos lazos organizativos concretos entre esos actores que se consideraban parte de una misma identidad parcial, en Argentina. Pero también se hacían presentes identidades muy diferentes a éstas dentro del oficialismo, con lecturas sobre el pasado (sobre los años setenta y noventa, en Argentina; o sobre el gobierno de Fernando Henrique Cardoso, en Brasil) y sobre el presente que estaban en directo antagonismo con esas apelaciones antes analizadas.

En el marco, entonces, de dos liderazgos de popularidad (Cheresky, 2007) que ejercían un distanciamiento simbólico de sus partidos de origen en un contexto de identidades y alineamientos políticos fluctuantes, había una propuesta identitaria en el kirchnerismo, a través de los símbolos antes mencionados movilizados por el Presidente, pero la misma no se traducía, en el conjunto oficialista, en nueva fuerza organizada y estructurada de sustentación del Presidente, ni tampoco en una identidad que fuera operante para todos los actores colectivos del conjunto, sino que permanecía como una identidad parcial, y sin un correlato organizativo permanente, dentro de un conglomerado con actores portadores también de otras identidades, otros símbolos, otras lecturas sobre el pasado reciente.

En Brasil, por otro lado, la estrategia de ampliación de la base oficialista en las cámaras legislativas y en los estados había dejado a pocos actores fuera del oficialismo (recordemos la preocupación de Vítor, dirigente petista, que decía que no quedaba claro contra qué o quién se hacía la política de alianzas, que la misma dificultaba ya la posibilidad de una demarcación política). Se configuraba, así, un oficialismo de identidades que se consideraban en tensión y sobre las cuales no se erigía una identidad sustituta "lulista" que fuera operante para todos los actores (aunque efectivamente existiesen actores lulistas que no eran petistas). Y las organizaciones preexistentes, especialmente las aliadas históricas a Lula (PT, PCdoB, MST, CUT, y otras menores), no impulsaban tampoco la formación de tal identidad superadora, reconociendo que había actores oficialistas apoyando al presidente por fuera de ese "núcleo" más leal, pero que esos actores eran reticentes a la base organizativa histórica que había estado detrás de Lula, y a la trayectoria y símbolos que esas organizaciones sindicales, sociales y políticas promovían.

No solo se ha argumentado la ausencia de una identidad compartida por los distintos actores del oficialismo sino que también entre estos últimos eran diversos —en ambos países—, los modos de definir el "nosotros" en la pertenencia al conjunto y de entender así lo que ser oficialista implicaba para la propia organización o para el actor individual.

En el espacio partidario en Argentina, los entrevistados del PJ exhibían la noción de una pertenencia primaria al peronismo muy por encima de la pertenencia —considerada más circunstancial— al oficialismo. Los entrevistados no equiparaban el "nosotros" al gobierno nacional —el cual era perbicido como un actor distinto— sino que lo identificaban con su red local de pertenencia —o conjunto de redes territoriales y estatales— referenciada en el intendente.

En cambio, para los kirchneristas que no estaban dentro del PJ (transversales del espacio partidario), la definición de pertenencia no se planteaba en términos de una relación entre sus propias organizaciones de pertenencia y la del Presidente, sino que adquiría un carácter identitario con la figura de Kirchner mismo y la simbología promovida por él. No obstante, al ser consultados por el conjunto como totalidad algunos transversales definían su pertenencia más pragmáticamente, destacando la presencia de actores indeseables dentro del oficialismo, y admitían la posibilidad de éstos dominasen el conjunto oficialista en el futuro. Otros transversales, como Román, que no pertenecía formalmente a una fuerza partidaria pero se inscribía a sí mismo en el sello "Frente para la Victoria", presentaban una noción estricta, y hasta prescriptiva, de pertenencia al "proyecto". Una definición paradójicamente similar, en un entrevistado sin pertenencia partidaria, a la de los petistas más ortodoxos en términos de disciplina interna del partido.

Desde la óptica de los entrevistados petistas en Brasil, la pertenencia al oficialismo se definía explícitamente sobre la base de la pertenencia partidaria al PT e implicaba el reconocimiento de la necesidad de gobernabilidad y sus consecuencias no deseadas para el perfil y la identidad del PT. Y esa definición de pertenencia se definía, además, en explícito contraste con lo que estos entrevistados consideraban que era el modo de definir la pertenencia por parte de los aliados circunstanciales, de los sellos partidarios vistos como "fisiológicos": así, el acuerdo programático e histórico era ungido como opuesto al oportunismo de esos "otros" dentro del oficialismo; la identidad política, como opuesta al intercambio instrumental en el marco del poder del Estado. Ese mismo contraste era expresado por entrevistados de fuerzas aliadas autoconcebidas como leales e históricas, que también presentaban definiciones de pertenencia al oficialismo mediadas por sus propias organizaciones de origen.

Bibliografía

Adamovsky, Ezequiel (2007), *Más allá de la vieja izquierda. Seis ensayos para un nuevo anticapitalismo* (Buenos Aires: Prometeo).

Altamirano, Carlos (2004), "'La lucha por la idea': el proyecto de la renovación peronista" en Novaro, Marcos y Palermo, Vicente (comps.) *La historia reciente. Argentina en democracia* (Buenos Aires: Edhasa).

Amaral, Oswaldo (2010), *As transformações na organização interna do Partido dos Trabalhadores entre 1995 e 2009* (Campinas: Doutorado em Ciência Política, UNICAMP).

Anguita, Eduardo y Caparrós, Martín (1996), *La voluntad* (Buenos Aires: Norma).

Arfuch, Leonor (2002), "Introducción" en Arfuch, Leonor (comp.) *Identidades, sujetos y subjetividades* (Buenos Aires: Prometeo).

Castells, Manuel (1997), *The Power of Identity* (Oxford: Blackwell).

Cheresky, Isidoro (2006a), "Introducción" en Cheresky, Isidoro (comp.) *Ciudadanía, Sociedad Civil y Participación Política* (Buenos Aires: Miño y Dávila).

————— (2006b), "La política después de los partidos" en Cheresky Isidoro (comp.) *La política después de los partidos* (Buenos Aires: Prometeo).

————— (2006c), "Un signo de interrogación sobre la evolución del régimen político" en Cheresky, Isidoro (comp.) *La política después de los partidos* (Buenos Aires: Prometeo).

————— (2007), "Los desafíos democráticos en América Latina en los albores del siglo XXI" en Cheresky, Isidoro (comp.) *Elecciones presidenciales y giro político en América Latina* (Buenos Aires: Manantial).

Coggiola, Osvaldo (2003), "La crisis en el PT de Brasil" en *En Defensa del Marxismo* (Buenos Aires) Año 11, N° 31, agosto.

De Souza Carreirão, Yan (2008), "Opiniões políticas e sentimentos partidários dos electores brasileiros" en *Opinião pública* (Campinas) Vol. 14, N° 2, noviembre.

Duverger, Maurice (1957), *Los partidos políticos* (México: Fondo de Cultura Económica).

Elliot, A. (2001), *Concepts of the Self* (Cambridge: Polity).

Freire de Lacerda, Alan (2002), "O PT e a Unidade Partidária como Problema" en *Dados, Revista de Ciências Sociais* (Río de Janeiro) Vol. 45, N° 1.

García, Raúl y Montenegro, Néstor (eds.)(1986), *Hablan los Renovadores* (Buenos Aires: Ediciones de la Galera).

Godio, Julio (2003), *Luces y sombras en el primer año de transición. Las mutaciones de la economía, la sociedad y la política durante el gobierno de Eduardo Duhalde* (Buenos Aires: Biblos).

Gordillo, Marta y Lavagno, Víctor (1987), *Los hombres de Perón. El peronismo renovador. Entrevistas inéditas* (Buenos Aires: Puntosur).

Greene, Steven (2004), "Social Identity. Theory and Party Identification" en *Social Science Quarterly* (Oklahoma) Vol. 85, N° 1, marzo.

Guidry, John (2003), "Not just another labour party. The workers' party and democracy in Brazil" en *Labor Studies Journal* (West Virginia) Vol. 28, N° 1, primavera.

Hochstetler, Kathryn y Friedman, Elisabeth (2008), "Representação, partidos e sociedade civil na Argentina e no Brasil" en *Caderno CRH* (Bahia) Vol. 21, N° 52, enero/febrero.

Huddy, Leonie (2001), "From Social to Political Identity: A critical examination of Social Identity Theory" en *Political Psychology* (Malden), Vol. 22, N° 1, marzo.

Hunter, Wendy (2007), "The Normalization of an Anomaly: The Workers' Party in Brazil" en *World Politics* (Cambridge), N° 59.

Jenkins, Richard 1996 *Social Identity* (Londres: Routledge).

Kinzo, María (2005), "Os partidos no eleitorado: percepções públicas e laços partidários no Brasil" en *Revista Brasileira de Ciências Sociais* (San Pablo) Vol. 20, Nº 57, febrero.

Kirchner, Néstor y Di Tella, Torcuato (2003), *Después del derrumbe: teoría y práctica política en la Argentina que viene* (Buenos Aires: Galerna).

Levitsky, Steven (2003), *Transforming Labor-Based Parties in Latin America. Argentine Peronism in Comparative Perspective* (Cambridge: Cambridge University Press).

Mainwaring, Scott (1999), *Rethinking Party Systems in the Third Wave of Democratization: The case of Brazil* (California: Stanford University Press).

Manin, Bernard (1992), "Metamorfosis de la representación" en Dos Santos, Mario (coord.) *¿Qué queda de la representación política?* (Caracas: CLACSO-Nueva Sociedad).

Meneguello, Rachel y Amaral, Oswaldo (2008), "Ainda novidade: uma revisão das transformações do Partido dos Trabalhadores no Brasil" en *BSP Occasional Papers* (Oxford) Nº 2.

Michels, Robert 1972 *Los partidos políticos: un estudio sociológico de las tendencias oligárquicas de la democracia moderna* (Buenos Aires: Amorrortu).

Montero, José y Gunther, Richard (2002), "Los estudios sobre los partidos políticos: una revisión crítica" en *Revista de Estudios Políticos (Nueva Época)* (Madrid) N° 118, octubre-diciembre.

Natanson, José (2004), *El presidente inesperado* (Rosario: Homo Sapiens).

Ottmann, Goetz (2006), "Cidadania mediada. Procesos de democratização da política municipal no Brasil" en *Novos Estudos* (San Pablo) N° 74, marzo.

Paiva, Denise; Braga, Maria; Pimentel Jr., Jairo (2007), "Eleitorado e partidos políticos no Brasil" en *Opinião pública* (Campinas) Vol. 13, N° 2, noviembre.

Palermo, Vicente (2000), "Como se Governa o Brasil? O Debate sobre Instituições Políticas e Gestão de Governo" en *Dados, Revista de Ciências Sociais* (Río de Janeiro) Vol. 43, N° 3.

——————— (2003), "El PT desde la oposición al gobierno y las gestiones de Fernando Henrique Cardoso" en Palermo, Vicente (comp.) *Política brasileña contemporánea. De Collor a Lula en años de transformación* (Buenos Aires: Siglo XXI).

Palermo, Vicente y Novaro, Marcos (1996), *Política y poder en el gobierno de Menem* (Buenos Aires: Editorial Norma).

Perón, Juan Domingo [2006(1952)], *Conducción Política* (Buenos Aires: Instituto Nacional "Juan Domingo Perón" de Estudios e Investigaciones Históricas, Sociales y Políticas).

Pousadela, Inés (2007), "Argentinos y brasileños frente a la representación política" en Grimson, Alejandro (comp.) *Pasiones nacionales. Política y cultura en Brasil y Argentina* (Buenos Aires: Edhasa).

Power, Timothy (2008), "Centering Democracy? Ideological Cleavages and Convergence in the Brazilian Political Class" en Power, Timothy y Kingstone, Peter (eds.) *Democratic Brazil Revisited* (Pittsburgh: University of Pittsburgh Press).

Ribeiro, Pedro (2008), "Algumas notas sobre as eleições brasileiras de 2006: disputa presidencial e reafirmação da força eleitoral do PT" en Santander, Carlos y Freire Penteado, Nelson (orgs.), *Os processos eleitorais na América Latina (2005-2006)*, (Brasilia: LGE).

Rodríguez, Darío (2005), "Nuevas formas políticas y cambios en el Peronismo", Ponencia presentada en el Séptimo Congreso Nacional de Ciencia Política de la Sociedad Argentina de Análisis Político (SAAP), 15 al 18 de noviembre.

Roma, Celso (2006), "Organizaciones de partido en Brasil: El PT y el PSDB bajo perspectiva comparada" en *América Latina Hoy* (Salamanca) N° 44.

Salvat (1992), *Gran Diccionario Salvat* (Barcelona: Salvat Editores).

Santos, Fabiano y Vilarouca, Márcio (2008), "Political Institutions and Governability from FHC to Lula", en Power, Timothy y Kingstone, Peter (eds.) *Democratic Brazil Revisited* (Pittsburgh: University of Pittsburgh Press).

Sartori, Giovanni [1980(1976)], *Partidos y sistemas de partidos. Marco para un análisis* (Madrid: Alianza).

Sidicaro, Ricardo (1990), "Identidades políticas y adversarios sociales" en *Relato de Hechos e Ideas* (Buenis Aires) Año 1, N° 1, enero-febrero.

Svampa, Maristella (2009), "Introducción" en Svampa, Maristella (ed.) *Desde abajo. La transformación de las identidades sociales* (Buenos Aires: Biblos).

Tavares Soares, Laura et al. (coords.)(2004), *Governo Lula, descifrando o enigma* (San Pablo: Viramundo).

Touraine, Alain (1999), "Las políticas nacional-populares" en Mackinnon, María y Petrone, Mario (comps.) *Populismo y neopopulismo en América Latina. El problema de la Cenicienta* (Buenos Aires: EUDEBA).

Veiga, Luciana (2007), "Os partidos brasileiros na perspectiva dos electores: mudanças e continuidades na identificação partidária e na avaliação das principias legendas após 2002" en *Opinião pública* (Campinas) Vol. 13, N° 2, noviembre.

Vommaro, Gabriel (2004), *Los sondeos de opinión y la dinámica del espacio de la comunicación política en Argentina, desde los inicios de la transición democrática* (Buenos Aires: Maestría en Investigación Social, Universidad de Buenos Aires).

Documentos electrónicos

Bresser Pereira, Luiz (1989), "Ideologias econômicas e democracia no Brasil" en *Estudos avançados* (San Pablo: Universidad de San Pablo) Vol. 3, N° 6. En <http://

www.scielo.br/scielo.php?pid=S0103-40141989000200004&script=sci_art-text> acceso 27 de junio de 2011.

Mainwaring, Scott y Torcal, Mariano (2011), "Party System Institutionalization and party system theory after the Third Wave of Democratization" en *Working Papers* (Notre Dame: Kellogg Institute) N° 319. En <http://kellogg.nd.edu/publications/workingpapers/WP311_320.shtml> acceso 27 de junio de 2011.

Diarios, periódicos y revistas

Folha de São Paulo (2002)(San Pablo) 5 de julio.
Uno 2007 (La Matanza) 9 de abril.

Material audiovisual

Occidente Producciones (2009), *Presidentes de Latinoamérica: Lula* [video] (Argentina: Occidente Producciones).
Página 12 (2003), *Lula, el compañero presidente* [video] (Argentina: Página 12).
Video Filmes 2004 *Entreatos* [video] (Brasil: Video Filmes).

II
Populismo, Estado y democracia en América Latina

Ciudadanía y democracia continua

Isidoro Cheresky[1]

Resumen

Este artículo trata sobre la expansión y mutación del régimen político democrático, el cual ha adquirido una validez y valor universales, conllevando consecuentemente la centralidad de la ciudadanía, entendida como un espacio de individuos dotados de derechos o que los reclaman, y que constituyen vínculos asociativos e identitarios cambiantes. Pero la expansión ciudadana tiene como correlato un cuestionamiento de los lazos de representación en los diferentes órdenes de la organización social, dándose una emancipación del mundo político: los intereses y los ideales no se constituyen en lo social sino en el espacio público junto a las identidades ciudadanas que los sustentan. La evolución contemporánea evidencia que el propio sistema institucional y normativo está en revisión y renovación permanente: en el régimen democrático la ciudadanía autónoma se mantiene distante del poder sometiendo a sus gobernantes legales a la renovación de la legitimidad de sus decisiones: en virtud de ello también puede definirse el régimen político como una democracia continua cuya esencia es la vida ciudadana que no podría transcurrir sin un dispositivo institucional, pero ella no se desenvuelve en "su interior".

[1] Facultad de Ciencias Sociales, Universidad de Buenos Aires (UBA). Consejo Nacional de Investigaciones Científicas y Técnicas (CONICET). Argentina.

Isidoro Cheresky

En consecuencia ese dispositivo no es definitivo y universal sino que está sujeto a las mutaciones que requieren los principios democráticos.

Palabras clave: Ciudadanía, democracia, representación, régimen político, elecciones, espacio público, América Latina, Estados Unidos.

Abstract

This article addresses the expansion and mutation of the democratic political regime that has acquired a universal validity and value, resulting in the centrality of citizenship, understood as a space of individuals who are given rights or otherwise claim for them and constitute changing associative and identity bonds. At the same time there is a questioning of representation bonds in different orders of social organization, resulting in an emancipation of the political world. Therefore the conception of public and political life as a mere expression of social realities and the conflicts they entail has vanished. Interests and ideals are constituted in the public sphere along with the citizen identities that support them. It is evident that the very institutional and normative system is in permanent revision and restructuring, so democracy should be conceived as an unstable regime, where an autonomous citizenship keeps distance from power by making their rulers renew their legitimacy in each decision. In fact, the political regime could be defined as a continuous democracy whose essence is citizen life, which requires but does not occur within an institutional device; as a consequence, it is not definitive and universal but subject to the particular mutations that democratic principles require.

Keywords: Citizenship, democracy, representation, political regime, elections, public space, Latin America, United States.

***

La ola democrática contemporánea en América Latina remonta sus orígenes a tres décadas. En algunos casos fue un renacimiento, en otros un comienzo y tuvo en cada uno de ellos una fecha de inicio distinta. En los inicios de ese ciclo, el tema de estudio ha sido el de la transición de los regímenes autoritarios precedentes y de los enclaves que con frecuencia ellos dejaron. Ulteriormente, muchos análisis se interrogaron sobre la posibilidad de que la democracia perdurara, proliferaron entonces los estudios sobre la "consolidación". Al cabo de los años transcurridos se ha instalado una evidencia. El formato democrático de la democracia procedimental –que muchos aspiraban a instalar o soñaban como ideal–, no ha sido alcanzado. En cambio, se ha extendido el diagnóstico de "democracia electoral" queriéndose con ello significar que el acceso al poder por vía electoral está instalado como el único legítimo, pero denotando también que el dispositivo institucional que se pensaba como formato del régimen democrático no se ha desarrollado. ¿Se trata entonces de democracias elementales o precarias?

El argumento que aquí se expone procura interrogarse en otros términos que los del progreso o retraso respecto del paradigma clásico. La desilusión sobre el curso democrático de unos o el entusiasmo por variantes de democracia directa de otros, pueden incorporarse como datos para una indagación sobre la mutación democrática, mutación que pareciera no ser característica exclusiva de América Latina sino paralela a procesos similares que se producen en otras sociedades occidentales.

La ciudadanía contemporánea es el punto de entrada a la indagación que aquí se propone, encarada sobre el régimen político. La ciudadanía sin aditamentos, el electorado, la opinión pública, los movimientos sociales o cívicos y también simplemente el pueblo en sus versiones clásicas de las organizaciones populares o sindicales –es decir, una variedad de nombres que no son exactamente equivalentes pero que remiten a un principio común, el de la fuente de legitimidad política en las sociedades democráticas–, son denominaciones que deberían ser reexaminadas en sus antecedentes y novedad pues son prioritarias para la comprensión de la mutación en que se halla encaminado el régimen político.

Esta centralidad de los individuos, de sus pronunciamientos y de su vida asociativa, se deriva de dos circunstancias relativamente recientes y de transformaciones que están desenvolviéndose todavía ante nuestros ojos.

La democracia ha adquirido una vigencia y un valor universal, y ello pese a los desafíos de las tradiciones antiseculares que reniegan del principio según el cual el orden político y social está librado a la voluntad de los hombres o al menos de lo que los hombres puedan hacer según su libre arbitrio de los legados de la historia y de la naturaleza. Ello quiere decir que el principio que hace a los seres humanos iguales y partícipes resuena en los confines del planeta como nunca antes sucedió. Al menos el requisito primero, elecciones libres y libertades civiles, está en expansión. Por cierto que el alcance de estas prácticas básicas no es el mismo en todas las latitudes y su vigencia es muy variable según la condición social. También hay aspectos heredados, realidades corporativas y vínculos de sometimiento que persisten en el desafío a la expansión democrática, y nuevas desigualdades que emergen, pero el cuestionamiento llega a todos ellos. Por cierto, la universalización de la democracia no ha deshabilitado los reclamos de un orden socialmente más justo y de grandes reformas pero, en lo esencial, estas aspiraciones se han canalizado en el marco de las sociedades democráticas y no de un providencial orden alternativo, como era el caso hasta hace poco tiempo. La expansión del orden político democrático —considerado como resultado de la actividad de los hombres librados a su propio juicio y sin ser agentes de un sentido trascendente—, conlleva como consecuencia la centralidad de la ciudadanía. Este término, "ciudadanía", condensa una gama de variaciones, pero pone el acento en lo que es cada vez más frecuente: un espacio de individuos dotados de derechos o que los reclaman, y que constituyen vínculos asociativos e identitarios cambiantes. La experiencia de su vida pública y sus opciones presentes prevalece por sobre lo que en ese ámbito han heredado. La desinstitucionalización o quizás los cambios institucionales a los que asistimos son el resultado de esa actividad ciudadana, que es la fuente de sentido de la vida pública.

Es decir que la democracia se expande pero simultáneamente se transfigura. Los formatos de la igualdad y la libertad que los estudiosos de la política daban con frecuencia por adscriptos a determinadas instituciones o leyes, están en cuestión. Las clasificaciones o las tradicionales mediciones para distinguir los regímenes políticos en su calidad, según el grado de aproximación a paradigmas clásicos, se revelan irrisorios.

La expansión ciudadana —extensión de derechos, de sus titulares y de la autonomía con respecto a quien pretenda tutelarlos—, tiene como correlato un cuestionamiento de los lazos de representación en los diferentes órdenes de la organización social. El sistema institucional está sujeto a mutaciones tales que el equilibrio entre los principios característicos de la democracia –igualdad, libertad, solidaridad– parece alterarse, aunque las evoluciones no son las mismas en las diferentes latitudes del mundo democrático. En todo caso, un rasgo común –desde la perspectiva aquí expuesta–, es lo que podríamos llamar la "emancipación del mundo político". No es que las desigualdades y las diferencias sociales hayan desaparecido, por el contrario, en muchos casos se han acentuado y en consecuencia, amplias franjas de individuos se hallan en la búsqueda ya no de mejorar su condición social sino de alcanzar algún reconocimiento y protección pública[2]. La modernización tecnológica en la economía, la comunicación y los procesos de globalización lo que sí han hecho es favorecer vínculos efímeros e informales, y en consecuencia, debilitado las identidades sociales no tan solo de los trabajadores y de los excluidos, sino de muchos sectores que en el pasado tenían una condición solvente, estable y continua. Y con ello se ha desvanecido la pretensión de que la vida pública y la política fueran la mera expresión de esas realidades y de las conflictividades que en ellas se originan. Los intereses y los ideales se constituyen en el espacio público junto a las identidades ciudadanas que los sustentan y ello parece ser cierto también para los reclamos que se refieren al mundo del trabajo o a otras realidades sociológicas.

Por otra parte, la emancipación del mundo político no lo coloca fuera del alcance de intereses, de sus formas organizadas o de los privilegios que se cristalizan en su propio ámbito, pero sí favorece cambios, el principal de los cuales consiste en que ha dejado de ser el ámbito reservado al predominio de ciertas elites. Ello conlleva también a su reconfiguración; si el ámbito público y las instancias de poder no son simplemente la expresión de los intereses organizados en una realidad que las precedería, la propia vida política adquiere asimismo una fluidez diferente de la que le atribuyeron las concepciones hiperinstitucionalistas. Es decir que no se trata de pensar la existencia de canales y normativas que equiparen la vida

---

[2] O'Donnell (1993) evoca una gama territorial sobre el alcance del Estado de derecho en América Latina, señalando "zonas marrones" en las que la vigencia de la ley y los derechos es débil o nula.

pública con un sistema o una organización, cuyo desenvolvimiento estaría esencialmente reglado. No es que la vida pública pueda desarrollarse sin un ordenamiento de la expresión cívica y sin el reconocimiento de la autoridad legítima, pero la evolución contemporánea pone en evidencia que el propio sistema institucional-normativo está en revisión y renovación permanente, y que en ese sentido la democracia debe ser concebida como un régimen inestable, sin que con ello se esté adjetivando su debilidad sino su movimiento resultante del conflicto y la competencia entre los actores políticos y sociales, y sus capacidades adaptativas a lo que proviene de la deliberación ciudadana.

De modo que la ciudadanía no está confinada a un rol de electorado o a su expresión a través de las organizaciones partidarias, corporativas o sociales. El momento electoral es crucial pues se consagran en él gobernantes y representantes. Pero los derechos que amplían desdicen lo establecido precedentemente o enuncian novedades imprevistas y cambian la condición ciudadana; no se derivan siempre de la iniciativa del poder instituido, sino que emergen con frecuencia de la vida pública, buscan ser convalidados y rutinizados por medio de un sustento legal e institucional. Por cierto, representantes y gobernantes devienen enunciadores y hasta pueden estar en el origen de enunciados de derechos. Pero lo característico de la mutación en la democracia contemporánea es que los gobernantes legales están sometidos a la revalidación de la legitimidad en cada una de sus decisiones significativas. La ciudadanía autónoma mantiene una posición distante del poder, constituye un electorado que se divide en sus opciones y luego permanece alerta, vigilante ante las decisiones de gobierno. Si éstas son objeto de una argumentación pública y de una maduración en sintonía con las opiniones que prevalecen, la legitimidad del poder —el vínculo representativo mayoritario— se refuerza. La existencia de una ciudadanía fluctuante e instalada en la desconfianza (Rosavallon, 2006) no es una novedad completa, pero en los tiempos actuales adquiere una centralidad que nos permite definir al régimen político como democracia continua. La vida ciudadana es, en ese sentido, la esencia de la política democrática; esta vida no podría transcurrir sin un dispositivo institucional, pero ella no se desenvuelve en "su interior" y, en consecuencia, ese dispositivo no es definitivo y universal sino que está sujeto a las mutaciones propias que requieren los principios democráticos.

Del pueblo a la ciudadanía. Ciudadanía electoral

La centralidad de la ciudadanía ha sido evocada desde perspectivas muy variadas, pero todas ellas plantean una revisión coincidente en la transformación de la condición política de los contemporáneos.

Algunos –como E. Laclau (2007), o J. Rancière (1998)– prestan atención a la formación de identidades políticas populares sobre la base de la expansión del principio igualitario y la constitución de un antagonismo o bien de un desacuerdo ante un "otro" que permite crear un vínculo en torno a la común condición de opresión (el pueblo, resultado de la acción hegemónica en Laclau) o bien de privados de existencia público/política (el pueblo de "la parte de los que no tienen parte" que pretende ser contado en la esfera del logos, ser considerado como perteneciente al mundo de los seres hablantes, en Rancière). Pero estas identidades no se presentan como la translación al ámbito público de una condición social, ni su constitución o emergencia son consideradas como necesarias ni prefiguradas; por el contrario, aparecen como el resultado contingente de acciones o decisiones políticas.

Otros autores, que tampoco constituyen una escuela o corriente, hacen hincapié en la negatividad política. Para P. Virno (2003), Hardt y Negri (2004), la fragmentación social excluye la constitución de un sujeto cohesionado por una demanda o un proyecto, emergiendo en cambio la figura de la multitud congregada por el común denominador del rechazo a un orden o a un enemigo. Rosanvallon (2006), por su parte, considera que la democracia está mutando de modo que junto a su pilar tradicional, el sistema representativo, se expande una presencia y acción ciudadanas que van más allá del acto electoral y la representación, pues la desconfianza es el signo permanente de la relación entre gobernantes y gobernados. La desconfianza habilita dispositivos públicos paralelos a los de la representación, lo que sustenta las figuras del pueblo vigilante, del pueblo juez y del pueblo que veta. La desconfianza a la que se refiere Rosanvallon conlleva una satisfacción ciudadana que se alcanza en la "soberanía negativa" o en el veto, semejante en este punto a la negatividad de la multitud mencionada precedentemente.

A. Giddens (1987) ha hecho hincapié en una característica del individuo contemporáneo: la reflexibilidad. El individualismo, entendido como la expansión del ámbito de libertad en el que cada quien decide con independencia de las restricciones de la naturaleza o de los imperativos de la tradición, estaría en la base de nuevos vínculos. Para esta perspectiva, los ciudadanos con capacidades autónomas podrían hacerse cargo de decisiones y desarrollar vínculos en una sociedad civil fortalecida a expensas de un Estado con menos injerencia asistencial y de un mercado que encontraría límites a la mercantilización de los vínculos humanos.

Esta variedad de enfoques sobre la mutación en curso, que ponen el acento en la articulación propiamente política de los actores, en el individualismo y en la expansión de la libertad y eventual autonomía, debe ser complementada con el registro de formas de organización popular (sindicatos y movimientos sociales), más vinculados a conflictividades sociales, étnicas o ambientales que persisten en algunos casos y que en otros emergen o reemergen como consecuencia de la expansión democrática. Pero la configuración de estos actores no implica forzosamente la constitución de comunidades políticas sustentadas en el pluralismo y la libertad política[3].

Por sobre esta diversidad ciudadana —término con connotación de derechos civiles y políticos aunque también sociales, como la difusión del concepto de "ciudadanía social" lo atestigua— y popular —término en que prima una connotación más tradicional vinculada a la condición social y

---

[3] C. Mouffe (2007) afirma que "cuando en lugar de ser formulada como una confrontación política entre "adversarios", la confrontación nosotros/ellos es visualizada como una confrontación moral entre el bien y el mal, el oponente solo puede ser percibido como un enemigo que debe ser destruido, y eso no conduce a un tratamiento agonista. De ahí el actual surgimiento de antagonismos que cuestionan los propios parámetros del orden existente". Refiriéndose a las posiciones que pregonan la democracia consensual, postpolítica, J. Rancière (1998) afirma que "Ahí donde la política está llamada a que se actualice, para que abandone los dogmas y tabús, lo que aparece delante de la escena no es lo que se esperaba: el triunfo de la modernidad sin prejuicios, sino el retorno de lo más arcaico, de lo que precede a todo juicio, el odio desnudo del otro".

a las polaridades que parecen recorrer la historia: ricos y pobres, el poderoso y el común–, puede reconocerse la tendencia al debilitamiento y desarticulación de la "sociedad organizada", constituida por actores con consistencia sociológica: sociedad y actores aparecían como inherentes a una fase de la historia –la sociedad industrial–, en provecho de un ámbito de fluidez y contingencia con poca institucionalidad y actores perecederos, el ámbito de la ciudadanía.

El pueblo, en el imaginario político que predominó en el siglo XX, era un sujeto que abarcaba todo el ámbito público, cuya unidad provenía de una común condición de explotado u oprimido, y las organizaciones partidarias y corporativas –así como las formas de acción colectiva entonces existentes– parecían convalidar este modo de representar la realidad social y su traslación a la escena política. Esa noción de pueblo y las realidades asociadas a la denominación están siendo desplazadas por la referencia a la ciudadanía. Ésta, concebida no como otro sujeto distinto, sino como el espacio conformado por individuos y grupos en el cual se disputa la constitución de identidades políticas o procuran afirmarse liderazgos de pretensión instituyente.

El momento definitorio de expresión ciudadana es el acto electoral. Momento de disolución de las pertenencias y, en consecuencia, de individuos por cierto no incondicionados pero librados a su pronunciamiento[4].

En las sociedades contemporáneas los actos electorales suelen ser momentos de dramatización en los que el rumbo político está en suspenso, son las "minirrevoluciones" de nuestro tiempo que marcan, en

---

[4] C. Lefort (2004 [1986]: 49) considera el acto de votar como nudo de la paradoja democrática: "Nada, además, no hace más sensible la paradoja de la democracia que la institución del sufragio universal. Es precisamente en el momento en que se espera la manifestación de la soberanía popular, el pueblo actualizarse expresando su voluntad, que las solidaridades sociales se deshacen, que el ciudadano es extraído de todas las redes en las cuales se desarrolla la vida social para convertirse en unidad de cuenta. La cantidad se sustituye a la sustancia. Es significativo asimismo que esta institución haya chocado por mucho tiempo, en el siglo XIX, a una resistencia, no solamente de los conservadores, sino de los burgueses liberales y de los Socialistas, resistencia que no puede ser solamente imputada a los intereses de clase, sino que fue provocada por la idea de una sociedad de ahora en más abocada a acoger lo irrepresentable."

la medida en que el régimen político esté estabilizado, el ritmo de la vida política e ilustran la fuerza reguladora de la voluntad popular. Las elecciones concitan cada vez más la expectativa puesto que revisten un sentido de libertad política. Y cuando son libres, son imprevisibles en sus resultados y sentidas como el acto democrático en que puede consagrarse la intervención del común; por sobre toda otra consideración, cada individuo pesa por igual[5]. Los actos electorales ilustran el creciente desapego ciudadano a adscripciones permanentes. Cuando hay elecciones generales se inicia un nuevo mandato y el calendario electoral marca, en buena medida, el ritmo de la vida política puesto que los otros recursos de ejercicio del poder, particularmente la influencia de las corporaciones, se hallan debilitados.

Se vota en serio y cada vez menos como la convalidación formal de situaciones de poder como sucedía en las elecciones de fachada promovidas por los regímenes totalitarios y autoritarios. Se vota en los contextos posautoritarios para consagrar las popularidades y liderazgos emergentes, como ha sido en las transiciones a la democracia en los países del Este europeo y en América Latina. Se vota en situaciones de crisis para dirimir las autoridades legales o el orden constitucional deseado, como en Perú, Ecuador, Venezuela, Argentina y Bolivia en los años recientes. Y con frecuencia los presidentes y parlamentos consagrados de ese modo han podido superar el faccionalismo precedente. Es decir que el voto ciudadano ejerce una función reguladora que permite dirimir competencias o superar conflictos. Con frecuencia el voto inicia un nuevo ciclo, o define

---

[5] "El acceso al poder requiere de la conquista efectiva de la voluntad ciudadana: he aquí el nuevo axioma ineludible de la acción política. Pero si el acto electoral ha adquirido la estatura suficiente como para albergar energías sociales e ideales de cambio que en el pasado tenían cursos extrainstitucionales es porque en verdad este acto está dotado de un potencial que nos permite caracterizarlo de "minirrevolución" en el marco del ordenamiento democrático. Existe la convicción –fundada, a nuestro parecer– de que, a pesar de las desigualdades de todo tipo (especialmente económicas y políticas), nuestras sociedades evolucionan hacia condiciones de vida libre que tornan imprevisible el curso político, es decir, que lo colocan fuera del control de cualquier voluntad particular" (Cheresky y Pousadela, 2001).

un cambio de rumbo consagrando la voluntad general y asegurando con su aceptación la paz civil.

Pero la afirmación de la democracia electoral —del orden legal sustentado en el pronunciamiento ciudadano— ha sido paralela a una acentuación del personalismo y el ejecutivismo. La ciudadanía fluctuante sin identificaciones permanentes tiene como correlato los liderazgos de popularidad o los aspirantes a esa posición. Los vínculos de representación directos y con frecuencia efímeros son característicos de esta democracia continua que ha sido también designada como "de lo público" (Manin, 1995). Así es que la afirmación ciudadana como fuente de poder legítima a través del voto y el debilitamiento de las corporaciones, de las instituciones representativas y de los recursos tradicionales de la competencia política, van a la par. Según el Latinobarómetro 2009 en América Latina el apoyo a la democracia es amplio pues alcanza al 58%. Y comenta ese informe: "La libertad de expresión y las elecciones son por definición la característica más universal que todos tienen en común y muchos más serían demócratas si esas fueran sus únicas características" (Corporación Latinobarómetro, 2009: 17).

La mutación de la democracia en América Latina

El debilitamiento de los partidos y las identidades políticas es una característica general de las sociedades democráticas contemporáneas cuya mutación estamos tratando[6], pero estos rasgos están particularmente acentuados en América Latina. En la región, a la vez que se ha confirmado la identificación mayoritaria con la democracia y aunque se reconoce la necesidad de los partidos políticos, estos no gozan de la simpatía de la mayoría. Y la estima de las propias instituciones representativas es baja[7].

---

[6] Un ejemplo entre otros es el de Francia donde "la volatilidad electoral… sigue siendo muy fuerte y los partidos, incluso los más importantes, siguen siendo muy frágiles particularmente el PS" (Grumberg, 2007).

[7] En la región como promedio un 59% sostiene que la democracia es preferible a cualquier otra forma de gobierno y aun quienes afirman que "la democracia puede tener problemas, pero es el mejor sistema de gobierno" alcanzan el 76%. Entre esos mismos un 57% sostiene que "no puede haber democracia sin Congreso" y un 60% sostiene "sin partidos políticos no puede haber democracia". Estas instituciones "necesarias"

Se vota, se consagran líderes con alto grado de popularidad como gobernantes pero con alta vulnerabilidad pues los ciudadanos electores no esperan el término de los mandatos para renovar o cuestionar la legitimidad de los mismos. La popularidad de los líderes coexiste y alterna con la desconfianza, y esa capacidad de veto ha alejado del poder en poco más de una década a 14 presidentes y, en algunos casos, ha forzado a adelantar la transmisión del mando[8].

Ello no es óbice para que se instalen liderazgos de popularidad: estos generan un vínculo representativo pues encarnan un reclamo y con frecuencia un rechazo, pero es más infrecuente que esa popularidad sedimente en una organización que perdure. Quizás la excepción en América Latina la constituyan Luiz Inácio Lula Da Silva[9], quien fue reelecto exitosamente y parece poder asegurar su sucesión, y los presidentes fundacionales de Bolivia, Ecuador y Venezuela. En este último caso de extrema polarización el sustento electoral de Hugo Chávez parece fluctuante, como lo muestran las recientes elecciones legislativas[10].

Los procesos electorales en las condiciones indicadas han aparejado una marcada personalización política. El presidencialismo en América

---

no son confiables para la gran mayoría. A la pregunta "¿cuánta confianza tiene en la institución?", un 24% contesta que algo o mucha (respuestas sumadas) con respecto a los partidos políticos y un 34% responde positivamente con respecto al Congreso (Corporación Latinobarómetro, 2009).

[8] Se percibe que la desconfianza persiste. A la pregunta si "se gobierna para el bien de todo el pueblo" en solo dos países (Uruguay y Panamá) la respuesta positiva es elegida por al menos el 50%, en tanto el promedio regional de respuestas positivas alcanza al 33% (Corporación Latinobarómetro, 2009).

[9] Aunque ha mantenido de modo continuo altos índices de popularidad y triunfado en dos elecciones consecutivas, su gobierno es coalicional, pues su partido (el PT) alcanzó un caudal electoral muy inferior al de su líder. En las elecciones de 2002 Lula había conquistado la presidencia, pero el PT había consagrado solo 91 diputados sobre 513 y 14 senadores sobre 81. Aun contando las bancas de quienes lo apoyaron en la segunda vuelta, no alcanzaba la mayoría en ninguna de las dos cámaras. En las elecciones de 2006 volvió a ganar en la primera vuelta (48,61%) y en la segunda (60,83%), pero a su partido le fue peor que cuatro años antes obteniendo 83 bancas de diputados.

10 Las listas legislativas de H. Chávez fueron emparejadas por las oposiciones en número de votos, pero el oficialismo obtuvo una proporción de bancas mayor gracias a una asignación territorial de escaños que le favorece.

Latina se ha reforzado al introducirse la posibilidad de la reelección inmediata de los mandatarios en 14 de 18 países de América Latina, por obra de reformas constitucionales recientes impulsadas por presidentes que buscaban beneficiarse con esa cláusula (Zovatto, 2009). En la región esta concentración y personalización aparecen con frecuencia asociadas a reformas políticas y sociales de signo progresista, pero incluyen también a gobernantes de otros signos políticos que simplemente encarnan una gestión exitosa ante crisis institucionales graves. Lo que parece común a todos ellos es la intensidad política que suscitan en su entorno, en muchos casos como emergente de escenas políticas antagónicas o bipolares que estos mandatarios alientan.

Mutación democrática en el mundo

En Estados Unidos, la elección de Barack Obama pareció inscribirse, pese a un contexto sociopolítico muy diferente, en la tendencia apuntada: ciudadanía fluctuante que sustenta un liderazgo de popularidad, siendo el dispositivo organizacional subsidiario al liderazgo personal. El sentido político asociado a ese liderazgo ha estado connotado por un alto componente de negatividad, de rechazo al presidente saliente George W. Bush y de reticencias hacia los "políticos de Washington"[11].

Por cierto, en 2008 —el año de las elecciones presidenciales— las identificaciones partidarias eran mayores que en el pasado: 39% de los estadounidenses se decían demócratas y 32% republicanos (Sabato, 2010). Pero si esa identificación hubiese seguido los cánones de la estructura partidaria en los orígenes de la competencia, la candidata demócrata —y probablemente la presidenta— habría sido Hillary Clinton. En ese

---

[11] La elección de Obama como presidente de Estados Unidos ha sido un acontecimiento propiamente político, es decir excepcional, y podría ser abordado desde diferentes perspectivas. En este punto interesa destacar la medida en que ello fue posible por un vínculo de institución política, un liderazgo construido sobre el fondo de un malestar ciudadano, lo que permitió generar un movimiento que se desenvolvió en buena medida en los márgenes de los dispositivos partidarios. Por cierto, la promesa de cambio habría necesitado de un poderoso movimiento de sociedad, pues no bien comenzó a emprender las reformas prometidas se encontró con una dura oposición social, en Washington, en el Congreso o incluso, en parte, entre sus compañeros de partido y en quienes habían votado por él.

entonces –inicios de 2007–, Obama era un *outsider* en términos de las tradiciones políticas. Había sido senador estadual por Illinois durante 8 años y dos años senador nacional, habiendo tenido una actuación pública que le dio una importante pero fugaz notoriedad en la convención partidaria de 2004. Pero Obama, a diferencia de la mayoría de sus colegas en el Senado, había votado contra la guerra de Irak y aun antes se había pronunciado abiertamente al respecto. El signo de su emergencia era el de la renovación política, y su estilo y formato de campaña parecen haber estado en consonancia. Según D. Balz y H. Johnson (2009), ya en enero de 2007 –al lanzar su postulación– afirmaba: "Reconozco que hay una cierta presunción –una cierta audacia– en este anuncio. Sé que no he pasado mucho tiempo aprendiendo los caminos de Washington. Pero he estado ahí suficiente tiempo para saber que los caminos de Washington deben cambiar". Estos autores también describen que al finalizar su discurso "desde el otro lado de la sala llegaron el clamor de la multitud y el aplauso sordo de miles de manos cubiertas por gruesos guantes", y concluyen que "un nuevo movimiento político estaba surgiendo". Sentido de diferencia política que el candidato mencionaría a lo largo de su campaña por las primarias y luego por la presidencia, como en Waterloo-Iowa: "El mayor desafío que enfrentamos no es solamente la guerra en Irak. El mayor desafío no es solamente el sistema de salud. No es solamente la energía. De hecho, es el cinismo. Es la creencia de que no podemos cambiar nada. Lo que espero más que nada durante el curso de esta campaña es que todos ustedes decidan que la misma puede ser vehículo de sus esperanzas y sueños. No puedo cambiar Washington por mi cuenta" (citado por Balz y Johnson, 2009). El jefe de la campaña de Obama indica este objetivo explícito: "Cuando entramos en carrera, conversamos mucho sobre realizar un tipo de campaña diferente. Los pronósticos de la elección presidencial nos eran adversos, nuestra única esperanza de éxito dependía de liberarnos del paradigma político estándar y convertirnos en un movimiento" (Plouffe, 2009). Como es sabido, esta campaña fue inédita en dos registros complementarios: la movilización de activistas que trabajaron en los distritos por todos los medios de contacto buscando al elector por fuera de las mediaciones tradicionales, y la incorporación masiva de nuevos electores: "Queríamos llegar a los votantes individualmente más que esperar que algún grupo o persona los trajese. [...] Dado que estábamos intentando expandir el electorado y atraer votantes nuevos y más jóvenes, junto con los independientes y los republicanos, no podíamos permitirnos utilizar el tiempo en eventos donde tan solo habría una audiencia muy limitada de activistas demócratas tradicionales [...] Cuantos más eventos realizábamos en los estados cuyas elecciones se celebrarían primero, más atraíamos a multitudes sustanciales, diversas y llenas del tipo de gente que tradicionalmente no asistía a eventos políticos" (Plouffe, 2009).

Obama provocó una movilización política de magnitud. La inscripción en las listas electorales y la concurrencia el día de los comicios elevaron el número de inscriptos en nueve millones con respecto a las elecciones precedentes y la participación electoral alcanzó el elevado porcentaje para ese país del 60%. Su triunfo entre los jóvenes votantes fue aplastante 66% contra 32% de su adversario. También ganó por márgenes muy significativos entre los votantes de bajos ingresos y entre los de un ingreso anual superior a 250 mil dólares (cuyos impuestos había prometido aumentar). Obtuvo un porcentaje de 58% entre los posgraduados. Sobre el total de los votos emitidos obtuvo el 52,9% contra 45,7% de su adversario.

La experiencia electoral francesa de la década reciente es también ilustrativa de la fluctuación y de la reformulación de los alineamientos políticos. En su momento, el triunfo de Nicolas Sarkozy en las elecciones de abril de 2007 fue interpretado como una presidencialización de la política y una evolución al bipartidismo o a la bipolarización teniendo en cuenta la declinación electoral del Frente Nacional y de los partidos a la izquierda del socialista. Se consideraba también que esas elecciones suponían una ruptura con la politización negativa[12]. Sin embargo, las elecciones legislativas realizadas pocos meses después indicaron una recuperación

---

[12] Las elecciones presidenciales de 2002 habían deparado la sorpresa de una dispersión en el voto que llevó al ballotage a Jacques Chirac (que buscaba la reelección) y al candidato de la extrema derecha, Jean Marie Le Pen, que había superado en votos al candidato socialista (Perrineau, 2007).

de los socialistas en detrimento del partido presidencial como expresión de un descontento ante los proyectos impositivos del oficialismo. La fluctuación del voto era un rasgo permanente en la configuración de la escena. En cuanto a la bipolaridad o bipartidismo las ulteriores elecciones (2009 y 2010) parecen haber desmentido ese pronóstico mostrando el renacimiento de alternativas, en particular del ecologismo y una cierta recuperación de la extrema derecha[13].

Las elecciones, umbral de la democracia

Se puede afirmar que en las sociedades democráticas el acto electoral es el ponderado punto culminante de la incertidumbre democrática, porque en él rige la voluntad del ciudadano común y en ese veredicto se cuenta sin peso diferencial cada pronunciamiento, incluido el de expertos, poderosos y ricos. En las elecciones contemporáneas es cada vez más infrecuente el voto de pertenencia o identitario. En los casos en que un nuevo rumbo se ha definido recientemente, las elecciones pueden convalidarlo o desautorizarlo. Así, suele predominar un voto retrospectivo, se trate o no de proyectos de cambio de rumbo que accedieron recientemente al gobierno. Pero la escena electoral que se constituye tiende a reformularse ante cada elección, dando la oportunidad para que emerjan liderazgos alternativos y se conformen fuerzas políticas. Tal ha sido el caso de las re-

---

[13] Para las elecciones europeas de 2009, el oficialismo (UMP) alcanzó el 27,88% de los votos, el PS el 16,48% y Europa Ecología el 16,28%. El oficialismo había retrocedido fuertemente respecto de las elecciones precedentes y, aunque en menor medida, también el PS en provecho de los ecologistas. Las elecciones regionales mostraron una recuperación del PS con el 29,14%, que para la segunda vuelta se alió exitosamente con los ecologistas (quienes habían obtenido el 12,18%). La mayoría presidencial obtuvo respectivamente el 26,02% y el 35,38% mostrando que su captación de votos de la extrema derecha había disminuido. El FN obtuvo 11,42% y 9,17% respectivamente. Para las elecciones presidenciales, la candidata Marine Le Pen aparece entre los presidenciables —y aun encabezando algunas encuestas de opinión—, sostenida en una imagen nacionalista más sutil que la de su padre, pues si bien mantiene la discriminación hacia los extranjeros, hace hincapié en los reclamos de los trabajadores franceses y de los excluidos. Esta extrema derecha social pone en dificultades a los partidos tradicionales y en particular a los socialistas modernizantes que procuran una integración del país en la economía globalizada, lo que implica reestructuraciones y revisión de derechos adquiridos de antigua data.

cientes elecciones presidenciales en América Latina. En Chile y Colombia surgieron *outsiders* que incidieron fuertemente en la configuración de la escena aunque no resultaron triunfadores, en tanto que en Uruguay la fuerza política que rompió con el bipartidismo cinco años antes volvió a ganar las elecciones. Predomina la formación de coaliciones en torno a líderes de popularidad.

En la medida en que las elecciones han cobrado importancia y se han complejizado, se generan situaciones paradójicas porque el voto es un acto institucional que se produce según regulaciones tales que los ciudadanos pueden no ver reflejadas sus preferencias o que se traduzca muy imperfectamente, en términos institucionales, lo que el resultado electoral exhibe[14]. De modo que, al desplegarse la autonomía ciudadana, las elecciones han adquirido centralidad e imprevisibilidad. Sus resultados consagran autoridades legítimas, pero al mismo tiempo son vistas como actos en donde intervienen factores aleatorios, lo que incentiva el humor ciudadano de independencia y la idea que la expresión legítima de su voluntad no se agota en el pronunciamiento electoral. La oferta electoral procura aparecer como un resultado de la intervención ciudadana,

---

[14] Basta recordar que en las elecciones presidenciales de Estados Unidos del año 2000 fue Al Gore y no G. W. Bush quien obtuvo la mayoría de votos, y que si este último fue consagrado presidente en el Colegio Electoral fue merced a los disputados electores del estado de Florida, luego de que se efectuara en ese estado un escrutinio preñado de irregularidades y cuyo resultado fue definido por la Corte Suprema. En las elecciones presidenciales francesas de 2002, la dispersión del voto en la primera vuelta hizo que hubiese tres candidatos preferidos por poca diferencia de votos y que sorprendentemente el candidato del Frente Nacional disputara en el ballotage contra el Presidente saliente, Chirac, que se presentaba a la reelección. Éste fue electo finalmente en esa oportunidad, pese a su muy magro resultado inicial en una suerte de plebiscito contra la extrema derecha, pero en el contexto de una competencia desviada por el avatar electoral de la primera vuelta. Las elecciones presidenciales de 2006 en México dieron un resultado con un margen muy reducido y sospechado en su veracidad, que dio lugar a un cuestionamiento con consecuencias prolongadas en la escena política. Las elecciones legislativas de 2010 en Venezuela mostraron una paridad en los sufragios obtenidos por oficialistas y opositores, pero ello se tradujo en un número de escaños muy superior para el oficialismo en razón del modo arbitrario en que se diseñaron las circunscripciones y se les asignó número de bancas.

ya sea que las agrupaciones políticas (partidos o coaliciones) tomen en consideración la popularidad de los aspirantes medida por las encuestas o –cada vez con más frecuencia–, realizando elecciones primarias abiertas al voto de los no partidarios para seleccionar los candidatos. Con estos y otros procedimientos, se debilita el peso de las estructuras partidarias y los afiliados en provecho de una relación entre líderes de popularidad y electores.

Pero no son solo ni principalmente los aspectos incidentales de las contiendas electorales los que generan una distancia de los ciudadanos con respecto a la representación. El creciente desapego ciudadano de los gobiernos y las instituciones representativas se origina en la percepción del carácter mixto del régimen democrático, es decir, el que sea tributario del principio igualitario –traducido imperfectamente en el postulado "un ciudadano, un voto"– y, a la vez, del acceso elitista a los resortes de poder y a las posiciones gubernamentales: la identificación por el común de un mundo de los poderosos y en particular de una clase política que goza de privilegios. Como el ejercicio del poder deriva solo parcialmente de la lógica democrática que coloca a los individuos en igualdad de condiciones, las expectativas de los contemporáneos –que tienen una mayor visibilidad sobre la vida política– con respecto a la representación resultante de los procedimientos institucionales son limitadas, y se registra incluso una tendencia –que es un universal– a disminuir la participación en el acto político elemental.

Un ámbito diferenciado de elección es el local, que parece regirse por parámetros propios. El ciudadano deviene vecino, y sus necesidades del hábitat y la cotidianeidad (que en nuestro tiempo, naturalmente, no se derivan solo de factores locales) gravitan en la selección de representantes. Es un espacio regido por el contacto personal, la pertenencia a redes y asociaciones donde cuenta más la lealtad. En las elecciones a este nivel es frecuente una mayor actividad cívica y asociativa, y por momentos la frontera entre elección y participación se hace difusa. Pero también aquí los emprendimientos públicos suelen adquirir un carácter neutro, incluso apolítico, por lo que las redes partidarias que aparentemente reviven al mismo tiempo pierden su diferencia entre sí y con respecto a otras fuerzas actuantes, al menos en los temas estrictamente locales. Por cierto, a este nivel se traslada la tensión entre coaliciones y movimientos nacionales portadores de una identificación y su instalación en un ámbito que la relativiza o la opaca.

Elecciones y ciudadanía fluctuante conforman el sustento primero de la vida democrática pero no constituyen el eje único de la democracia contemporánea. Las elecciones se han consagrado como un acto decisivo que ofrece la oportunidad para que se definan rumbos políticos resultantes a la vez de corrientes profundas de la sociedad y de la acción de líderes que intervienen en la configuración de un sentido. Evidencian también la incapacidad —o al menos los límites— de aparatos y poderes fácticos para modular y dominar la expresión ciudadana. El electorado es así la arena ciudadana por excelencia, el ámbito al que rinden tributo las fuerzas y los líderes que aspiran a constituirse y a adquirir predicamento. Pero la ciudadanía, el común, para decirlo en términos descentrados respecto de la noción jurídico-política, no agota su expresión en la elección de representantes.

Espacio público y régimen político mixto

Ahora bien, debe constatarse que los caminos usuales de la representación se hallan alterados y en parte abandonados. Durante buena parte del siglo XX, ahí donde había vida política la representación era un vínculo estable que vertebraba el orden político. Eso fue cierto para los partidos políticos que, si bien evolucionaban, tenían una continuidad en su existencia y su enraizamiento. Los liderazgos y las candidaturas surgían de su seno, es decir que era en el interior de las organizaciones partidarias que se hacía carrera política. Aun los líderes providenciales que emergían se "rutinizaban" y daban origen a partidos y movimientos organizados. En ese entonces la ciudadanía era inseparable de la morfología social, es decir, de la inserción estructural de los individuos en el mundo del trabajo y en pertenencias organizacionales en la vida pública; y —como ya se indicó— aludir más bien al pueblo que a la ciudadanía correspondía a la idea de sujetos con identidades ya definidas, y no —como es el caso con el vocablo ahora en boga— a un conglomerado de individuos con pertenencias transitorias.

El ciudadano de nuestro tiempo generalmente no tiene identidades políticas o incluso con frecuencia carece de pertenencias sociales permanentes. Ello no quiere decir que la inestabilidad y la futilidad dominen la vida pública; existe cierta constancia en las sensibilidades y orientaciones paralela a un involucramiento en el debate público (aunque excepcionalmente se registra el involucramiento emocional y activo del pasado), que sustrae a los individuos democráticos de las directivas de los dirigentes partidarios y corporativos, pero no convierte a los pronunciamientos ciudadanos en arbitrarios y aleatorios.

Así, el derecho a peticionar o aun a rebelarse –ya mencionado en el "Segundo ensayo sobre el gobierno civil" por J. Locke (2004) [1689] e inscripto en la tradición liberal– se ha extendido y ha adquirido nuevas formas. De modos variados, la ciudadanía tiene una existencia cotidiana y paralela que ejerce influencia en la representación formal. Por lo pronto, la opinión pública es un dato permanente y un momento –que se impone como referencia entre una elección y otra– de la configuración ciudadana influida, pero no dominada, por la diversidad de actos producidos en el espacio público por las intervenciones de líderes, instituciones y asociaciones. De esas prácticas, una que es saliente y opera como brújula para las decisiones de políticos y gobernantes es la determinación del "estado de la opinión", las actitudes de los individuos medidas por los sondeos. Esta opinión es una figura –un pronunciamiento ciudadano virtual– sin fuerza legal pero no carente de eficacia pública, contrafaz de otra figura pasiva del ciudadano, la de audiencia de los medios de comunicación. En el espacio público se libra una lucha por influir en la audiencia, esperándose que el resultado se refleje en las encuestas de opinión, fuente de legitimidad para la acción inmediata y anticipo de los pronunciamientos electorales.

La interacción entre estos elementos y actores intervinientes en el espacio público (entre ellos, periodistas, encuestadores, expertos en comunicación por una parte, asociaciones civiles y movimientos sociales por otra parte, pero también los más institucionales: funcionarios de gobierno, dirigentes políticos y sociales) ha conformado un tejido de producción de diagnósticos y de acontecimientos políticos que parece relegar cada vez más a los partidos políticos a un rol subsidiario de esa escena de la que en el pasado eran la vértebra.

La comunicación política tiene como dispositivo principal la enunciación vehiculizada por los medios (en primer lugar, la televisión pública, que es la más influyente en los sectores populares, pero que mantiene una relación hasta cierto punto dependiente de lo que tematiza la prensa gráfica), aunque comparte ese espacio con la red de Internet y la telefonía celular, que están libradas a iniciativas por fuera de los dispositivos existentes.

La concentración de los medios de comunicación en manos privadas ha sido objeto de críticas orientadas a su democratización y es probable que prospere una desconcentración de emisores acorde con la fragmentación política y social. Cabe preguntarse si no es pertinente distinguir monopolios privados de redes nacionales o públicas y si esta fragmentación comunicacional no conspira contra la vida de una comunidad política que en algunos casos, donde se constituyó, tenía como sostén una audiencia que era partícipe de una información convergente y de enunciadores vistos por todos[15].

Cabe detenerse en la morfología del espacio público, como lo considera P. Rosanvallon (2006). En él se genera una institucionalidad formal

---

[15] D. Wolton (1999) considera que la televisión es un recurso esencial para la vida democrática en las sociedades contemporáneas. Y destaca en particular el rol de vínculo social de la televisión pública generalista, en contraposición al argumento que pone su foco en una libertad individual creciente provista por la diversidad de opciones que ofrece el abanico de canales temáticos y los nuevos medios interactivos. Por una parte, subraya las posibilidades de la televisión pública que "por su independencia un poco más fuerte en relación de los recursos de la publicidad, puede continuar ofreciendo una variedad de programas generalistas más amplia que la televisión privada. Que sea pública o privada, el interés de la televisión generalista es el de establecer un lazo constante con la cuestión central de la identidad nacional. En la medida en que la oferta de la televisión es mas generalista, en contacto con los múltiples componentes de la sociedad, tanto más la televisión juega un rol de comunicación nacional, tan importante en un momento de apertura de las fronteras. La televisión es el principal espejo de la sociedad: es esencial, para la cohesión social, que los componentes sociales y culturales de la sociedad puedan encontrarse y referirse en los principales media". Para Wolton la televisión "sirve para hablarse… es un formidable útil de comunicación entre los individuos" (Wolton, 1999).

o informal de poderes indirectos: calificadoras de riesgo en el mundo de las finanzas, observatorios sociales que diagnostican o eventualmente descalifican mediciones oficiales de inflación, pobreza o desempleo, ONG ambientalistas o de seguridad, los propios poderes estatales –en particular las instancias judiciales– ejercen una influencia creciente más allá de sus competencias constitucionales (Rosavallon, 2006).

En la comunicación política se han instalado enunciadores que desafían o problematizan decisiones e iniciativas del sistema representativo. Los observatorios constituidos por profesionales de diferentes áreas emiten regularmente pronunciamientos sobre ámbitos de competencia. Deben incluirse aquí, por supuesto, los estudios de opinión, los pronunciamientos de justicia (que en algunos casos tienen consecuencias legales y corresponden al ámbito institucional legal, pero en otros remiten a principios de justicia generales aunque sea a propósito de incidentes específicos), los grupos de representación virtual que en torno a una demanda específica o genérica (derechos humanos, seguridad urbana, riesgos ambientales, políticas sociales, índices oficiales, acciones militares o de espionaje) intervienen en el espacio público con documentación, imágenes o mediciones y son escuchados por que son virtualmente representativos, es decir, gozan de crédito en la opinión y, en consecuencia, pueden pretender ser voceros. Personalidades individuales o periodistas reconocidos tienen con frecuencia esta aspiración, implícitamente competitiva con la representación formal[16]. Este conjunto de instituciones no estatales y actores constituyen una verdadera segunda columna del régimen político, aquella que hace de la legitimación política un proceso continuo cuya materia son las decisiones de gobierno y las demandas ciudadanas.

---

[16] P. Rosanvallon (2006) recuerda que para Jules Michelet ya en el siglo XIX el periodismo se imponía como una función pública y agrega: "Si estos hombres de pluma pueden sin sorpresa pretender ser la expresión de la opinión pública, hacen en verdad mucho más. Ejercen a la vez una tarea de representación y retienen una parte de la soberanía". Esta visión fue cuestionada en nombre de la exclusiva legitimidad surgida de las urnas. Rosanvallon concluye que "El desarrollo de los poderes de vigilancia en los albores del siglo XXI invita a reabrir intelectualmente este tema de la legitimidad si no se quiere permanecer atado a esas visiones jacobinas y decisionistas, que se percibe como desfasadas respecto a la experiencia contemporánea" (Rosanvallon, 2006).

La vida asociativa ciudadana

La audiencia de los medios de comunicación, los emisores y organizaciones orientadas específicamente a influir la opinión coexisten con la participación ciudadana en asociaciones con finalidades públicas, para las cuales suele emplearse el término sociedad civil.

Esta actividad asociativa ciudadana conforma otra dimensión del espacio público. Junto a una asociatividad tradicional, de la cual los sindicatos y otros grupos de interés son la expresión, se desarrolla una vida asociativa de carácter más territorial pero que no deja de llevar la traza de la morfología social. La ciudadanía alude a la dimensión pública de los individuos, en un abanico que va desde su condición eventualmente pasiva de titular de derechos, hasta sus variadas formas de intervención pública. Pero esta ciudadanía se "extrae" de la condición social, de las pertenencias en el mundo del trabajo y de la clasificación que produce la red estatal al definir derechos, beneficiarios y cargas públicas. La ciudadanía está marcada por esta morfología social e institucional básica, pero su actual expansión autónoma implica el desapego —o más bien la reformulación— de estos condicionamientos. Las identidades públicas que adquiere no están determinadas —aunque sí influidas— por la condición social ni por el dispositivo institucional estatal.

El proceso de expansión democrática, sobre todo en América Latina, bajo formas variadas, ha puesto el acento en la participación ciudadana. Esta participación reconoce dos fuentes diferentes. Los gobiernos, los actores políticos y redes asociativas han impulsado varios y contradictorios postulados de participación ciudadana, unos inspirados en la reducción del rol del Estado y como contrapartida en la responsabilización de los individuos y grupos, otros en la búsqueda de ampliación e injerencia cívica en la decisión y ejecución de políticas públicas. Por otra parte, movilizaciones cívicas y populares han pretendido influir o condicionar las decisiones y han surgido así variadas experiencias participativas[17].

---

[17] Evelina Dagnino, Alberto Olvera y Aldo Panfichi (2006/2010) refieren a una confluencia perversa o tramposa entre proyectos participativos democratizantes y el proyecto que pretende la reducción de responsabilidades del Estado (hasta que devenga "mínimo") transfiriéndolas a la sociedad civil.

Con frecuencia esta activación se ha producido con independencia de los actores institucionales mencionados, de un modo relativamente espontáneo.

Por lo anterior, en lo que hace al ámbito público es pertinente diferenciar entre la presencia y activación ciudadana política que se ha mencionado precedentemente —manifestante y a veces disruptiva— y la participación ciudadana/vecinal asociada a las demandas y necesidades, generalmente situada a nivel territorial y en la administración de recursos. No son ámbitos necesariamente contradictorios y a veces se articulan, pero con frecuencia aparecen disociados. El término "sociedad civil" aludía globalmente a la presencia ciudadana, en una multiplicidad de formas sin distinción de su escala y del carácter más o menos público de los horizontes de demandas y movilizaciones, y adquirió particular relieve en los procesos de transición democrática tanto en América Latina como en los países del Este europeo. En muchos casos, la proliferación de grupos asociativos precedió a la reconfiguración de lazos representativos y en otros, la sociedad civil jugó un rol importante en la caída de los autoritarismos y el condicionamiento al rumbo de las primaveras democráticas. Pero ese perfil vinculado a la democratización se ha perdido en la medida en que la asociatividad más espontánea decayó y el término sociedad civil apareció identificado con el de ONG (Olvera, 2006; 2010).

La participación ciudadana vecinal, a la que le cabe más propiamente el nombre, pues lo reivindica y aspira a institucionalizarse, ha persistido y se ha renovado alentada por la movilización altermundialista y en el caso de América Latina, por la emergencia de movimientos y líderes que accedieron al poder proclamando su sustento en la democracia directa como alternativa o paliativo a las deficiencias de la democracia representativa. La participación supone una injerencia sobre todo en el nivel local y ha tenido expresiones variadas relacionadas con necesidades de las poblaciones excluidas en el ámbito urbano como las mesas del agua en Bolivia y en Venezuela, y las misiones impulsadas durante el primer gobierno de Hugo Chávez en Venezuela. El presupuesto participativo, cuyo ejemplo emblemático ha sido Porto Alegre pero que se ha difundido en otros países de la región, es quizás el formato de participación más emblemático.

Pero la diversidad de experiencias existentes permite interrogarse sobre la significación de esta actividad pública ciudadana para estimar cuánto tiene ella de vecinal vinculada a la solución de necesidades particulares y locales en donde la participación consiste en el involucrarse en la ejecución de decisiones ya adoptadas y cuánto hay de intervención en el propio proceso decisorio. Otro interrogante se orienta a discernir en qué medida se promueve una asociatividad popular autónoma o si se trata de iniciativas tomadas "desde arriba" que configuran una ficción de injerencia ciudadana que coloca a estos dispositivos simplemente como prolongación de la red estatal[18].

El lugar de esta participación en el espacio público democrático es, en consecuencia, ambivalente. Con frecuencia, la actividad ciudadana popular —sobre todo en los sectores excluidos— deriva en demandas o enunciados de necesidades que no tienen el rango de derechos en la medida en que reclaman primordialmente un reconocimiento y una provisión de recursos que suelen ser canalizados por las autoridades por medio de decisiones puntuales o de redes informales.

Pero más allá del universo de quienes reclaman soluciones a carencias vitales y no acceden a una institucionalización o formalización que implique una incorporación al espacio público ciudadano, una característica que ya se anotó precedentemente es que incluso las demandas que invocan principios igualitarios y derechos suelen proliferar en una ciudadanía que no constituye un espacio común sino que suele fragmentarse o incluso enfrentarse en torno a sus reclamos (Schnapper, 2002).

También, por cierto, la autonomía ciudadana, entendida como desalineamiento con respecto a pertenencias partidarias o sindicales, habilita

---

[18] E. Dagnino, A. Olvera y A. Panfichi (2006/2010) sostienen: "Dotadas de competencia técnica e inclusión social, interlocutoras "confiables" entre los varios interlocutores posibles en la sociedad civil, las ONG son vistas frecuentemente como aliadas ideales por los sectores del Estado empeñados en la transferencia de responsabilidades hacia el ámbito de la sociedad civil [...]. La autonomización política de las ONG creó una situación peculiar donde estas organizaciones son responsables ante las agencias internacionales que las financian y el Estado que las contrata como prestadoras de servicios [...]. Por mejor intencionadas que sean, su actuación expresa fundamentalmente las intenciones de sus cuadros directivos."

nuevos formatos en la constitución de identidades políticas y públicas. En otras palabras, el espacio público ha cobrado relieve porque también ha experimentado una mutación, si en el pasado era esencialmente un escenario para la expresión de los grupos organizados y de relaciones de fuerza, ahora su eje parece desplazarse a ser un ámbito de argumentación y deliberación en el cual gobernantes y representantes deben legitimar sus decisiones so pena que éstas sean inviables. El electorado deviene ciudadanía vigilante y juzgadora. Surgen actores efímeros —algunos, mas permanentes otros— en torno a reclamos puntuales o generales cuya característica, en la mayoría de los casos, no es sostenerse en una localización social o territorial, sino la de ser el resultado de una construcción pública. En algunos casos son conglomerados de presencia directa o estallido —como el sujeto popular de Laclau o de Rancière o la multitud de Virno— y en otros casos revisten un formato bipolar: un limitado número de activistas que mantiene una relación de representación virtual con sus sostenedores o simplemente con una opinión pública difusa. Los nuevos grupos ecologistas pueden alternar entre un formato y otro: manifestarse en rechazo a una decisión concreta —como ha sido el caso ante políticas de desforestación en Perú o en Brasil, o en oposición a la instalación de un fábrica de pasta celulósica en Gualeguaychú (Argentina)— y alternar la protesta masiva con la continuidad de un grupo más organizado que tiene resonancia pública en su acción pues representa un amplio sector ciudadano. El reclamo por derechos humanos impulsado por las Madres y Abuelas de Plaza de Mayo, o por la seguridad pública por "las madres del dolor" en Argentina; así como los reclamos de los familiares de rehenes de la FARC en Colombia o las Damas de Blanco en Cuba son más característicos de un grupo de representación virtual. Se trata de un puñado de activistas que inciden fuertemente en la formación de la opinión ciudadana en el espacio público y, en consecuencia, que deben ser tomados en cuenta por quienes deciden, porque aun siendo damnificados, invocan también un principio de justicia que tiene respaldo ciudadano, y por ello son representativos. Los piqueteros adquirieron notoriedad en Argentina en el momento de la debacle cuyo punto culminante se produjo a fines de 2001. El corte de ruta protagonizado por desempleados, pero sobre todo por excluidos sociales y sectores de la población que no alcanzaban a satisfacer sus necesidades básicas reunía —en la acción de interrumpir el tránsito— a individuos provenientes de diferentes localizaciones generalmente vecinas. El corte de ruta otorgaba identidad a aquellos individuos provenientes de diversas circunstancias; de modo que no era la traslación al ámbito público de una identidad social concreta precedente (de determinada fábrica o rama de actividad o de un barrio en particular). El acto de interrumpir la actividad normal daba existencia y potenciaba una protesta y eventualmente el reclamo de paliativos. La significación del acto se multiplicaba por sus consecuencias perturbadoras y sobre todo por la difusión televisiva que frecuentemente lo acompañaba. Los piqueteros solo ocasionalmente se manifestaban en gran número, con frecuencia eran pocos pero intocables porque representaban de modo virtual a muchos más, y en ese entonces gozaban del apoyo de un sector ciudadano y del consentimiento de otros. Esta modalidad de exteriorización conflictiva de las demandas se ha multiplicado en América Latina involucrando no solo a los excluidos sino con frecuencia a otros sectores sociales[19].

Los "caceroleros" en la Argentina de fines de 2001 constituyeron una expresión más efímera pero potente de protesta ciudadana. Constituía una protesta en el espacio público que puede ser considerada como espontánea en la medida que siendo multitudinaria y ubicua no fue convocada por ningún líder ni asociación, y que estuvo presidida por un hartazgo con la representación política ilustrada por la consigna más generalizada, dirigida por igual a oficialistas y opositores: "Que se vayan todos". El movimiento provocó la caída del gobierno que fue finalmente sustituido por otro provisional designado por la Asamblea de ambas Cámaras del Congreso, según lo establecido por la Constitución. La protesta resultó ser un estallido con gran capacidad en el cuestionamiento a las fuerzas y dirigentes políticos tradicionales, pero su sedimento institucional en asambleas vecinales fue limitado en cuanto a la participación ciudadana y en la sobrevivencia de las mismas. Pese a lo esperado, no hubo un renacimiento duradero de la

---

[19] Productores rurales u otros sectores sociales por fuera de los excluidos han protestado a través de esta acción, que también fue adoptada en ciertos casos como la expresión de descontentos varios.

sociedad civil ni una recomposición política con líderes venidos desde abajo de la protesta (Cheresky, 2006a; 2006b).

Esta configuración del espacio público, de su entidad propia condicionada por cierto por las estructuras de la economía y del Estado pero no determinada por ellas, puede favorecer la politización de las sociedades democráticas e incrementar el peso de la lógica igualitaria aunque no es forzoso que ello suceda. Al pesar más la condición ciudadana, y en algunos casos popular, prevalece la lógica igualitaria respecto de las diferencias jerárquicas de variada fuente. Se ha hecho hincapié en la evolución contemporánea hacia una "democracia de lo público" (Manin, 1995) para poner de relieve esta primacía de la lucha política, y de lo que se puede instituir como diferenciaciones y subjetivizaciones específicas en el espacio público.

Políticos y gobernantes son tributarios de esta arena. Algunos pueden no buscar la sintonía inmediata con "la gente" y procurar una acción más estratégica, pero ninguno ignora este espacio.

Se pone énfasis aquí en la autonomía ciudadana, es decir, en percibir a la sociedad como compuesta cada vez más por individuos que tienen pocas y débiles identificaciones permanentes, salvo en los casos en que justamente la expansión del principio democrático ha despertado o contribuido a reconstituir identidades sumergidas como es el caso –en América Latina– de las comunidades indígenas en Bolivia y en menor medida en Ecuador. Pero los sujetos colectivos no han desaparecido, aunque tienen características distintas a los del pasado. Por cierto, emergen identidades étnicas que constituyen un desafío a la comunidad política universalista, pero pese a la resonancia de estas identidades reemergentes ellas no parecen denotar la tendencia dominante.

Como se ha recordado más arriba, la representación legal es reconocida por los ciudadanos, sin pretensiones de su desplazamiento, salvo en los momentos de crisis como los que se precipitaron en Argentina con el cacerolazo, en Perú con la corrupción en el gobierno de Fujimori y en Ecuador por las protestas de los excluidos. E incluso en los momentos de crisis, elegir nuevos representantes es una aspiración compartida, y es ésta, la creencia esencial en la resolución mayoritaria por el voto, la que permite reconocer el afincamiento de la democracia en amplias regiones del mundo y en particular en América Latina. Los poderes fácticos persisten y se renuevan, la desconfianza ciudadana permanece, pero el acceso al poder resulta de elecciones libres. Se pueden formular muchas acotaciones sobre los condicionamientos al ejercicio de la voluntad popular y las restricciones que enfrentan los gobernantes, pero puede afirmarse que la capacidad –y en muchos casos, primacía– de los poderes fácticos, ha decaído.

La democracia, régimen mixto

Pero el democrático es, de todos modos, un régimen de naturaleza mixta en el que la dinámica de la igualdad política no hace sino contrarrestar la eficacia de las persistentes desigualdades sustentadas en las diferencias de fortuna, de capacidades o de atributos naturales. Y el espacio público político aun expandido y liberado, como lo está crecientemente en las sociedades contemporáneas, no se sustrae a la coexistencia de dos principios.

La percepción de que quienes acceden y se alternan en el poder constituyen una elite que goza de privilegios y procura mantenerse en esas posiciones de poder es extendida, quizás como nunca en el pasado, entre los contemporáneos.

Ello es así porque esta tensión entre principios igualitarios y "aristocráticos", característica del régimen democrático, aparece en nuestro tiempo con otros rasgos que le dan una visibilidad al haber entrado en crisis las identidades tradicionales y, en consecuencia, la identificación entre dirigentes y dirigidos.

En el pasado, la división horizontal de la estructura socioeconómica, o social (entre trabajadores y patrones, entre pobres y ricos) o vertical de las instituciones (entre diferentes pertenencias étnicas, regionales o creencias religiosas, afiliaciones partidarias, o pertenencias sindicales), podía "expresarse" en el ámbito público de modo tal que dirigentes y dirigidos de cada campo parecían unidos por una común pertenencia. Ahora esas posiciones diferenciales de poder en el interior de organizaciones y corporaciones se han debilitado o se han diluido en la medida en que la relación identificadora que aseguraba cohesión y obediencia se halla cuestionada. Del mismo modo se han debilitado las identidades que se sustentaban en la división social del trabajo, en tanto que los individuos "circulan" o se reconocen en nuevas identificaciones.

No es que las identificaciones "convencionales" hayan desaparecido (por ejemplo las derivadas de las desigualdades de fortuna o las socioculturales). Pero parece predominar una percepción que pone más de relieve y adjudica importancia a la propia distribución desigual de recursos en el ámbito público y particularmente en el político. Según las capacidades socioculturales o la propia posición institucional en el Estado o en los medios de comunicación, las posibilidades de hacerse ver u oír son completamente diferentes. El espacio público en nuestras sociedades es fluido. Existen, por supuesto, vías para tener eco o significación en él, y ello es una característica de su virtualidad de arena igualitaria; pero también persiste la importancia de los recursos estructurales, que dotan a los diversos grupos sociales de posibilidades diferentes. Sin embargo, tanto para quienes pueden respaldarse en una situación estructural de poder como para las identidades que se constituyen en torno a viejas o nuevas demandas, sus capacidades de transformarse en enunciadores públicos no están predeterminadas. Tanto para los poderosos como para los diferentes actores del común, no existe una objetividad decisiva que defina, antes del conflicto o la competencia pública, el ordenamiento de las demandas y los eventuales derechos emergentes y su legitimidad. En esta línea es que el propio régimen democrático (Rancière, 1998; Rosanvallon, 2006) o los procesos electorales (Manin, 1995) son considerados de naturaleza mixta: combinando principios de igualdad con principios de acceso desigual.

Ahora los dirigentes están desinvestidos de la trascendencia republicana que se les atribuía y que los dotaba de una expectativa y presunción de ser constructores de la voluntad general o del bien común (Schnapper, 2002), y al perder su aura padecen la precariedad de quienes son juzgados por la eficacia eventual de su hacer político. Se hallan frecuentemente confinados a la representación cruda de intereses, a la vez que se hallan privados de la consideración que estaba asociada a su fuente de selección, es decir a la pretensión de que por su origen social, su formación o su experiencia estuvieran mejor acreditados para ejercer la representación. El ciudadano contemporáneo considera que nadie puede representarlo mejor que él mismo (Schnapper, 2002), aunque está dispuesto a delegar las funciones de gobierno. En esta tensión parece residir la crisis de representación que se renueva constantemente.

Este cuestionamiento de la relación dirigentes-dirigidos, en particular en el ámbito de la representación política —aunque no solo en él—, aparece bien ilustrado en las encuestas de opinión, que reiteradamente muestran el poco crédito de políticos, sindicalistas y jueces y sus respectivas instituciones en comparación con otras categorías de individuos sin representación ni investidura[20].

Liderazgos de popularidad y autorrepresentación ciudadana

La ciudadanía, al desagregarse el sistema de pertenencias y creencias que la contenía, ha evolucionado en dos direcciones. Por una parte, es proclive a reconocer liderazgos de nuevo tipo, con frecuencia más efímeros que los del pasado y en todo caso sujetos a los vaivenes de la popularidad. Y por otra parte, tiene propensión a representarse por sí misma eludiendo, al reclamar o protestar, toda representación o bien dándose una que dura tanto como el tiempo de su movilización.

Abordar los nuevos liderazgos y las condiciones de su emergencia con el foco en América Latina requiere aún constatar algunos comportamientos y creencias ciudadanas en relación a la institucionalidad política. Como se ha señalado, la disposición a votar es constante pese a los altibajos, así como lo es la creencia en la eficacia del voto y su prioridad ante otras alternativas de expresión cívica. Pero también la aceptación de la protesta

---

[20] Iglesia (68%), radio (56%) y TV (54%) se hallan entre las instituciones más confiables, en tanto que otras padecen una estima minoritaria: la administración pública (34%), Policía (34%), Congreso/Parlamento (34%), Poder Judicial (32%), sindicatos (30%), partidos políticos (24%) (Corporación Latinobarómetro, 2009).

social y política está muy extendida aunque expresiones más agresivas (como el corte de ruta y los escraches) han perdido legitimidad[21].

En términos de creencias, la confianza en el mercado como solucionador de problemas, en boga en los años noventa, ha decaído. Existe, en cambio, una fuerte conciencia de la carencia de políticas distributivas y una expectativa de intervención del Estado[22].

Esta ciudadanía electoral, sin identidades fijas, desconfiada en la representación, legalista, pero dispuesta a juzgar las decisiones de los gobernantes una por una y, llegado el caso, a ejercer un poder de veto por su movilización, tiene como contrapartida liderazgos instituyentes que deben legitimar su acción en permanencia.

La emergencia de líderes de popularidad que establecen lazos de representación por su relación "directa" con los ciudadanos y hablando por sí mismos[23] en el espacio público se ha hecho frecuente y posible por las circunstancias apuntadas de desafiliación de los individuos. Estos nuevos liderazgos cristalizan un malestar social y suplen una vacancia en la representación instituyendo, en cambio, un lazo cuya precariedad potencial deriva del hecho de que la popularidad está sustentada en la acción inmediata o en circunstancias particulares, sin que el liderazgo cuente generalmente con el respaldo de un movimiento

---

[21] A la pregunta "¿Qué es más efectivo para cambiar las cosas?, el 64% opta por el voto (2009), en tanto que tres años antes ese porcentaje era del 57%. Asimismo un 67% se pronuncia afirmativamente ante el enunciado "la manera en que uno vota puede hacer que las cosas sean diferentes en el futuro". De igual manera, un 92% se manifiesta muy de acuerdo o de acuerdo con que "las marchas, protestas, etc. son normales en democracia" (Corporación Latinobarómetro, 2009).

[22] A la pregunta "¿Cuán justa es la distribución de la riqueza?", el 21% en promedio regional responde "justa o muy justa"; en algunos países la satisfacción, aunque minoritaria, es mayor: Bolivia (34%), Venezuela (32%), Uruguay (31%). Aunque la mayoría es favorable a la economía de mercado, la privatización de las empresas del Estado recogió el apoyo de solo el 33%. Una mayoría del 57% responde positivamente a la pregunta sobre la capacidad del Estado de resolver los problemas (adicionando quienes afirman "la mayoría de los problemas"," bastantes problemas" o "todos los problemas") (Corporación Latinobarómetro, 2009).

[23] Puesto que no se pretenden portadores de una tradición o si lo hacen es débilmente.

organizador ni –salvo excepciones– con lo que fuera la idealización tradicional del caudillo populista.

Lo común a estos liderazgos es la relación directa con la opinión generalmente sustentada en la acción de gobierno y la presencia en los medios de comunicación, particularmente en la televisión. En el caso de los nuevos liderazgos de vocación fundacional, la movilización popular, las asambleas y actos masivos son parte crucial del vínculo con el líder. Pero en los dos casos paradigmáticos, Venezuela y Bolivia, la relación líder-masa aparece con connotaciones diferentes; en el primero, la iniciativa proviene del liderazgo en tanto que en el segundo pesa una tradición de comunidades organizadas que suelen actuar con autonomía.

La popularidad de los líderes es personal y, en buena medida, disociada de los partidos o movimientos que los sostienen, por lo que su ejercicio del poder puede tener pocas restricciones. Casos emblemáticos en contextos no "fundacionales" han sido los de Lula da Silva y Michelle Bachelet[24].

____

[24] En ambos casos se trata de líderes de popularidad emergentes de partidos y coaliciones consolidadas. Los índices de popularidad de Lula van mucho más allá de los de su partido. Esta evolución es significativa puesto que el Partido de los Trabajadores se había constituido como una organización que correspondía al formato tradicional. Pero su líder que compitió por la presidencia en cuatro oportunidades infructuosamente, llegó al poder extendiendo su popularidad mucho más allá de las fronteras partidarias y formando coaliciones de gobierno relativamente heterogéneas, estimuladas por la popularidad del líder, por partidos y representantes políticos propensos al cambio de alineamientos. En las elecciones generales Lula ha obtenido tres veces más votos que su partido de origen.
Michelle Bachelet llegó al poder en Chile invocando la democracia ciudadana, y al finalizar su mandato contaba con una altísima popularidad de hasta el 80% en mérito a su acción de gobierno. Su ejercicio del poder en un país con tradición de sistema de partidos, transgredió la tradición y ello probablemente contribuyó a su popularidad: "El gobierno se mantuvo alejado de los conflictos en los partidos oficialistas, negándose a jugar un rol moderador o de integración, pese a que el poderoso presidencialismo entrega al jefe de Estado enorme autoridad y poder para ejercer esa función" (Hunneus, 2010). Ilustración de la popularidad de la Presidenta saliente es que "los candidatos concertacionistas a ambas cámaras la privilegiaron a ella en su propaganda y dejaron en segundo plano al candidato presidencial" (Hunneus, 2010). Éste, Eduardo Frei, no se benefició de la transferencia de votos y popularidad de Bachelet y fue derrotado. En cambio, en Brasil las elecciones presidenciales parece prometer una sucesión en la

La figura de los líderes de popularidad está asociada a un rumbo en la acción de gobierno pero no a programas o promesas exhaustivas. Los liderazgos de la última década en América Latina se han constituido bajo el signo de la renovación política y aun en donde hubo continuidad partidaria se hizo sentir el peso de la opinión en la selección de dirigentes a veces por fuera de los ámbitos tradicionales de la "clase política". Los nuevos liderazgos han tenido un signo variable, según la configuración de conflictos nacionales: de reacción o rechazo a la política de los noventa (el "neoliberalismo"), al pasado autoritario y a la exclusión político-social del sistema institucional existente[25].

Los liderazgos que han conllevado más interrogantes sobre las transformaciones en el formato democrático y la incerteza de su evolución son aquellos asociados a procesos refundacionales. En estos casos, los liderazgos tienden a una representación encarnada, de modo que no se conciben sucesores en la jefatura en su propio campo político, a la vez que favorecen una polarización tal, que la alternancia en el poder es presentada como un cambio catastrófico de régimen político y una pérdida de los logros alcanzados. Si la aspiración de los presidentes a continuar indefinidamente en el poder tiende a generalizarse, está más acentuada en estos casos. El modo de gobernar "fundacional", como ya se ha señalado, coloca al líder como expresión de la voluntad popular y en relación directa con sus supuestas expresiones, pasando con frecuencia por alto las otras instancias representativas y judiciales. El futuro de estas democracias es

---

presidencia a favor de la candidata oficialista Dilma Rousseff, aunque no necesariamente un desplazamiento de liderazgo. En Argentina, Cristina Kirchner se benefició también de la transferencia de popularidad de su marido, aunque amenguada, a quien sucedió en el ejercicio de la presidencia.

[25] Néstor Kirchner se postulaba como el adversario del presidente peronista de los noventa, Carlos Menem, quien había ejecutado una política neoliberal ante la cual el nuevo líder presentaba una alternativa que se consideraba en las antípodas. La Concertación en Chile nació como una alianza de transición a la democracia en vida de su antagonista, Augusto Pinochet, quien fue durante varios años jefe del Ejército para luego —aún en vida— dejar a sus sucesores al mando. En Uruguay, en 2005, el triunfo de Tabaré Vázquez implicó una recomposición del sistema bipartidista tradicional. Una izquierda de coalición se instaló en el poder impulsando quizás una bipolaridad política en otros términos.

particularmente incierto pues paradójicamente muchos de los críticos del poder personalista no tienen credenciales democráticas confiables y suelen expresar, algunos de ellos, un descontento centrado en la afectación de sus intereses sociales[26].

Estos líderes sufren, como otros, los vaivenes de popularidad; ganan elecciones así como pueden perderlas[27], pero la institucionalidad no está aún definida.

---

[26] Como lo señala A. Rouquié (2009): "Los gobiernos que se inscriben en el modelo nacional-popular no son antidemocráticos. No solamente fueron consagrados por el sufragio universal sino que buscan más que otros la consagración electoral, y con más frecuencia toman la vía plebiscitaria. Pero en nombre del principio de mayoría o de los intereses nacionales, consideran con laxitud las reglas jurídicas y los preceptos constitucionales. Los clivajes políticos bipolares que ellos producen desembocan paradójicamente en que asuman la defensa de la democracia los sectores sociales conservadores, que nunca han sido partidarios entusiastas de una participación política libre y ampliada."

[27] Las fluctuaciones electorales en Bolivia son ilustrativas de los límites en la cohesividad del voto oficialista; según los cargos en juego se vota diferentemente. Evo Morales llegó a la presidencia en 2005 con una mayoría absoluta inédita de más del 52% de los votos, pero luego a partir de 2007 debió gobernar sin mayoría en el Senado. El 6 de diciembre de 2009, la renovación de su mandato se produjo por un impresionante 64% de los votos y obtuvo la mayoría en ambas cámaras. Pero meses después, en abril de 2010, en las elecciones departamentales sufrió un retroceso significativo. En los tres departamentos de Occidente, sus fortines, el oficialismo retrocedió del 80% del voto en las elecciones precedentes al 55% en las más recientes. Por lo demás, triunfaron listas opositoras en 7 de las 9 capitales de departamento. Los comentarios locales consideran significativa la desafección del MAS en el electorado urbano (*Nueva Crónica*, 2010). En Argentina, el oficialismo en torno a Néstor y Cristina Kirchner logró triunfos electorales sucesivos que confortaron un gobierno que desde sus inicios en 2003 se sustentó en la popularidad rápidamente adquirida en la acción de gobierno, paliando un magro resultado en las elecciones que lo habían consagrado a Néstor Kirchner presidente con un escaso caudal electoral (22,4% de los votos en la primera vuelta, sin que hubiese ballotage por desistimiento de Carlos Menem, quien había salido primero pero que estaba seguro de su ulterior derrota). En las elecciones de 2007 C. Kirchner fue consagrada presidenta con más del 45% de los votos, pero perdió en la capital y en las principales ciudades. La desafección del electorado urbano se extendió luego del prolongado conflicto con los productores rurales, sufriendo una derrota en las elecciones legislativas de junio de 2009 que le hizo perder la mayoría en el Congreso y confirmó su situación de fuerza minoritaria. En México no podemos hablar de liderazgo de popularidad en el mismo

También han surgido líderes sostenidos en una lógica de popularidad por fuera del "giro a la izquierda" en la región o aún contraviniéndolo, tales son los casos de Álvaro Uribe y Juan Manuel Santos en Colombia y recientemente de Sebastián Piñera en Chile[28].

La promesa de renovación política puede ser quizás más apropiadamente interpretada como la respuesta a la propensión ciudadana a la manifestación del descontento, que puede expresarse en diferentes contextos e incluso postular la renovación frente a los renovadores o marcar el declive de la vieja renovación. De este modo, surgieron alternativas en Chile que por su sistema electoral incitaba a la bipolaridad, lo que no impidió que en las presidenciales un *outsider*, Mario Enríquez Ominami, superara el 20%

sentido que en los otros casos, entre otras razones porque el presidente es consagrado en una elección sin ballotage y los líderes del PAN que accedieron a la presidencia desde 2000 encarnaron la alternancia y fueron protagonistas en ese sentido de la democratización. Las elecciones ilustran también una notoria fluctuación del voto. En las últimas elecciones legislativas del 5 de julio de 2009 se produjo un retorno del PRI al centro de la escena al recoger el 43,65% de los votos —un 15% más que en las precedentes— y obtener un número de diputados nacionales cercano a la mayoría absoluta de la Cámara. Ese partido había sido tercero en la lid presidencial y representaba el pasado de poder hegemónico que se prolongó por varias décadas.

[28] La competencia por definir al candidato presidencial entre los dos partidos de derecha, Unión Demócrata Independiente (UDI) y Renovación Nacional (RN), se había trasladado a las elecciones nacionales y quien prevaleciera para el ballotage sería respaldado por la fuerza relegada. En 2009 fueron las encuestas las que permitieron postular a S. Piñera como candidato evitando así, a entender de los aliados, el desgaste de una competencia pública. El candidato de derecha se presentó como una alternativa de renovación ante una Concertación que luego de veinte años de gobierno se había erosionado sufriendo deserciones. En Colombia el candidato presidencial oficialista habría sido Uribe de aprobarse un referendo revocatorio para autorizar un tercer periodo, pero la Corte Constitucional en febrero de 2010 —tres meses antes de las elecciones— lo declaró inconstitucional (Lozada, 2010). En marzo, una asamblea del partido de la U proclamó como candidato continuista a J. M. Santos, quien representó el legado de haber recuperado la soberanía del Estado sobre muchas regiones que en el pasado eran controladas por la guerrilla así como de haber rescatado exitosamente rehenes con una política de seguridad nacional dura. Pese a los cuestionamientos sobre el respeto a los derechos humanos y a la connivencia con grupos parapoliciales, la mayoría convalidó un liderazgo exitoso y su sucesión. Uribe también —como líderes de otro signo político de la región— se consolidó desplazando los partidos políticos tradicionales.

de los votos. Pero también en Colombia el oficialismo encontró un desafiante en Antanas Mockus que en poco tiempo lideró una fuerza emergente. En Brasil, pese a la polarización de las elecciones presidenciales, una tercera fuerza en torno a la candidata del Partido Verde, Marina Silva, se mantuvo obteniendo un *score* respetable y atenuando la polarización[29].

De modo que dos tendencias animan la dinámica de los nuevos liderazgos. Por una parte, el personalismo político, asociado a transformaciones socioeconómicas a veces significativas. Este personalismo, favorecido por

---

[29] A la vista de la oferta y de los resultados electorales en las elecciones presidenciales, el clivaje izquierda/derecha parece alterado. El hecho más significativo fue la emergencia en las elecciones chilenas de M. Enríquez Ominami como candidato sostenido por los partidos Verde y Humanista y que alcanzó un porcentaje de votos considerable (20,14%) en un sistema electoral que alienta fuertemente el bipartidismo. De hecho, pese a su *score*, no logró consagrar ningún legislador. El nuevo líder había sido legislador oficialista y quiso competir en las internas de la Concertación, pero su partido de entonces le negó la investidura por lo que decidió presentarse "por afuera". Su campaña destinada a romper la bipolaridad denunciaba la "maquinaria de los partidos". Esta denuncia podía tener eco en el electorado de la Concertación que realizó solo una ronda de primarias en un par de regiones consagrándose a Frei sin continuar las primarias pues su votación había sido muy mayoritaria, pero ello sin que los principales partidos progresistas hubiesen presentado candidatos alternativos (por variadas razones pero, entre ellas, para dar lugar a un candidato demócrata cristiano después de dos presidentes sucesivos de ese ala). Este razonamiento de lealtad y cooperación partidaria pudo ser ignorado o resistido por parte del electorado afín. En ese contexto se presentó otro candidato "por afuera" proveniente de la izquierda de la Concertación, Jorge Arrate, quien obtuvo un porcentaje menor (6,21%). Si se sumaran los votos del candidato de la Concertación y de quienes abandonaron sus filas, se llegaría al 55,95% del total. Pero en la segunda vuelta, ese electorado no convergió sobre el candidato oficialista. Cerca de un tercio de los votos a los candidatos *outsiders* no se volcó a Frei.
En Colombia A. Mockus, ex alcalde de Bogotá, ingresó junto con otros dos ex alcaldes al Partido Verde que hasta entonces había tenido poco impacto electoral, y fue consagrado candidato presidencial en elecciones primarias tan exitosas que lo proyectaron como un desafiante de talla. Aunque el resultado no satisfizo las expectativas creadas, se generó una alternativa de peso en la escena política y probablemente en el rumbo que el nuevo presidente Santos dé a su gobierno. En Brasil, pese a la polarización en las elecciones presidenciales, la candidatura de Marina Silva (ex ministra de Medio Ambiente del gobierno de Lula y actualmente crítica), postulada por el Partido Verde, alcanzó el 20% de los sufragios.

el presidencialismo –que permite poner énfasis en la adopción de decisiones por el Ejecutivo– se refuerza y, en consecuencia, los líderes que mantienen su popularidad aspiran a conservar su poder de forma continua o a regresar a la cúspide. Por otra parte, el desafío a los oficialismos, a la "clase política" en general, incluyendo a aquellos que fueron líderes de popularidad en el pasado, favorece la emergencia de nuevos líderes que procuran canalizar el descontento popular emergente.

Estas dos tendencias coexisten. Los presidentes líderes procuran sobrellevar la desconfianza con la multiplicación de estrategias de proximidad real o virtual (alocuciones televisivas, programas de radio, etc.) sin mediaciones. Estos presidentes, en términos generales, han llegado al poder en una ola de renovación de las elites sostenida por corrientes renovadoras o por fuerzas más tradicionales: son mujeres, indígenas, ex guerrilleros, sindicalistas, sacerdotes o simplemente individuos ajenos a los círculos que tradicionalmente participaron del poder. En todo caso, ilustran la crisis y desagregación de los partidos tradicionales, aunque no es seguro que sean agentes de una nueva elite política consolidada.

Pero el espacio público es propicio a esta dinámica de liderazgos instituyentes y a la renovación a la que aludimos porque él es también el escenario para la presencia ciudadana, es decir, no solo para la figura de la opinión, para la vida asociativa y la representación virtual sino también para la expresión o la acción directa. De modo que el veto o el estallido ciudadano –manifestaciones principales de la autorrepresentación– se configuran como la contracara de los liderazgos de popularidad. Éstos, en su versión extrema, llevan la representación a la encarnación y absorben la ciudadanía autónoma. En América Latina, el cambio que reviste la presencia ciudadana y popular es notorio. En las sociedades democráticas del pasado, el espacio público fue propicio a la exhibición de fuerzas de organizaciones con consistencia social. En el periodo anterior a la expansión de los medios de comunicación audiovisuales, las manifestaciones y celebraciones rituales –tanto las oficiales del Estado nacional o local como las de las organizaciones obreras populares y las de los partidos políticos– fueron figuras características del espacio público. Éste era un espacio de exhibición y medición de fuerzas. En la tradición populista, la calle fue más relevante que las urnas, no solo porque allí se desplegaba la relación líder-masa esencial para renovar la legitimidad, sino porque en ella se enunciaba la promesa y se consolidaba la acción de gobierno. En ese entonces, la presencia de masas movilizadas era una respuesta inmediata que visibilizaba la acción y que canalizaba mejor la intensidad política.

Ahora, la presencia de individuos ciudadanos responde a otro ritmo de la política. En el espacio público se intercambian argumentos y a través de la opinión pública, configurada por las encuestas, se fortalecen o erosionan legitimidades de gobierno o de oposición, pero la "presencia" es de otra naturaleza: conforma un actor colectivo que aunque pueda ser fugaz, logra la dramatización de un reclamo o de un veto. Más habitualmente que en el pasado, es autónomo o "fuera de control" y no responde a una convocatoria. Esta presencia está revestida de ambigüedad puesto que suele acarrear las pasiones y los egoísmos de individuos y de grupos, junto a reclamos que sí son confrontados en la deliberación pública, es decir, con otros actores institucionales, que pueden alcanzar el rango de derechos y políticas de interés general. Con frecuencia, la presencia tiene un sentido político más hermético de veto o de negatividad ante políticas o dirigentes, pero puede derivar también en un desafío constante a la ley y llevar a la erosión del espacio público como espacio ciudadano abierto a todos.

La autorrepresentación, aunque está habilitada por el debilitamiento de los dispositivos institucionales y representativos tradicionales, tiene fuentes variadas. Una de ellas es el individualismo no tan solo ideológico —el ejercicio personal de reflexión y decisión ante las opciones públicas—, sino también sociológico: las mutaciones tecnológicas y profesionales que favorecen la creciente circulación y el desplazamiento de las inserciones personales en el trabajo y en la sociabilidad.

El ámbito urbano en América Latina ha sido el escenario de protestas de ciudadanos descontentos por decisiones gubernamentales (impuestos, aumentos de precios, censuras, demandas ambientales, etc.) o bien por falencias específicas (inseguridad urbana, precariedad en el sistema de transporte, falta de energía para el consumo doméstico) movilizados con frecuencia por fuera de representaciones políticas o corporativas. Se trata de expresiones espontáneas; cuando se nota una presencia organizada, en realidad se suma a la movilización ciudadana pero no es la iniciadora. Se trata de movilizaciones cívicas o populares que no responden a una convocatoria, o bien ésta es efectuada por una organización *ad hoc* creada por los propios sectores movilizados.

Esta propensión a la autorrepresentación ha contagiado las formas de expresión pública más clásicas.

En las organizaciones sindicales o en los movimientos sociales, a la escasez de adherentes permanentes se agrega la fluidez en el comportamiento de los involucrados en los momentos de conflicto. Las decisiones de los dirigentes son cuestionadas y eventualmente revisadas en asambleas de los movilizados, las que devienen un centro de poder alternativo que adquiere una legitimidad decisoria de última instancia. De este modo, convenios laborales entre las partes o acuerdos de las autoridades con delegados de los actores demandantes devienen letra muerta ante el pronunciamiento de instancias deliberativas informales.

El "asambleísmo" también se ha transformado, junto a otras formas de presencia pública, en un recurso de sensibilización ante la comunidad política virtual constituida por la audiencia de los *mass media*, y como un modo de exhibir autenticidad contrarrestando el frecuente descrédito de las organizaciones corporativas.

Puede también constatarse que en muchas circunstancias la autorrepresentación real o potencial está detrás y condiciona la representación, o aun la desbarata.

Las iniciativas de origen ciudadano pueden reconvertir los encuadres institucionales. La abstención, el voto en blanco o el voto anulado son, a veces, la expresión de una apatía o un desinterés, pero pueden ser también una forma de reaccionar ante la oferta electoral insatisfactoria, incorporando una opción no prevista que adquiere sentido, que representa otra cosa.

Los candidatos emergentes pueden en ciertas circunstancias operar como un "significante vacío" (Laclau, 2007). Es decir, expresar algo que está más allá de lo que formulan o representan literalmente. Pueden ser los portadores ocasionales de un voto negativo ante gobiernos o candidatos tradicionales, recogiendo descontentos diversos. Su consolidación como representantes de esa identidad negativa es eventual.

La tendencia a seleccionar los candidatos a cargos electivos según la popularidad indicada por las encuestas o efectuando elecciones primarias para seleccionar precandidatos dan al elector no partidario intervención en la conformación de la oferta, revelando una tendencia opuesta a la de la acción instituyente de los líderes de popularidad, mencionados precedentemente, los cuales se relacionan inicialmente con la ciudadanía fluctuante de un modo opuesto: procuran instalar un clivaje o una diferencia política ocupando un campo dentro de ese delineamiento que crean. Por supuesto que una diferenciación política ya esbozada puede expresarse o confirmarse en las encuestas o en las elecciones primarias, pero en estos casos se trata de reconocer identificaciones ya producidas y adaptarse a ellas[30].

Pero en las prácticas en expansión mencionadas se busca conformar una representación con una "lógica de proximidad", estableciendo un compromiso con las tendencias que se configuran por fuera de los ámbitos partidarios.

Esta centralidad ciudadana y sus efectos atraviesan las sociedades contemporáneas. Y llevan a interrogarse sobre su significación para el régimen democrático.

D. Schnapper (2002) observa que "El homo democraticus tiende a pensar que no puede ser representado si no es por sí mismo". Ello sería consecuencia de la decadencia del ideal republicano que comportaba construir una voluntad general que no era de ningún modo concebida como la suma de voluntades individuales o particulares, a través de las instituciones políticas. De modo que en los tiempos actuales, que Schnapper define en términos sociopolíticos como "democracia providencial", "la representación deja de ser el instrumento de la trascendencia política para devenir el medio por el cual se expresan los deseos y las identidades de los individuos" (Schnapper, 2002).

____

[30] Las elecciones primarias, así como la aceptación del veredicto de las encuestas acentúan el carácter subordinado e instrumental de los aparatos y redes políticas.

Para esta autora hay más democracia en este formato continuo, pues quienes detentan el poder están a merced de la sociedad. De una sociedad en la que se multiplican las demandas igualitarias, pero fragmentarias y poco o nada vinculadas con una representación general de la comunidad política. De modo que este plus de democracia no es forzosamente considerado en términos positivos por la referida autora, quien señala que ahora lo étnico y lo político son indivisibles[31].

Por nuestra parte, podemos concluir que la ciudadanía ha alcanzado una centralidad que proviene de su emancipación respecto del dispositivo institucional de la representación, pero cabe reiterar –para no dar lugar a malos entendidos– que no serían consistentes con la interpretación aquí presentada: no se desconoce la representación, pero su legitimidad está en juego permanentemente. En segundo lugar, se expande una presencia ciudadana directa, que con frecuencia sí pone en jaque el sistema institucional.

Las expresiones más características de la presencia ciudadana guardan sintonía con su vehiculización por los medios de comunicación. La fuerza del común en la que el número cuenta –evocando el propio escrutinio electoral– está hecha de una articulación entre la presencia efectiva en la calle y su sustento virtual –que necesita de las masas medias– en unos representados implícitos, lo que permite a ciertos reclamos y movilizaciones colectivas aspirar a ser la expresión de un estado mayoritario de la opinión que debe ser escuchado por los representantes y las autoridades e incluso se impone a ellos[32].

---

[31] Como conclusión, D. Schnapper (2002) relativiza toda consideración valorativa sobre la mutación considerada: "No existe una esencia de la democracia. El derrumbe de las prácticas de la república representativa no significa ni el fin de la democracia ni el fin de la historia".

[32] El juicio político a Aníbal Ibarra, que culminó en 2006 con su destitución como jefe de Gobierno de la Ciudad de Buenos Aires, es una ilustración de la complejidad de la nueva movilización ciudadana. La acción pública de reclamo por justicia fue iniciada por los familiares de las víctimas en el incendio del local bailable "República de Cromagnon" y, a partir de cierto momento, se focalizó en el reclamo de un juicio al jefe de Gobierno. Éste transcurrió –tanto en su fase de instrucción como de juzgamiento– bajo la intensa y variada presión de los familiares. La institución parlamentaria parecía inerme frente a ese despliegue y en varias oportunidades se plegó a la presión de la calle. Esa

Esta movilización ciudadana desencuadrada, incomparable con las movilizaciones de masas del pasado, encuadradas y convocadas organizacionalmente por liderazgos, ha dado lugar a una idealización de la buena sociedad que tendría una cualidad reparadora o sería portadora de un principio de justicia. No se ve que ella no es necesariamente fuente de politización, de reforma o de progreso que le sea consustancial, y que incluso puede albergar en sus acciones el regodeo en los intereses inmediatos individuales o particulares y en las pasiones identitarias y que, en definitiva, puede en sus desbordes destruir los sustentos institucionales de su propia existencia. Pero, pese a las advertencias que puedan hacerse sobre la ilusión engañosa de considerar a la ciudadanía y a su movilización como dotadas por naturaleza de virtudes cívicas, lo que sí parece propio

---

presión se valía de una legitimidad hecha del dolor por la pérdida de seres queridos, acompañada por la pretensión de un saber sobre lo sucedido y sobre las responsabilidades de los diferentes involucrados. El reclamo de justicia, en verdad, se transformaba en el reclamo de un veredicto que parecía evidente para los movilizados. Ignorar su reclamo, no de instrucción del juicio y de la determinación de responsabilidades sino de determinado fallo, les aparecía a ellos —y a parte de la opinión pública— como una denegación de justicia. Lo más significativo es que la intensidad emocional del movimiento no correspondía a un estado mayoritario de la opinión porteña que fuese favorable a la destitución de Ibarra, como lo revelaron varias encuestas realizadas a lo largo del juicio. Pero esa opinión ciudadana más prudente en la atribución de responsabilidades no parecía tampoco dispuesta a movilizarse ni a plebiscitar al jefe de Gobierno, como lo demostró la debilidad de acciones directas a favor de éste y el anterior fracaso en reunir firmas para la convocatoria de un plebiscito.

Pero la movilización de los familiares de las víctimas de Cromagnon no quedó simplemente subsumida en la expresión de sufrimientos individuales y de reclamos de reparación que van más allá de lo que está al alcance de los seres humanos. Por cierto, esta movilización, aunque fue objeto de apropiación por grupos partidarios, también tuvo un alcance político porque echó luz sobre el funcionamiento del Estado local, sobre la legislación existente en el orden de la seguridad ciudadana, sobre los procedimientos para la designación de funcionarios y sobre los límites, y en algunos casos connotaciones corruptas, de la actividad que estos desempeñan.

En este caso también, y sin ignorar las reservas que plantea el desarrollo del mencionado juicio político, es posible afirmar que la movilización de los afectados contribuyó a echar luz sobre problemas políticos cruciales y que ello no hubiese sucedido por la simple intervención de los dispositivos institucionales.

de la democracia es la expansión de la vida ciudadana. Y sus formas más espontáneas y desinstitucionalizadas sí tienen un sentido compatible con la democracia y la mejora de su calidad, en la medida en que aun siendo particularistas o identitarias, comportan un desafío a que se desarrolle la pluralidad potencial que conllevan y que, al suceder eso, se conviertan en "demos". En un mundo donde se han consolidado las rutinas, los dispositivos institucionales a la par que los poderes fácticos, la espontaneidad ciudadana, junto con otras expresiones cívicas que la llevan al centro de la escena y alcanzan una presencia continua, deberían ser recibidas como una promesa.

Bibliografía

Balz, Dan y Johnson, Haynes (2009), *The battle for America 2008* (Nueva York: Viking).

Cheresky, Isidoro (2006a), "La ciudadanía en el centro de la escena" en Cheresky, Isidoro (comp.) *Ciudadanía, sociedad civil y participación política* (Buenos Aires: Miño y Dávila).

——————— (2006b), *Poder presidencial, opinión pública y exclusión social* (Buenos Aires: Manantial).

Cheresky, Isidoro y Pousadela, Inés (2001), *Política e instituciones en las nuevas democracias latinoamericanas* (Buenos Aires: Paidós).

Corporación Latinobarómetro (2009), *Informe* (Santiago de Chile: Latinobarómetro).

Dagnino, Evelina; Olvera, Alberto y Panfichi, Aldo (2006/2010), *La disputa por la construcción democrática en América Latina* (México D.F.: CIESAS/UV).

Giddens, Anthony (1987), *Social Theory and modern sociology* (Oxford: Polity Press).

Grunberg, Gérard (2008), "Vers un espace politique bipartisan?" en Perrineau, Pascal (ed.) *Le Vote de Rupture. Les Élections Présidentielles et Législatives d'Avril-Juin 2007* (París: SciencesPo, Les Presses).

Hardt, Michael y Negri, Antonio (2004), *Multitud. Guerra y democracia en la era del imperio* (Buenos Aires: Debate).

Huneeus, Carlos (2010), "Las elecciones del 2009 y el peso del continuismo" en *Revista Mensaje* (Santiago de Chile) Vol. 59, N° 586, enero-febrero.

Laclau, Ernesto (2007), *La razón populista* (Buenos Aires: Fondo de Cultura Económica).

Lefort, Claude [2004(1986)], *La incertidumbre democrática: ensayos sobre lo político* (Barcelona: Anthropos).

Locke, John [2004(1689)], *Segundo ensayo sobre el gobierno civil* (Buenos Aires: Losada).

Lozada, Rodrigo (2010), "El papel de los partidos en las campañas electorales: los casos de Chile, Colombia y Uruguay", Ponencia presentada en el Vº Congreso de la Asociación Latinoamericana de Ciencia Política (ALACIP), 28 al 30 de julio.

Manin, Bernard (1995), *Principes du gouvernement représentatif* (París: Calmann-Levy).

Mouffe, Chantal (2007), *En torno a lo político* (Buenos Aires: Fondo de Cultura Económica).

O'Donnell, Guillermo (1993), "Acerca del estado, la democratización y algunos problemas conceptuales. Una perspectiva latinoamericana con referencias a países poscomunistas" en *Desarrollo Económico* (Buenos Aires) Vol. 33, Nº 130.

Olvera, Alberto (2006), *Democratización, Rendición de Cuentas y Sociedad Civil: Participación Ciudadana y Control Social* (México: Miguel Ángel Porrúa/CIESAS/Universidad Veracruzana).

——————— (2010), *La Democratización Frustrada: Limitaciones Institucionales y Colonización Política de las Instituciones Garantes de Derechos y de Participación Ciudadana en México* (México: CIESAS/Universidad Veracruzana).

Perrineau, Pascal (2007), *Le vote de rupture* (París: Sciences Po/Les Presses).

Plouffe, David (2009), *The audacy to win* (Nueva York: Viking).

Rancière, Jacques (1998), *Aux bords du politique* (París: La fabrique).

Rosanvallon, Pierre (2006), *La contre-démocratie* (París: Seuil).

Rosanvallon, Pierre (2008), *La legitimité démocratique* (París: Seuil).

Rouquié, Alain (2009), *La démocratie en Amérique Latine. À l'ombre des dictatures* (París: Calmann-Levy).

Sábato, Larry (2010), *The year of Obama* (Nueva York: Longman).

Schnapper, Dominique (2002), *La démocratie providentielle* (París: Gallimard).

Virno, Paolo (2003), *Gramática de la multitud. Para un análisis de las formas de vida contemporáneas* (Madrid: Traficantes de Sueños).

Wolton, Dominique (1999), *Elogio del gran público. Una teoría crítica de la televisión* (Barcelona: Gedisa).

Zovatto, Daniel (2009), "Sinopsis política-electoral: la ola de elecciones 2009-2011" en Corporación Latinobarómetro, *Informe* (Santiago de Chile: Latinobarómetro).

Diarios, periódicos y revistas

Nueva Crónica 2010 (La Paz) Nº 60.

Estado, democracia y ciudadanía en la Argentina poscrisis 2001

Osvaldo Iazzetta[1]

Resumen

La recuperación de la democracia argentina fue sucedida por una severa reducción del Estado que comprometería tanto el cumplimiento de sus funciones básicas como sus posibilidades de asegurar la promesa democrática de ciudadanía. El clima de ideas que actualmente predomina en Argentina le ha devuelto al Estado un lugar decisivo, dejando atrás las ideas y políticas públicas promercado que en los años ochenta y noventa alentaron su desmonte. Este cambio de percepción se refleja tanto en el rumbo de las políticas adoptadas tras la crisis del 2001, como en el giro de una opinión pública que aprueba mayoritariamente su retorno a funciones de las que fue apartado en el pasado. Frente a este redescubrimiento del Estado vale recordar que mantiene con la democracia una compleja y tensa relación de doble mano: ésta lo necesita para tornar efectivos los derechos ciudadanos, pero al mismo tiempo le impone un modo de operar que resulte consistente con la expectativa de desconcentrar el poder. Si bien el Estado constituye un decisivo e insustituible sostén de la democracia, el poder que precisa reunir para afrontar sus tareas exige someterlo a un riguroso control público. En este sentido, el propósito de este trabajo es explorar el vínculo Estado-democracia en la Argentina

---

[1] Universidad Nacional de Rosario (UNR). Consejo de Investigaciones de la Universidad Nacional de Rosario (CIUNR). Argentina.

reciente, evaluando el desempeño del primero tanto en la protección y promoción de derechos ciudadanos como en sus acciones tendientes (o no) a desconcentrar el enorme poder que reúne.

Palabras clave: Estado, democracia, ciudadanía, Argentina.

Abstract

The recovery of the Argentinean democracy was followed by a severe reduction of the State that threatened the fulfilment of its basic functions as well as its chances of ensuring the democratic promise of citizenship. Nowadays, the prevailing current of thought in Argentina has put the State back in the spotlight, leaving behind ideas and public policies in favor of the market, which during the eighties and nineties encouraged non-interventionism. This change of perception is reflected in the course the policies that took place after the 2001 crisis and in the twist of a public opinion which mainly approves the State's comeback. It is worth mentioning that this rediscovery of the State holds a complex and tight two-way relationship: democracy needs the State in order to make civil rights effective but, at the same time, it imposes a way to operate which has to be consistent with the expectation to decentralize power. Though the State's role is crucial and irreplaceable in supporting democracy, the power that it needs to gather in order to face its main tasks comes along with a strict public control. In sum, the main purpose of this paper is to explore the relationship between State and democracy in the recent Argentinian history by assessing the performance of the State in the protection and promotion of civil rights as in its actions aimed (or not) to decentralize the vast power that it holds.

Keywords: State, democracy, citizenship, Argentina.

***

Introducción

La recuperación de la democracia argentina vino acompañada de un desencanto con el Estado, abonando el terreno para aceptar profundas reformas que alteraron su perfil al concluir los años ochenta. Esa percepción se nutría tanto de sus fallas para reproducir el ciclo de desarrollo como de la desconfianza social que despertó su actuación en el régimen autoritario (1976-1983), convirtiendo el antiautoritarismo de esos años en sinónimo de antiestatismo. Esta legítima sospecha mantuvo inesperadas e involuntarias afinidades con la crítica neoliberal que, con motivaciones más estrechas, solo se mostraba interesada en denunciar su "gigantismo" e intervencionismo[2].

Pocos advirtieron entonces que el Estado mínimo alentado por este discurso no resultaría indiferente para la nueva democracia: su reducción comprometería tanto el cumplimiento de sus funciones básicas como sus posibilidades de asegurar la promesa democrática de ciudadanía. En efecto, el severo programa de reformas aplicado en nombre del recetario neoliberal agravó el "déficit de ciudadanía" ya existente y puso en evidencia la importancia del Estado para una democracia (O'Donnell, 2007; 2008).

Sin embargo, hubo que aguardar hasta los primeros años noventa para disponer de una revalorización del Estado, no solo como actor económico y social[3], sino como sustento de la democracia. Prestigiosos trabajos de esos años comenzaron a alertar sobre las implicancias que las políticas neoliberales habían acarreado al Estado como garante de los derechos consagrados por las nuevas democracias[4].

Para apreciar la contribución de esta nueva lectura, vale recordar que los mapas conceptuales que guiaron la transición democrática confiaban en que el mero cambio de régimen político bastaría para lograr el Estado que se necesitaba, soslayando que su reorganización también formaba parte de la construcción democrática a encarar[5].

---

[2] Como señaló Lechner (1986: 33), en este y otros casos latinoamericanos ha sido "el Estado autoritario (y no un Estado de Bienestar keynesiano) el Leviatán frente al cual se invoca el fortalecimiento de la sociedad civil".

[3] Sobre este tema puede consultarse la compilación realizada por Vellinga (1997).

[4] A título ilustrativo destacamos el trabajo colectivo promovido por la *International Political Science Association* y publicado en español bajo el nombre de "Democracia sustentable" (Przeworski et al, 1998).

[5] Nos remitimos a una amplia producción que en los últimos años se ha ocupado de explorar el vínculo entre Estado y democracia. En especial O'Donnell (2008: 31) alude a un subtipo de Estado, el "Estado democrático", cuando realmente es consonante con la democracia. Sobre este aspecto también puede consultarse Iazzetta (2007).

Hoy sabemos que la democratización no se agota en la realización de elecciones periódicas y competitivas, sino que también exige —entre otras cosas— un Estado que sostenga los derechos ciudadanos (O'Donnell, 2003).

El clima de ideas que actualmente predomina en Argentina —y que también comparten otros países de la región— le otorga al Estado un lugar decisivo como instancia de coordinación y regulación, dejando atrás ideas y políticas públicas que en los años ochenta y noventa alentaron su desmonte. Ya no se discute si resulta necesario, sino los ámbitos y modalidades bajo las que debe actuar.

Este cambio de percepción se refleja tanto en el rumbo de las políticas públicas que le asignan una mayor presencia en espacios antes cedidos al mercado, como en el giro de una opinión pública que aprueba mayoritariamente su retorno a funciones de las que fue apartado en el pasado.

Frente a este redescubrimiento del Estado, vale recordar que éste resulta tan necesario como temible para una democracia. Se trata de una institución monopólica que toma decisiones colectivas vinculantes respaldadas por la amenaza de emplear la coerción física, de cuya efectividad depende la democracia para asegurar los derechos ciudadanos. Sin embargo, ese poder puede volverse contra la propia democracia si es autorreferenciado y busca refugiarse en el secreto. Es preciso considerar ambas caras del Estado, pues si bien constituye un decisivo e insustituible productor de bienes públicos, el poder que precisa reunir para cubrir esa tarea exige someterlo a un riguroso control público.

Aunque la literatura actual se muestra más dispuesta a aceptar la mutua necesidad que mantienen Estado y democracia, ese vínculo debe construirse y no darse por descontado. Ambos mantienen una compleja y tensa relación de doble mano, pues la democracia necesita del Estado para tornar efectiva la promesa de ciudadanía pero al mismo tiempo le impone "un modo de operar" que resulta consistente con la expectativa de desconcentrar el poder.

El propósito de este trabajo es explorar ambas caras del vínculo Estado-democracia en la Argentina reciente, tomando en cuenta dos vías de entrada: una, destinada a describir las tensiones que atraviesan a este retorno del Estado; y otra orientada a evaluar su desempeño en dos ámbitos: a) protegiendo y promoviendo derechos ciudadanos; y b) contribuyendo (o no) a desconcentrar su poder para que resulte consonante con una democracia.

De la privatización a la contraprivatización

Las reformas económicas impulsadas en los años noventa, redefinieron las fronteras que separan al Estado del mercado y los efectos de esa nueva demarcación se extendieron más allá de la vigencia de los gobiernos que las promovieron[6].

Esas políticas no solo produjeron una colosal transferencia del patrimonio estatal al sector privado (privatizaciones de empresas y servicios), sino también una brusca deserción del Estado en la provisión de bienes públicos (educación, salud, seguridad social, entre otros). Con ello, no se instauró únicamente una economía de mercado sino un nuevo tipo de sociabilidad que dejó libradas a la "responsabilidad" individual tareas que antes estaban a cargo del Estado. El acceso a ciertos bienes, que hasta entonces eran entendidos como derechos ciudadanos, pasó a depender de la desigual capacidad de contratación de los particulares en el mercado.

La crisis desatada a fines del 2001 –inédita por su profundidad[7]– provocó un cambio de percepción en la ciudadanía que se tradujo en un creciente reclamo de reconstrucción e intervención del Estado. Si el clima

---

[6] En Argentina, dichas reformas se ejecutaron durante los dos gobiernos de Carlos Menem, comprendidos entre 1989 y 1999.

[7] Según Basualdo (2008: 1), "la debacle del 2001 fue la conclusión de una profunda y prolongada crisis económica y social, que comienza tres años antes y provocó una reducción de aproximadamente el 20% del PBI. La misma, no solo implicó la implosión de la Convertibilidad (tasa de cambio fija y convertible) sino que fundamentalmente constituyó la expresión del agotamiento definitivo del patrón de acumulación de capital sustentado en la valorización financiera que puso en marcha, a sangre y fuego, la dictadura militar entre 1976 y 1982 y continuó durante los gobiernos constitucionales que la sucedieron". Asimismo destaca que "[…] en 2002 se registró una reducción de la ocupación, equivalente a 800 mil personas en términos absolutos, mientras que la desocupación superaba el 20% y más del 30% si le agrega la subocupación. La caída del salario real (definido como el cociente entre el salario nominal y el índice de costo de vida) no fue menos dramática ya que alcanzó a casi el 30% en el 2002 y se deterioró

dominante a comienzos de los noventa reflejaba un amplio apoyo hacia las políticas neoliberales, a partir de la crisis del 2001 se inició un giro, no solo en la orientación de las políticas públicas —primero con Eduardo Duhalde y luego con Néstor Kirchner desde el 2003— sino también de la opinión pública, que demandaba un mayor rol interventor del Estado con fines regulatorios y redistributivos.

Pese a que el Estado argentino estaba seriamente cuestionado y desacreditado, ese juicio coexistía con la aspiración de rehabilitarlo, observándose una evolución de la opinión pública favorable a su intervención reguladora[8]. Con los años, esa corriente de opinión que aprobaba una intervención estatal fue creciendo y en el 2007 comprendía a siete de cada diez ciudadanos (Cheresky, 2008a: 20-21).

Ese desencanto con las políticas neoliberales, ilustra el clima que rodeó a los gobiernos de E. Duhalde primero, y N. Kirchner después, y explica los esfuerzos de ambos por diferenciar sus gestiones de aquellas que impulsaron políticas pro-mercado en los años noventa. En especial, desde la asunción de este último en el 2003, el Estado recuperó un rol activo interviniendo en el control de precios, regulando las tarifas de servicios básicos (electricidad, gas y transporte), el comercio externo y el mercado cambiario. Sin embargo, ese giro se aprecia primordialmente en la re-estatización de diversos servicios públicos privatizados en la década anterior, retomando el control de áreas decisivas que habían sido transferidas a manos privadas[9].

---

aún más al año siguiente. Se trató de una hecatombe social que provocó una sucesión de presidentes y obligó a poner en marcha medidas de emergencia inéditas [...]".

[8] Véase especialmente sobre este aspecto Cheresky (2002: 117-118). Esa percepción perdura en la actualidad. Según la encuesta de la Corporación Latinobarómetro efectuada en el segundo semestre del 2009, sobre dieciocho países de la región Argentina figuró entre aquellos que menos se inclinan por el mercado como mecanismo más eficiente para regular la economía y apenas un 18% opinó que la privatización de las empresas estatales fue beneficiosa para el país (*Clarín*, 13/12/2009).

[9] Entre las más importantes reestatizaciones destacamos los casos de Correo Argentino, Aguas Argentinas, Ferrocarriles, Aerolíneas Argentinas y a fines del 2008 —ya bajo la presidencia de C. Fernández de Kirchner— fueron disueltas las Administradoras de Fondos de Jubilaciones y Pensiones—AFJPs— creadas en 1993 como parte del programa de privatización del sistema provisional impulsado por el gobierno de C. Menem.

Este retorno del Estado es motivo de celebración entre quienes cuestionan las políticas neoliberales de los noventa, pero también despierta reparos por el modo en que interviene en ciertas áreas, como por su escasa autonomía frente a empresarios "amigos" favorecidos por su proximidad con altos funcionarios del gobierno.

Aunque el gobierno de N. Kirchner mostró interés en recrear una "burguesía nacional" –arrasada por la desindustrialización iniciada durante el régimen autoritario y la desnacionalización que sobrevino con Carlos Menem–, su estrecha cercanía con empresarios nacionales beneficiados por sus decisiones, abonó las sospechas sobre un "capitalismo de amigos" lanzadas por referentes de la oposición y medios periodísticos[10].

El riesgo es que la oleada privatista de los noventa sea reemplazada por una "contraprivatización" que signifique un "estatismo para pocos", como han alertado Gargarella y Lo Vuolo (*Clarín*, 23/12/2009). Un Estado meramente subsidiario o presa del poder de corporaciones o de grupos de interés particulares –añaden ambos autores– puede generar desigualdades tan profundas como las del mercado. El "Estado al servicio de unos pocos", con subsidios a empresas amigas, exenciones impositivas, blanqueos tributarios y empresas públicas manejadas por grupos de interés particular, no garantiza un Estado al servicio del interés común y –en particular– de los más vulnerables[11].

---

[10] "El empresariado prebendario que se desarrolla bajo el imperio de estas prácticas adquiere vicios difíciles de desarraigar. En vez de estar atentos a las demandas de sus clientes y usuarios, los responsables de las compañías se vuelven más perceptivos a las expectativas y necesidades de los funcionarios, ya que son ellos, y no el mercado, quienes les asignan su porción de riqueza. El mérito es sustituido por los contactos y el emprendedor se ha convertido en lobbista" (*La Nación*, 11/7/2010).

[11] Para Gargarella y Lo Vuolo "[…] 'el estatismo para pocos' es una característica de muchos gobiernos que desmercantilizan ciertas actividades para concentrar poder económico. Esta "[…] estatización al servicio de la concentración de poder no es una alternativa a la privatización que persigue los mismos fines […]. Contra el estatismo al servicio del poder privado, hay que promover otro tipo de Estado, al servicio y bajo el control de la ciudadanía, cuya organización esté orientada a la desconcentración del poder, a la promoción de una distribución justa, y que aliente la participación colectiva de los destinos del conjunto" (*Clarín*, 23/12/2009).

Frente a ello podría alegarse que esta situación no constituye una novedad sino una variante más del "capitalismo cortesano" que caracterizó al Estado argentino en otros momentos de su historia, aunque hoy sean otras las modalidades de colonización del Estado y otros los grupos empresarios beneficiados con su captura. Es posible que este comportamiento responda al mismo patrón que el del pasado, sin embargo, no deja de resultar inconsistente en el marco de una gestión que se arroga el mérito de haber puesto "en caja" a las corporaciones y que alega concentrar poder estatal con fines redistributivos.

En otras palabras, el retorno del Estado no asegura su desprivatización si ello implica el reingreso de nuevas formas de privatización, no menos perversas y concentradoras que las que se reprochan al recetario neoliberal.

Lo Vuolo y Gargarella admiten que la defensa del Estado ejerce una legítima atracción sobre quienes defienden ideales emancipadores y confían en su intervención para regular la producción y distribución de bienes y servicios esenciales. Sin embargo —aclaran los autores— estos objetivos de justicia distributiva no se logran a través de cualquier tipo de organización estatal.

No existe "una esencia" que impulse al Estado a actuar como una agencia benévola destinada a satisfacer las necesidades de los sectores postergados. Sin renunciar a su defensa, resulta prudente evitar todo *esencialismo* que dé por sentado que por su propia naturaleza, el Estado no podría sino cumplir determinadas funciones progresistas. La historia de sus orígenes y la reciente experiencia autoritaria sugieren que éste no está destinado "[…] por esencia al desempeño de tareas históricamente progresistas ni es un ente que por su naturaleza acompañe favorablemente el desarrollo y emancipación de los grupos dominados" (Flisfisch, Lechner y Moulián, 1985: 94). Ese papel —aunque posible— es contingente y queda sujeto al tipo de tareas que definan el contenido de la actividad estatal.

La "contraprivatización" —entendida como simple respuesta reactiva frente a la privatización neoliberal—, no asegura *per se* el sello progresista al que hoy aspiran muchos de los gobiernos de la región si esta mayor presencia no viene acompañada de un fortalecimiento de los mecanismos de control público sobre sus decisiones. Esa cualidad no se adquiere solo retomando espacios antes controlados por particulares, también depende de la visibilidad, accesibilidad y publicidad que muestre el Estado a medida que acrecienta sus responsabilidades y dimensiones. A mayor presencia del Estado, mayor importancia adquieren los procesos de control sobre sus actos.

La democracia necesita del Estado, pero no de *cualquier* Estado. No basta un Estado más presente y activo si éste convive con una "democracia impotente" para garantizar mayor control y rendición de cuentas.

Mantenernos prevenidos frente a ese posible desequilibrio adquiere mayor sentido en estos días pues asistimos a un extendido consenso sobre la legítima necesidad de devolver al Estado roles y responsabilidades que les fueron arrebatados en el pasado.

Sin embargo, un Estado más extenso y dotado de mayores tareas no asegura su "democraticidad". Esta condición siempre dependerá de otras iniciativas y dispositivos que lo tornen consistente con una democracia.

Los nexos entre Estado y democracia: las dos caras del Estado en democracia

El Estado y los derechos ciudadanos

La continuidad de la democracia convivió en Argentina con un marcado proceso de desigualación social que despojó a muchos ciudadanos del soporte material necesario para asegurar su autonomía[12]. La recuperación de los derechos políticos –a elegir y ser elegidos– permitió afirmar la ver-

---

[12] Mientras en 1980 la distancia entre los ingresos del 10% más rico y el 10% más pobre era de trece veces, en el año 2003 ascendía a treinta y dos veces y solo descendió a treinta veces en el primer trimestre de 2007, pese a la notoria recuperación económica registrada en los años previos. La misma tendencia se refleja en los niveles de desempleo y pobreza registrados en ese lapso. En 1983 el primero apenas rozaba el 4% de la población económicamente activa, en tanto menos del 10% de la sociedad estaba bajo la línea de pobreza. Veinte años después, la tasa de desempleo alcanzaba al 22% de la población activa y más de la mitad de los argentinos llegó a estar bajo la línea de pobreza.

Los índices de desempleo, pobreza e indigencia fueron mejorando gradualmente a partir de la recuperación económica iniciada durante la segunda mitad del 2002, pero

tiente electoral de estas democracias (Cheresky, 2006), pero esa conquista coexiste con un deterioro de los derechos sociales y civiles indispensables para sostener una vida digna y un acceso igualitario a la justicia[13].

Las secuelas sociales que arrojaron las crisis económicas sufridas en 1989 y 2001 no solo alejaron la imagen de una sociedad integrada —como la que existió en el pasado— sino que también crearon un núcleo duro de pobreza e indigencia, más resistente y perdurable. La sorprendente capacidad de recuperación que el país mostró luego de cada crisis esconde que, una vez superado el punto crítico, la sociedad emerge con niveles de pobreza, indigencia y desigualdad social superiores a los existentes antes de su estallido.

Ensanchar la democracia y expandir la vida y deliberación públicas exige, antes que nada, incluir a estos sectores —hoy desprovistos de un umbral mínimo de ciudadanía—[14]. La democracia permanecerá trunca e incompleta —siempre lo será en cierto modo— mientras se revele incapaz de extender los derechos ciudadanos de manera homogénea. Por ello resulta indispensable detenernos a evaluar la dinámica de los derechos ciudadanos, considerando tanto su vigencia como su expansión.

La dinámica de los derechos ciudadanos

La experiencia democrática iniciada en 1983 ha mostrado cierto desbalance en materia de derechos ciudadanos. Si bien los derechos políticos disponen de una relativa universalidad, no existe una homogeneidad equivalente en materia de derechos civiles, en tanto los derechos sociales sufrieron un marcado retroceso tras las reformas promercado impulsadas desde fines de los años ochenta, que fue parcialmente revertido en los últimos años.

---

esas mejoras aún coexisten con una rígida matriz distributiva que se traduce en la persistencia de fuertes niveles de desigualdad.

[13] En la experiencia histórica de estos países los derechos ciudadanos no han obrado por acumulación sino por *exclusión*, esto es, la recuperación de ciertos derechos ha venido acompañada de la pérdida o deterioro de otros (Botana, 2004).

[14] Zygmunt Bauman recuerda que "la ausencia de prohibición o de sanciones punitivas es, en verdad, condición necesaria para actuar de acuerdo con nuestros deseos, pero no suficiente [...], la libertad consiste en mucho más que la falta de restricciones. Para hacer cosas necesitamos *recursos*" (Bauman, 2007: 11).

En el campo de los derechos civiles subsisten –como en otros países de la región– abusos de autoridad, actuaciones violentas de la policía y detención de personas sin orden judicial. Asimismo, existen dificultades para asegurar la autonomía funcional y presupuestaria de la Defensoría Pública, que atiende a un alto porcentaje de personas de origen humilde detenidas y procesadas (ONU, 2010).

Ello revela que ciertos derechos civiles "[…] no se protegen de manera uniforme en todo el territorio nacional" (ONU, 2010), y nos recuerdan la inefectividad del Estado de derecho y su dispar vigencia, tanto espacial como socialmente (O'Donnell, 1993: 2002).

Dentro de este marco es preciso reconocer avances parciales en diversos campos que revelan cierta ampliación de derechos dignos de destacar. En primer lugar, corresponde resaltar la reactivación de las causas judiciales de los responsables de graves violaciones a los derechos humanos durante el régimen militar[15]; un tema considerado "intocable" y definitivamente clausurado por los gobiernos democráticos anteriores y que fue reabierto por impulso del gobierno de N. Kirchner (2003-2007) con el apoyo del Congreso Nacional y la Corte Suprema de la Nación[16]. En segundo lugar, también merecen destacarse avances tales como la legalización del matrimonio de parejas del mismo sexo, que reflejan un cambio en el trato del Estado hacia las diferencias de sexo y género, y revelan mayor sensibilidad frente a los derechos de las minorías,

____

[15] Este proceso ha avanzado de manera heterogénea, registrándose cierta lentitud en la Justicia federal de algunas provincias, como Mendoza (ONU, 2010).

[16] La Corte Suprema de Justicia de la Nación anuló a mediados del 2005 las leyes que desde 1987 impedían continuar con los juicios por violaciones a los derechos humanos, permitiendo reanudar los procesos que habían quedado truncos desde entonces. Como resultado de ello, en agosto del 2006 se dispuso la primera condena a uno de los responsables de aquellas violaciones (el "Turco Julián") tras la anulación de las leyes del perdón (*La Nación*, 5/8/2006). En su discurso de apertura del año judicial 2011, el Presidente de la Corte Suprema, Ricardo Lorenzetti, destacó que la reactivación de los juicios de lesa humanidad es el fruto de un "trabajo que ha sido sustentado por los tres poderes", destacando la labor de una Comisión Interpoderes, donde participan el Poder Judicial, el Legislativo y el Ejecutivo (Corte Suprema de Justicia de la Nación, 2011).

eliminando las restricciones que pesaban sobre éstas [17]. Por último, en materia social a fines del 2004 se dispuso extender el derecho jubilatorio a cerca de dos millones de beneficiarios en edad de jubilarse sin años de aportes formales[18] y a fines del 2009 se aprobó un subsidio por hijo que favorece a cerca de 3 millones 700 mil niñas/os y adolescentes de hasta dieciocho años.

En particular, la asignación de un ingreso por hijo a familias con padres desocupados o con empleo informal merece un lugar destacado. Este subsidio ha sido calificado como "[…] un cambio importante en la evolución del sistema de políticas de transferencia de ingresos en el país", en consonancia con otros programas de transferencias condicionadas de ingresos implementados en otros países latinoamericanos (Lo Vuolo, 2009). Incluso quienes mantienen reparos sobre ciertos aspectos operativos admiten que "[…] puede convertirse en el programa de transferencia condicionada no contributivo de mayor cobertura en la historia" del país[19].

---

[17] El Senado de la Nación sancionó la ley el 15/7/2010, convirtiendo a Argentina en el primer país latinoamericano en promover esta igualación de derechos civiles (*El País*, 15/7/2010). Un editorial del diario *Clarín* titulado "Acceso igualitario al matrimonio" destacó la relevancia simbólica de esta ley al mostrar un cambio notable del Estado al garantizar "[…] un trato equitativo a todos los ciudadanos con independencia de su identidad sexual" (*Clarín*, 17/7/2010).

[18] Como señalan Selva e Iñiguez (2009: 9-10) "[…] la puesta en vigencia de la Ley 25.994, el Decreto del 1454/05 y más recientemente la Ley 26.4948, permitió que unos dos millones de trabajadores en edad jubilatoria (mujeres a los 60 años y varones a los 65 años) sin años de aportes formales pudieran acceder a una prestación previsional de la que carecían. Así, el sistema de seguridad social, medido en términos de la tasa de cobertura del sistema, que hasta ese momento tenía una evolución decreciente, pasó de un 47,3% de las personas en edad para jubilarse en 2005 a un 56,5% en 2006 y más de 70% a partir de 2007".

[19] En este sentido, Lo Vuolo (2009) afirma que la iniciativa tiene menor fuerza jurídica y estabilidad al haberse dispuesto mediante un Decreto de Necesidad y Urgencia (DNU) y que el proyecto ha sido implementado sin evaluar previamente algunas dificultades para su instrumentación, manteniendo imprecisiones en su letra y en su operatividad. Asimismo señala las dificultades que encierra la fiscalización de la condicionalidad del nivel de ingreso, pues una de las características de la informalidad es la ausencia de registro del nivel de ingresos que perciben los agentes y se interroga si el Estado está

Así como se valora su impacto en términos de distribución del ingreso, subsisten objeciones sobre ciertos aspectos relativos a su sustentabilidad fiscal y cobertura que requieren ajustes. Si bien no se trata de un "plan" de ayuda sino de un "derecho" destinado a todos los niños y adolescentes que no contaban con seguridad social, la iniciativa presenta ciertos límites y dificultades que han sido destacados por expertos y legisladores de la oposición[20]. En primer lugar, fue dispuesto por un decreto del Poder Ejecutivo (no por ley del Congreso Nacional), tornando más vulnerable su perdurabilidad, debilitando su seguridad jurídica. En segundo lugar, si bien tiene 3.677.409 beneficiarios y llega a 1.920.072 familias, aún está lejos de cubrir a toda la población en situación de vulnerabilidad, estimándose que dos millones de niños y adolescentes que no tienen ninguna protección han quedado excluidos del subsidio[21]. En tercer lugar, la falta de fondos genuinos para sostener este derecho puede comprometer su sustentabilidad y cobertura pues hoy es financiado por el sistema previ-

en condiciones de garantizar que exista oferta de salud y educación en tiempo y forma para cumplir con la condicionalidad.

[20] El subsidio creado por un DNU (29 de octubre de 2009) tiene como antecedentes varios proyectos presentados por fuerzas de la oposición y consiste en una asignación para niños, niñas y adolescentes (menores de dieciocho años) residentes en la Argentina que no cuenten con otra asignación familiar y pertenezcan a grupos familiares que se encuentren desocupados o se desempeñen en la economía informal y fija, como condiciones, no percibir una remuneración superior al salario mínimo, vital y móvil y certificar la asistencia al sistema educativo y la concurrencia al sistema de salud. El subsidio no se cobra totalmente, pues mensualmente se aparta un 20% que se acumula durante el año y se paga una vez confirmadas las exigencias en materia de educación y salud.

Cabe agregar que, al inaugurar las sesiones ordinarias del Congreso Nacional en marzo de 2011, la presidenta C. Fernández de Kirchner anunció la puesta en marcha de la asignación universal para las madres embarazadas desde el tercer mes, una medida que abarca a mujeres desocupadas, a monotributistas sociales y a las que perciben un salario inferior al mínimo. Con esta iniciativa –vigente a partir del primero de mayo de ese año– se ha ampliado el beneficio previsto en el subsidio por hijo, incluyendo a las mujeres embarazadas comprendidas en aquella situación (*La Nación*, 2/3/2011).

[21] En su Informe Ejecutivo del año 2010 sobre *Derechos Humanos en Argentina*, el CELS ha denunciado "exclusiones injustificadas en el universo de receptores [...]" de este beneficio (CELS, 2010).

sional (ANSES) y por ello se reclama la sanción de una ley que establezca un presupuesto específico que provenga del Tesoro Nacional[22].

Lo retratado brevemente hasta aquí ilustra los claroscuros existentes en materia de derechos ciudadanos, un ámbito en el que el logro de algunos derechos civiles y sociales recientes convive con la persistencia de abusos de la autoridad policial y dificultades para garantizar un adecuado acceso a la Justicia.

Asimismo, el reconocimiento de los nuevos derechos sociales mencionados en los párrafos precedentes, parecen avalar la imagen de que el Estado es un activo agente redistribuidor de ingresos y de que, aunque las asimetrías sociales continúan siendo muy marcadas, existe la voluntad política de revertirlas.

La democracia impone un modo de operar al Estado

Contar con elecciones periódicas y libres de coacción es una conquista que no puede desestimarse en países en los que esa práctica ha sido discontinua y parcial. Sin embargo, la democracia no es un puro sistema de mayorías basado en elecciones. El principio mayoritario no basta para fundar las instituciones democráticas y las elecciones no garantizan que un poder sea plenamente democrático, sino que también debe estar sometido a pruebas de control y validación que sean concurrentes y complementarias de la expresión mayoritaria (*Clarín*, 4/5/2009).

El problema ya no radica en las elecciones sino en cómo ejercen sus cargos las autoridades una vez electas. Vale recordar que la dinámica de la democracia argentina está marcada por la irrupción de profundas crisis económicas que pusieron a prueba su estabilidad. Esas crisis originaron situaciones de excepción que favorecieron la aparición de liderazgos fuertes que, amparándose en el sentido de urgencia creado por esos contextos, acentuaron el rol del Ejecutivo. La búsqueda de autonomía decisoria frente a los otros poderes derivó en una ecuación que se caracterizó por *maximizar* los mecanismos estatales que permiten la concentración y efectividad

---

[22] Poco tiempo después de lanzarse, el subsidio perdió parte de su poder adquisitivo debido a los efectos de la inflación. Para corregir ese retraso el Gobierno nacional dispuso elevar la asignación de $180 a $220 por beneficiario (*Clarín*, 29/7/2010).

de las decisiones y por *minimizar* aquellos relativos a la transparencia y rendición de cuentas (*Página12*, 27 / 2 / 2006).

Sin embargo, la democracia supone tanto un "modo de decidir" como "un modo de controlar" a quien decide, por lo que no podría subsistir sin decisiones que traduzcan cotidianamente la voluntad popular expresada electoralmente pero, al mismo tiempo, se distingue de otros regímenes políticos por expresar un *modo* de control sobre quienes toman las decisiones[23].

La concentración-difusión del poder estatal representa un eje decisivo para evaluar su sintonía con una democracia y nos proponemos considerar ese aspecto a través de las siguientes dimensiones: trato del Ejecutivo con los otros poderes y órganos de control; producción y acceso a información pública; control sobre la extracción y distribución de los recursos fiscales; y promoción de una ciudadanía autónoma y participativa.

El trato del Ejecutivo con los otros poderes y órganos de control

Los gobiernos que se sucedieron desde 2002 reconocen como plano de fondo el derrumbe socioeconómico provocado por la crisis terminal que estalló a fines del año anterior. Al igual que en 1989, el descontrol de las principales variables macroeconómicas y la sensación de inseguridad creada por estallidos sociales y saqueos dispararon miedos que instalaron una demanda de gobernabilidad y certidumbre. El impulso a recuperar cierta calma a cualquier costo favoreció la acumulación y autonomización de los poderes decisorios del Ejecutivo, a expensas de los otros poderes del Estado. Aunque esos rasgos son típicos de un momento de excepción, se refuerzan al conjugarse con una concepción sobre el ejercicio del poder que antepone la decisión a la deliberación.

La excepcionalidad del contexto contribuye inicialmente a tolerar esa concentración de autoridad en el Ejecutivo. Sin embargo, cuando la normalidad se restablece, se sigue invocando un estado de "emergencia"

---

[23] Para expresarlo en los términos de Fabbrini (2009: 16-19), "una democracia es sólida si logra garantizar, al mismo tiempo, una doble exigencia: la toma de decisiones y el control de quien las toma", pues "el gobierno efectivo y el gobierno controlado —agrega— son dos caras de la misma moneda".

que le permita justificar la permanencia de ese estilo decisorio[24]. Si eso se extiende en el tiempo, se debe en parte a que existe una simbiosis entre la crisis inicial y un modo de entender el ejercicio del poder que también suele ser compartida por la misma sociedad, tal como lo revela el modo en que el lenguaje político cotidiano ha naturalizado una idea de "gobierno" restringida al Ejecutivo, desconociendo que también forman de aquel el Poder Legislativo y Judicial[25].

N. Kirchner asumió la presidencia en el 2003 proclamando la necesidad de recrear las instituciones y construir un "país normal". Sin embargo, muchos gestos innovadores en sus primeros dos años de gobierno pronto fueron sucedidos por un estilo político orientado a concentrar el proceso decisorio en el Ejecutivo. En sus cuatro años y medio de gestión firmó 270 DNU, utilizando este recurso excepcional incluso bajo circunstancias en que disponía de cómodas mayorías parlamentarias que lo tornaban innecesario.[26]

La ventaja parlamentaria que su gobierno tuvo durante su mandato (2003-2007) se mantuvo en los dos primeros años del gobierno de su esposa, Cristina Fernández de Kirchner, quien lo sucedió en el periodo siguiente (2007-2011). Sin embargo, el revés sufrido por el oficialismo en las elecciones legislativas de medio término (en junio del 2009) alteró la composición de ambas cámaras, privándolo de aquella mayoría. Esto es algo que representaría un hecho corriente en cualquier democracia, pero fue interpretado como una limitación intolerable[27] para cumplir el programa de gobierno votado por sus electores.

Algunas iniciativas institucionales rescatables en los primeros tramos del gobierno de N. Kirchner fueron opacadas a medida que logró afirmar su liderazgo y disponer de una base de sustentación política propia, espe-

---

[24] Véase la noción de "emergencia permanente" desarrollada por Quiroga (2005).

[25] Sobre este tema puede consultarse el artículo periodístico de Guillermo O'Donnell titulado "El lenguaje delata la política" (*Clarín*, 21/4/2009).

[26] Si bien cuantitativamente los dos gobiernos de C. Menem suman 545 DNU, N. Kirchner mostró un promedio anual superior al alcanzado por aquel (*Clarín*, 16/9/2008).

[27] La Presidenta se ha referido al Congreso como la "máquina de impedir", cuando ha encontrado reparos o límites de este cuerpo, o bien ha reclamado que no "le pongan palos en la rueda" y la dejen gobernar (*La Nación*, 9/1/2010).

cialmente tras imponerse en las elecciones legislativas del 2005[28]. Entre aquellos gestos iniciales sobresale el procedimiento adoptado para renovar a los miembros de la Corte Suprema de Justicia de la Nación, que aportó mayor transparencia y publicidad a la integración de ese cuerpo que había sido objeto de fuertes sospechas durante el gobierno de C. Menem. No menos decisivo resultó el perfil de los nuevos integrantes propuestos por el Ejecutivo, no solo porque ofrecen mayores garantías de independencia sino también por acreditar una trayectoria que contribuirá a la actualización de la doctrina jurídica. El desempeño de esta nueva Corte confirmó que se trata de un cuerpo poco dispuesto a mantener la actitud complaciente que había mostrado durante el gobierno de C. Menem, ofreciendo claras señales de independencia frente al gobierno de N. Kirchner primero, y de C. Fernández de Kirchner después[29].

Esa mejora lograda con la renovación de la Corte Suprema coexiste, sin embargo, con algunos indicios de que el Ejecutivo interfiere en la estabilidad y remoción de jueces tras promover cambios en la composición del Consejo de la Magistratura, que otorgó mayor gravitación al oficialismo en sus decisiones[30].

---

[28] Entre otras cosas, este resultado le permitió ganar autonomía frente al otro gran referente de su partido, el ex presidente E. Duhalde, quien en el 2003 había apadrinado su candidatura presidencial.

[29] Una iniciativa del mismo tenor se concretó a fines del 2006 cuando se dispuso reducir de nueve a cinco el número de miembros de la Corte Suprema de Justicia de la Nación, evitando que el mismo gobierno –que ya había designado a cuatro de sus nuevos integrantes– completara las vacantes con jueces potencialmente afines. Ese número es el que originalmente contemplaba la Constitución de 1853 hasta la reforma impulsada por C. Menem en 1994, que lo elevó a nueve. Actualmente son siete los miembros de la Corte, de modo que cuando se concreten los dos próximos retiros, esas vacantes no serán cubiertas, alcanzando así su número definitivo.

[30] El Informe del Comité de Derechos Humanos de Naciones Unidas (ONU, 2010), señala que "el Comité observa con preocupación que, a pesar del principio contenido en el artículo 114 de la Constitución respecto al equilibrio que debe imperar en la composición del Consejo de la Magistratura, existe en el mismo una marcada representación de los órganos políticos allegados al Poder Ejecutivo, en detrimento de la representación de jueces y abogados (Artículo 2 del Pacto) [...]. *El Estado Parte debe tomar medidas con miras a hacer efectivo el equilibrio previsto en el precepto constitucional en la*

El hecho de que la calidad institucional había sido postergada durante el gobierno de N. Kirchner fue confirmado por su propia esposa, C. Fernández, al sucederlo en la presidencia: "el cambio institucional va en serio", señaló entonces, prometiendo un "salto cualitativo" en esa materia (*La Nación*, 8/12/2007).

Si bien esta declaración sintonizaba con una sentida demanda social de ese momento, se trató de un gesto que no mantuvo consistencia con el trato que luego brindó a los otros poderes y a algunos organismos de control estatal. En este sentido, cabe destacar los condicionamientos impuestos a la Fiscalía Nacional de Investigaciones Administrativas, que derivó en marzo del 2009 en la renuncia del funcionario a cargo de ella, Manuel Garrido, tras revelar recortes en sus competencias por parte del Procurador General de la Nación y denunciar una "impunidad casi absoluta" de la corrupción en el Estado (*Clarín*, 14/3/2010).

Una situación similar se dio en la Auditoría General de la Nación (AGN), un órgano externo creado por la Constitución Nacional de 1994 para controlar al Poder Ejecutivo —sobre todo, los gastos de la administración— que depende del Congreso Nacional y cuyas atribuciones han sido acotadas al extremo por los representantes del oficialismo en el organismo, colocándolo al límite de la parálisis (*Clarín*, 14/2/2010)[31]. Su presidente, Leandro Despouy, ha denunciado las dificultades que enfrenta este organismo para acceder a la información oficial que necesita para cumplir con su rol de contralor del Estado. En especial, cuestionó a la Sindicatura General de la Nación (SIGEN) —un órgano de control interno— por sus maniobras evasivas para proporcionar la información requerida

---

composición del Consejo de la Magistratura, evitando situaciones de control del Ejecutivo sobre este órgano" [énfasis original].

[31] La labor de la AGN se ha visto recientemente obstaculizada por la negativa de la Sindicatura General de la Nación (SIGEN) —dependiente del Poder Ejecutivo— a entregarle trescientos informes, entre los cuales figuran algunos que comprometen al Gobierno nacional en casos de corrupción (*Clarín*, 25/7/2010).

por la AGN[32], lo que derivó en una presentación judicial de Despouy en el 2011, reclamando acceso a la información retaceada[33].

Asimismo, a fines del 2009 pudo apreciarse una escalada en las expresiones críticas formuladas por el Ejecutivo al desempeño del Poder Judicial, a través de declaraciones públicas de la presidenta C. Fernández de Kirchner reclamándole mayor "independencia" luego de algunos fallos judiciales adversos (*La Nación*, 19/12/2009), o mediante manifestaciones de altos funcionarios que lo han presentado como un "partido" que conspira contra el gobierno, junto a otros partidos opositores y medios periodísticos críticos. La alusión al "Partido de la Justicia"[34], poniendo en duda su imparcialidad constituye una alarmante señal de incomodidad frente a la acción independiente de los otros poderes[35].

La Corte Suprema ha mantenido un perfil cauto en su trato con el Ejecutivo, que no le ha impedido tener gestos de autonomía ya sea promoviendo la libertad sindical a través de algunos fallos –colocando en una posición incómoda al Gobierno, que tiene en la poderosa CGT uno de sus más leales apoyos–, disponiendo el reajuste de las jubilaciones o pronunciándose de modo crítico sobre el uso de los DNU[36].

---

[32] Despouy cuestionó que, "a pesar de los pedidos que le hicieron otros poderes, la SIGEN retiró de la página web todos los informes, incluso los previos", e interpretó que "entonces los ocultó, los tenía pero no quería darlos" (*Clarín*, 8/10/2010).

[33] Se trata de un caso singular pues "es el Estado el que demanda al propio Estado" por el acceso a información pública (*La Nación*, 27/2/2011).

[34] La expresión fue lanzada por el jefe de Gabinete de Ministros, Aníbal Fernández y luego recogida por el ex presidente N. Kirchner en un acto partidario (*Clarín*, 24/1/2010).

[35] El juez de la Corte Suprema, Carlos Fayt, respondió a esa acusación lanzada por el ex presidente N. Kirchner y el jefe de Gabinete expresando que la Justicia "es un poder del Estado, y por supuesto no es un partido político", descartando cualquier sospecha de que ese cuerpo haya formado parte de una conspiración (*La Nación*, 1/2/2010). Poco después, al inaugurar el año judicial 2010, el presidente de la Corte, Ricardo Lorenzetti, expresó que "la Corte tiene una función política que es trabajar por el bien común, pero no es una función partidaria. Nuestra acción no está enfocada a favor o en contra de ningún partido, sino a favor de la Justicia" (*La Nación*, 12/2/2010).

[36] En su fallo del 19/5/2010 la Corte recordó que tales decretos solo pueden ser empleados bajo situación de "urgencia" y no por mera "conveniencia política" cuando el uso del decreto reemplaza la pérdida de mayoría parlamentaria. Asimismo, destaca

Producción y acceso a la información pública

Una democracia descansa en la expectativa de que la información pública generada por el Estado resulte accesible, cognoscible y por ende, susceptible de control público. Aunque esta aspiración ya está presente en la idea de representación (Rosanvallon, 1992) hoy también se manifiesta en el reconocimiento del derecho al acceso a la información y la adopción de políticas de transparencia definidas de manera explícita por los órganos que conforman la administración pública. La información que producen, utilizan y distribuyen los organismos del Estado en la construcción de sus decisiones y en su gestión cotidiana es un recurso público estratégico y debe venir acompañada de una política de transparencia (Merino, 2008: 240).

Si bien se han registrado avances parciales en este tema, subsisten dificultades para garantizar el acceso a la información pública y hay signos que ensombrecen la generación de información pública confiable en ciertas áreas del Estado.

En lo concerniente al acceso a la información pública, vale destacar el decreto presidencial N° 1172 que colocó el tema bajo la órbita de la Subsecretaría para la Reforma Institucional y Fortalecimiento de la Democracia. Sin embargo, su alcance quedó limitado a la información del Poder Ejecutivo y su implementación experimentó retrocesos tras la renuncia de la funcionaria responsable del área a fines del 2009, quien dejó su cargo denunciando intimidaciones provenientes del propio gobierno (*La Nación,* 26/12/2009). Asimismo, en su informe mundial del

---

que es competencia del Poder Judicial evaluar si las circunstancias invocadas por el Ejecutivo son realmente excepcionales o si por el contrario son inexistentes (*La Nación,* 20/5/2010). Los ministros de la Corte también advierten que los presidentes se han "extralimitado" en el uso de los DNU y que eso ha causado un "debilitamiento" del sistema institucional. "No cabe duda —agrega la Corte— que la reforma constitucional de 1994 pretendió atenuar el sistema presidencialista, fortalecer el Congreso y darle mayor independencia al Poder Judicial". "No puede sostenerse, en modo alguno, que el Poder Ejecutivo puede sustituir libremente la actividad del Congreso o que no se halla sujeto al control judicial",aseveraron los magistrados de la Corte Suprema, quienes entendieron que los DNU fueron establecidos para atenuar el presidencialismo y que su uso debe ser limitado (*La Nación,* 19/5/2010).

2010, Human Rights Watch (HRW) denunció la falta de una ley de acceso a la información pública (*Clarín*, 24/1/2010), y a nivel local ese mismo reclamo ha sido planteado en el Informe 2010 de Derechos Humanos en Argentina, elaborado por el Centro de Estudios Legales y Sociales (CELS, 2010)[37].

Esta mora a su vez convive con cierta "cultura del secreto", arraigada en funcionarios públicos que dificultan el acceso a la información pública, como lo revela el entredicho —señalado en el apartado anterior— que mantiene la AGN con las autoridades de la SIGEN[38].

También existen signos inquietantes en el modo en que se genera información pública desde ciertos organismos clave del Estado. En especial, sobresale la persistente interferencia gubernamental que sufre el Instituto Nacional de Estadística y Censos (INDEC) desde fines del 2006 y el desmantelamiento de capacidades analíticas ocasionado por la separación de numerosos cuadros técnicos que prestaban servicio en la institución. Este desmonte de capacidades estatales resulta inconsistente con la retórica de un gobierno que ha enfatizado la necesidad de reconstruir el Estado tras los efectos devastadores del fundamentalismo de mercado.

La intromisión del gobierno en el INDEC, removiendo parte de su personal técnico o alterando la metodología y el modo de captar información para medir el costo de vida (Índice de Precios al Consumidor o IPC) compromete la disponibilidad de información confiable y objetiva, necesaria para registrar la marcha de ciertos indicadores económicos y

---

[37] Este informe destaca que una de las asignaturas pendientes en este punto es la sanción de una ley nacional de acceso a la información pública y una normativa para regularizar y transparentar la asignación de la pauta publicitaria oficial. La mora en la sanción de una ley de acceso a la información pública se da en un contexto en que existen diversos proyectos presentados en el Congreso Nacional que aguardan tratamiento.

[38] Según Eduardo Bertoni, "[…] en Argentina el principio es el secreto y la excepción el otorgamiento de la información en temas de interés público". Este artículo recuerda que "distintas organizaciones nacionales e internacionales advirtieron que el decreto presidencial —aún vigente—, si bien era un paso positivo, era insuficiente, y que Argentina debía, como lo han hecho la mayoría de los países latinoamericanos, aprobar una ley de acceso a la información pública" (*Clarín*, 14/4/2010).

sociales cruciales, e impide diseñar políticas acordes con sus variaciones[39]. Sin embargo, esa tarea no es cubierta por el INDEC y ello ha alentado el surgimiento de mediciones privadas que rivalizan con las estadísticas oficiales[40].

Contar con un sistema estadístico oficial independiente del gobierno de turno no es solo parte de las capacidades que cualquier Estado necesita construir, sino también, una tarea democrática. Esa información representa un bien público que no puede quedar subordinado a los intereses cortoplacistas de ningún gobierno, ni admite manipulación en función de un interés sectorial[41]. Un indicador oficial desprestigiado resiente lo público[42] pero, sobre todo, afecta la posibilidad de que la información estadística funcione como un medio de control sobre el desempeño de

---

[39] Desde entonces, no solo se subestiman los aumentos del costo de vida sino que ello también distorsiona otros indicadores, como el PBI (que resulta sobreestimado como consecuencia de lo anterior), y el nivel de pobreza e indigencia (al subestimarse el costo de la canasta básica). Ello impide contar con un parámetro confiable e imparcial que pueda orientar las negociaciones para actualizar salarios, jubilaciones, pensiones y subsidios, como así también para medir la disminución o aumento de la pobreza e indigencia (*Clarín*, 16/1/2010). La misma nota destaca que la brecha entre las mediciones oficiales y las privadas —acumulando los índices de precio al consumidor entre los años 2006 y 2009— es de sesenta puntos. Mientras que para el INDEC la inflación acumulada en esos cuatro años ha sido de 37,5%, para algunas mediciones privadas asciende al 96,8%.

[40] En su Informe sobre Derechos Humanos en Argentina, el CELS (2010: 227) señala que "[…] la intervención del INDEC, que de 2007 a la fecha ha sufrido la intromisión del poder político, ha manipulado las estadísticas oficiales, al mismo tiempo que restringió el acceso a fuentes de información esenciales, no solo para la medición de indicadores socioeconómicos en general sino también para el diseño de políticas públicas".

[41] Torrado (2007: 12) advierte que "en este ámbito, nuestro país arrastra desde antiguo un peligro ciudadano: los gobiernos de turno gozan del raro privilegio de controlar la producción de las estadísticas con las que será evaluado el éxito o fracaso de su propia gestión".

[42] La escasa confiabilidad de los índices oficiales ha quedado confirmada en las negociaciones salariales que el gobierno ha encarado desde el 2008 hasta el presente, acordando aumentos salariales que superan ampliamente el índice inflacionario dado a conocer por el INDEC (*Página 12*, 2/3/2008).

los gobiernos[43]. Ella permite a los ciudadanos disponer de mejores oportunidades de control sobre la gestión pública y sus resultados, e induce a las autoridades a sentirse más controladas y, por ende, más obligadas a mejorar su desempeño[44].

Control sobre la extracción y redistribución de recursos fiscales

El monopolio fiscal que detenta el Estado le permite generar bienes públicos, atendiendo a un amplio espectro de necesidades que ha ido aumentando con la ampliación del carácter de las "inseguridades" a las que están sometidos los individuos[45].

La literatura clásica ha destacado la importancia de la dimensión fiscal para el funcionamiento del Estado en las sociedades contemporáneas[46]. Sin embargo, no siempre se repara en su relevancia para la democracia: sin impuestos no hay Estado, pero tampoco democracia. Solo un Estado dotado de recursos puede asegurar los derechos prometidos por aquélla[47]. Éstos poseen un costo y una materialidad que revela la íntima conexión que existe entre fiscalidad y democracia[48]. En otras palabras, la demo-

---

[43] La declaración de la quinta reunión de la Conferencia Estadística de las Américas de la Comisión Económica para América Latina y el Caribe (CEA-CEPAL), que sesionó en Bogotá en agosto de 2009, sostuvo que las estadísticas resultan decisivas para la gobernabilidad democrática pues proveen información clave para la rendición de cuentas y la transparencia de las decisiones públicas.

[44] Véase el sugerente análisis de Chiroleu (2010) sobre el cambio que experimentó la estadística que, de ser parte de los dispositivos de control del Estado sobre los ciudadanos en su etapa formativa, ha pasado a ser una herramienta de los ciudadanos para el control de sus gobernantes.

[45] Según Rosanvallon (2008: 16), el Estado puede ser entendido a partir de Hobbes como un "productor de certidumbre", variando solo el carácter de la incertidumbre que motiva su intervención. A la seguridad pública –que el clásico inglés reclamaba en tiempos de guerras civiles– luego se sumó la seguridad social destinada a los ciudadanos carentes de protección. El propio Hobbes –agrega Rosanvallon– reconocía que el problema no era solo la muerte causada por la inseguridad, sino también la inseguridad social y económica.

[46] Véase al respecto Schumpeter (2000) y Elias (1993).

47 Vale destacar el valioso aporte que Holmes y Sunstein (2011) realizaron sobre este tema.

[48] Nos apoyamos en la exposición de Jorge Vargas Cullell (2008). sobre "Fiscalidad y Derechos" efectuada durante el Seminario Internacional sobre "Democratización en

cracia no es gratuita, requiere de un Estado que disponga de capacidad para sostener los derechos y esa tarea exige extraer y transferir ingresos desde un sector social a otro[49].

Reconocer la legitimidad de esta intervención no implica renunciar a la fiscalización del Estado, pues así como es preciso que éste disponga de capacidad para reunir y asignar recursos, también es necesario un minucioso control sobre su formación y destino. El derecho al Estado que asiste a la ciudadanía está indisolublemente ligado (Cheresky, 2008b: 188) al derecho a que las políticas y decisiones estatales se abran al espacio público, dotando de mayor visibilidad a su desempeño. Esta tensión no es novedosa, pues reedita la clásica tirantez entre soberanía estatal y soberanía popular que instaló la democracia moderna. Que ella recobre actualidad responde en parte a que la voluntad de fortalecer al Estado –extendida en la región tras el descrédito de las políticas neoliberales– no siempre logra conciliarse con una similar disposición a someterlo al escrutinio público.

Los gobiernos que se sucedieron desde el año 2003 asignaron al Estado un activo rol como redistribuidor de ingresos, que coincide con la demanda de protección estatal que emergió en la sociedad luego de la crisis del 2001. Sin embargo, a partir del 2008 –especialmente tras el conflicto con los productores rurales– ese apoyo a la intervención estatal con fines redistributivos convive con una orientación ciudadana más exigente respecto del destino de los fondos públicos y al modo de decidir su formación[50].

América Latina" organizado por el Centro de Estudios de la Sociedad Civil y la Vida Pública (Escuela de Política y Gobierno de la Universidad Nacional de San Martín) y la Secretaría de Gabinete y Gestión Pública de la Nación, Buenos Aires, 20 de noviembre de 2008.

[49] La redistribución de ingresos que promueve el Estado en sociedades en las que el mercado desiguala, resulta decisiva para generar capacidades colectivas. En el marco de sociedades capitalistas es posible reconocer dos formas alternativas de distribución de los recursos y los ingresos: una basada en los criterios de asignación propios del mercado y la otra mediante la intervención coactiva del Estado, cobrando impuestos y transfiriendo ingresos. "El problema radica en descifrar cuál es la combinación de elección voluntaria y de asignación coactiva que genera los resultados más deseados, en términos tanto de consideraciones de eficiencia como morales" (Wright, 2008: 16).

[50] Durante el conflicto agropecuario, el 81% de la opinión pública justificaba la intervención estatal con fines redistributivos al tiempo que crecía la exigencia de un mayor

Las principales objeciones apuntan a ciertas prácticas observables en el trato dispar que el Ejecutivo Nacional adopta para asignar los fondos coparticipables a las provincias[51], en el modo en que se distribuye la publicidad oficial entre los medios de comunicación[52], en el empleo de los fondos controlados por la entidad que administra los aportes provisionales (ANSES) y en el destino de los cuantiosos recursos que concentra la Jefatura de Gabinete de Ministros, amparándose en los "superpoderes" que concedió el Congreso Nacional bajo un contexto de emergencia que ya no existe.

El jefe de Gabinete de Ministros dispone de la facultad de reasignar —mediante DNU— partidas extras que sobrepasen la recaudación prevista en la Ley de Presupuesto Nacional. Esa facultad adquiere relevancia en virtud de una práctica, adoptada por los últimos dos gobiernos, de subestimar deliberadamente el aumento del PBI previsto para el año siguiente, colocando en poder del jefe de Gabinete los ingresos fiscales originados por un crecimiento de la economía superior al contemplado en el presupuesto.

Un cálculo estimativo de los recursos que dicha Jefatura ha manejado como resultado de esta subestimación de los ingresos fiscales arroja que desde 2004 a 2010 ha quedado disponible para administrar mediante DNU un monto de alrededor de 100 mil millones de pesos, cifra que representaría un equivalente a 25 mil millones de dólares al tipo de cambio vigente (*Clarín*, 9/11/2010).

La autonomía decisoria a la que aspira el Ejecutivo invocando la emergencia no lograría sostenerse sin la autonomía que ha logrado en el manejo de los ingresos fiscales, reforzando aún más la autoridad presidencial y

---

escrutinio ciudadano sobre su accionar y una demanda de que éste fuera definido institucionalmente a través de los órganos de deliberación pública (Cheresky, 2008: 23).

[51] Si bien la Constitución Nacional de 1994 fijó como plazo el año 1996 para reglamentar una ley de coparticipación que establezca criterios para compartir los recursos entre la jurisdicción nacional y las provinciales, aún no se ha concretado esta exigencia, postergando la posibilidad de avanzar hacia un auténtico federalismo fiscal.

[52] En un fallo reciente avalado por todos sus miembros, la Corte Suprema de Justicia reclamó al Estado un "equilibrio razonable" en el reparto de la publicidad oficial en respuesta a una demanda presentada por la editorial Perfil (*Clarín*, 3/3/2011).

su capacidad de neutralizar y disciplinar a otros actores que dependen de esos recursos, en especial los gobernadores[53].

Promoción de una ciudadanía autónoma y participativa

Una de las tareas del Estado en democracia es fortalecer a la sociedad civil. Como sugiere John Ackerman (2008: 19), las conquistas democráticas que hoy tenemos son el resultado de innumerables luchas sociales y acciones cívicas de gran envergadura y las que tendremos en el futuro también provendrán del crisol de una ciudadanía movilizada, crítica y autónoma.

Frente a la falsa creencia de que una sociedad civil fuerte requiere un Estado débil, la experiencia indica que ahí donde existe una sociedad civil fuerte y activa el Estado no es débil. Es preciso concebir a la democracia como el ámbito más apropiado para favorecer una relación de doble mano entre Estado y sociedad civil, aceptando que el aumento de poder de una parte puede resultar compatible con un aumento de la otra, pues no existe un juego de suma cero entre ambos.

De todas maneras, el Estado debe promover una mayor participación y fortalecimiento de las organizaciones de la sociedad civil, siempre que ello no menoscabe la *autonomía* de éstas. En nuestra región, asistimos a ricas y variadas experiencias de participación alentadas "desde arriba", pero que no siempre están basadas en la clase de autonomía que una democracia debe garantizar a dichas organizaciones (Hawkins y Hansen, 2006).

Éste es un aspecto decisivo, pues si bien una democracia depende de la vitalidad y potencial de su sociedad civil, ello exige como contrapartida que el Estado no ahogue su autonomía. Si nos centramos en la experiencia argentina reciente, advertiremos que algunas expresiones autónomas de la sociedad civil gestadas en los años noventa han experimentado un giro en los últimos años. Si durante esa década existía un variado abanico de organizaciones de la sociedad civil movilizadas para ejercer novedosas formas de control social sobre el Estado (Peruzzotti y Smulovitz, 2002), la experiencia de los últimos años nos devuelve una imagen en la que el

---

[53] Para disponer de un mayor detalle sobre estos mecanismos, puede consultarse Quiroga (2010) quien caracteriza a esas prácticas dentro del concepto de "decisionismo fiscal".

mapa de la sociedad civil presenta a muchas de aquellas organizaciones más próximas al él que a la sociedad civil de la que provienen y forman parte.

Esta "estatización" de ciertas organizaciones –algunas de ellas poseedoras de un gran prestigio adquirido en la lucha por los derechos humanos durante el pasado régimen autoritario– revela una nueva manera de posicionarse frente al Estado, que ha fracturado este espacio y ha dado lugar a tensiones y suspicacias de toda índole[54].

El rico entramado de organizaciones de la sociedad civil dedicado al control gubernamental, que había ganado auge durante los años noventa, actualmente se presenta dividido –como lo ilustra el movimiento de los derechos humanos– entre aquellas que mantienen estrecha proximidad con el gobierno y las que mantienen distancia y autonomía frente a éste[55].

Dicha "estatización" –y en algunos casos, dependencia material de las organizaciones de la sociedad civil– permite hablar, como sugieren Ippolito y O'Donnell (2011), de un "control desde arriba" que convive con un mapa de organizaciones que no han renunciado a ejercer un "control desde abajo".

---

[54] Vale citar, solo a título de ejemplo, declaraciones de Nora Cortiñas (dirigente de Madres de Plaza de Mayo-Línea Fundadora) en la que se dirige críticamente a Hebe de Bonafini (dirigente de Madres de Plaza de Mayo y de estrecha vinculación con los gobiernos de N. Kirchner y C. Fernández de Kirchner): "está muy en empresaria. Es decisión de ella" (Radio Continental, 2011).

[55] Véase al respecto la entrevista efectuada a Enrique Peruzzotti, en la que señala que "la política de derechos humanos le permitió a Kirchner dividir y captar a parte del grupo de ONG que se dedican al control gubernamental y a generar apoyos en el sector más progresista del electorado y de la sociedad civil organizada [...]. El problema de la política de derechos humanos de Kirchner es que desvía los temas de preocupación institucional hacia el pasado y elude el presente. Muchas organizaciones están centradas en esta demanda de justicia retributiva por los hechos del pasado, pero no hay una discusión acerca de cómo está ejerciendo el poder Kirchner en el presente. ¿Qué pasa con los derechos humanos, la división de poderes y el debido proceso en el presente? Kirchner captó hábilmente el apoyo de estos sectores con medidas que reorientan las demandas institucionales hacia el pasado, pero que no resuelven qué está sucediendo en este momento con la policía, con los decretos de necesidad y urgencia, con la Justicia, con los superpoderes, con el manejo de la información pública, etcétera" (*La Nación*, 9/9/2006).

Esto no resulta indistinto para juzgar la vitalidad de una democracia, pues ésta exige organizaciones sociales autónomas y un genuino compromiso del Estado para desconcentrar su poder.

Conclusiones

Tras varias décadas de traumática alternancia entre gobiernos civiles y militares, Argentina exhibe desde 1983 una inédita continuidad de su *régimen democrático* que merece celebrarse. Sin embargo, el justo reconocimiento de ese logro no debe impedirnos advertir que la democracia es mucho más que un régimen político y que su existencia es condición necesaria pero no suficiente para concretar las tareas democráticas faltantes.

La teoría democrática predominante ha puesto su énfasis en el *modo de acceso* a los cargos públicos, soslayando otros momentos de la vida democrática que suceden al electoral. La *democratización* del régimen político es un requisito de primer orden, pero no constituye un punto de llegada sino solo una parte de un proceso más amplio que comprende otras dimensiones y momentos desatendidos por las definiciones minimalistas de la democracia[56].

El pasaje desde un régimen autoritario a uno democrático no convierte en democrático al Estado preexistente. Este aspecto lamentablemente fue descuidado por la literatura predominante, que consideró de manera aislada a la democracia y al Estado, en lugar de concebirlos como dos caras inseparables de un mismo problema. Sin embargo, en los últimos años ha aumentado el interés por explorar "qué tipo de Estado" necesitan nuestras democracias y cuál es el plus de responsabilidades que éstas le imponen[57].

En otras palabras, no *cualquier* Estado resulta consistente con una democracia. Un "Estado a secas" debe reunir ciertos atributos básicos —monopolio fiscal y de la violencia física, entre otros— sin los cuales no sería posible considerarlo como tal (Mazzuca, 2002). Contar o no con ellos no

---

[56] O'Donnell (2000; 2003) ha expuesto los límites y "silencios" de la teoría democrática predominante y una convincente fundamentación sobre la necesidad de ampliar el concepto de democracia.

[57] Véase al respecto la producción reciente de O'Donnell (2007; 2008).

resulta indiferente para una democracia, pero su disponibilidad no basta para asegurar que el Estado cumpla tareas democráticas. Los rasgos que definen la "estatidad" de un Estado no garantizan su "democraticidad", sino que esa cualidad dependerá de otras condiciones que lo tornen compatible con una democracia, pues ésta le impone al Estado un *modo de operar*[58] y nuevas responsabilidades que lo tornen consistente con ella.

La democracia debe contribuir a la desconcentración del poder y ello también exige extender ese principio al Estado, sometiendo a control ciudadano este complejo institucional que es un sostén crucial de la democracia pero también una entidad monopólica necesitada de fiscalización. Este desafío adquiere mayor relevancia en los casos en que la dinámica de la democracia estuvo bajo el acecho de crisis económicas recurrentes que, lejos de colaborar con ese propósito, favorecieron formas de concentración del poder que muestran incomodidad frente a toda modalidad de control.

Bibliografía

Ackerman, John (2008), "Introducción: Más allá del acceso a la información" en *Más allá del acceso a la información. Transparencia, rendición de cuentas y estado de derecho* (México: Siglo XXI).

Bauman, Zygmunt (2007), *Libertad* (Buenos Aires: Losada).

Botana, Natalio (2004), "Dimensiones históricas de las transiciones a las democracias en América Latina" en *La democracia en América Latina. Hacia una democracia de ciudadanas y ciudadanos. Contribuciones para el debate* (Buenos Aires: PNUD).

Cheresky, Isidoro (2002), "Autoridad política debilitada y presencia ciudadana de rumbo incierto" en *Nueva Sociedad* (Caracas) N° 179, mayo-junio.

——————— (2006), "Elecciones en América Latina: poder presidencial y liderazgo político bajo la presión de la movilización de la opinión pública y la ciudadanía" en *Nueva Sociedad* (Caracas) N° 206, noviembre-diciembre.

——————— (2008a), "Percepciones ciudadanas sobre el rol del Estado y su funcionamiento" en Programa de las Naciones Unidas para el Desarrollo (PNUD), *Las capacidades del Estado y las demandas ciudadanas. Condiciones políticas para la igualdad de derechos* (Buenos Aires: PNUD-Argentina).

---

[58] Tilly (1997: 34) liga a la democracia con ciertas características del Estado y considera que el grado de democracia determina no tanto su estructura formal sino su forma de operar.

————— (2008b), "Comentario a propósito del Estado y la Democracia" en Programa de las Naciones Unidas para el Desarrollo (PNUD), *Democracia/ Estado/Ciudadanía. Hacia un Estado de y para la Democracia en América Latina* (Lima: PNUD).

Chiroleu, Adriana (2010), *El largo recorrido de las estadísticas oficiales: de instrumento de dominación del estado a herramienta de control ciudadano*, mimeo.

De la Torre, Carlos (2009), "Populismo radical y democracia en los Andes" en *Journal of Democracy en español* (Santiago de Chile) Vol. 1, julio.

Elias, Norbert (1993), *El proceso de la civilización. Investigaciones sociogenéticas y psi-cogenéticas* (Buenos Aires: Fondo de Cultura Económica).

Fabbrini, Sergio (2009), *El ascenso del Príncipe democrático. Quién gobierna y cómo se gobiernan las democracias* (Buenos Aires: Fondo de Cultura Económica).

Flisfisch, Ángel; Lechner, Norbert y Moulián, Tomás (1985), "Problemas de la democracia y la política democrática en América Latina" en Cepeda Ulloa, Fernando et al., *Democracia y desarrollo en América Latina* (Buenos Aires: Grupo Editor de América Latina).

Hawkins, Kirk y Hansen, David (2006), "Dependent Civil Society: The Círculos Bolivarianos in Venezuela" en *Latin American Research Review* (Texas) Vol. 41, N° 1.

Holmes, Steven y Sunstein, Cass (2011), *Por qué la libertad depende de los impuestos* (Buenos Aires: Siglo Veintiuno).

Iazzetta, Osvaldo (2007), *Democracias en busca de estado. Ensayos políticos sobre América Latina* (Rosario: Homo Sapiens).

Ippolito, Gabriela y O'Donnell, Guillermo (2011), Visiones ciudadanas en torno a la democracia delegativa: Argentina y Brasil en O'Donnell, Guillermo; Iazzetta, Osvaldo y Quiroga Hugo (cooords.) *Democracia Delegativa* (Buenos Aires: Prometeo).

Lechner, Norbert (1986), "De la revolución a la democracia. El debate intelectual en América del Sur" en *La Ciudad Futura. Revista de Cultura Socialista* (Buenos Aires) N° 2.

Mazzuca, Sebastián (2002), "¿Democratización o burocratización? Inestabilidad del acceso al poder y estabilidad del ejercicio del poder en América Latina" en *Aracauria* N° 7.

Merino, Mauricio (2008), "La transparencia como política pública" en *Más allá del acceso a la información. Transparencia, rendición de cuentas y estado de derecho* (México: Siglo XXI editores).

O'Donnell, Guillermo (1993), "Acerca del estado, la democratización y algunos problemas conceptuales. Una perspectiva latinoamericana con referencias a países poscomunistas" en *Desarrollo Económico* (Buenos Aires) Vol. 33, N° 130.

——————(1997), ¿Democracia delegativa? en O'Donnell, Guillermo, *Contrapuntos. Ensayos escogidos sobre autoritarismo y democratización* (Buenos Aires: Paidós).

——————(2000), "Teoría democrática y política comparada" en *Desarrollo Económico* (Buenos Aires), Vol. 39, N° 156.

——————(2001), "'Accountability horizontal': la institucionalización legal de la desconfianza política" en *Postdata. Revista de reflexión y análisis político* (Buenos Aires) N° 7.

——————(2002), Las poliarquías y la (in)efectividad de la ley en América Latina en Méndez, Juan; O'Donnell, Guillermo y Pinheiro, Paulo (comps.) *La (In) Efectividad de la Ley y la Exclusión en América Latina* (Buenos Aires: Paidós).

——————(2003), Democracia, desarrollo humano y derechos humanos en Programa de las Naciones Unidas para el Desarrollo, *Democracia, Desarrollo Humano y Ciudadanía. Reflexiones sobre la calidad de la democracia en América Latina* (Rosario: PNUD y Homo Sapiens).

——————(2007), *Disonancias. Críticas democráticas a la democracia* (Buenos Aires: Prometeo).

——————(2008), "Hacia un Estado de y para la democracia" en Programa de las Naciones Unidas para el Desarrollo, *Democracia/Estado/Ciudadanía. Hacia un Estado de y para la Democracia en América Latina* (Lima: PNUD).

ONU-Comité de Derechos Humanos (2010), *Informe sobre la situación de Argentina (Pacto Internacional de Derechos Civiles y Políticos)* (Nueva York: ONU).

Peruzzotti, Enrique y Smulovitz, Catalina (2002), "'*Accountability*' social: la otra cara del control" en Peruzzotti, Enrique y Smulovitz, Catalina, *Controlando la política. Ciudadanos y medios en las nuevas democracias latinoamericanas* (Buenos Aires: Temas).

Przeworski, Adam et al. (1998), *Democracia sustentable* (Buenos Aires: Paidós).

Quiroga, Hugo (2005), *La Argentina en emergencia permanente* (Buenos Aires: Edhasa).

——————(2010), *La República desolada. Los cambios políticos de la Argentina (2001-2009)* (Buenos Aires: Edhasa).

Rosanvallon, Pierre (1992), "La representación difícil (Reflexiones sobre el caso francés)" en Dos Santos, Mario (coord.) *¿Qué queda de la representación?* (Caracas: CLACSO-Nueva Sociedad).

——————(2008), "Identidad nacional y democracia" en *Archivos del Presente, Revista Latinoamericana de Temas Internacionales* (Buenos Aires) N° 47.

Schumpeter, Joseph [2000(1918)], "La crisis del Estado fiscal" en *Revista Española de Control Externo* (Madrid) Vol. 2, N° 5.

Tilly, Charles (1997), "La globalización amenaza los derechos laborales" En *Apuntes de Investigación* (Buenos Aires) Año 1, N° 1.

Torrado, Susana (2007), "El sistema estadístico nacional y la sociología: 50 años de experiencia" en *Revista Argentina de Sociología* (Buenos Aires) Vol. 5, N° 9.

Vellinga, Menno (ed.)(1997), *El cambio del papel del Estado en América Latina* (México: Siglo XXI).

Wright, Erik (2008), "Introducción" en Ackerman, Bruce; Alstott, Anne y Van Parijs, Philippe, *Repensando la distribución. Del ingreso básico ciudadano como alternativa para un capitalismo más igualitario* (Bogotá: Universidad de los Andes).

Documentos electrónicos

Basualdo, Eduardo (2008), "La distribución del ingreso en la Argentina y sus condicionantes estructurales" en <http://www.iade.org.ar/uploads/c87bbfe5-6761-4a6e.pdf> acceso 15 de agosto de 2011.

CELS (2010), "Derechos Humanos en Argentina: Informe 2010" en <www.cels.org.ar/common/documentos/Informe_CELS_2010.pdf> acceso 15 de agosto de 2011.

Corte Suprema de Justicia de la Nación (2011), "Palabras pronunciadas por el Presidente de la Corte Suprema de Justicia de la Nación, Doctor Ricardo Lorenzetti, durante el acto de iniciación del año judicial. 22 de febrero de 2011" en <http://www.csjn.gov.ar/docus/documentos/cons_tema.jsp?temaID=K12> acceso 15 de agosto de 2011.

Lo Vuolo, Rubén (2009), "Asignación por Hijo" en <http://www.ciepp.org.ar/coyuntura.htm> acceso 15 de agosto de 2011.

Radio Continental (2011), "Nora Cortiñas: 'Pedimos que se abran los archivos; hay responsables de la dictadura que hoy son comisarios'" en <http://www.continental.com.ar/nota.aspx?id=1444754> acceso 15 de agosto de 2011.

Selva, Rafael e Iñiguez, Alfredo (2009), "Descripción de la evolución del Gasto Público Consolidado del Sector Público argentino: 1980-2008" en <*www.mecon.gov.ar/peconomica/.../iniguez_selva_2009.pdf*> acceso 15 de agosto de 2011.

Diarios, periódicos y revistas

Clarín 2008 (Buenos Aires) 16 de septiembre.

Clarín 2009 (Buenos Aires) 21 de abril.

Clarín 2009 (Buenos Aires) 4 de mayo.

Clarín 2009 (Buenos Aires) 13 de diciembre.

Clarín 2009 (Buenos Aires) 23 de diciembre.

Clarín 2010 (Buenos Aires) 16 de enero.

Clarín 2010 (Buenos Aires) 24 de enero.

Clarín 2010 (Buenos Aires) 14 de febrero.

Clarín 2010 (Buenos Aires) 17 de marzo.

Clarín 2010 (Buenos Aires) 14 de abril.

Clarín 2010 (Buenos Aires) 17 de julio.

Clarín 2010 (Buenos Aires) 25 de julio.

Clarín 2010 (Buenos Aires) 29 de julio.

Clarín 2010 (Buenos Aires) 8 de octubre.

Clarín 2010 (Buenos Aires) 9 de noviembre.

Clarín 2011 (Buenos Aires) 3 de marzo.

La Nación 2006 (Buenos Aires) 5 de agosto.

La Nación 2006 (Buenos Aires) 9 de septiembre.

La Nación 2007 (Buenos Aires) 8 de diciembre.

La Nación 2009 (Buenos Aires) 19 de diciembre.

La Nación 2009 (Buenos Aires) 26 de diciembre.

La Nación 2010 (Buenos Aires) 9 de enero.

La Nación 2010 (Buenos Aires) 1 de febrero.

La Nación 2010 (Buenos Aires) 12 de febrero.

La Nación 2010 (Buenos Aires) 19 de mayo.

La Nación 2010 (Buenos Aires) 20 de mayo.

La Nación 2010 (Buenos Aires) 11 de julio.

La Nación 2011 (Buenos Aires) 27 de febrero.

La Nación 2011 (Buenos Aires) 2 de marzo.

Página 12 2006 (Buenos Aires) 27 de febrero.

Página 12 2008 (Buenos Aires) 2 de marzo.

El País 2010 (Buenos Aires) 15 de julio.

Hacia el socialismo del siglo XXI: los consejos comunales, sus cambios conceptuales y las percepciones de los participantes en Caracas[1]

Margarita López Maya[2]

Resumen

Este artículo recoge resultados de investigación sobre los consejos comunales en Venezuela. Se los define como innovaciones participativas impulsadas por el presidente Hugo Chávez Frías al final de su primer gobierno, que desde entonces se han extendido por toda la geografía urbana del país. Aquí revisamos las leyes que los orientan y presentamos las percepciones que sobre ellos han tenido participantes y funcionarios entre 2007 y 2010. Se argumenta que con los CC es posible constatar el tránsito que se está desarrollando en el país desde una democracia participativa –reflejada en la Constitución de la República Bolivariana

---

[1] Este artículo está basado en la ponencia "Los Consejos Comunales de Caracas vistos por sus participantes: una exploración", presentada en el I Seminario Internacional y III Seminario Nacional: "Movimientos sociales, participación y democracia" (Capes-CNPQ-Universidade Federal de Santa Catarina), que se realizó el 13 de agosto de 2010, en Florianópolis, Brasil. Se ha actualizado y ajustado para este libro.

[2] Centro de Estudios del Desarrollo, Universidad Central de Venezuela (UCV). Venezuela.

de Venezuela de 1999– hacia un régimen principalmente no liberal de tendencias autoritarias llamado "socialismo del siglo XXI". La estrategia metodológica incluye la recolección y análisis del marco legal de las innovaciones participativas, así como también de información sobre percepciones a partir de estudios de casos en Caracas.

Palabras clave: Venezuela, participación, consejos comunales, democracia participativa, socialismo del siglo XXI.

Abstract

This article presents results of a research project on Venezuela´s Communal Councils. Defined as participative innovations, CCs were created by law at the end of the first Hugo Chávez Frías' administration and since then they have been extended to all the urban geography of the country. Here we revise the laws that shape them, and we analyze participants and officers' perceptions gathered between 2007 and 2010. We argue that these CCs show the shift taking place in Venezuela´s regime, from a participatory democracy –which is reflected in the Bolivarian Constitution of Venezuela– toward a non-liberal and authoritarian regime called "socialism of the 21st century". The methodology of the investigation includes extensive research and study of the legal instruments on participative innovations in Venezuela and information about the perceptions obtained by study cases in Caracas.

Keywords: Venezuela, participation, Communal Councils, participative democracy, Socialism of the 21st Century.

***

El 26 de abril de 2006 la Asamblea Nacional de Venezuela aprobó una Ley de los Consejos Comunales, con la cual daba existencia legal a una nueva forma participativa en las comunidades. La ley los definió como una instancia de "participación, coordinación e integración" de las diversas innovaciones participativas, que bajo la orientación de la Constitución de la República Bolivariana de Venezuela de 1999 (en adelante, la CRBV), el gobierno venía impulsando desde 1999. Tres años después, en noviembre de 2009, la Asamblea reformó dicha ley y le dio rango de orgánica, la Ley Orgánica de los Consejos Comunales (Gaceta Oficial N° 39.335), con lo cual elevó el estatus legal de estos consejos, diferenciándolos de otras formas participativas previas[3].

En los tres años y medio que van de una a otra ley, los consejos comunales (en adelante CC) se habían multiplicado y extendido por toda la geografía venezolana, alcanzando hacia mediados de 2010 una cifra oficial superior a los 36 mil y constituyéndose en uno de los espacios de organización y participación social más dinámicos de la sociedad (Sinergia-Civicus, 2010). Según el discurso oficial, los CC además de ser una instancia de coordinación e integración de otras organizaciones comunitarias, forman parte de una transformación del régimen político venezolano y, de esta manera, este segundo gobierno de Chávez dejaría de ser una democracia participativa para constituir un "socialismo del siglo XXI". En ese nuevo esquema, los CC forman parte de un nuevo poder público, el "poder popular", que está en la base de un nuevo Estado, el "Estado comunal".

En este artículo, caracterizamos a los CC como una innovación participativa impulsada por el gobierno de Hugo Chávez, que revela características importantes del cambio en curso en el régimen político venezolano, que de una democracia participativa se desliza hacia un régimen principalmente no liberal, de tendencias autoritarias.

En la primera parte, analizamos la evolución legal que los CC han tenido desde 2002, cuando hicieron su primera aparición en la Ley de los Consejos Locales de Planificación Pública (GO N° 37.463), poniendo de relieve el cambio que está ocurriendo en torno al concepto participativo. En la segunda parte, exponemos cómo los activistas, funcionarios y participantes de diversos CC en barrios caraqueños perciben a los CC desde 2006. Allí opera un contraste importante entre las tendencias institucionales y los enfoques que sobre la participación tiene la gente activa en estos consejos. En tercer lugar, presentamos características del funcionamiento de algunos CC en Caracas a partir de entrevistas a par-

---

[3] Una ley orgánica se dicta para desarrollar principios constitucionales y organizar poderes públicos. Requiere una mayoría de dos tercios de la Asamblea Nacional para su aprobación. Las leyes orgánicas sirven de marco legal a leyes ordinarias (artículo 203).

ticipantes y funcionarios de esta modalidad participativa y, finalmente, en una cuarta parte examinamos las respuestas que dan nuestros entrevistados a temas como la idoneidad de los CC para darles más calidad de vida, fortalecer su desarrollo personal y la autonomía organizativa de sus comunidades, y contribuir con una ampliación y profundización de la democracia venezolana.

Esta investigación, como las anteriores que hemos realizado sobre innovaciones participativas en la Venezuela de Chávez (López Maya, 2010), se guió por un enfoque de observación-participación, siguiendo un caso en profundidad –el CC de San Blas en la parroquia de Petare, en el municipio Sucre del estado Miranda– en un periodo de seis meses. La data de este caso fue ampliada y contrastada con información proveniente de entrevistas[4] en otros CC en la misma Caracas[5]. Además de las entrevistas semiestructuradas a participantes, funcionarios y profesionales, aplicándose el principio de saturación en las entrevistas a los participantes del CC San Blas, se utilizaron diversas fuentes como el arqueo bibliográfico y de documentos oficiales o de las organizaciones y el diario de campo.

Evolución jurídica de los CC

El origen legal del CC –al igual que todas las previas innovaciones participativas– es la CRBV, donde los principios de la participación y la descentralización se incorporaron como centrales en lo que se consideró una "refundación" de las relaciones entre Estado y sociedad. Estos principios recorren transversalmente todo el articulado de la CRBV, orientando el modelaje de un nuevo tipo de relaciones del Estado con las regiones, los municipios, los ciudadanos, las familias y las organizaciones, de manera que éstas son más fluidas y directas que en la estructura del Estado previo.

La CRBV consagró el derecho a la participación de los ciudadanos de manera "directa, semidirecta e indirecta" no solo en el proceso de sufragio

---

4 Se tomó la decisión de mantener el anonimato de los entrevistados para garantizarles comodidad y asegurarnos la mayor veracidad en las respuestas.

5 Para una ampliación del enfoque teórico-metodológico puede consultarse López Maya (2010).

sino también en el de "formación, ejecución y control de la gestión pública" (Tribunal Supremo de Justicia de Venezuela, 1999). Este enfoque amplió los principios y formas de la democracia representativa asentada en la Constitución de 1961, con una amplia gama de mecanismos de democracia directa, como los cuatro tipos de referendo (consultivo, aprobatorio, revocatorio y abrogatorio), la iniciativa legislativa, los cabildos abiertos y la obligación de los cuerpos deliberantes de consultar la formulación de las leyes con los ciudadanos y sus organizaciones.

El artículo 62 de la CRBV asienta que es obligación del Estado y deber de la sociedad crear las condiciones que permitan la participación ciudadana en los asuntos públicos, en tanto se la considera esencial para el autodesarrollo individual y colectivo.

> Artículo 62. Todos los ciudadanos y ciudadanas tienen el derecho de participar libremente en los asuntos públicos, directamente o por medio de sus representantes elegidos o elegidas.
>
> La participación del pueblo en la formación, ejecución y control de la gestión pública es el medio necesario para lograr el protagonismo que garantice su completo desarrollo, tanto individual como colectivo. Es obligación del Estado y deber de la sociedad facilitar la generación de las condiciones más favorables para su práctica.

(*Constitución de la República Bolivariana de Venezuela*, 2000)

En consonancia con estas orientaciones, desde 1999 el gobierno propició la apertura de espacios para la participación ciudadana y comunitaria en distintas gestiones de servicios públicos. Los más tempranos fueron las "mesas técnicas de agua" (MTA) que se impulsaron en 1999 por la hidrológica estatal Hidrocapital, como formas de cogestión del servicio de agua potable y servida. Luego siguieron los consorcios sociales y comités de tierra urbana, entre otras (López Maya, 2010).

El 12 de junio de 2002 se promulgó la Ley de los Consejos Locales de Planificación Pública (CLPP), para impulsar una instancia donde se incorporaría la ciudadanía organizada a los procesos de planificación de las políticas y programas municipales.

> Artículo 8. El Consejo Local de Planificación Pública promoverá la red de consejos parroquiales y comunales en cada uno de los espacios de

la sociedad civil que, en general, respondan a la naturaleza propia del municipio cuya función será convertirse en el centro principal de la participación y protagonismo del pueblo en la formulación, ejecución, control y evaluación de las políticas públicas, así como viabilizar ideas y propuestas para que la comunidad organizada las presente ante el Consejo Local de Planificación Pública. Una vez aprobadas sus propuestas y convertidas en proyectos, los miembros de los consejos parroquiales y comunales podrán realizar el seguimiento, control y evaluación respectivo. Los miembros de los consejos parroquiales y comunales tendrán carácter *ad honorem*.

(*Ley de los Consejos Locales de Planificación Pública*, 2002.)

En junio del 2005 se promulgó la Ley Orgánica del Poder Público Municipal (LOPPM, GO N° 38.204), que en su artículo 113 señalaba: "El alcalde o alcaldesa en su carácter de presidente o presidenta del Consejo Local de Planificación Pública promoverá la conformación de los consejos parroquiales y comunales [...]". En este texto quedaba claro que los CC eran una instancia de los CLPP, que a su vez estaban articulados al gobierno municipal.

Sin embargo, en abril de 2006, cuando la Asamblea Nacional (AN) promulgó la primera Ley de los Consejos Comunales (LCC, GO N° 5.806) el estatus de esta modalidad participativa sufrió una transformación importante. En esta ley se suprime la relación de los CC con los CLPP y con el poder municipal, para lo cual hubo de derogarse el artículo 82 de la LOPPM. En vez de articularse a la instancia municipal, se establece una relación directa entre los CC y el presidente de la República a través de la Comisiones Presidenciales del Poder Popular, en sus distintos niveles (artículos 15, 20, 21, 27, 30 y disposición transitoria). Por otra parte, define a los CC como "instancias de participación, articulación e integración entre las diversas organizaciones comunitarias, grupos sociales y los ciudadanos y ciudadanas, que permiten al pueblo organizado ejercer directamente la gestión de las políticas públicas y proyectos orientados a responder a las necesidades y aspiraciones de una sociedad de equidad y justicia social" (artículo 2). Se constituyen a través de asambleas de ciudadanos(as).

En esta ley, el CC está concebido para gestionar –y no para formular, diseñar o planificar políticas públicas– actuando más bien como un brazo del gobierno. El máximo de familias que contempla son cuatrocientas y no tiene personalidad jurídica, pero sí muchas y diversas tareas, que incluso fueron creciendo con el tiempo (*El Nacional*, 31/12/2007).Y, a diferencia de normativas sobre innovaciones participativas previas –como las mesas técnicas de agua y los consorcios sociales, que fueron concebidas como parte de la sociedad civil y como tales se regían por el código civil–, regula todos los pasos para que los CC sean creados, funcionen y tomen decisiones. Sumado a esto, para que estos puedan tener acceso a los recursos públicos, exige que se registren ante la Comisión Local Presidencial del Poder Popular, ente del gobierno central cuyos miembros son nombrados por el Presidente de la República (artículos 20 y 31). La LCC creó un Fondo Nacional de los CC compuesto por una junta directiva nombrada también por el presidente, para financiar los proyectos "comunitarios, sociales y productivos" (artículo 29). Así, los CC se debilitaron como instancias de la sociedad civil, tomando un carácter cuasiestatal, vinculado y dependiente del presidente de la República.

En diciembre de 2006, una vez que H. Chávez triunfó en los comicios presidenciales y se aseguró un segundo mandato de seis años, el gobierno exteriorizó otra concepción del CC. En el marco de lo que el mandatario anunció como una "radicalización" de su proyecto político para transformar el régimen venezolano en socialista, se refirió a los CC como el quinto motor de la revolución, llamándolos componentes de "la explosión del poder popular". Poco después, en la propuesta de reforma constitucional que presentó en agosto de 2007 a la AN, los CC adquirieron rango constitucional (propuesta de modificación al artículo 70, 2007) y pasaron a formar la base de una reestructuración territorial del Estado que contemplaba "comunas" y "ciudades comunales" (Proyecto de Reforma Constitucional, artículo 16, 2007). En la propuesta de reforma al artículo 136 de la CRBV, H. Chávez los propuso como parte de un nuevo poder, el "Poder Popular", un poder que no surge del sufragio "ni de elección alguna, sino que nace de la condición de los grupos humanos organizados como base de la población".

Esta propuesta de reforma fue rechazada por los votantes en referendo popular en diciembre de 2007. No obstante, el presidente ha venido imponiendo casi todos los contenidos de la propuesta derrotada en lo que atañe a la construcción institucional del poder popular desde 2009, a través de leyes como la Ley Orgánica de los CC de 2009, la Ley del Consejo Federal de Gobierno de 2010, la Ley Orgánica de las Comunas también de ese año y varias otras aprobadas de manera sorpresiva e inconsulta en diciembre de 2010[6]. Sobre esto volveremos más adelante.

En enero de 2009, al iniciarse la campaña electoral por la aprobación de una enmienda constitucional que removería los obstáculos para la reelección indefinida del presidente de la República y otros cargos de elección popular, la ministra del Poder Popular para el Desarrollo Social, Erika Farías, en una declaración oficial en cadena de televisión y radio, reveló una nueva y profunda transformación en la manera oficial de entender los CC y todas las modalidades participativas previas. La ministra hizo un llamado a los CC y otras modalidades participativas a abandonar sus tareas y abocarse a la campaña por el "Sí":

> A partir de este momento, cada consejo comunal se constituye en un comité por el Sí. Es un órgano del poder. Todos deben ser organizaciones para la Batalla del Sí. Comités de tierra, mesas de energía, mesas de telecomunicaciones son comités por el Sí [...]. Hay que entender que es un trabajo político; hay que dejar de lado cualquier otro proyecto para poner la lucha [...]. Vamos a vencer al enemigo estratégico [...]. Los comités por el Sí tienen que convertirse en patrullas [organizaciones del PSUV] para que no quede ningún chavista sin votar. Tenemos que movilizar y necesitamos organización.

(*El Nacional*, 8/1/2009)

Con estas declaraciones, los CC pasaron a ser instrumentos del Presidente y su partido, el Partido Socialista Unido de Venezuela (PSUV).

---

[6] En la CRBV (2000) se exige la consulta a la sociedad organizada para la aprobación de las leyes (artículo 211), lo cual no se cumplió con algunas de las leyes que se aprobaron. Este procedimiento y la aprobación de cerca de 20 leyes se conoce como el "paquetazo socialista".

A finales de 2009, la AN aprobó una nueva ley para los CC, dándole rango de ley orgánica (LOCC, GO N° 39.335). Si bien en ella se corrigieron algunas disfuncionalidades registradas por los CC con la ley anterior (Delgado Herrera, 2010) también se reintrodujeron propuestas que fueron rechazadas en el referendo constitucional de diciembre de 2007, acentuando el carácter dependiente de esta modalidad participativa del Presidente y su proyecto político. Al final del nuevo artículo 2, por ejemplo, se impuso a los CC la finalidad de la "construcción de un modelo de sociedad socialista", lo que es contradictorio con la concepción de democracia participativa asentada en la CRBV, pues fija de antemano el modelo de sociedad que deben perseguir los CC. Otro cambio fue que se les hizo registrar, no ya en la Comisión Presidencial —como se señalaba en la ley anterior— ni en el registro civil público —como corresponde a organizaciones de la sociedad civil— sino en un registro creado *ad hoc*. En la Exposición de Motivos se dice que el estatus jurídico de los CC es *sui generis*, son organizaciones "públicas no estatales", lo que no se compagina con sus usos como instrumentos electorales del PSUV. También la ley argumenta que son autónomas, pero esta ley —al igual que la anterior— las regula en todo:

> Artículo 56. [...] el Ministerio del Poder Popular con competencia en materia de participación ciudadana *dictará* las políticas estratégicas, planes generales, programas y proyectos para la participación comunitaria en los asuntos públicos y acompañará a los consejos comunales en el cumplimiento de sus fines y propósitos, y facilitará la articulación en las relaciones entre éstos y los órganos y entes del Poder Público."
>
> (*Ley Orgánica de los Consejos Comunales,* 2009, énfasis propio.)

En la LOCC de 2009 también se ampliaron las funciones de los CC para incluir actividades de planificación y la tarea de crear organizaciones socioproductivas para impulsar la propiedad social y coordinar con las Milicias Bolivarianas acciones "en lo referente a la defensa integral de la Nación" (artículo 25, ordinal 8). Se vuelve a poner de relieve su carácter cada vez más estatal, e incluso militar.

Además, los CC pasaron a ser sujetos de un proceso de desconcentración del Estado distinto al contemplado en la CRBV, pues junto a la nueva figura de las comunas tienen prioridad sobre los municipios y las entidades federales en la transferencia de servicios públicos. Este proceso fue reforzado en marzo de 2010 con la aprobación de la Ley Orgánica del Consejo Federal de Gobierno, donde se crearon las Regiones Federales de Desarrollo (RFD), entidades que son creadas y dependientes del presidente en todo y cuyas autoridades orientan los procesos de planificación y transferencia de competencias a los CC y comunas (artículo 2), dentro de las tendencias recentralizadoras propias del nuevo régimen emergente.

Por otra parte, en diciembre de 2010, como parte del "paquetazo socialista" que el Presidente y su partido introdujeron en la AN de manera sorpresiva, se aprobaron varios instrumentos jurídicos para asegurar las bases de un nuevo Estado, el Estado comunal. En este sentido, la Ley Orgánica de Comunas (LOC, GO N° 6.011 Extraordinario del 21/12/2010), estableció esta nueva forma participativa como la "célula" fundamental del nuevo Estado comunal y la definió como "un espacio socialista" donde se articulan los CC y toda otra organización social comunitaria (artículo 5). La ley asentó que toda organización comunitaria debe regirse por la LOC y que las comunas no necesitan seguir el ordenamiento territorial del Estado constitucional (artículo 10), pues pueden delimitarse por encima de los límites del ordenamiento territorial y tienen prioridad sobre municipios y regiones en la transferencia de los recursos. En ellas no hay sufragio universal directo ni secreto (artículo 23) y entre sus funciones está la de contribuir con el orden público y construir una economía de propiedad social como tránsito al socialismo (artículo 29). Las comunas se encargan de elaborar planes comunales, que concretan los planes dictados por el gobierno central, del cual dependen a través de las RFG (nuevas entidades que adelantan planes especiales de desarrollo y por donde el presidente, en Consejo de Ministros, encausará inversiones y demás recursos fiscales). Pueden también construir sistemas de agregación, como ciudades comunales y federaciones comunales, cuyas condiciones serán establecidas por el gobierno nacional (artículo 60).

En síntesis, los nuevos instrumentos legales referidos a los CC y las comunas han modificado la concepción inicial de la democracia participativa hacia un enfoque crecientemente socialista-estatista, que usa a la organización y participación popular para la construcción de un Estado comunal que no existe en la CRBV y que, en aspectos cruciales, la contradice. El poder popular en el llamado Estado comunal, pareciera ser principalmente un brazo del Estado-gobierno-partido organizado y articulado desde el Ejecutivo Nacional, dentro de una reestructuración personalista y centralizada del aparato estatal. Tiene como propósito impuesto la construcción del nuevo modelo de sociedad socialista que propugnan el Presidente y su partido. En consecuencia, las nuevas leyes del poder popular tienden a debilitar el potencial autónomo y plural de las organizaciones de la sociedad, exigiendo a las organizaciones participativas movilizarse en época electoral a favor del partido de gobierno. Adicionalmente, no parece haber incentivos ni condiciones que permitirían a estas formas participativas de los CC y comunas desarrollar capacidades para independizarse del ingreso fiscal. Estos procesos ponen en duda las posibilidades y potencialidades de procesos de empoderamiento popular, la construcción de ciudadanía en Venezuela o de una sociedad fuerte, igualitaria, plural y solidaria, como estuvo planteado inicialmente en la CRBV.

Conceptualización y conformación de los CC

En comparación con esta evolución conceptual presente en las leyes que ha estado promulgando el oficialismo en este segundo mandato del presidente H. Chávez, activistas, funcionarios y miembros de los CC tienen distintas maneras de entender los CC. Algunos funcionarios-activistas entrevistados respaldaron la creación de los CC como espacios necesarios para coordinar la variopinta red de organizaciones populares, que se habían revitalizado o aparecido en las comunidades pobres, impulsadas por las políticas participativas. Las percibieron como un paso más en el avance de un emergente tejido social robusto y autónomo, capaz de tener interlocución con el Estado y/o de dinamizar un proceso de paulatino autogobierno. Algunos miembros de los CC que entrevistamos estuvieron más centrados en el concepto del CC como una instancia abierta por el gobierno que les daba la oportunidad de tener acceso a recursos con los cuales resolver los problemas concretos que padecen.

Hablan funcionarios-activistas[7]

En contraste con las tendencias que parecen llevar las leyes del poder popular aprobadas en estos últimos años, en nuestras entrevistas realizadas entre 2007 y 2008 a funcionarios-activistas estrechamente vinculados a la génesis de las innovaciones participativas del actual gobierno, el concepto del CC se explicaba como una innovación que emergió de experiencias participativas acumuladas en años anteriores. Si bien nuestros entrevistados eran funcionarios al momento de ser entrevistados, tenían una larga experiencia de activismo social muy anterior a la época de Chávez. Ellos señalan que la dinámica organizativa y participativa desatada desde 1999 había alcanzado una situación en cierto modo límite, que ameritaba un espacio intermedio de coordinación o articulación. En palabras de uno de ellos,

> MTS: Para mí los CC son la manifestación concreta de un conjunto de reuniones que se dan a principios del año 2005, entre los cuales estamos gente que proviene de las mesas técnicas de agua, está gente que proviene de los comité de tierra urbana, está gente que proviene de los comités de salud, está gente que proviene de las misiones educativas [...]. Esa cadena y ese sistema cadena era convencernos de que estábamos volviendo loca a la gente, cada quien halándola para su ámbito [...]. Si yo soy Hidrocapital te halo para la mesa técnica de agua, pero si yo estoy en el ámbito de la vivienda te halo para el comité de tierra urbana, pero si estoy en el ámbito de salud te halo para la, el comité...
>
> ML: El comité de salud. ¿En Caracas es esto o es en todas partes?
>
> MTS: No, no, esto surge en Caracas como una manifestación propia del proceso en Caracas.
>
> (Entrevista con MTS, 23/12/2008.)

Según este funcionario, las innovaciones participativas previas habían permitido a la gente corroborar que eran mecanismos idóneos para resolver problemas, indistintamente de que la solución tomara meses, o no

---

[7] Los llamamos así porque si bien en el momento de las entrevistas eran empleados públicos, todos provenían de una larga experiencia previa como activistas sociales.

fuera tan buena como se esperaba. Lo cierto es que, a través de mesas de trabajo y comités, se ofrecían soluciones.

> MTS: La mesa de agua que se propagandiza no es un mecanismo institucional, es radio bemba y la gente hace mesas técnicas de agua porque resuelve problemas y se va para la reunión porque en la reunión encuentra que maneja poder. Porque ese sitio se volvió el poder, se volvió el gobierno y se volvió, o sea, pasó, ocurrió, o sea, se dotó de capacidades para tener incidencias sobre las cosas; de manera que se ganó como el papel de gobierno.

> (Entrevista con MTS, 23/12/2008.)

Dentro de esta dinámica, algunos funcionarios-activistas buscaban la mejor estructura para el autogobierno comunitario. Contaban con un antecedente durante los años noventa: los gobiernos parroquiales. Se habían concretado en la alcaldía del municipio Libertador con la Ordenanza de los Gobiernos Parroquiales de 1995, pero ésta tuvo muy corta vida y creó una estructura complicada (Arconada, 1996)[8]. Por su parte, la actual estructura del CC parece haber surgido en la ciudad de Cumaná. En palabras de uno de los inspiradores de la ley de 2006,

> OCH: ¿Cómo yo llegué a los CC? Nosotros hicimos una serie de mesas de trabajo, una de ellas de participación en la ciudad, en Bolívar, el Estado Bolívar y [...]

> ML: ¿Estás hablando de?

> OCH: De hace dos años atrás, o sea, fue en el 2004 y era sobre presupuesto participativo y experiencias en general relacionadas con participación, ahí fue gente que yo conocía, pero en ese momento me entregaron un material que yo nunca vi, ni tampoco en ninguna exposición, que era un material de Cumaná, de Jesús Rojas, que estaban haciendo en ese momento ya un comienzo de lo que ellos llamaban "Gobierno Comunitario" ¿no?, que tiene el mismo sentido de lo que actualmente son los CC. Entonces el material era una espe-

---

[8] La propuesta fue propiciada entonces por el partido La Causa R y surgió de las experiencias participativas impulsadas por el alcalde Aristóbulo Istúriz. Véase López Maya (2005) y Harnecker (1993).

cie de ordenanza donde se explicaba todo lo que era esta organización comunitaria y me pareció tan importante […].

Entonces […] trato de ubicar a estas personas […], era un grupo de izquierda que hacía dos años que se reunía semanalmente […] y habían pensado en cómo hacer […], cuál era el espacio ideal de participación y de autogobierno, y habían llegado a la conclusión de que ese espacio tenía que ser muy reducido, tenía que ser en lo urbano, unas 200-400 familias y en lo rural menos y empezaron con un criterio, que a mí me parece muy correcto, que es el de que la participación es un proceso que tú no puedes acelerar y que requería entonces, sobre todo por el problema, digamos, de los liderazgos artificiales que a veces hay en las comunidades [buscar una solución].

(Entrevista con OCH, 17/11/2006.)

Otro elemento que inspira a estos funcionarios en la búsqueda de una forma participativa capaz de organizar o coordinar las diversas innovaciones participativas que se venían creando, es la necesidad de ordenar las propuestas o planes, planificar la gestión pública de ese nivel micro:

MTS: Los CC estaban en la convicción que teníamos, que teníamos que formular una organización del todo […]. Estábamos conscientes de que halábamos a la gente para nuestro sector, para nuestro ámbito de preocupación […].

[…] que había diversidad de ámbitos y que empezaba a ocurrir que lo que era del comité de tierra urbana era de la mesa técnica de agua y que era del comité de salud, y comenzaba también a pasar que eso ocurría porque no se generaba una propuesta general de gobierno comunitario que tuviera que ver con el acceso a la información de los hechos esenciales de planificación sobre el ámbito, sobre el área que había ahí, que era […] ¿qué es lo que voy a gobernar? […]. En los CC había un ansia por recuperar poder en la planificación y había una convicción de alguna manera entre quienes formulamos los CC en ese tiempo, que los formulamos así […].

(Entrevista con MTS, 23/12/2008.)

Hablan fundadores de CC

Los antecedentes que llevan a la constitución de los CC concretos son distintos a los expresados por los funcionarios-activistas y son además variados de un CC a otro. Sin embargo, en todos los casos que aquí exploramos, el impulso fundador se origina en un grupo de vecinos que se moviliza atraído por los beneficios materiales que brinda el gobierno a las comunidades que se organizan bajo la modalidad del CC. En nuestros casos, todos también fueron creados después de la promulgación de la ley de abril de 2006 y algunos en sus entrevistas mencionan la compra y la lectura de la ley como parte de los pasos importantes que dieron para crear su CC (Entrevista con CCC, 15/3/2009; Entrevista con CCB, 7/2/2010).

Para varias comunidades, la creación del CC fue fácil pues prácticamente se sobrepuso a la estructura de una innovación participativa previa, como el comité de tierra urbana o la mesa técnica de agua. Los mismos miembros de esas innovaciones se transformaron en los voceros del CC. Si bien en la ley la idea era que el CC funcionara como un "espacio articulador de las otras organizaciones", en la práctica en muchas partes sustituyó a las modalidades previas. Esta tendencia se reforzó porque el gobierno ha concentrado la distribución de los recursos que antes daba a otras innovaciones participativas en los CC.

> CTM: Claro, el comité se disgrega en el CC porque lo que hace el CC ahora lo hacía solamente el comité de tierra antes ¿ve? Ahora se disgrega en el comité de tierra […].
>
> ML: ¿No se solapan?
>
> CTM: No, hasta ahora no ha ocurrido porque es la misma gente.
>
> ML: Entonces está solapado, de hecho.
>
> CTM: No, […] es que no se trata de la instancia en que nos organicemos, sino del proceso organizativo histórico de la comunidad, donde cambia la modalidad de organizarse dependiendo de una coyuntura, ahorita tenemos… tuvimos comité de tierra, ahora CC, en un futuro a lo mejor las comunas, así nos estaremos adaptando a esas […].
>
> ML: Siempre y cuando el proceso sea de la comunidad.
>
> CTM: Claro, lo que no abandonamos es nuestro proceso propio, propio, adaptamos y si no se adapta no lo asumimos, eso es bueno saberlo.
>
> (Entrevista con CTM, 28/7/2008.)

En esta declaración el entrevistado acepta como normal que el gobierno cambie con alguna frecuencia la forma organizativa que favorece con sus recursos. No parece darle relevancia al CC como espacio de articulación de otras modalidades participativas. Sostiene, sin embargo, que si la nueva modalidad está reñida con la forma con que ellos acostumbran participar, la rechazan.

Los cuatro CC explorados aquí, han pasado todos por una fase promotora, como lo requiere la ley. Una persona o un grupo de vecinos, motivado por la posibilidad de concretar el CC y recibir así los recursos, entra en conversación y consulta con vecinos, allegados y/o interesados y proceden a llenar los requisitos que exige la ley. El censo y el mapa de la comunidad facilitan el conocimiento y la cohesión del grupo inicial, permitiéndole —al menos inicialmente— trabajar unidos.

> CCC: Antes de febrero [2007] ya nos estábamos reuniendo con la comunidad para plantear la idea que teníamos cuatro vecinos, que fueron Keyla, Nataly, Fátima y yo, para hacer en la comunidad un CC. Entonces primero nos reunimos con los vecinos, vimos si los vecinos querían o no querían y fuimos investigando en la ley, nos estudiamos la ley todos para eso, porque la ley te explica cuál es el procedimiento para conformar un CC. Entonces establecimos las bases legales, hicimos un cronograma de trabajo y entonces empezamos a reunirnos con los vecinos en las asambleas de ciudadanos. Entonces la primera acta, el acta N° 1 como tal fue el domingo 11 de febrero, donde se inició la trayectoria del CC, fueron muchos vecinos los que vinieron ese día. Ahí se hizo un diagnóstico de la comunidad, se hizo el primer censo, se realizaron el croquis, el área geográfica, todos los parámetros que establece la ley, la historia [...].
>
> (Entrevista con CCC, 15/3/2009.)

Tenemos entrevistas a dos comunidades donde la creación del CC ha pasado por frustraciones o simplemente no ha sido posible constituirla pese a que existen personas que han conformado lo que denominan el "equipo promotor provisional" (ese es el término que la ley de CC consagra para las primeras personas que la asamblea de ciudadanos designa para comenzar el CC). En sus palabras, las causas que impiden que se organice la comunidad son principalmente: la apatía de los vecinos –percepción muy generalizada en todas las entrevistas– y la desconfianza que genera esta innovación porque es una iniciativa del gobierno. En Caracas, muchas comunidades populares tienen historia de organización autónoma o impulsada por gobiernos del pasado, y son muchas las experiencias de frustración que conocen. Las comunidades pobres están acostumbradas a organizaciones y/o líderes comunitarios que no han cumplido sus promesas, que han sido corrompidos con los dineros públicos, que han manipulado las organizaciones a favor de sus intereses partidistas particulares. La cultura clientelar es de fuerte arraigo.

> CCZU: Estamos ahorita en la comisión electoral, que es la comisión promotora, que es el grupo de personas que gestionan el CC, lo que pasa es que ésta es una comunidad muy apática, aparte de apática hay mucha oposición y ellos tienen unas directrices que todo lo que viene del gobierno es mentira y creen que es mancharse las manos de gobierno, ¿entiendes? Que no quieren a Chávez. Entonces, somos un grupo muy pequeño tratando de conformar los CC y se nos ha hecho muy difícil, una lucha, pero ya hicimos todos los censos […], ya tenemos la comisión promotora y ya vamos en pro de las elecciones que vamos a hacer ahorita después de carnaval […]. Somos una comunidad de 330 apartamentos, y un millón de familias porque hay superpoblación dentro de los mismos inmuebles […], Eso es lo que ha pasado, y tenemos bastante problema para lograr nuestros objetivos, por ejemplo una cancha, una fachada, esto se nos ha hecho difícil de reparar porque no tenemos un CC, pero estamos ahí luchando, los que estamos, estamos ahí luchando. Somos una comunidad de clase media baja, porque la mayoría son personas jubiladas pensionadas y de verdad necesitamos esos recursos pero mientras no tengamos ese CC […] y lo vamos a lograr […].

(Entrevista con CCZU, 21/3/2009.)

El CC San Blas Matapalo, de la parroquia de Petare del municipio Sucre, es un caso relevante de tenacidad de los vecinos por hacer que funcione en su comunidad. Según los recuentos de la experiencia hecha por los miembros actuales, desde su creación en 2006 ha tenido tres composiciones. Hasta ahora todo han sido dificultades.

ML: Vamos a hablar un poco del CC, la historia de la organización. Bueno, cuéntame un poco la historia de este CC.

CCV: Guao. Mira, este CC ha pasado las verdes, las maduras, o sea, tantas cosas. Nosotros antes de esto [...], las elecciones de nosotros fueron muy lindas, o sea, excelentes elecciones, ningún CC yo nunca he visto unas elecciones como que si fueran elecciones presidenciales, con tarjetón y todo eso, fue excelente.

ML: ¿Quién las convocó?

CCV: Todos nosotros, éramos el grupo promotor, todos poníamos de nuestro bolsillo, todos estábamos ahí, era un grupo muy grande, lástima que, bueno, se ha ido como desintegrando un poco, pero es lindo [...], mira, nosotros venimos de una racha muy fea, o sea, el CC que estaba anteriormente, a ellos les bajó muchos recursos, o sea, a ellos les bajó un platero, ¿qué te digo? Dos millardos de bolívares y de esos 2 millardos de bolívares [...] o sea, hicieron despilfarro, o sea, no se le metió nada a la comunidad y la gente estaba dudosa a volver a confiar en otro CC, pero nosotros hicimos un cambio tan brusco que nosotros hacíamos la asamblea y se llenaba y le dimos a la gente a entender que nosotros sí queríamos trabajar como se tiene que trabajar y bueno, la gente confía otra vez en tí y otra vez y vieron otro CC.

(Entrevista con CCV, 2/2/2010.)

Características del funcionamiento del CC

Los CC se constituyen a través de una asamblea de ciudadanos, compuesta por los habitantes —mayores de quince años— de una comunidad y convocada por la comisión promotora, una vez que se han completado los requisitos que exige la ley: elaboración de un croquis de la comunidad, recolección de la historia de la comunidad y realización de un censo demográfico y socioeconómico (LCC, artículo 17).

Una aseveración recurrente en los casos seguidos en este estudio es que la asamblea fundacional suele ser la más concurrida; en algunos casos incluso una primera convocatoria a la comunidad por parte de los promotores basta para obtener el quórum exigido por ley (20%) y proceder a la constitución legal del CC (Entrevista con CCC, 2009). Pero después de esa primera asamblea, decrece el entusiasmo y en algunas comunidades puede ser difícil lograr que la gente vuelva a concurrir masivamente.

Múltiples son las explicaciones que dan nuestros entrevistados a esta persistente realidad, que constatamos no solo para los CC sino en otras modalidades participativas (López Maya, 2010). Unos alegan que la gente cree que el CC va rápidamente a mostrar resultados y pierden el entusiasmo al ver que esto no es lo que ocurre. Un miembro del CC Barrio Metropolitano Parte Alta, señaló que nada más registrar el CC ante las autoridades después de esa primera asamblea se demoró ¡8 meses! Entonces la gente pensó:

> CCC: Ustedes no sirven, ustedes no trabajan, ustedes no se mueven, ustedes nada.

> (Entrevista con CCC, 15/3/2009.)

El cuerpo deliberativo y decisorio de los CC es la asamblea, pero ésta en la práctica no se convoca con frecuencia, sino cuando es necesario, como para aprobar un proyecto, o para cambiar a los miembros del CC, lo que ocurre cada dos años. En nuestras entrevistas los miembros de los CC siempre aseguraron que cumplían con esta disposición legal y reconocían las dificultades que conlleva.

> CCC: A veces durábamos tres horas llamando a la gente por el parlante para que salieran a la asamblea, sino yo las dejaba a ellas y me iba de casa en casa, mira, vamos a asamblea, porque de verdad era desmotivante [sic] tener eso en la comunidad, la apatía es un factor que en todas las comunidades está pero a veces hay temporadas en que la gente no, esa es una cuerda de locos que están ahí llamando y […] entonces, bueno […].

> (Entrevista con CCC, 15/3/2009).

La otra realidad que comparten nuestros casos de estudio son la disminución, muchas veces hasta su mínima expresión, de quienes inicialmente aceptaron integrarse en el CC para trabajar en proyectos para la comunidad. Esto se debe a que pasado el primer entusiasmo, no tienen en verdad ni el tiempo, ni la vocación. Algunos sostienen que muchos se acercan por un interés personal –obtener trabajo o recursos– y al ver sus expectativas frustradas se retiran. Desde una cultura política fuertemente clientelar, como es la venezolana, y teniendo los habitantes de los barrios populares tantas necesidades insatisfechas, el interés personal sin duda prima en muchas oportunidades. En otras, la gente piensa que el trabajo comunitario debe ser remunerado, tal como lo expresa una integrante del CC San Blas Matapalo,

> ML: ¿Cuántos miembros tuvo el CC en el momento en que se fundó? Que fue en abril ¿verdad?
>
> CCV: Exacto.
>
> ML: ¿Y actualmente?
>
> CCV: Mira, el aproximado te voy a decir es veintisiete personas y ahorita si te digo que quedan como diez, doce, son muchos, no tengo la totalización completa pero si queda ese… eso que te puedo decir.
>
> ML: ¿Los motivos por los cuales se ha ido reduciendo en ese espacio de tiempo?
>
> CCV: Hay muchos motivos, el motivo es decepción, el otro es trabajo, el otro que vea que estás trabajando por tu comunidad, tienes responsabilidad y no tienes…
>
> ML: Dinero.
>
> (Entrevista con CCV, 2/2/2010.)

Los miembros del CC afirman reunirse con cierta asiduidad, sobre todo si han recibido recursos y ejecutan obras. En algunos CC nos aseguraron que se reunían semanalmente, otros cada quince días o cuando hiciera falta. Por lo general también afirman que están en contacto de manera frecuente y preparan sus asambleas con bastante cuidado. Así lo describe un miembro del CC Barrio Metropolitano Parte Alta:

> I: Yo le quiero hacer una pregunta con relación a la… a las asambleas, usted me dijo que a veces se reunían allá en la casa comunal ¿no? ¿Cómo… cada cuánto tiempo se reúnen?
>
> CCC: Bueno, primero, tenemos un sistema como CC, primero tenemos reuniones internas todos los miembros del CC, antes de ir a la asam-

blea de ciudadanos con los vecinos, se tiene que notificarle a todos los miembros del CC mira, vamos a hacer este proyecto, esto es así, se le explica la iniciativa a un grupo del CC, se levanta un acta, un informe y se da luz verde a hacer la asamblea de ciudadanos, donde todos tenemos que manejar el mismo lenguaje, porque todos somos un equipo.

CCX: Claro.

CCC: […] y si alguien tiene una duda, lo dice en la reunión interna, se llaman reuniones internas del CC y todos podemos convocar a una reunión interna, si Gladys tiene una idea de hacer un proyecto, mira, habla con otro, mira, vamos a tener iniciativa de esto, esto y esto. Ah, bueno, vamos a llevarlo a reunión interna para ver qué opina Moisés, qué opina Nataly, qué opina Keyla, qué opina Alcides, […] porque somos un equipo de veintidós, donde trabajan realmente seis, siete miembros activos, los demás son miembros pasivos.

(Entrevista con CCC, 15/3/2009.)

El hecho de que el trabajo en el CC no es remunerado, exige tiempo y mucha paciencia, puede ser la razón de que los CC –al igual que otras modalidades, como las mesas técnicas de agua–, tengan una composición mayoritariamente femenina. En el CC Barrio Metropolitano Parte alta, la relación es catorce mujeres-ocho hombres, de los cuales solo uno trabaja en la semana, mientras los otros trabajan sábados y domingos principalmente (Entrevista con CCC, 15/3/2009). En el CC Indio Catia, Barrio Tamanaquito, municipio Libertador, trabajaban un total de veinte personas, siendo catorce de ellas mujeres (Entrevista con CCM, 21/7/2008). Además, afirman que en las asambleas –que aseguran convocar cada quince días– el 90% de los que asisten son mujeres (Entrevista con CCG, 21/7/2008).

En general, los miembros de los CC aseveran funcionar apegados a la ley, que –como señalamos arriba– estudian y les sirve de guía. Cuando el personal se reduce o los recursos no llegan, se adaptan a las circunstancias. En San Blas Matapalo, donde no les han aprobado ningún proyecto, los encargados del Comité de Alimentación se pasaron al Comité de Vivienda. En su barrio se asentó la Misión Barrio Nuevo Tricolor, que depende del

Ministerio del Poder Popular para Obras Públicas y Vivienda. Como esta Misión, a cuyo cargo está un teniente del Ejército, proporciona recursos para acomodar las viviendas del barrio, a esta actividad se han dedicado prácticamente todos. Incluso algunos han sido empleados por el teniente, y reciben su almuerzo gratis allí los días de la semana (Diario de campo, 10/2/2010). Los del CC hacen diagnósticos y establecen qué viviendas tienen prioridad en la remodelación. Sin embargo, reconocieron que las primeras viviendas que se mejoraron estaban en la calle principal, cerca del campamento de la Misión, una decisión que tomó el teniente encargado de Barrio Nuevo Tricolor para promover la imagen de esta misión (Entrevista con CCV, 2/2/2010 y entrevista con CCB, 7/2/2010).

Las decisiones de las asambleas y de las reuniones internas del CC suelen ser tomadas por consenso. Pero también se practica en ciertas circunstancias la votación a mano alzada, "la señal de costumbre" (Entrevista con CCV, 2/2/2010). Los miembros del CC sí se designan por una votación secreta de acuerdo a la ley de CC (artículo 12).

Los CC más exitosos, es decir, aquellos que logran pasar la prueba del registro ante el gobierno y quedan incorporados en las listas oficiales de los diferentes ministerios, gobernaciones y alcaldías —gracias a lo cual reciben recursos— logran ejecutar obras y por ello gozan de más colaboración por parte de sus comunidades. Algunos CC suelen apoyarse en la obtención de recursos con contactos personales en oficinas gubernamentales. Pero, en otros casos, se señala una cierta ligereza en el otorgamiento del dinero por parte de algunas instancias públicas:

> ML: ¿Cómo es esa relación con esos funcionarios, cómo… tienen que batallar mucho con ellos, cómo es?
>
> CCM: Mira, como tal, el ente rector de los CC es Fundacomunal, es poca la relación, ¿por qué? Porque Fundacomunal se ha limitado nada más a ver cuántos CC forma, no cuántos CC acompaño, ¿entiendes?
>
> ML: ¿Y eso depende de quién, Funda…?
>
> CCM: Erika Farías, la del Frente Francisco de Miranda, del MPS.
>
> ML: Ah, del MPS.

CCM: Ella ¿no? O sea, ahorita se ha desatado [...], que tomen real si quieren real ¿no?, a nosotros nos interesa y es lo que venimos promoviendo, pues, partiendo de una necesidad nosotros abarcamos a la familia y cuando nos metemos con la familia tratamos de darle una atención integral, todos no trabajan así y es una de las grandes críticas, tomen, rindan cuenta.

ML: ¿Ahorita no están entregando proyectos así formulados y eso, sino que toman el dinero?

CCM: Una hojita, dos hojitas y después es donde viene el dolor de cabeza.

ML: ¿Y cuál es la magnitud del dinero que les da con una o dos hojitas?

CCM: Dependiendo, dependiendo.

ML: ¿Aquí cuánto dieron?

CCM: Por lo menos aquí como Comité de Tierra nos dieron 2,6 millardos en dos partes.

ML: ¿Desde cuándo, más o menos?

CCM: Ya vamos para tres años.

(Entrevista con CCM, 21/7/2009.)

Algunos miembros del CC de San Blas Matapalo, que —como ya señalamos— vienen de haber sufrido una experiencia negativa con el CC electo con anterioridad a ellos —porque desvió los recursos otorgados por el gobierno a la comunidad para fines personales de algunos de sus integrantes— expresan mucha desconfianza y crítica sobre la forma en que se otorgan los recursos y la laxitud en el control de cómo se administra. Debido al desempeño del CC anterior, ellos —en año y medio—, no han logrado que se les aprueben recursos para el proyecto de nuevas tuberías de agua que necesitan con urgencia. Al preguntarles con qué se financian sus actividades, contestaron que el financiamiento proviene de sus propios bolsillos (Entrevista con CCP, 2/2/2010; entrevista con CCV, 2/2/2010). Han logrado algunas donaciones a través del sacerdote que le da la misa los domingos, que está vinculado a la Universidad Católica Andrés Bello (Entrevista con CCB, 7/2/2010).

La relación de los CC con el partido del presidente H. Chávez, el PSUV, es en algunos casos clave para conseguir apoyo en las oficinas gubernamentales. Parece que ese fue el caso del primer CC de San Blas Matapalo, a pesar de que muchos de nuestros entrevistados tratan de minimizar esta realidad. En nuestras entrevistas, ante la pregunta sobre si militaban en un partido, algunos primero lo negaban pero después reconocían que se habían inscrito cuando H. Chávez los convocó insistentemente (aunque afirmaban no militar), otros argumentaban que eso no tenía importancia. Hay quienes hacen una cautelosa crítica de la tendencia del gobierno a articular a los CC al partido para movilizarlos en tiempos electorales. Y otros critican esto abiertamente. En el CC San Blas Matapalo, tomaron la decisión de mandarse a hacer unas franelas de color blanco con la orilla del cuello y de las mangas con los colores de la bandera nacional. La simbología es clara, el CC no es "rojo rojito" sino blanco, que incluye a todos los colores (Diario de campo, 31/1/2010) Encontramos así, en los casos estudiados, diversas posturas con relación a esta orientación del gobierno de utilizar los CC como brazos del partido. Algunos entrevistados lo aceptaban abiertamente,

> ML: Ya tú me dijiste que sí, que están ambos [el CC y el PSUV] funcionando aquí en esta casa.
>
> CCM: Nuestro batallón.
>
> ML: ¿Y cómo es la relación, ustedes mismos son el batallón o cómo es?
>
> CCM: No, o sea, aquí tenemos militantes y aspirantes ¿no?, los aspirantes, los que nunca asistieron a una asamblea y los militantes los que fueron consecuentes y todavía se mantienen ¿no? El batallón en su totalidad, los comisionados no son todos los miembros del CC, ahí hay cierto perfil que hay que cumplir ¿no?, claridad política, consecuencias, cuando te digo claridad política no es que esté con Chávez, sino que tenga esa capacidad de ser crítico y autocrítico ¿no? Nosotros nos reunimos aquí también, el batallón nuestro también nos reunimos cada 15 días,

dependiendo la decisión que se tenga que tomar, la postulación que se tenga que hacer.

ML: ¿Esas asambleas son distintas a las del CC?

CCM: Sí. Esto es lo que tienen que discutir, en la Asamblea Nacional nos decían esto es lo que tienen que discutir, nosotros si no era necesario discutir ese papel, proyectábamos una película y discutíamos en base a la película, o sea, la metodología siempre la cambiábamos pero con el mismo objetivo, pues, el objetivo era el mismo.

(Entrevista con CCM, 21/7/2009.)

Desde 2008, el gobierno ha creado una instancia nueva que articula los CC de una zona barrial determinada. La finalidad es que, a través de esta coordinación, se tramiten los proyectos de las comunidades organizadas en CC a las distintas dependencias del Ejecutivo Nacional y, a la vez, según algunos de nuestros entrevistados, se les imparta formación ideológica. La instancia se conoce como la "Sala de Batalla Social". Dice uno de los entrevistados que no está de acuerdo con esto,

ML: ¿Ha ido a la Sala de Batalla, usted ha ido?

CCP: Bueno, he ido pero no se ha concretado nada porque ya veremos, ya usted sabe cuál será, cuál es el esquema que existe, que la gente nunca habla lo correcto, se vuelve una galleta y yo…

ML: ¿Pero a usted lo convocaron de esa Sala?

CCP: Sí, a nosotros nos han convocado y yo me he tenido [que ir] de la reunión, pues, porque nunca se ha llegado a nadie.

ML: ¿A nada?

CCP: Nunca.

ML: ¿Esa Sala de Batalla es del partido o es del…?

CCP: Esa Sala de Batalla… político.

ML: Ah, o sea, es del partido.

CCP: Por el partido político.

ML: ¿Pero él convoca los consejos comunales?

CCP: Él convoca a los CC para entonces hablarles de lo que es recurso y sus sistemas políticos, la cual yo no participo, porque yo como CC, independientemente quién sea, yo trabajo por mi comunidad, yo no trabajo por una política.

(Entrevista con CCP, 2/2/2010.)

La relación con los gobiernos municipales es débil y a veces incómoda. Se reitera en las entrevistas la ausencia física de los concejales en estos barrios —nunca se les ha visto— y se expresan también críticas a gestiones de algunos alcaldes. En particular, en dos CC ubicados en la parroquia de Petare, municipio de Sucre, se alude críticamente al trato discriminatorio que el alcalde y el partido PSUV dispensaban en la época de nuestras entrevistas a colombianos y extranjeros que formaban parte de la comunidad.

I: con el alcalde, José Vicente Rangel Ávalos, hubo relaciones. Tú crees que... ¿cómo fue esa experiencia particular?

CCC: Bueno, mira, el alcalde de ese entonces, no fue una gestión buena, hay que reconocerlo y la misma gente sabe, hubo discriminación y por eso nosotros tuvimos muchos problemas en el CC, porque el alcalde no quería ningún beneficio para ningún extranjero, entonces nosotros decir esto aquí en la comunidad [...] fue que nos cayeron [con] que Moisés no quiere a los colombianos, [con que] Moisés no quiere a los ecuatorianos. Entonces a mi me decían mira, si vamos a dar diez cocinas tienen que ser diez venezolanos, no puede haber ningún extranjero. Pero hay un colombiano que lo necesita, hay un extranjero que también vive en la comunidad. Entonces al yo decir eso en una asamblea, me cayeron como granitos a [...].

(Entrevista con CCC, 15/3/2009.)

En la cita se aprecian tres elementos en la relación entre el alcalde psuvista y los CC: primero, la discriminación con los extranjeros que introduce una tensión entre los miembros de la comunidad; segundo, la repartición desde la alcaldía de electrodomésticos a través de los CC; y tercero, la subordinación del CC a la alcaldía. Al parecer, no tenían posibilidad de cambiar esta política del alcalde[9].

---

[9] Otra referencia sobre esta actitud negativa hacia los extranjeros en los barrios por parte del PSUV se dio también en la parroquia de Petare cuando un sacerdote quiso

Con relación a la formación que han recibido quienes participan en esta modalidad participativa, la situación es muy diversa. Hay quienes dicen nunca haber tomado cursos y haber aprendido de la sola experiencia, y también quienes han tomado los más diversos talleres y cursos, incluso en el exterior. Los cursos de formación, en algunos casos, han sido impartidos por organizaciones privadas o de la sociedad civil y en otros, por distintas dependencias del Estado. Cuando se ha aludido a viajes, han sido pagados por el gobierno (Entrevista con CCV, 2/2/2010; entrevista con CCM, 21/7/2008).

Fortalezas y debilidades de los CC

A la hora de evaluar el desempeño de los CC hasta 2010, encontramos en nuestras entrevistas a participantes de CC en Caracas una gran diversidad de respuestas, incluso algunas extremas y antagónicas entre sí. Muchos factores concurren en ese resultado. Desde condiciones como la actitud personal, la edad, el género, las expectativas, las experiencias previas, hasta la posición política y haber obtenido o no recursos estatales. La sociedad venezolana está profundamente polarizada políticamente y eso se deja ver en las respuestas de algunos participantes de los CC. La diversidad es interesante porque revela la persistencia del pluralismo político en el interior de esta innovación pese a los esfuerzos de cooptarlos bajo el ala del partido PSUV. Siendo los CC una de las políticas bandera del segundo gobierno del presidente H. Chávez, base del reordenamiento "socialista" del Estado, las personas comprometidas con el Presidente y su partido dan un tipo de respuestas, mientras los que los adversan políticamente ponen más relieve en defectos que a su juicio malogran los resultados. La mayoría de quienes participan en los CC tienen algún nivel de formación política y tienen también posiciones políticas. De modo que debemos tomar las respuestas que aquí presentamos dentro de ese contexto.

---

abrir un canal para atender a inmigrantes ilegales, dados los constantes vejámenes a los que son sometidos. La iniciativa tuvo acogida en los CC hasta que un dirigente del PSUV se opuso. Entonces los CC "se asustaron y esto [...]. Allí notas que quien domina la pelea es el PSUV" (Entrevista con CCP, 21/2/2009).

Fortalezas

Entre las fortalezas que más se reconocen en los distintos CC que contactamos para esta investigación, está la que se refiere al beneficio que proporcionan a las personas que se involucran en ellas. La mayoría de los entrevistados, no solo en CC sino también en modalidades participativas examinadas en otros trabajos (López Maya, 2010) se identifican como personas con sensibilidad y vocación social. Les gusta el trabajo comunitario, lo han hecho prácticamente desde niños, se sienten recompensados ayudando a su comunidad, aunque no obtengan reconocimiento.

> CCH: Mira, no te voy a hablar por toda la comunidad porque no es justo, te voy a hablar como yo como comunidad, yo digo que a veces no es tanto lo material como tal, mucha gente no espera lo material sino nada más con la satisfacción de que tu vecino está bien y de que hay muchas personas que de verdad, que de verdad, verdad, tú has visto que la han ayudado. Con eso te puedo decir que, aunque no nos han mandado recursos, nosotros estamos luchando por eso, por ese bien común y si tu vecino está mal, tú estás mal.

> (Entrevista con CCH, 2/2/2010.)

Para muchos, especialmente si su CC ha logrado recursos para desarrollar algunos proyectos en la comunidad, esta modalidad organizativa estimula una ampliación de la participación de los vecinos en el barrio. Asimismo, las obras realizadas van elevando la calidad de vida de los miembros de la comunidad. Es el caso del CC Indio Catia, que ya ha rehabilitado varias viviendas para la comunidad y del CC Metropolitano Parte Alta, que ha ejecutado varias obras,

> ML: Están pendientes de cuándo les toca a ellos.

> CCG: Eso es lo más importante, sí; la gente se va incorporando cuando ve hechos, cuando la gente ve hechos, ve que las cosas caminan, entonces la gente se incorpora. Al principio a la gente se le hace difícil, pero cuando empiezan a ver que las cosas están cambiando, que están mejorando viviendas, entonces la gente [...]. Oye, no, hay que ir para allá porque si no, nos dejan por fuera.

> (Entrevista con CCG, 22/7/2008.)

CCC: [...] también se mejora la calidad de vida en el sentido de mejoramiento de fachada, alumbrado, seguridad, se atacan otros principales problemas de esta zona y del sector y salen otros tipos de problemas. Ah, bueno, mira, vamos a poner una reja, vamos a poner alumbrado, vamos a poner vigilancia, ellos mismos están seguros ahí, con su seguridad y que es de la misma comunidad, a la final ellos son los dueños de su callejón.

(Entrevista con CCC, 15/3/2009.)

Se menciona también que el CC incentiva expectativas de futuro. Al constatar que con sus esfuerzos y trabajo cumplen metas, los vecinos pueden pensar en otros proyectos futuros. Esto se mencionó en el CC Barrio Metropolitano Parte Alta que lograron, como ya se señaló, registrarse exitosamente, a partir de lo cual fueron formulando proyectos que recibieron financiamiento, y han ido haciendo mejoras que consideran sustantivas en la comunidad. Lo mismo en el CC Indio Catia (Entrevista con CCC, 15/3/2009),

ML: ¿Después de este proyecto, tienen otros planes?

CCM: Sí.

ML: ¿Cuál es el más inmediato?

CCG: Transformar el barrio completo.

CCM: Primero, transformar el barrio, pero más que el barrio es darle atención...

CCG: A la gente.

CCM: A la, o sea, es fortalecer la educación, la cultura y el deporte, para nosotros eso es lo primordial, fortalecer la educación, la cultura y el deporte.

ML: Después de la vivienda, ¿cuál iría primero?

CCM: [...] porque aquí [...] no, la inseguridad [...].

(Entrevista con CCM y CCG, 21/7/2008.)

Otra fortaleza que fue mencionada por algunos entrevistados del CC Metropolitano Parte Alta, fue la posibilidad de empleo que los CC brindan a la comunidad. En un país donde la mitad de la población vive del empleo informal, poco importa que los CC no proporcionen un empleo de calidad, que sean empleos provisionales y sin los derechos que otorgan las leyes laborales venezolanas. Los proyectos que desarrollan los CC abren posibilidades a personas con diferentes oficios de poder trabajar temporalmente en su comunidad, cerca de sus casas. En combinación con misiones del Ejecutivo nacional, como Barrio Nuevo Tricolor, proporcionan almuerzo gratis y baja remuneración a jóvenes desocupados. Abajo dos comentarios, uno de un miembro del CC Barrio Metropolitano Parte Alta, que considera una prioridad de los CC contratar su mano de obra en la comunidad, el otro es del teniente encargado de la Misión Tricolor en el Barrio San Blas Matapalo:

> CCC: Nosotros como CC contratamos y buscamos gente […], mano de obra de la comunidad […].
>
> CCX: Exacto.
>
> CCC: […] buscamos todas las instan… si no hay aquí en este CC, vamos para otro CC si no, para otro, si no […].
>
> I: Alguien que quiera trabajar.
>
> CCX: […] porque hay mucha gente […].
>
> CCC: Y como trabajan para la comunidad y también vienen de la comunidad y se benefician, sale un poco más barato la mano de obra; porque yo lo que les planteo es, primero, no somos una empresa capitalista ni socialista ni nada, sino que somos una organización comunitaria; no tenemos tanta cantidad de dinero como tú vas a cobrar, a lo mejor tú eres un maestro de obra, trabajas en una empresa y te pagan semanal 1.500 bolívares, yo no tengo para pagarte 1.500 pero te puedo pagar mil, ¿entiendes? Porque es una obra comunitaria, yo sé que es un trabajo duro, el mismo trabajo que vas a hacer allá lo vas a hacer aquí.
>
> CCX: Pero con todo y eso ellos quedan satisfechos.
>
> (Entrevista con CCC, CCG y CCX, 15/3/2009.)
>
> ML: Mira, el consejo […], los señores del CC me han comentado que eso […], la misma gente de la comunidad trabaja acá y se les paga […],

ustedes le pagan [...], le paga este ministerio, el Ministerio del Poder Popular...

JS: Sí. La modalidad que tenemos acá es que el gobierno nacional, a través del Ministerio de Obras Públicas y Vivienda, ellos... él le proporciona los materiales, todo lo que es materiales para la intervención de la vivienda. Estamos hablando de material, de una tubería, de un clavo, hasta la pintura que se le coloca afuera y adentro también, la parte interna de la casa y además de eso, los trabajadores de aquí reciben al mediodía el almuerzo y, no obstante, también reciben un pago, que ese pago no es, no devenga ningún tipo de beneficios a la larga, estamos hablando que es una acción comunitaria que está beneficiándolos a ellos mismos, es como que yo te estoy haciendo la casa, te estoy dando todo para que tú hagas tu casa y además te estoy pagando para que...

ML: Que la hagas.

JS: Que la hagas, pues.

ML: Pero no como asalariado.

JS: Exacto, es solamente como una...

ML: Una ayuda.

JS: Una recompensa a ese trabajo comunitario como tal.

(Entrevista con JS, 2/2/2010.)

Debilidades

Uno de los temas en torno a las debilidades de los CC que apareció durante las entrevistas tiene que ver con la propensión a participar en ellos para obtener beneficios materiales personales, desvirtuando sus fines. Varios aspectos del contexto político, socioeconómico y cultural explican que éste sea un problema considerable que desafía la posibilidad de que el CC cumpla con los fines para los cuales fue creado.

Como ya se señaló anteriormente en una cita de un entrevistado del CC Indio Catia, algunas dependencias del Ejecutivo nacional han concedido de manera laxa en estos años recursos significativos a los CC, provocando que los recursos otorgados no siempre fueran utilizados para los fines contemplados en la ley (Entrevista con CCM, 21/7/2008). En una reunión de activistas a la que asistimos en 2008, este tema fue expuesto descarnadamente por varios que trabajaban en dependencias municipales de Caracas (Diario de campo, 28/7/2008). En nuestras entrevistas a miembros del CC San Blas Matapalo, quedó elocuentemente documentada la traumática experiencia vivida con el CC anterior, que recibió recursos para hacer obras en la comunidad y éstas nunca se materializaron. Ellos hoy padecen las consecuencias, pues una de sus primeras acciones como CC entrante fue acudir a la fiscalía e introducir una denuncia para protegerse ante cualquier acusación de malversación de recursos en el futuro (Diario de campo, 31/1/2010). Este CC no ha recibido recursos en el año y medio que lleva funcionando, pese a haber introducido proyectos en diferentes estancias del gobierno central. En una entrevista a un funcionario de alto rango, éste expresó su preocupación de la manera siguiente:

> MTA: [...] o sea, si yo tuviera que confrontarte con los aspectos más dramáticos de la situación que actualmente tienen los CC, es haber participado en una discusión en un barrio sobre un problema donde una casa drenaba sus aguas residuales hacia otras casas y entonces haber escuchado que alguien proponía "aquí lo que hay que hacer es hacer un CC", a lo mejor pensando bien esa persona, que había necesidad de una instancia de gobierno que determinara el derecho de la gente a no recibir las aguas residuales de otros y la asunción del problema como se asume. Y haber escuchado de la comunidad afectada "no, nosotros no queremos dinero, queremos resolver el problema", eso fue para mí la crítica concreta a lo que hoy por hoy se construyó; la idea de los CC más grave que pueda haber, más grave, "no, yo no quiero plata, quiero resolver el problema".

(Entrevista con MTA, 23/12/2008.)

Un miembro del CC San Blas Matapalo lo expresó así:

> ML: Bueno, la última pregunta que te voy a hacer es esta: si a tí te pidieran que ajustaras el CC, ¿qué le falta y qué le sobra al CC, cómo lo harías tú, qué, para fortalecerlo, digamos?

> CCV: Bueno, yo lo fortalecería con personas en verdad que quisieran, en verdad, su comunidad, personas que quisieran trabajar como se tiene

que trabajar y ayudar a todo aquel que necesita y mira, buscar gente donde no haya y sacarla, vamos a trabajar.

ML: Verdad que sí.

CCV: Pero no por un interés social, o sea, por un interés de dinero, no, no es justo, no es justo porque te digo que las cosas hay que ganárselas, las cosas hay que sudárselas.

ML: Entonces tú crees que la principal debilidad que tiene el CC es que la gente está motivada por el dinero.

CCV: Sí, es eso, y te darás cuenta después que entrevistes a todos.

(Entrevista con CCV, 2/2/2010.)

Otra debilidad que mencionan los miembros del CC se refiere a la apatía y falta de compromiso de la gente. En el CC San Blas Matapalo este tema se reiteró en las entrevistas:

ML: O sea que más que un problema del CC, es el problema de la comunidad que no participa.

CCMM: Sí.

ML: ¿Y por qué crees tú que la gente no participa?

CCMM: Porque ya eso viene…

ML: ¿De atrás?

CCMM: De atrás, como han tenido muchas experiencias de otros consejos comunales, que les han prometido, prometido y no cumplen y no cumplen.

(Entrevista con CCMM, 2/2/2010.)

La tercera debilidad que fue expresada tiene que ver con la falta de formación de los miembros de los CC, que impide su mejor funcionamiento,

CCM: Otro, la formación constante de todos los miembros del CC.

ML: ¿Cómo hacen eso?

CCM: O sea, que debería haber más formación, pues, uno porque no tiene tiempo y se dedica a formarse. No todos la tienen, entonces crear medidas, herramientas, vías, no sé, mecanismos para que haya formación constante. Y otra, la atención o un programa, implementación de un programa de atención a los jóvenes, es una debilidad que tenemos, la atención a los adultos hay, pero no tenemos. Ahorita apenas se está creando un consejo juvenil ¿no?

(Entrevista con CCM, 21/7/2008.)

Algunos entrevistados también se refieren al problema del excesivo retardo en los procedimientos de registro y aprobación de proyectos, lo cual los deslegitima ante la comunidad. Lo mismo sucede cuando los recursos no se aprueban o llegan después de meses. Así lo afirmaron dos participantes del CC Barrio Metropolitano:

CCC: Entonces duramos ocho meses en el registro del consejo comunal, ocho meses en que la comunidad te dice "ustedes no sirven, ustedes no trabajan, ustedes no se mueven, ustedes nada". Ah, bueno, ellas pueden hablar.

CCG: Ay, mi amor, eso es horrible, es horroroso como la gente nos trata de ladrón, que no hacemos nada, que vivimos es arreglando nuestras casas y tú ves cómo tenemos nuestras casas, porque nosotros todavía no hemos podido arreglar la nuestra y todos necesitamos porque nosotros vivimos aquí en la comunidad.

(Entrevista con CCC y CCG, 12/3/2007.)

La politización y/o polarización política a la que están sometidos los CC es otra importante debilidad según nos señalan algunos entrevistados. En la parroquia de Petare esto hace que algunos CC se inhiban de solicitar o aceptar recursos de las autoridades locales o regionales que son de oposición al gobierno, reduciendo las posibilidades de solucionar problemas de la comunidad (Entrevista con CCP, 2/2/2010). Lo contrario sucede en una comunidad en Casalta, donde un miembro del comité promotor del CC acusa a los vecinos que son partidarios de la oposición de obstaculizar la conformación del CC, impidiendo que la comunidad pueda gozar de los beneficios que puede conferirles (Entrevista con CCZU, 21/3/2009).

Inclusión, empoderamiento, democracia

Las responsabilidades que asumen los miembros de los CC proporcionan, más allá de los beneficios materiales a la comunidad y las satisfacciones personales que muchos expresan en las entrevistas, también sentimientos de inclusión social, crecimiento y madurez como grupo. Algunos de nuestros entrevistados expresan haber tomado, como miembros del CC, decisiones en colectivo o de forma individual que implican darle prioridad a la remodelación de una vivienda de una o varias familias sobre otros también con necesidades, contratar trabajadores con los recursos conseguidos, gestionar para su aprobación proyectos en distintas dependencias gubernamentales, introducir demandas como la del CC San Blas Matapalo en la Fiscalía, buscar asesorías, supervisar obras. En fin, todo un conjunto de actividades que van cohesionando al grupo, dándole sentido de pertenencia, autoestima, solidaridad y sentimientos de eficacia o agencia. Estos atributos proveen de la noción de inclusión social y son gérmenes para el empoderamiento popular, a pesar de que en esta exploración parecen aún restringidos a grupos más bien muy pequeños del universo comunitario de los barrios caraqueños. Sin embargo, se puede plantear la hipótesis que se está produciendo una ampliación de la ciudadanía en tanto que los CC han dotado de inclusión social y política a personas que hasta entonces no se habían sentido objeto de las políticas estatales. Los CC son vehículos para el empoderamiento popular, pues producen conciencia como ciudadanos y, en algunos casos, el convencimiento de que están asumiendo funciones de gobierno local. En las entrevistas encontramos diversos ejemplos de estos procesos de responsabilidad, inclusión y empoderamiento. Se puede considerar que estos procesos en desarrollo al interior de los CC contribuirían con un fortalecimiento de algunos aspectos de la democracia venezolana.

ML: ¿En qué consisten las actividades que haces ahora?

CCV: Bueno, más que todo ir y supervisar una casa, por lo menos una casa que le haga falta un friso, le haga falta un piso, nosotros como CC tenemos que ir con el teniente encargado del campamento y supervisamos y él conjuntamente con uno tomamos la decisión. Sí, mira, a esa persona le hace falta friso, ¿qué opinan ustedes? Sí, bueno, yo creo que sí lo amerita. Más que todo.

ML: Ah, okay. Una cosa, ¿la persona va primero al campamento y lo solicita o es que ustedes...?

CCV: Direc... no, directamente somos nosotros, el consejo comunal que vamos a las casas. Y, como era una cuestión mandada por el ministro, había que empezar por la parte que esté al lado del campamento, o sea, el sector B, estamos empezando de abajo hacia arriba.

ML: Okay.

CCV: Toda la parte poligonal de nosotros, después viene el otro.

ML: El ministro de Infraestructura.

(Entrevista con CCV, 2/2/2010.)

CCM: Entonces, siempre digo en todas las entrevistas que el trabajo comunitario nunca se puede confundir con la política, porque son dos cosas diferentes ¿entiendes? Y es un trabajo netamente comunitario en la comunidad, nosotros somos todos líderes comunitarios porque estamos parados y le hablamos a la comunidad y le decimos esto es así, esto es asá o, esto se hace así, esto no se hace así. Entonces, antes no había nada, aquí antes todo el mundo no tenía una organización donde acudir a plantear sus problemas: "Mira, tengo esta idea, vamos a hacer esto, mira que fulanito esto". No había. Entonces desde el año 2007 ya hay un CC que ha logrado muchas cosas. Para mí, muchísimas, para otros no sé, porque lo ven con malos ojos. Ninguno es monedita de oro para caerle bien a nadie, pero para mí, para CCM, yo veo que mi meta, mi plan de desarrollo, de mi comunidad, ha sido exitoso hasta el momento.

ML: [...] es pesado, tiene muchas dificultades, no siempre las satisfacciones son inmediatas, entonces, ¿tú crees que vale la pena participar y llegar a soluciones de manera colectiva? ¿Por qué?

CCM: Sí creo que vale la pena, pues, porque antes uno era un simple beneficiario, hoy uno es un actor y constructor de política, de que uno diga cómo debe ser la política de vivienda y hábitat, de que uno mismo defina cómo debe ser la intervención de esta vivienda, de cómo uno da el aporte, de cómo debe funcionar el módulo de salud y que se tome en cuenta esa [...], vale la pena.

ML: [...] que se toman en cuenta.

CCG: [...] el gobierno local del CC, bueno, la poligonal, la poligonal se convierte en un gobierno donde se toman decisiones.

CCM: Y se crean políticas y se hacen propuestas.

(Entrevista con CCM, 21/7/2008.)

Los CC y el presidente H. Chávez

Nuestras entrevistas —realizadas en distintos CC y en distintos años, para evitar la polarización–, nunca inquirieron directamente en la figura del presidente H. Chávez y su relación con los CC. Sin embargo, algunos de los entrevistados se refirieron a él al tratar algunos temas, como el liderazgo, la asignación de recursos, los objetivos de los programas sociales, o las dificultades para relacionarse con autoridades locales o regionales de la oposición. El militar encargado de la Misión Barrio Nuevo Tricolor fue enfático en señalar que dicho programa emana directamente del "comandante en jefe, presidente de la República" y es una representación de él en cada comunidad. Mayor concepción personalista de esta iniciativa es imposible. En ellos está presente la polarización política que sufre la sociedad, que hace que en algunos casos el Presidente se tome como el líder máximo y ejemplo a seguir, y en otros, como el que obstaculiza las posibilidades de que los CC funcionen fuera de la política partidaria. A continuación, señalamos algunas citas que reflejan esto. Son ilustrativas de puntos de vista particulares que no pueden generalizarse,

> CCJS: Sí, Barrio Nuevo Barrio Tricolor, esto fue... esta fue una iniciativa que viene directamente del comandante en jefe, presidente de la República, con la finalidad de darle a esas comunidades que por tanto tiempo han sido olvidadas, darles una atención directa, una representación de él en cada barrio, ¿verdad? Que consiste en la dignificación como tal de la familia, de la familia venezolana en estos sectores alejados de la metrópoli, por así llamarlo.
>
> (Entrevista con CCJS, 2/2/2010.)

ML: ¿Tú o ustedes se consideran lideresas de este CC, cómo se definirían ustedes, cómo se identifican ustedes, como lideresas, como...?

CCM: Promotores sociales.

CCM: Sí, el único líder para nosotros que conocemos se llama Hugo Rafael Chávez Frías, que hay que hacerle críticas, sí, pero hay muchas cosas que hemos aprendido de él que hemos puesto en práctica y que nos han resultado.

(Entrevista con CCM, 21/7/2008.)

CCZU: Sí hay. Sí hay. Por lo menos nosotros acá nos organizamos por sector, en comandos. Una oficina donde se reúne el sector y con el PSUV que lo preside nuestro comandante Hugo Rafael Chávez Frías y lo dirige Jorge Rodríguez, el alcalde de Libertador. Allí es donde nos dicen qué se va a hacer, con quién se va a trabajar, y por el Presidente todo, todo. Si es posible quitarnos la ropa para limpiar las paredes, lo hacemos.

(Entrevista con CCZU, 21/3/2009.)

Conclusiones

Los CC se originaron a mediados del primer gobierno del presidente H. Chávez, en una búsqueda por parte de algunos activistas comunitarios convertidos en funcionarios públicos de una modalidad participativa de segundo nivel, capaz de articular diversas organizaciones comunitarias, que se estaban creando o fortaleciendo desde 1999 bajo las orientaciones de la CRBV. Buscaban intensificar la dinámica del empoderamiento popular mediante una instancia de autogobierno descentralizadora del gobierno municipal.

En 2002 los CC habían debutado como concepto en la LCLPP. Allí se pensaron como instancias de la sociedad civil vinculadas a la planificación participativa en su nivel municipal. En 2006, sin embargo, con la Ley de los CC, se transformaron en una instancia que se vinculó directamente a la presidencia de la República. Esta tendencia —que es más bien contraria al principio de la descentralización contemplado en la CRBV— se hizo más clara y coherente cuando los recursos otorgados a otras modalidades participativas se fueron reduciendo y el gobierno central los canalizó hacia los CC.

La Ley Orgánica de los CC de 2009 avanzó aún más en el estatus centralizador y estatal de esta innovación participativa, al atribuirles funciones productivas para la construcción del socialismo y de defensa de la soberanía junto con la Milicia Bolivariana. En dicha ley, los CC pasan a articularse a otras unidades mayores llamadas "comunas" y éstas a su vez se convierten en la base de las "ciudades comunales", un reordenamiento territorial no contemplado por la CRBV. En 2007, esta reorganización del espacio territorial venezolano fue sometida a referendo de reforma constitucional por el Presidente y fue rechazada por el pueblo. Sin embargo, gracias a la mayoría calificada con que contó el oficialismo en la AN hasta 2010, la fue imponiendo a través de leyes orgánicas.

Esta forma de concebir los CC, conjuntamente con la celeridad con que se han creado y el uso que de ellos ha hecho el gobierno para fines de movilización político electoral —como fue el caso del referendo de enmienda constitucional de 2009— ha venido empobreciendo el potencial de los CC como propulsores de un proceso de ampliación de ciudadanía, capaz de ejercer interlocución y contraloría sobre el Estado.

Los participantes de los CC que entrevistamos reconocieron que, gracias a la disponibilidad de recursos que distribuye el gobierno a través de ellos, se pueden alcanzar beneficios para toda la comunidad. Apreciamos cómo en muchos casos se da una apropiación de esta innovación por parte de las comunidades, y sus miembros en algunos casos los convierten en una suerte de empresa comunitaria, donde formulan y desarrollan proyectos que han permitido solucionar problemas de acceso a derechos humanos fundamentales. Sin embargo, constatamos que quienes participan son siempre un núcleo muy reducido de personas. Los participantes reconocen la apatía de la mayoría como uno de los problemas más difíciles para el buen funcionamiento del CC. Quizás sean, entonces, mayoritaria y principalmente el lugar de creación de un liderazgo popular emergente, que viene a relevar a los activistas del pasado, algunos vinculados a los partidos políticos tradicionales.

Además, en su mayoría los entrevistados aseguran que el trabajo comunitario es su vocación, que los hace sentirse bien independientemente del reconocimiento o gratitud de sus comunidades. Son los menos los que se incorporan motivados solo por solucionar sus problemas particulares, aunque —sin duda— es parte de los incentivos que esta modalidad ofrece. Por otro lado, la opinión de que los CC no deben ser politizados está bastante generalizada, pero también existen quienes no ven problema en que sean estructuras de la comunidad y del partido PSUV al mismo tiempo. La Sala de Batalla Social, que se inauguró en los barrios caraqueños en 2008 —siendo de las primeras estructuras que apuntan a la construcción de las comunas— es reconocida en los CC de la parroquia de Petare —donde hicimos el trabajo más de fondo— no solo como estructura de articulación para facilitar tareas mancomunadas del CC con problemas compartidos, sino —sobre todo— de adoctrinamiento y control político. Existe resistencia al uso de los CC para estos propósitos, pero nuestras entrevistas no son una muestra representativa que nos permita generalizar. Constatamos igualmente, la persistencia del pluralismo y la incomodidad de algunos entrevistados de no poder relacionarse con autoridades de otras tendencias políticas distintas a las del Presidente. "Todo lo que beneficie a la comunidad es bienvenido", fue algo que oímos repetir con frecuencia.

Entre los problemas que confrontan los CC, el mayor ha sido —junto con la apatía— la corrupción, que al igual que con otras políticas del gobierno desafía las posibilidades de que se constituyan en vehículos no ya de empoderamiento popular, sino en eficientes canales de resolución de problemas cotidianos en la comunidad.

El irrespeto a los tiempos de maduración que necesitan estas innovaciones para que sus miembros se ajusten a este novedoso accionar en colectivo, las fallas en apoyos oportunos —tanto técnicos como materiales— para la formación de valores y destrezas, la finalidad proselitista del oficialismo que se profundiza en tiempos electorales, juegan en contra de los fines para los cuales los CC fueron concebidos por los activistas comprometidos con ellos. Y la intención de constituir las comunas desde arriba y a través del PSUV puede ser la punta de lanza para terminar de debilitarlas. Los CC corren el real peligro de disolverse en las comunas que vienen a ser estructuras estatales y del partido, siguiendo un proceso similar al que en su momento ocurrió con todas las otras innovaciones participativas, como los comités de tierra y las mesas técnicas.

Bibliografía

Antillano, Andrés (2005), "La lucha por el reconocimiento y la inclusión en los barrios populares: la experiencia de los CTU" en *Revista Venezolana de Economía y Ciencias Sociales* (Caracas) Vol. 11, N° 3.

Arconada, Santiago (1996), "La experiencia de Antímano" en *Revista Venezolana de Economía y Ciencias Sociales* (Caracas) Vol. 2, N° 4.

——————— (2005), "Seis años después: mesas técnicas y consejos comunitarios de aguas" en *Revista Venezolana de Economía y Ciencias Sociales* (Caracas) Vol. 11, N° 3.

Cartaya, Vanessa (2010), *La autonomía de las nuevas organizaciones sociales vs. el control social de la participación* (Caracas: Sinergia-Civicus).

Centro Gumilla (2008), *Reporte de resultados. Estudio exploratorio de la participación social* (Caracas: Centro Gumilla).

D'Elia, Yolanda (2010), *Estado e institucionalidad. Inclusión social* (Caracas: UNFPA).

García Guadilla, María Pilar (2008), "La praxis de los consejos comunales en Venezuela ¿Poder popular o instancia clientelar?" en *Revista Venezolana de Economía y Ciencias Sociales* (Caracas) Vol. 14, N° 1.

López Maya, Margarita (2010), "Caracas: The State and People's Power in the Barrio" en Pearce Jenny (ed.) *Participation and Democracy in the Twenty-First Century City* (UK: Pallgrave-Macmillan).

Lovera, Alberto (2008), "Los consejos comunales en Venezuela: ¿democracia participativa o delegativa?" en *Revista Venezolana de Economía y Ciencias Sociales* (Caracas) Vol. 14, N°1.

Machado, Jesús (2009), *Estudio cuantitativo de opinión sobre los consejos comunales* (Caracas: Centro Gumilla).

Sinergia-Civicus (2010), *Cifrando y descifrando la sociedad civil. El papel de la sociedad civil como agente de cambio* (Caracas: Sinergia-Civicus).

Venezuela (2000), *Constitución de la República Bolivariana de Venezuela* (Caracas: Vadell Hermanos Editores).

Documentos electrónicos

Municipio de Libertador (1995), "Ordenanza de los Gobiernos Parroquiales" en <http://algomunicipal.blogspot.com/2009/10/ordenanza-de-los-gobiernos-parroquiales.html> acceso 15 de agosto de 2011.

Proyecto de Reforma Constitucional: Propuesta de reforma al artículo 16 2007 en <http://
es.scribd.com/doc/247900/PROYECTO-DE-REFORMA-CONSTITUCIO-
NAL-VENEZUELA> acceso 15 de agosto de 2011.

Proyecto de Reforma Constitucional: Propuesta de reforma al artículo 70 2007 en <http://
www.aporrea.org/actualidad/a43010.html acceso 15 de agosto de 2011>.

Tribunal Supremo de Justicia de Venezuela 1999 "Exposición de Motivos" en
< http://www.tsj.gov.ve/legislacion/lopna.htm> acceso 15 de agosto de
2011.

Otros documentos

Venezuela (2002), *"Ley de los Consejos Locales de Planificación Pública"en Gaceta Oficial
N° 37.463.*

Venezuela (2005), "Ley Orgánica del Poder Público Municipal"en *Gaceta Oficial
N° 38.204.*

Venezuela (2006), "Ley de Consejos Comunales" en *Gaceta Oficial N° 5.806 (extraordinaria).*

Venezuela (2009), "Ley Orgánica de los Consejos Comunales" en *Gaceta Oficial N°
39.335.*

Venezuela (2010), *"Ley Orgánica del Consejo Federal de Gobierno"en Gaceta Oficial N°
5.963 (extraordinaria).*

Venezuela (2010), "Ley Orgánica de Comunas" en *Gaceta Oficial N° 6.011 (extraordinaria).*

Venezuela (2010), *Proyecto de Ley Orgánica de Comunas: Exposición de Motivos y proyecto
de Ley Orgánica de Comunas.*

Sitios web

Gobierno Bolivariano de Venezuela. Gobierno en Línea. Legislación 2011 <http://
www.gobiernoenlinea.ve/legislacion-view/view/ver_legislacion.pag> acceso
15 de agosto de 2011.

Diarios, periódicos y revistas

El Nacional 2007 (Caracas) 31 de diciembre.

El Nacional 2009 (Caracas) 8 de enero.

III
Instituciones democráticas, liderazgos y representación política en América Latina

Ciudadanía y democracia en la Argentina. Problemas de representación en perspectiva comparada

Hugo Quiroga[1]

Resumen

En este ensayo se busca comprender y explicar las transformaciones políticas de la democracia argentina, en perspectiva comparada, con más interrogantes que certezas, para descubrir en grandes líneas su rumbo contemporáneo.

A pesar del crecimiento económico actual en Argentina, y en otros países de la región, no ha descendido el nivel del malestar de los ciudadanos con la representación. Las transformaciones de la política contemporánea, y el surgimiento de nuevos movimientos de protesta social, abren la puerta a una "democracia informal", contracara de la democracia representativa. La política del Ejecutivo y la política de la calle parecen ser los resortes centrales de la democracia actual, ante la crisis del sistema de partidos, la debilidad del Parlamento, y el aumento del poder de los medios de comunicación. Así, la democracia afronta un juego enlazado entre la superioridad del Ejecutivo, el surgimiento de nuevos liderazgos y la intervención de actores informales.

---

[1] Universidad Nacional de Rosario (UNR). Universidad Nacional del Litoral (UNL). Consejo de Investigaciones de la Universidad Nacional de Rosario (CIUNR). Argentina.

Los cambios en ciernes nos motivan una pregunta fundamental: ¿cómo democratizar la vida social? La democracia representativa resulta un marco conceptual e institucional muy restringido para comprender la dinámica de los nuevos actores, las demandas de otros contextos deliberativos, la fragmentación del sistema de partidos y la dispersión de las identidades políticas masivas. Esto exige repensar filosóficamente la democracia, cuyo punto de partida es la democracia electoral (nunca un punto de llegada), sin el propósito de crear nuevos conceptos, sino tratando de describir y comprender la actual dinámica democrática, y sus interacciones.

Palabras clave: Ciudadanía, democracia, representación, partidos, movimientos informales.

Abstract

This essay seeks to understand and explain the political transformations of the Argentinian democracy, from a comparative perspective, offering more questions than certainties, in order to discover on broad lines its current course.

Despite the present economic growth in Argentina, and in other countries in the region, the citizens' level of unease towards political representation has not decreased. The transformations of contemporary politics and the rise of new social protest movements open the door to an "informal democracy", which stands as the other side of representative democracy. The Executive's politics and the street politics seem to be the main reins of today's democracy, considering the crisis of the party system, the weakness of the Parliament and the increased power of mass media. Thus, democracy faces a game in which the Executive's superiority, the rise of new leaderships and the intervention of informal agents are intertwined.

These transformations give rise to a fundamental question: how can social life be democratized? Representative democracy proves to be a conceptual and institutional framework too limited to understand the dynamics of the new agents, the demands of other deliberative contexts, the fragmentation of the party system and the dispersion of mass political identities. This situation requires us to philosophically rethink democracy, whose starting point is electoral democracy (never an ending point), not with the purpose of creating new concepts, but trying to describe and to understand the current democratic dynamics and its interactions.

Keywords: Citizenship, democracy, representation, parties, informal movements.

***

Si bien este texto tiene como universo de referencia a la Argentina, muchas de las cuestiones que voy a analizar ofrecen pistas que pueden resultar comunes a otros países de América Latina. En este ensayo pondremos en juego el diálogo teórico político con la evidencia histórica. Se busca comprender y explicar las transformaciones políticas de la democracia —con más interrogantes que certezas— para descubrir en grandes líneas su rumbo contemporáneo, sin que podamos saber cuál será su destino final.

Ante todo, lo sabido. América Latina continúa siendo una de las regiones que presenta mayores niveles de desigualdad en el mundo. La gran concentración de riqueza la ubica como aquel lugar del planeta en el que la injusta redistribución del ingreso se ha transformado en un fenómeno estructural. Por consiguiente, la pobreza extrema y la marginación social se han instalado con raíces profundas. Sin embargo, según el último informe de la CEPAL, de noviembre de 2010, la pobreza prácticamente no aumentó en América Latina y la indigencia sufrió un leve incremento. La región se sobrepone al efecto de la crisis de 2009 merced al mantenimiento de los salarios reales, la baja inflación, las políticas que evitan pérdidas masivas de empleo. A pesar de estas mejoras, en 2009 continúa siendo muy elevado el número de personas pobres: hay 183 millones que no pueden satisfacer sus necesidades esenciales y 74 millones de indigentes (CEPAL-Naciones Unidas, 2010).

Quizás el dato histórico más relevante es que la democracia se ha extendido por todo el continente en los últimos años —en 2011 todos los gobiernos son democráticos—, más allá del frustrado golpe de Estado en Ecuador en 2010. El último libro de Alain Rouquié es muy ilustrativo sobre el histórico movimiento pendular "dictadura/democracia", donde la victoria de la democracia nunca es absoluta en tanto las democracias latinoamericanas son herederas de las dictaduras, cuando no son sus prisioneras. En su concepción, la sombra de la dictadura sobrevuela la democracia (Rouquié, 2010).

A pesar del crecimiento económico actual, no ha descendido el nivel de malestar de los ciudadanos hacia la representación. Las transformaciones de la política contemporánea y el surgimiento de nuevos movimientos de protesta social abren la puerta a una "democracia informal", contracara de la democracia representativa. La política del Ejecutivo y la política de la calle parecen ser los resortes centrales de la democracia actual, ante la crisis del sistema de partidos, la debilidad del Parlamento y el aumento del poder de los medios de comunicación. En otras palabras, la democracia afronta un juego enlazado entre la superioridad del Ejecutivo, el surgimiento de nuevos liderazgos y la intervención de actores informales.

Los ejes fundamentales del debate teórico político

Bajo ese telón de fondo, seis cuestiones —íntimamente asociadas— parecen estar presentes (entre otras) en el actual debate teórico-político de la región. A ellas voy a referirme a continuación.

La primera se relaciona con ciertos "vacíos políticos". "Democracia", "Estado", "ciudadanía" y "representación" son conceptos estrechamente vinculados. El malestar con la representación muestra la debilidad —o ausencia en algunos casos— de una real instancia de intermediación entre los ciudadanos y el Estado. Se han generado vacíos políticos a partir de la crisis de los partidos y de la dilución de las identidades políticas tradicionales.

Los partidos no han desaparecido, pero ya no representan lo mismo. La novedad es que la política se ha convertido, como lo he señalado en otro lugar (Quiroga, 2010), en "política-rating". El reconocimiento del gran público da vida a los candidatos; su selección depende de las encuestas y de su índice de popularidad, más allá del talento político y de los programas partidarios. De esta manera, nace un electorado fluctuante como nuevo protagonista, a causa del debilitamiento de las identidades partidarias, de la televisión como foro de la discusión pública y de las nuevas tecnologías políticas de la comunicación: Internet, las redes virtuales, las transmisiones por celulares, la televisión móvil, los *blogs*, Facebook. Las denominaciones que catalogan este nuevo fenómeno son diversas y conocidas: "teledemocracia", "democracia de sondeo", "video-política", "democracia de Internet". La pregunta es sobre el futuro de la democracia representativa, tal como se ha concebido hasta ahora, si contemplamos la irrevocable ampliación del espacio público.

Por otra parte, el denominado "voto zapping" es el resultado de los cambios culturales que inciden en la acción política. Transitamos, en fin, una época en la cual la política se reestructura y organiza como nunca en torno a la opinión pública, lo que ha afectado el propio "relato" de los partidos. Cada vez menos la vida pública queda en manos de los partidos, con su antiguo formato, lo que abre paso a la pérdida del monopolio del espacio político para compartirlo con las nuevas tecnologías de la comunicación, las organizaciones cívicas y los movimientos informales.

Finalmente, el Estado es una condición necesaria de la democracia. Ello implica hoy una transformación del mismo, el cual no puede permanecer pasivo e indiferente ante las mutaciones de la vida pública, las que exigen una renovación de la democracia. Un Estado se vuelve poderoso por la legitimidad que le otorgan los ciudadanos y una democracia de ciudadanos va de la mano de un Estado de derecho democrático. Solo un Estado democrático puede crear una democracia de ciudadanos, y viceversa. En esta dirección ha caminado la producción intelectual de tantos años de Guillermo O'Donnell (2010) y que ha retomado con fecundidad Osvaldo Iazzetta (2007).

Esta nueva situación ha modificado la relación de los tradicionales liderazgos gubernamentales con la sociedad, no hay dudas. Esa es la enseñanza de Max Weber; los líderes democráticos son necesarios para hacer posibles las decisiones gubernamentales. El gobierno exclusivo de la ley, el gobierno anónimo de la ley, no deja de ser una utopía. El problema consiste, en todo caso, en los abusos y en las arbitrariedades de los Ejecutivos que no respetan el Estado de derecho democrático.

La segunda, el surgimiento de nuevos liderazgos caracterizados como "líderes de popularidad", "líderes delegativos", "líderes de opinión", "líderes decisionistas", con todas sus diversidades y semejanzas. Desde mi perspectiva, lo que ha prevalecido en estos últimos años en algunos países (especialmente en la Argentina), es una legitimidad "decisionista" antes que una verdadera legitimidad constitucional. El poder del líder "decisionista", avalado por el principio de la mayoría, no es la única fuente de legitimidad de las decisiones, porque el ejercicio de ese poder no es ilimitado y está sujeto al contrato constitucional y sus derechos fundamentales, que son también fuente de legitimidad de las mismas.

Ese modo de legitimación está más interesado por el dominio de los hombres y la aplicación de la regla de la mayoría que por la plena vigencia del Estado de derecho democrático, que plantea el nexo entre soberanía popular y normas constitucionales (Habermas, 2008). El resultado es un "Estado de derecho atenuado". La cuestión pasa por el *modo* de ejercer el poder en la vida política republicana. Por esa ruta se desemboca directamente en una democracia plebiscitaria, en donde la "decisión" enfrenta a la "norma" y la atenúa. Asoma la idea de una política del poder estatal, de un Estado que es —ante todo— poder, que oculta su mejor rostro que es el del Estado de derecho.

El líder decisionista busca subordinar al Congreso y al Poder Judicial, y erosiona cualquier forma de control de las democracias representativas. Exige de sus funcionarios y amigos (ministros, legisladores, gobernadores) lealtad y obediencia absolutas, revelando una falta de transparencia y el aumento de sus poderes discrecionales. La coexistencia entre democracia y límites jurídicos se vuelve muy difícil. De este modo, cuando las concepciones se llevan al extremo, el campo político se escinde entre amigos y enemigos y la teoría de la conspiración está siempre presente. Esta gama de matices que caracterizan las nuevas realidades de gestión del poder puede captarse en la Argentina con el gobierno de los Kirchner, en Ecuador con Rafael Correa, en Nicaragua con Daniel Ortega, en Perú con Alan García, en Venezuela con Hugo Chávez, en Bolivia con Evo Morales, en Colombia con el ex presidente Álvaro Uribe. El temor que manifiesta O'Donnell es que las democracias delegativas terminen deslizándose al autoritarismo: Alberto Fujimori en Perú, Vladimir Putin en Rusia y H. Chávez en Venezuela (*Clarín*, 12 / 1 / 2010).

En rigor, la diversidad ideológica y política distingue hoy a América Latina, gobernada por líderes que se reconocen como integrantes de familias políticas diferentes: de izquierda, de derecha, de centro. Lo significativo de este proceso es la continuidad de la legitimidad democrática.

Se ha señalado de manera reiterada el ascenso de la izquierda en la región (principalmente en el Cono Sur). Ciertamente, la izquierda se ha fortalecido con la reelección de R. Correa en Ecuador y de E. Morales en Bolivia. También con las victorias de José Mujica en Uruguay, de Mauricio Funes en El Salvador y Dilma Rousseff en Brasil. Por su parte, la derecha y la centroderecha se han reafirmado con Ricardo Martinelli en Panamá, Porfirio Lobos en Honduras, Sebastián Piñera en Chile[2], Juan Manuel Santos en Colombia y Laura Chinchilla en Costa Rica.

La tercera hace referencia a la *rendición de cuentas* como fundamento de la democracia[3]. Lo que importa es el control continuo y eficaz que los gobernados ejercen sobre sus gobernantes. Toda política democrática se define tanto por el principio de *deliberación* como por el ejercicio de la *decisión*. Es cierto que gobernar es una actividad deliberativa, pero su función no se agota con la pura deliberación. La acción política estatal es, sobre todo, ejercicio de la toma de decisiones. Pero las decisiones no están exentas del control ciudadano y del control institucional. En este último sentido, las decisiones se enmarcan en el Estado de derecho democrático, en definitiva, en una ley que define el poder, lo distribuye y lo limita.

En consecuencia, las decisiones políticas tienen que ser el resultado de la deliberación institucional y del diseño de prácticas y diálogos en el espacio público (en tanto ámbito de una acción común de los ciudadanos que adquiere relevancia política). Entonces, la decisión debería transitar un doble camino: la deliberación institucional y la deliberación informal. En breve, la actividad deliberativa trasciende las instituciones representativas, hasta alcanzar espacios informales y no institucionalizados.

---

[2] Allí se ha producido una alternancia en el poder que puso fin a veinte años de gobiernos de la Concertación.

[3] "Es el rendimiento de cuentas lo que ha constituido desde el principio el componente democrático de la representación", escribe Bernard Manin (1998: 286).

La gran preocupación de la democracia contemporánea es –como mencionamos antes– la limitación del poder. La separación de poderes unida al control judicial de la legalidad de las decisiones políticas y a las elecciones competitivas, ha configurado la idea del Estado de derecho democrático. Desde 1989, luego de los momentos más difíciles de la transición política, la democracia argentina no pudo prescindir del ejercicio de los poderes excepcionales (decretos de necesidad y urgencia, delegación legislativa y veto parcial) y se alejó de aquella concepción que proclama la separación de poderes y los controles mutuos, que regula los posibles excesos de los gobiernos de turno. A esta "práctica de gobierno" la he denominado "decisionismo democrático" (Quiroga, 2005).

Cuando se ensancha la esfera del Ejecutivo, se desplaza el debate público, el Parlamento pierde poder y capacidad de control. Con esa práctica, los gobiernos no suspenden el Estado de derecho (como lo indicaría una perspectiva schmitttina), pero lo atenúan. Es un modo no republicano de ejercicio del poder y no solo un modo de tomar decisiones. La voluntad política del líder decisionista se antepone a las instituciones y sus reglas, y a los contextos deliberativos. Se trata, pues, de una verdadera práctica de gobierno que le rinde culto al altar de los plenos poderes. El decisionismo democrático es esencialmente un "gobierno del Ejecutivo", que le incorpora poderes incontrolados al presidencialismo. Sin embargo, la decisión es un proceso o actividad que es compartida, de modo complicado y diverso, por dos sujetos institucionales: el Ejecutivo y el Parlamento.

El decisionismo democrático se vale de la Constitución para desarrollar plenos poderes, mediante la delegación legislativa, el veto parcial y los decretos de necesidad y urgencia. En este sentido, la democracia argentina vive desde 1989 en "emergencia permanente", lo que abre la sospecha de problemas estructurales. En definitiva, no es una mera sustracción de los poderes del Parlamento, ni una pura acción del Ejecutivo que "roba" o despoja al órgano deliberativo de sus decisiones políticas para trasladarlas a la esfera presidencial. Es mucho más que eso; involucra a los poderes públicos y a los ciudadanos. Es una combinación del gobierno del Ejecutivo –del gobierno atenuado del Estado de derecho– y de la insuficiencia del poder de contralor.

La cuarta, el "asociacionismo social", no ha reemplazado el rol de los partidos en crisis, ni ha llenado el vacío de la disgregación de las identidades políticas. Nos referimos con ello, fundamentalmente, al asociacionismo civil que se despliega en el amplio espacio de lo público, que motiva a los ciudadanos a asociarse para los más diversos objetivos. En su último libro, Charles Tilly y Lesley Word estudian la relación entre la democracia y los movimientos sociales, y partir de esa inquietud formulan las siguientes apreciaciones: "Bajo qué condiciones, y de qué modo minan los movimientos sociales la democracia". Según Tilly y Word, si bien hay una amplia correspondencia entre democratización y movimientos sociales, la historia ha demostrado que esos movimientos no fomentan ni defienden necesariamente a la democracia (Tilly y Word, 2010: 245-246). Éste es un interrogante que retomaremos más adelante.

Los movimientos informales (movimientos sociales, movimientos "piqueteros", grupos cívicos) conforman la otra cara de la vida democrática, que extiende el clásico campo de la acción política más allá de las formas representativas tradicionales. Ese fenómeno de protesta informal, que desfila en la calle, da muestra de su distancia de las representaciones instituidas (los partidos tradicionales, los sindicatos, los legisladores), amplía la esfera política y abre vías para el intercambio democrático no tradicional. Los movimientos informales son los "contrapesos sociales" (contrapoderes sociales) de la representación política clásica. En verdad, los contrapoderes sociales constituyen un complejo conjunto de intereses y demandas, que obedece a la acción de ciudadanos y movimientos que levantan un sistema no formalizado de protesta, control y bloqueo de las decisiones, con pujanza y fuerza propia. En otras palabras, la democracia informal es el contrapeso de la democracia representativa. El espacio público democrático se constituye tanto por las representaciones oficiales como por los movimientos informales.

Los contrapoderes sociales carecen de reglas institucionales para actuar como instancias formales de coordinación social. El *riesgo* es que la informalidad extrema de la política —con su capacidad de veto y bloqueo—, pueda *vaciar* de contenido a las instituciones representativas. No obstante, los movimientos informales son el emergente de una nueva gramática de la acción pública que deben ser tomados con seriedad y responsabilidad e integrados en la ampliación de la democracia. En consecuencia, la representación "oficial" es puesta en tela de juicio por el furor de la manifestación de protesta, difícil de regular, vinculada a un contexto social excepcional que desamparó a millones de ciudadanos, dejados a su suerte y casi sin protección estatal.

La quinta se refiere al "poder electoral" que emerge entre las grandes instituciones de poder de la sociedad. En este sentido, las urnas pueden ser el ámbito donde los ciudadanos demuestren que las elecciones no solo son un método para nombrar a los dirigentes, sino que pueden ser también un dispositivo institucional capaz de dar respuesta a una crisis profunda, como la que vivió la Argentina desde diciembre de 2001 hasta el año 2003. En esa especial circunstancia histórica, la relación de la ciudadanía con la política pasó principalmente por el voto.

En nuestra argumentación, el voto democrático adquiere un carácter simbólico por encima del nombramiento de los gobernantes, porque no está disociado del universo de representación de los ciudadanos, y porque toda elección implica, además, un acto de cierta confianza entre electores y elegidos, si bien no encierra un mandato imperativo permite establecer un diálogo implícito o explícito entre gobernantes y gobernados: en la esfera pública, mediante las promesas electorales, la acción de gobierno y las demandas por el cumplimiento de las promesas. Ahora bien, este argumento no se entiende sin la fragmentación del régimen de partidos, la debilidad de las identidades políticas masivas, la personalización de la política y la volatilidad electoral, fenómenos que asoman en muchos países de la región.

En definitiva, la función del voto simboliza algo más de lo que interpreta la concepción schumpeteriana de democracia, esto es, crear gobierno, en la que de ninguna manera los electores fiscalizan a los gobernantes, a no ser que se nieguen a reelegirlos.

Si las elecciones significan un voto de confianza entre representantes y representados, llama la atención que en la "era de la desconfianza en la política" (Rosanvallon, 2007), el sufragio pueda transformarse en un dispositivo que representa (aun simbólicamente) la participación más orgánica e institucionalizada de los ciudadanos, sin dejar de reconocer los caminos no convencionales por los que transita igualmente la política: la calle y los movimientos informales. Es cierto, el espacio político no se reduce a las urnas. Pero el voto democrático no tiene por única función regular la relación entre sociedad y poder; es también, el "símbolo de la sociedad política misma que asegura los lazos sociales y traza el destino de la colectividad" (Schnapper, 1994: 140).

Sin embargo, tengamos en cuenta algunos matices sobre el "civismo electoral". Aun en países donde el voto es obligatorio, la concurrencia electoral ha descendido y ha aumentado el voto en blanco en los últimos años (la Argentina es un ejemplo de ello). Ahora, votar no es un hecho irrelevante en América Latina si se tiene en cuenta su larga historia de discontinuidad institucional. Pero no se trata únicamente de votar, sino de organizar mejor el espacio público y el poder democrático, que es un poder esparcido en la sociedad.

La sexta alude a la relación entre ciudadanía y opinión pública en el nuevo espacio de lo público. Sabemos que el ciudadano es el que tiene derecho a participar —personalmente o por sus representantes— en la elaboración de la ley[4]. Pero una cosa es el *derecho* a la ciudadanía —que todas las personas tienen— y otra es el *ejercicio* efectivo, concreto, de ese derecho. Es cierto que la ciudadanía no es un concepto económico; el derecho del voto no depende del pago de impuestos ni de la posesión de un trabajo. Sin embargo, parece innegable que el ejercicio de la ciudadanía sufre condicionamientos económicos, al menos en nuestras sociedades.

El ejercicio de la ciudadanía en América latina se halla manifiestamente condicionado por la marginación y las políticas clientelares; dos términos inequívocamente enlazados en nuestra realidad social. Entonces, los derechos de ciudadanía no están desvinculados de la condiciones de existencia material de los individuos. ¿Se puede construir ciudadanía autónoma con marginación o apatía cívica? Cuando los excluidos sociales votan, ¿lo hacen en condiciones de igualdad con respecto al resto de los ciudadanos? ¿Su voto es libre o acaso está condicionado por las adversas

---

[4] Así lo expresa el sexto artículo de la Declaración de los Derechos del Hombre y del Ciudadano, de 1789.

circunstancias sociales y culturales que les impiden ser individuos totalmente autónomos?

El clientelismo político crea "vínculos involuntarios"[5], forzosos, que
vuelven vulnerables a los ciudadanos, sometidos por la despreciable
distribución de prebendas sociales. Frente a esta situación, la idea de un
ciudadano autónomo parece alejarse. Las razones igualitarias de la ciudadanía moderna no suprimieron la pobreza, al contrario, la hicieron más
legible. Es por eso que habría que matizar el concepto de una ciudadanía
autónoma y explicitarlo conforme a las transformaciones de la política
contemporánea. Lo que advierte Isidoro Cheresky al respecto es que "el
espacio público y la comunicación política se han poblado con expresiones
ciudadanas más permanentes y organizadas". En un párrafo más adelante
agrega: "El espacio comunicacional adolece de las desigualdades propias
de las diferencias socioeconómicas y culturales existentes en la sociedad
y de la configuración de intereses específicos en el espacio público. Pero
aunque éste no coloca a los ciudadanos en un plano de igualdad, ningún
dispositivo de poder ha tenido la capacidad de modelar a su gusto a la
opinión pública" (Cheresky, 2010: 344). Por eso, de modo general, se
puede sostener que la autonomía ciudadana prevalece por encima de los
actores que procuran influirla. En síntesis, emerge una sociedad cada vez
más libre y emancipada del sistema tradicional de partidos y de la forma
clásica del hacer político.

En definitiva, a pesar de las relaciones clientelares, no se puede negar
una creciente tendencia a la autonomía ciudadana, que se constata principalmente en las clases medias urbanas de nuestras sociedades. Ese fenómeno en expansión se puede observar a partir de la crisis de los partidos
y del régimen de representación, y de la dispersión de las identidades
políticas de masas. En este sentido, voy a remarcar tres características
de esta autonomía. Para comenzar, hay que reconocer que hoy en día las
exigencias de los ciudadanos son más fuertes. Sumado a esto, hay un nivel
mayor de información. Y finalmente, los ciudadanos controlan más a sus

---

[5] En este punto, resulta interesante el punto de vista de Michael Walzer sobre "asociaciones involuntarias" (2004).

gobernantes. En suma, una ciudadanía activa se manifiesta ampliamente más allá de los partidos.

Pero el espacio público, como ya se dijo, se relaciona también con la opinión pública y el hecho de que ella se forme básicamente por la televisión y los sondeos. Ahora bien, la significación que ha alcanzado en la actualidad ¿no pone acaso en cuestión a un modelo de ciudadanía activa y a una concepción de democracia de partidos a la que supuestamente atribuye legitimidad? Entre opinión pública y poder hay una relación ambivalente, pues aquella es siempre volátil e inestable.

En el presente, hablamos de "gobiernos de la opinión pública", que invocan la opinión o la hacen jugar contra las "representaciones instituidas" (Derrida, 1992). El riesgo institucional reside en que la opinión pública no es una opinión formada en el interior de las representaciones políticas, sino que está situada fuera de esas representaciones. Además, es cambiante, inestable, no tiene un lugar propio (no es una asamblea de ciudadanos ni un foro de discusión permanente), no habla en nombre propio y es invocada necesariamente por terceros.

Los conceptos de ciudadanía y opinión pública no son coincidentes. Una cosa son los ciudadanos reunidos en foros, asambleas, asociaciones múltiples, en manifestación por las calles y otra es el anonimato de la opinión pública, que no habla en primera persona, sino en tercera persona —como dice Derrida—, a la cual se invoca y se hace hablar. La opinión pública es un misterio difícil de descifrar, mientras que los ciudadanos son actores de carne y hueso, interesados en asuntos concretos. ¿Qué decide la opinión pública? ¿Ejerce una función fiscalizadora? No delibera ni decide, no tiene un lugar propio. Es un fantasma (Lippman, 2003). Pero hay un problema adicional. Cuando los dirigentes creen que la opinión pública es omnipotente y que el poder político deriva exclusivamente de ella, se descuida el ejercicio republicano del poder, opacando al Estado de derecho en el cual se enmarca institucionalmente la democracia.

En la tercera década del siglo XX, MacIver identificaba a la democracia por dos caracteres que resultan relevantes y aclaratorios de la estructura de mi pensamiento: por un lado, la democracia reafirma la distinción entre Estado y comunidad y, por el otro, la democracia se basa en el libre juego de las opiniones contrarias (MacIver, 1942). Interpretando libremente estas ideas subrayamos ahora que la democracia no funciona en el vacío, sino que está enmarcada por los mecanismos institucionales del Estado de derecho, que regulan el poder de la mayoría para que sus decisiones no lesionen los derechos fundamentales y para que se respete el principio de la legalidad. La comunidad política representa un espacio heterogéneo en el cual los ciudadanos comparten una vida en común, el vivir juntos, que trasciende las diferencias étnicas, lingüísticas y culturales, sobre la base de su reconocimiento. Se forja, de esta manera, una identidad política —sin negar la diversidad cultural— a partir de una misma preocupación pública. La fuerza de la democracia reside en el intercambio de opiniones, que supone una intensa discusión de los asuntos comunes en el espacio público; en un espacio público global, que reconoce las dimensiones del interés común, la participación colectiva y la visibilidad. La democracia es, en fin, conflicto y confrontación de opiniones e intereses contrarios, que construyen la *argumentación pública* y la decisión política.

Algunas conclusiones

Para finalizar, los cambios en ciernes nos motivan una pregunta fundamental: ¿cómo pensar estas democracias latinoamericanas desde un marco filosófico más abarcativo? ¿Cómo democratizar la vida social? La democracia representativa resulta un marco conceptual e institucional muy restringido para comprender la dinámica de los nuevos actores, su modo de intervención, el poder de la calle, el auge del espacio público mediático, la demandas de otros contextos deliberativos, la fragmentación del sistema de partidos y la dispersión de las identidades políticas masivas. Todo esto exige repensar filosóficamente la democracia, cuyo punto de partida —pero nunca de llegada— es la democracia electoral; sin el propósito de crear nuevos rótulos, sino tratando de describir y comprender la actual dinámica democrática, sus interacciones, y las formas reales de tomar decisiones que crean obligaciones políticas.

La "normalidad" —como una situación opuesta a la emergencia permanente— entraña un juego político institucionalizado, de respeto irrestricto a las normas y al procedimiento deliberativo, y de un trato comunicativo y civilizado entre el Estado y los actores políticos y sociales. Esto no implica negar la competencia política ni el conflicto, o la búsqueda del poder, sino emplazar la acción política por carriles que la lleven a adoptar las mejores decisiones para todos, en el marco del diálogo y de reglas previamente acordadas. Con el decisionismo democrático hay un cambio en la "base del poder", tanto en épocas de normalidad como en periodos de excepción.

Las dificultades para repensar la democracia no son pocas y además son de difícil resolución. En fin, la democracia de nuestros días se enfrenta con numerosos desafíos: la superioridad del Ejecutivo sobre el Legislativo y el Judicial (que afecta la división de poderes), el significado actual del viejo principio de la "soberanía popular" (que alerta sobre una posible expresión vacía de sentido) y la intervención de los actores informales (que abre las puertas a una nueva tipología de conflicto sustentada en otras representaciones). De ahí se desprenden dos cuestiones centrales de la vida democrática actual.

Por un lado, la actividad deliberativa trasciende las instituciones representativas, hasta conformar espacios informales y no institucionalizados. Hay un conjunto de actividades que componen el concepto de "política", que exceden (además de la deliberación) la idea de razón; ellas son la pasión, el conflicto y la competitividad. Por eso, la pregunta de Walzer: ¿cómo encaja la deliberación en un proceso político que es eminentemente no deliberativo? O ¿cómo hacen para "razonar juntos" millones de ciudadanos, de una manera mínimamente convincente? (Walzer, 2010: 218) En definitiva, la toma democrática de decisiones es la solución lenta del amplio y complejo problema del gobierno, que no es otro que conciliar las libertades fundamentales con un sistema de igualdad social.

Por el otro, ¿cómo resolver el problema del gobierno en su totalidad, lo que implica reconocer que vivimos en una sociedad capitalista? Las complejas sociedades en las que vivimos no pueden ser pensadas solamente en términos de teoría democrática. En este sentido es oportuno recordar lo que desde hace tiempo viene advirtiendo Robert Heilbroner sobre la naturaleza capitalista de las sociedades que acostumbramos a describir como únicamente democráticas (Heilbroner, 1996: 128).

La política es la estructura del saber "vivir juntos" –en la paradoja del consenso y del disenso que nos une y nos separa en el conflicto– tras un ordenamiento colectivo. Desde el punto de vista estrictamente institucional, la democracia se ordena y se legitima por la actividad electoral, pero ésta resulta insuficiente para constituirse en su fundamento único. En cambio, desde el punto de vista de la interacción social, la noción de democracia se amplía, no se limita a la transmisión legítima del poder, en cuanto contiene otras formas de expresión no institucionalizadas que dan lugar a nuevas formas de representación de carácter informal. En otras palabras, la democracia organiza la "gestión pública del poder" (y se conecta con el Estado de derecho) y expresa, a la vez, la "acción pública" de los ciudadanos (y se conecta con el deseo de vivir en una comunidad política).

Por tanto, es preferible hablar de "vida democrática" para hacer referencia a un concepto más amplio que la actividad electoral, que contiene formas no institucionalizadas de expresión de los ciudadanos, y que por ello debería ser analizada en el marco del espacio público democrático, situado en el ámbito de la sociedad civil (Benhabib, 2006). Aludo con ello a la democracia como experiencia de vida, pero también a la definición de democracia como buen gobierno. La acepción "vida democrática" remite a la idea de que la democracia se vive también desde lo cotidiano (aunque sin que haya que perder de vista los procedimientos). Las transformaciones políticas de la democracia actual abren las puertas a una democracia informal, contracara de la democracia representativa.

Es evidente que el "hacer democrático" (desde luego, no hay democracias perfectas) debe ser renovado. Esto nos exige una teoría política de la democracia pensada en otros términos. Los límites del concepto de ciudadanía, el rol de los *mass media* electrónicos, el poder de la opinión pública y los movimientos informales, replantean la discusión sobre los principios de la democracia, sobre sus fundamentos y no solo sobre su funcionamiento.

Bibliografía

Benhabib, Seyla (2006), *Las reivindicaciones de la cultura. Igualdad y diversidad en la era global* (Buenos Aires: Katz).

Cheresky, Isidoro (comp.)(2010), *Ciudadanos y política en los albores del siglo XXI* (Buenos Aires: Manantial-CLACSO).

Derrida, Jacques (1992), *El otro cabo. La democracia, para otro día* (Barcelona: Ediciones del Serbal).

Habermas, Jürgen (2008), "El Estado de derecho democrático. ¿Una reunión paradójica de principios contradictorios? en Habermas, Jürgen *Tiempos de transición* (Madrid: Trotta).

Heilbroner, Robert (1996), *Visiones del futuro* (Barcelona: Paidós).

Iazzetta, Osvaldo (2007), *Democracias en busca de Estado. Ensayos sobre América Latina* (Rosario: Homo Sapiens).

Lippman, Walter (2003), *La opinión pública* (Madrid: Inactuales-Langre).

MacIver Robert (1942), *El monstruo del Estado* (México: FCE).

Manin, Bernard (1998), *Los principios del gobierno representativo* (Madrid: Alianza).

O'Donnell, Guillermo (2010), *Democracia, agencia y estado. Teoría con intención comparativa* (Buenos Aires: Prometeo).

Quiroga, Hugo (2005), *La Argentina en emergencia permanente* (Buenos Aires: Edhasa).

——————— (2010), *La República desolada. Los cambios políticos de la Argentina (2001-2010)* (Buenos Aires: Edhasa).

Rosanvallon, Pierre (2007), *La contrademocracia. La política en la era de la desconfianza* (Buenos Aires: Manantial).

Rouquié, Alain (2010), *À L'ombre des dictatures. La démocratie en Amérique latine* (París: Albin Michel).

Schnapper, Dominique (1994), *La communauté des citoyens* (París: Gallimard).

Tilly, Charles, y Word, Lesley (2010), *Los movimientos sociales, 1768-2008. Desde sus orígenes a Facebook* (Barcelona: Crítica).

Walzer, Michael (2004), *Razón, política y pasión. Tres defectos del liberalismo* (Madrid: Intervenciones-Machado Libros).

Walzer, Michael (2010), *Pensar políticamente* (Madrid: Paidós).

Documentos electrónicos

CEPAL-Naciones Unidas (2010), "Panorama Social de América Latina. Documento informativo 2010" en <http://www.eclac.org/publicaciones/xml/9/41799/PSE-panoramasocial2010.pdf> acceso 2 de agosto de 2011.

Diarios, periódicos y revistas

Clarín 2010 (Buenos Aires) 12 de enero.

Liderazgo de género y fin de un ciclo político en Chile. El gobierno de Michelle Bachelet[1]

Manuel Antonio Garretón[2]

Resumen

El artículo analiza la evolución del gobierno de Michelle Bachelet, abarcando desde el comienzo del proclamado "nuevo estilo ciudadano de gobierno" –enfrentado a movilizaciones sociales que modificaron su agenda–; el posterior periodo de recomposición –con fuerte énfasis en el enfrentamiento de la crisis financiera mundial, la política de protección y una agenda de género–; su finalización –que presenta la paradoja de un altísimo apoyo a la Presidenta y la derrota de su coalición de centroizquierda después de cuatro periodos sucesivos en el gobierno–; y el triunfo de la coalición de derecha. La hipótesis interpretativa que se presenta aquí, sostiene la existencia de tres tensiones: la primera, entre el estilo de alta sensibilidad y la debilidad de proyecto; la segunda, entre la política social

---

[1] Este trabajo contó con la colaboración de Tatiana Hernández y Claudia Gutiérrez. Se trata de una versión modificada de los trabajos de 2010 "Chili: gouvernement de Bachelet, défaite de la Concertation et alternance de droite" en Couffignal, Georges y Louault, Frédéric (dirs.) *Amérique latine 2010. Une Amérique latine toujours plus diverse* (París: IHEAL-La Documentation Française) y "La leadership presidenziale di Michelle Bachelet: stile, projetto, popolartià" en Campus, Donatella (coord.) *L'immagine della donna leader* (Bologna: Bonnonia University Press).

[2] Universidad de Chile. Chile.

de orientación socialdemócrata y la conducción económica liberal; y la tercera, entre la popularidad de la Presidenta y la prescindencia de su liderazgo en su coalición. El artículo concluye analizando las causas de la derrota de la Concertación —entre ellas, la incapacidad de renovar su proyecto democratizador que llevó a divisiones electorales significativas—, y los dilemas que enfrenta el nuevo gobierno de derecha como, por ejemplo, la tensión entre un proyecto conservador autoritario y un estilo puramente empresarial de gestión.

Palabras clave: Liderazgo, dimensión de género, popularidad, movilización social, protección social, proyecto y estilo políticos, centroizquierda.

Abstract

This article analyzes the evolution of Michelle Bachelet's government, from the beginning of the proclaimed "new citizen style of government" —faced to social mobilizations that modified its agenda—; the later period of recomposition —with a strong emphasis on facing the global financial crisis, the protection policy and the gender agenda—; its ending —that presents the paradox of the high support to the President and the defeat of her center-left coalition after four consecutive periods in the government—; and the victory of the right coalition. The interpretative hypothesis that is presented in this article affirms the existence of three tensions: first, between the highly sensible style and the weakness of the project; second, between the social-democratic policies and the liberal economic policies; and third, between the President's popularity and the disregarding of her leadership inside the coalition. The article concludes analyzing the causes of the Concertation's defeat —among them, the incapacity of renewing her democratizing project that led to important electoral divisions—, and the dilemmas that the new right government faces —for example, the tension between a conservative authoritarian government and a purely managerial style of governing—.

Keywords: Leadership, gender dimension, popularity, social mobilization, social protection, political project and style, center-left.

***

En marzo de 2006 asumía el cuarto gobierno de la Concertación de Partidos por la Democracia –coalición de partidos de centro e izquierda integrada por la Democracia Cristiana, el Partido Socialista, el Partido por la Democracia y el Partido Radical Social Demócrata– encabezada por Michelle Bachelet: militante socialista, hija de un general asesinado por la dictadura, ella misma víctima directa del gobierno militar y ministra de Salud y de Defensa en el Gobierno de Ricardo Lagos.

Se trataba de la primera mujer presidenta de la historia chilena y anunciaba en su campaña la conformación de un "gobierno ciudadano" integrado paritariamente por hombres y mujeres. Paradojalmente, cuatro años después deberá entregar –por primera vez desde que se recuperó la democracia en Chile– el gobierno a la oposición de derecha liderada por Sebastián Piñera. Su gobierno y ella tuvieron en el último periodo la mayor tasa de aprobación y popularidad de la historia política, justo cuando la coalición de partidos que la apoyaba era derrotada y se debatía en una serie de divisiones internas. Este artículo intenta indagar estas tensiones o paradojas a partir de una síntesis de lo que fue el gobierno y de una interpretación que retoma las cuestiones de género en el marco de un análisis político, con una referencia final a la dimensión mediática y comunicacional.

¿Nuevo estilo sin proyecto?

El gobierno de M. Bachelet puede ser dividido en dos periodos marcados por la diferencia en la claridad de las políticas de gobierno y en el nivel de aprobación y adhesión de la opinión pública.

Los dos primeros años –que culminan con niveles muy bajos de aprobación y con un cambio de gabinete que reemplaza el gobierno paritario de hombres y mujeres, de forma tal que muchos de los "rostros nuevos" que se habían incorporado en un inicio son reemplazados por políticos de experiencia estatal y partidaria– se caracterizan porque el Gobierno no logra imponer una agenda clara que cristalice su idea de sistema o Estado de protección y es sorprendido por una serie de movilizaciones que plantean temas o problemas que no estaban considerados en el programa y que pasan a ser los puntos principales de una acción gubernamental más bien reactiva, pero que a su vez, generarán nuevas iniciativas y marcarán el estilo de resolución de los problemas.

La primera de estas movilizaciones fue la de los estudiantes secundarios, que se desarrolló a los pocos meses de iniciado el gobierno, teniendo un gran impacto en toda la sociedad chilena. Las principales demandas —además de condiciones básicas como transporte gratis, comida, entre otras— se orientaron a generar cambios profundos en la estructura normativa (cambiar la Ley Orgánica Constitucional heredada de la dictadura) y en la gestión del sistema. El propósito fue lograr garantizar un papel activo del Estado, reducir los mecanismos del mercado y mejorar la calidad de la educación y la equidad dentro del sistema. En respuesta, el Gobierno creó un Consejo Asesor[3] formado por representantes de los diferentes sectores del sistema educativo, con el fin de promover una reforma. En diciembre del mismo año este Consejo entregó un informe diagnóstico con propuestas, que se tradujo en la elaboración del proyecto de Ley General de Educación (LGE), que reemplazaría a la Ley Orgánica Constitucional de Enseñanza (LOCE, N° 18.962). Luego de largos debates parlamentarios, el Gobierno —arrinconado por la derecha opositora, las Iglesias y los agentes privados de educación— forzó a los partidos de la Concertación a aprobar una ley en que se cedía frente a la oposición en cuestiones emblemáticas, relativas al lucro en la educación, al papel de la educación pública y a la estructura misma del sistema educacional. Esto no quita que la nueva ley signifique algún grado de mejoramiento de la cuestión educacional, dimensión que ha sido relevada como la de mayor importancia para la opinión pública.

La segunda movilización corresponde al conflicto de los trabajadores subcontratistas del cobre, sector laboral de enorme importancia dado el carácter que está tomando el trabajo en este siglo y hacia el futuro. Esta vez, el Gobierno no solo debió aceptar sus demandas concretas, como ocurrió con los estudiantes de educación media, sino que también, por influencia de la Iglesia, tuvo que abordar el problema de fondo: el tema de la igualdad y la equidad. Para ello constituyó nuevamente un Consejo

---

[3] Se denominó "Consejo Asesor Presidencial para la Calidad de la Educación".

Asesor[4] con representación de diversos sectores empresariales, técnicos, sindicales e intelectuales, entre otros, con el que se buscaba generar políticas orientadas a fortalecer el capital humano de modo de incrementar la productividad, mejorar la distribución del ingreso y desarrollar relaciones laborales equilibradas, todo lo cual apuntaba a disminuir la desigualdad sobre todo en el mundo laboral. Sin embargo, pese a la sugerencia de políticas importantes en materia de subsidios, el Consejo no enfrentó la cuestión de la reforma fiscal ni logró un cambio sustantivo en la legislación laboral reconocida internacionalmente como injusta.

La tercera movilización fue de corte enteramente distinto y corresponde a las masivas protestas ciudadanas contra los problemas generados por el Plan Transantiago, un proyecto de transformación radical del sistema de transportes en la capital, diseñado bajo el gobierno de Lagos e implementado bajo el gobierno de M. Bachelet. Más allá de las responsabilidades compartidas por ambos gobiernos y el sector privado, se asiste a una revuelta de la opinión pública o de la ciudadanía, precisamente porque no había sido consultada cuando se le invocaba como principal beneficiaria. Aquí estamos frente a una respuesta a una política pública, a diferencia de las movilizaciones anteriores. Y la reacción del Gobierno en este caso, no fue la de crear un consejo sino cambiar las autoridades políticas del transporte e iniciar su corrección. En los tres casos, la impronta es la misma: se retoma una demanda social o protesta, se atenúa el conflicto y se busca una nueva modalidad para enfrentar el problema con gran sensibilidad respecto de la ciudadanía o el movimiento en cuestión.

Pero la ausencia de un proyecto claro que guíe al Gobierno más allá de problemas puntuales y que actúe como principio orientador de las soluciones deja a la perspectiva del Estado de protección social sin un referente concreto de políticas públicas y lo lleva a entramparse en fórmulas que terminan relegitimando las posiciones conservadoras que fueron derrotadas durante el desarrollo de los movimientos.

Es probable que todo ello explique el origen de la crisis del apoyo a la Presidenta y a su gobierno (véase Gráfico 1), los debates que surgen sobre el agotamiento de la Concertación después de diecisiete años de

---

[4] Recibió el nombre de "Consejo Asesor Presidencial Trabajo e Equidad".

gobierno, y el surgimiento temprano del debate sobre candidatos para el próximo periodo presidencial. Sin embargo, cabe señalar que ya en esta fase se están elaborando políticas que se cristalizarán en los dos últimos años de gobierno (como los mismos acuerdos de los consejos asesores mencionados o el Informe de la Comisión de Reforma Previsional, que culminó en la Ley respectiva y algunas de las referidas al ámbito político, a los cuales nos referiremos más adelante).

Gráfico 1
Evolución de la aprobación y desaprobación de gobiernos, 1990-2009

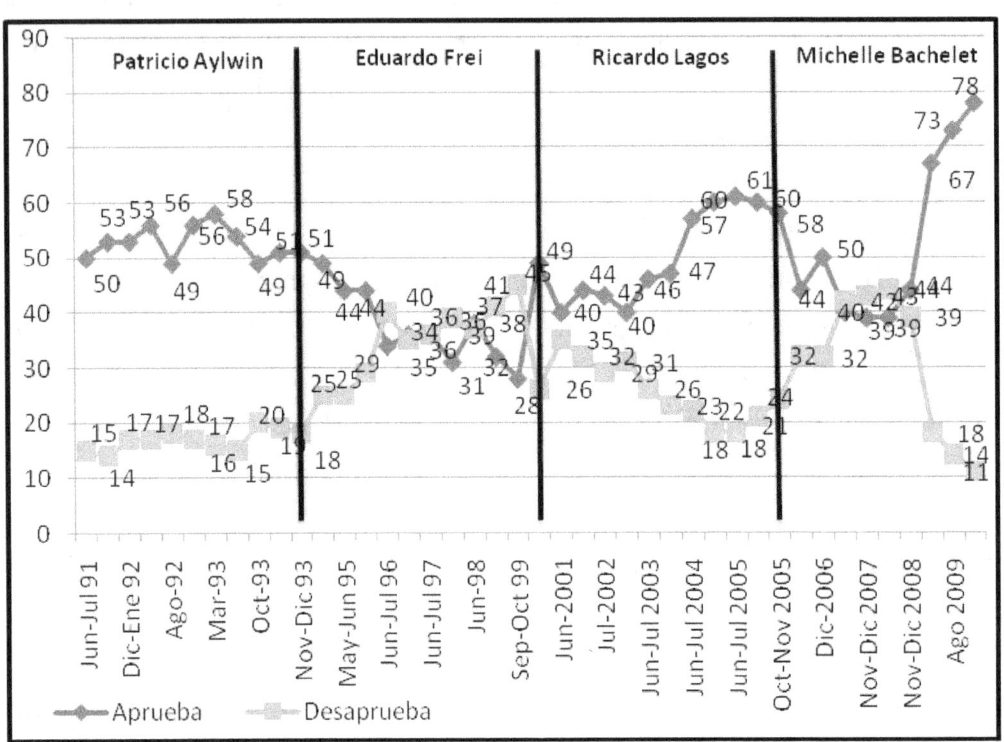

Nota: 87% de la muestra, áreas urbanas.
Fuente: Encuestas Centro de Estudios Públicos (CEP) 1991-2009.

Protección, manejo de crisis y popularidad

La segunda etapa del gobierno está marcada por dos procesos: por un lado, la conformación de un equipo político más conservador que introduce figuras experimentadas de la Concertación, terminando con la paridad de género en el gabinete, y por otro lado, la consolidación de un conjunto de políticas públicas y de reformas estatales que permiten darle cohesión y contenido a la idea de un gobierno orientado a un Estado de protección social, por un manejo relativamente satisfactorio de los efectos de la crisis financiera internacional y, probablemente como consecuencia de todo ello, por un aumento extraordinario del nivel de aprobación y popularidad del Gobierno, incluido el Ministro de Hacienda (lo que no suele suceder) y, sobre todo, de la Presidenta. Sin embargo, todo ello se hace paralelamente a una situación de desprestigio de los partidos políticos y de procesos de división que afectan a dos de los que conforman la Concertación, la Democracia Cristiana y el Partido por la Democracia, con lo que ésta pierde su mayoría en la Cámara de Diputados. A su vez, esto culmina con diversos candidatos presidenciales emergidos de la Concertación en la primera vuelta de diciembre de 2009 –aun cuando solo uno la representa oficialmente– y, finalmente, la derrota de la Concertación en la segunda vuelta de enero de 2010 y el triunfo del candidato de la oposición de derecha.

Por otro lado, es posible resumir el desarrollo de este sistema de protección, que busca garantizar derechos sociales, en dos grandes iniciativas. La primera es la consolidación de diversas políticas de protección, algunas de las cuales habían sido generadas en gobiernos anteriores pero que fueron reforzadas y complementadas con otras establecidas bajo el gobierno de M. Bachelet, y cuyos beneficiarios son tanto personas en situación de pobreza como grupos mayoritarios de la población, incluyendo a las familias de clase media. Así, la Red de Protección Social (PROTEGE)[5] incluye el trabajo coordinado de los diversos ministerios relacionados con la protección social y tiene como base un conjunto de nueve programas y beneficios que cubren las principales necesidades de la población a lo largo de todo su ciclo vital: "Chile Crece Contigo" (para primera infancia); becas de apoyo a la educación escolar y superior; subsidios de contratación a jóvenes; aumento de la cobertura de atención gratuita de enfermedades y garantías explícitas de salud; subsidios para el acceso a una vivienda; atención de familias, personas y territorios que

---

[5] Se puede encontrar información acerca de la Red de Protección Social (PROTEGE) en el sitio web que referenciamos al final de este artículo.

se encuentran en situación de vulnerabilidad; seguro de cesantía; pensión básica solidaria; y bono por hijo(a) nacido(a) vivo(a) y/o adoptado(a). En septiembre de 2009, la presidenta Bachelet promulgó la Ley 20.379, que crea el Sistema Intersectorial de Protección Social e institucionaliza el Sistema de Protección Integral a la Infancia "Chile Crece Contigo".

La segunda gran iniciativa es la reforma del sistema previsional implantado por el gobierno militar, que había terminado con un sistema de reparto solidario de las pensiones, y dado paso a un sistema de capitalización individual administrado por las Administradoras de Fondos de Pensiones (AFP), creando una deuda histórica que perjudicó a todos los que fueron obligados al traspaso al sistema privado de previsión. Tempranamente, como hemos señalado, la Presidenta constituyó un Consejo Asesor[6], esta vez de expertos más que de representantes o portavoces, para el estudio de esta materia. El conjunto de debates y la discusión parlamentaria sobre el proyecto se plasmó en la Ley 20.255, publicada en marzo de 2008, que se propuso recuperar los principios del "derecho a la Protección Social: seguridad y certeza; la legitimidad y participación ciudadana; la solidaridad (con la creación del Sistema de Pensiones Solidarias); la igualdad y equidad de género" (Ministerio del Trabajo y Previsión Social, 2008). En general, ha consistido en un conjunto de beneficios que asegura que, al término de su vida activa, las personas tengan garantizado un ingreso permanente. Esto favorece a trabajadores dependientes, independientes y/o individuos que han estado en situación de inestabilidad laboral o simplemente que nunca han formado parte del sistema laboral remunerado (Arenas, 2009). La reforma, entre otras medidas, crea el Sistema de Pensiones Solidarias para quienes no han ahorrado durante su vida o reciben una pensión baja, discapacitados, o inválidos; otorga beneficios en relación a la equidad de género (bono por hijo y compensación económica en caso de nulidad o divorcio) y subsidios a los jóvenes; establece la afiliación obligatoria de los trabajadores independientes al sistema previsional, igualando sus derechos y obligaciones con los trabajadores dependientes; consagra la afiliación voluntaria con el objeto de beneficiar especialmente a la clase

____

[6] Consejo Asesor Presidencial para la Reforma Previsional.

media; y, por último, genera un mecanismo de ahorro según el cual los ahorros voluntarios realizados por los trabajadores son complementados por sus respectivos empleadores, los que además pagan el seguro de invalidez y sobrevivencia. Así, los principales beneficiarios de la reforma previsional son los adultos mayores con pensiones bajas o sin pensión, mujeres sin trabajo remunerado (como las amas de casa), mujeres con trabajo remunerado, trabajadoras temporarias, trabajadores jóvenes, independientes o de clase media, sindicatos, personas carentes de recursos, personas inválidas o con discapacidad, y beneficiarios de leyes especiales (por ejemplo, víctimas de violaciones de los derechos humanos. Desde el punto de vista del Gobierno, la reforma previsional "se ha instalado en la ciudadanía como el cambio más importante del gobierno de la presidenta M. Bachelet, como un gran paso para avanzar en reducir la brecha de la inequidad, y se instala un Estado que da protección y que hace bien las cosas" (*El aMaule*, 5/1/2010). Los méritos de esta reforma no quitan una dimensión crítica, en el sentido de mantener un sistema privado que impidió la creación de una AFP estatal.

En el plano económico, esta segunda fase del gobierno de M. Bachelet está marcada primeramente por el aumento sustantivo de los recursos del cobre, que luego permitieron paliar los efectos de la crisis económica mundial. Dichos recursos fueron manejados inicialmente de manera conservadora, lo que dio origen a un duro debate sobre su uso. El Gobierno decidió ahorrarlos con la idea de protegerse en el "periodo de vacas flacas", como decían las autoridades de Hacienda, aunque muy probablemente no había un proyecto claro en el que invertirlos. Ello permitió enfrentar exitosamente la crisis sistémica que afectó a los mercados de crédito de los países desarrollados, por lo que sus efectos fueron comparativamente menores en Chile respecto del resto de los países de América Latina (CEPAL, 2009a). A pesar de la reducción de la tasa de crecimiento económico (3,2% en 2008), la reducción del PBI, el incremento progresivo de la tasa de desempleo y de la inflación anual (al menos durante los primeros tres trimestres de 2008), la generación de un superávit fiscal en 2008 permitió que el Estado acumulara recursos financieros que evitaron el endeudamiento interno o externo (CEPAL, 2009b).

Las medidas económicas adoptadas en el manejo de la crisis durante el gobierno de M. Bachelet consistieron en ajustes a la política monetaria y financiera, la política fiscal, y la política cambiaria y de comercio exterior. En relación con la política monetaria y financiera, se dieron más facilidades al ámbito de la inversión extranjera y al sector empresarial, entre otras medidas. Con respecto a la política fiscal, se impulsaron medidas tendientes a favorecer la inversión y el consumo. Respecto a la política cambiaria y de comercio exterior, se proporcionó liquidez en moneda extranjera y se mejoró el programa de cobertura de préstamos bancarios a exportadores (CEPAL, 2009c). Durante 2009, la calificación del riesgo de Chile por parte de una de las agencias calificadoras pasó de A2 a A1, situándolo en el nivel más favorable de la región. Para ese año, las reservas internacionales alcanzaron valores superiores a los 24 mil millones de dólares, más aún que en años previos.

Las medidas sociales, en el marco de la crisis económica, consistieron en un conjunto de bonos de apoyo a las familias más vulnerables. En agosto de 2009 se entregó el segundo bono de apoyo en dinero (aproximadamente setenta dólares), beneficiando a 4 millones de personas. En materia de desempleo, se entregó un seguro para compras de vivienda y un crédito hipotecario. En el área de educación, se apoyó con insumos a los estudiantes más destacados de sectores socioeconómicos bajos (*La Nación*, 21/5/2009).

Como resultado de la buena evaluación del desempeño macroeconómico y político, en enero de 2010 Chile pasó a ser estado miembro de la Organización para la Cooperación Económica y el Desarrollo (OECD). Se espera que esto se traduzca, por un lado, en el acceso a información privilegiada en materia de estrategias de desarrollo económico de las potencias mundiales y, por el otro, en la disposición a proveer información de las estrategias de desarrollo del país, lo cual iría acompañado de una suma en concepto de subscripción anual.

No podrían dejarse fuera del análisis de esta fase las propuestas del Gobierno —algunas ya cristalizadas en leyes— en materia de participación e información ciudadana y de lo que se llamó la "calidad de la política". Tanto la preocupación por la cuestión del estilo y el gobierno ciudadano, como el envejecimiento del padrón electoral y la baja participación electoral de los jóvenes, denuncias de corrupción y, en general, un deterioro de la valoración de la política, han impulsado estas propuestas que no cambian el sistema electoral, causa principal del distanciamiento de la política y la sociedad en Chile. Casi todas las propuestas de reforma política destinadas a ampliar la participación política contaron con la renuencia de la derecha que, por ejemplo, logró imponer el voto voluntario y la no participación de chilenos en el extranjero. Las principales normas adoptadas se refieren a la Ley de Transparencia (que hace pública toda la información del Estado, los Ministerios y los Instructivos de Participación), la reforma constitucional (que permite la inscripción automática) y el voto voluntario (aunque no está aún la ley).

El conjunto de los factores señalados explica el enorme salto dado por la aprobación de la opinión pública hacia la Presidenta, aunque la evaluación política de este fenómeno es más compleja, como veremos (véase Gráfico 2).

Gráfico 2

Comparación de la evaluación de la gestión de Michelle Bachelet y la del Gobierno en general

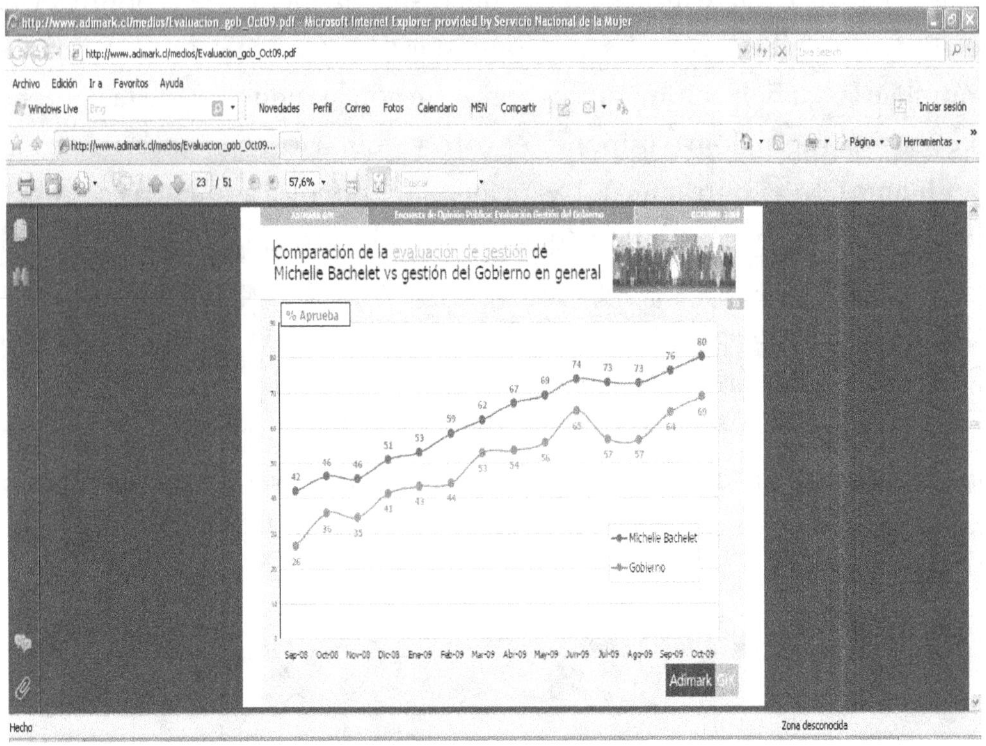

Fuente: Adimark (2009).

Estilo y proyecto

La elección de M. Bachelet como candidata de la Concertación y luego como presidenta estuvo rodeada del mito de que se trataba de un fenómeno ciudadano ajeno a los partidos, un cambio cultural de la sociedad y de la política chilena. La formación de un primer gabinete paritario y el discurso de que se trataría de un gobierno de ciudadanos y de una nueva forma de hacer política reforzaron esta visión.

Lo cierto es que la candidatura de M. Bachelet surge de la Concertación y no es explicable sino por el cálculo interno de los partidos, no exento por supuesto de debate. En efecto, en ausencia de la renovación o reformulación de un proyecto político en la Concertación y manteniendo los rasgos necesarios de continuidad con los gobiernos anteriores, la coalición estaba obligada a buscar una diferencia en el tipo de candidato para que diera la imagen de cambio o renovación que, al no existir en los ámbitos de la diversidad regional o generacional, se encontró en la diversidad de género. De modo que se trataba de una decisión estrictamente política y partidaria, aunque se basara en encuestas de opinión pública. Aún más, confirma esto el hecho de que las dos precandidaturas presidenciales de la Concertación fueron de mujeres: Soledad Alvear representando a la Democracia Cristiana y M. Bachelet, al eje de izquierda. La primera presencia de M. Bachelet en las encuestas tiene también un rasgo estrictamente político y partidario, porque viene de su gestión como ministra del presidente Lagos (en los cupos o cuotas ministeriales que correspondían al Partido Socialista). Cabe recordar, primero, que ella era militante socialista, que había sido candidata por la Concertación a concejal por una comuna de votación marcadamente de derecha (por lo que perdió esa elección), y que luego fue Ministra de Salud propuesta al presidente R. Lagos —quien tenía otra prioridad— por el presidente del Partido Socialista, y dado el éxito de su gestión, fue nombrada por el entonces Presidente como ministra de Defensa, lo que constituyó uno de los gestos políticos más importantes de su gobierno pues se trataba de la primera mujer en este cargo en América Latina, y de la hija de un general asesinado por la dictadura militar. Todo ello muestra el carácter político-partidario de su candidatura, a lo que ella agregó una imagen de cercanía con el electorado y una campaña que enfatizaba el carácter ciudadano más que partidario. Pero fue precisamente este intento de distanciamiento con la política oficial lo que está en la raíz de la primera derrota electoral de la Concertación, si se considera que en la primera vuelta la candidata de la Concertación obtuvo menos votos que la suma de los votos de los dos candidatos de derecha (Joaquín Lavín de la UDI y S. Piñera de Renovación Nacional). La evaluación de la dirección de la campaña sugirió que el alejamiento de los alineamientos partidarios, especialmente la menor insistencia en el apoyo del bloque de la Concertación y su menor identificación con éste, habían provocado la disminución del caudal de votos obtenidos en comparación con la derecha, y por ello en la campaña de la segunda vuelta se insistió en el carácter político, partidario y "coalicional" de la candidatura.

Algo semejante ocurrió en el ejercicio del gobierno mismo. En efecto, como ya hemos planteado, los primeros dos años se caracterizaron por el énfasis en la idea del gobierno paritario de género: la paridad de los altos puestos de gobierno (incluido el gabinete y las autoridades regionales); la reivindicación retórica del gobierno de los ciudadanos por encima de los partidos; un estilo más acogedor y sensible; la atractiva presencia mediática, en "terreno", que caracterizó la acción de la Presidenta; así como la creación de consejos asesores para determinadas políticas públicas (esto último ya hecho por los anteriores gobiernos de la Concertación). Pero todo ello no fue apoyado por ningún mecanismo o reforma institucional que consagrara establemente la participación ciudadana, ni tampoco por contenidos de políticas de gobierno que marcaran la diferencia. En ello estriba probablemente la pérdida de popularidad o de aprobación hacia su gobierno. En cambio, durante los dos años siguientes, marcados por una mayor presencia partidaria en la conducción gubernamental, por la consistencia programática referida al Estado de Protección y derechos sociales garantizados y por el manejo de la crisis económica, sin que variara su estilo mediático y de relación directa con la gente, es cuando se producen los mayores niveles de popularidad.

¿Empoderamiento de género?

¿Qué significó para las mujeres el liderazgo y gobierno de la primera mujer presidenta de Chile? Un primer aspecto en esta materia parte de preguntarnos si existió o no un voto de género en las elecciones presidenciales de 2005 y en la segunda vuelta del 15 de enero de 2006. Respecto de la primera vuelta, parece adecuado sumar los votos de los dos candidatos de derecha en la medida en que ambas candidaturas (que pertenecían a la misma coalición que fue opositora de la Concertación durante todos sus gobiernos) respaldaban la misma lista parlamentaria y se había confirmado un pacto de apoyo mutuo para la segunda vuelta. Si bien M. Bachelet ganó ampliamente con el 45,96% de los votos, obtuvo menos que los dos candidatos de derecha —hecho inédito hasta entonces— que sumaron 48,64% (25,41% de S. Piñera y 23,3% de Lavín). M. Bachelet obtuvo mayor votación en mujeres (47%) que entre los hombres (44,77%), pero incluso entre los votantes femeninos obtuvo menor porcentaje que los candidatos de derecha, cuya suma fue del 48,95%. Por otro lado, si bien la composición de su electorado fue mayoritariamente femenina (54,6%), lo mismo había ocurrido con la candidatura de Eduardo Frei en 1993 (con 51,9%), por lo que no era un hecho inédito para la Concertación (aunque no se había dado con Patricio Aylwin en 1989 ni con R. Lagos en el 2000).

En la segunda vuelta de enero de 2006, M. Bachelet obtuvo el 53,50% de los votos, ganando tanto entre los hombres (53,59%) como entre las mujeres (53,53%). Aunque su electorado estuvo compuesto por un 53% de votantes femeninos, obtuvo una mayor diferencia a su favor entre hombres respecto del candidato de derecha; todo lo cual hace difícil pensar que hubo un voto de género. Dicho de otra manera, en la medida en que las elecciones se mueven dentro del escenario heredado del plebiscito, las opciones Derecha-Concertación (Garretón, 2010c) tienden a opacar otras dimensiones como las de género, lo que se evidencia en la segunda vuelta, incluso aunque la candidata sea mujer. Por otro lado, el hecho de que la candidata fuera mujer no afectó —como muchos pensaban— la votación de la Concertación, lo que dejó de lado para siempre el argumento de la madurez o no del electorado en esta materia.

Un segundo punto tiene que ver con el tema de género en el gobierno de Bachelet, que ocupó un lugar central. Sin duda, en esta materia lo más importante es el hecho mismo de haber sido elegido presidenta. Lo cierto es que su elección no representa en sí misma el efecto de un cambio cultural, pero sí lo genera hacia el futuro[7], a lo que hay que agregar la constitución inicial paritaria de un gabinete y de autoridades regionales, a pesar de no haberse mantenido a lo largo de todo el gobierno. Estos hechos por sí solos implican un cambio político-cultural, pero la agenda de género fue igualmente significativa. Ésta incluyó, entre otros, un conjunto

---

[7] Ella misma declaró: "Comprendo que en esto simbolizo un cambio cultural de proporciones, un cambio que no tiene vuelta atrás. Yo no sé si en el futuro habrá o no una presidenta. Ojala que sí. Pero de algo estoy segura. Si antes las niñas me decían que querían ser doctoras, ahora me dicen que quieren ser presidentas. Eso le hará bien al país" (*El Mercurio,* 19/8/2009).

de medidas relacionadas con los derechos sexuales y reproductivos que fueron acompañadas –algunas de ellas– por un enfrentamiento claro por parte de la Presidenta con las presiones y posiciones conservadoras de la Iglesia; así como también las iniciativas legislativas respecto de la violencia doméstica, la equidad salarial, la participación política de las mujeres (entre otros aspectos, la ley de cuotas), los derechos garantizados y la autonomía económica de las mujeres en el sistema de protección social, al que nos hemos referido previamente[8].

Una tercera cuestión se refiere al apoyo o identificación de las mujeres con M. Bachelet, su gobierno, y con su agenda de género. En este sentido, un conjunto de estudios y encuestas muestran, más allá de la aprobación general de su gobierno –que siempre fue mayor entre las mujeres– (véase Gráfico 3), una alta valoración de su agenda de género. A mediados de su gobierno ya existía la aprobación y satisfacción, como lo muestra una encuesta a hombres y mujeres, respecto del mejoramiento de la situación de las mujeres por tener una presidenta mujer (59,6%), respecto del mejor trato que reciben las mujeres (64,8%), la paridad de género en el gobierno (60,9%)[9]. Entre las mujeres[10], la aprobación de la gestión del gobierno de la Presidenta subió sistemáticamente de 39,4% en 2007 a 45,2% en 2008 y 79,3% en 2009. Los principales atributos que se reconocen en la mandataria son su preocupación por los problemas de las mujeres (86,4%), su cercanía con la gente (82,9%), su honestidad (76,5%), el cumplimiento de su palabra (74,4%), su liderazgo (73,8%), su autoridad (72,6%), su seguridad para tomar decisiones (70,6%). Respecto de su agenda de género, se reconoce que ha habido un avance en los derechos femeninos (80,9%), progreso que ven reflejado principalmente en el aumento del fondo de pensión a las mujeres a través del bono por hijo nacido, la entrega de jubilación para amas de casa, el mayor acceso a salas cunas y jardines infantiles, entre otras medidas. Como resultado de

---

[8] Un balance de todas estas medidas puede encontrarse en Valdés (2010).

[9] Encuesta del programa "Tolerancia Cero" del canal Chilevisión. Citado por Fernandez (2010).

[10] Los datos se extrajeron de una encuesta a cargo de la Corporación Humanas (2009).

ello, además existiría entre las encuestadas una creencia mayoritaria de que en el futuro el país podría volver a ser dirigido por una mujer como presidenta (67,3%) y afirman que el próximo gobierno debe mantener un número similar de mujeres y hombres en el gabinete (84,7%)[11].

Gráfico 3
Encuesta: "Independientemente de su posición política ¿usted aprueba o desaprueba la forma como Michelle Bachelet está conduciendo su gobierno?"

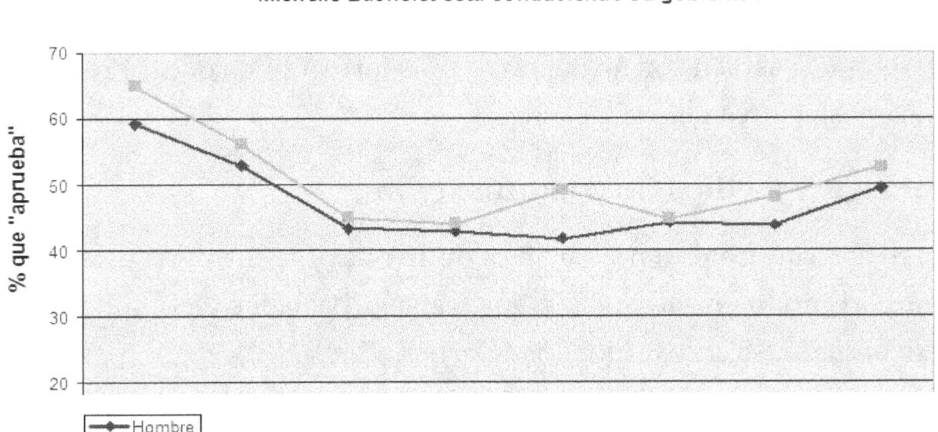

Fuente: Adimark (2009).

En este sentido, podemos presentar dos indicadores del mejoramiento de la situación de la mujer bajo el gobierno de M. Bachelet. El primero, de tipo más "objetivo", es el Índice de Potenciamiento de Género (IPG), que permite medir la participación de las mujeres en decisiones políticas y económicas (como la presencia en el Parlamento y en otros cargos públicos y privados altos, o el diferencial de rentas de trabajo entre hombres y mujeres). Durante el gobierno de M. Bachelet éste aumenta sistemáticamente, pasando de un valor 0,475 en 2005 a uno de 0,526 en 2009. El segundo, de tipo más "subjetivo", es el Índice de Valoración de la Igualdad de Género (IVIG), que mide las apreciaciones sobre la igualdad entre

---

[11] Los porcentajes suman las valoraciones "Bueno" y "Muy Bueno" para cada atributo.

hombres y mujeres (respecto del liderazgo, la educación universitaria y el derecho al trabajo en situaciones de crisis), y que pasa de un valor de 55 a 64 entre 2006 y 2009, siendo esa valoración siempre superior en las mujeres (los hombres pasan de un valor 46 en 2006 a uno de 58 en 2009, en tanto las mujeres pasan de 63 a 70) (PNUD, 2010).

En síntesis, es posible afirmar que uno de los grandes cambios bajo el gobierno de M. Bachelet fue en la dimensión de género, aunque no todo lo que se planteara en el discurso hubiera sido materializado. En este sentido, si bien su liderazgo en general puede caracterizarse de negociador –lo que puede apreciarse, entre otras cosas, en la creación de Consejos Asesores y el hecho de que las políticas resultan de transacciones con la oposición y sus propios sectores de apoyo– en la dimensión de género se corresponde más bien con un liderazgo transformador en que la Presidenta fija una posición y la lleva adelante.

Liderazgo y medios de comunicación

Hay dos cuestiones en el análisis de la relación entre Bachelet y los medios: el modo en que los medios tratan a Bachelet y el modo como ella se posiciona frente a aquéllos (Gerber, 2009).

Nuestra hipótesis básica en esta materia es que cualquier análisis del tratamiento de M. Bachelet por parte de los medios de comunicación no puede prescindir de la situación particular de éstos en Chile. Así, sus dos rasgos principales –con la excepción de algunas pocas radios y revistas y de cierta neutralidad del canal público de televisión– son la concentración de su propiedad en grupos económicos poderosos y su carácter no pluralista y marcadamente de derecha, habiendo sido muchos ellos instrumentos fundamentales de apoyo irrestricto a la dictadura militar[12]. Ello significa que todas las otras dimensiones de análisis, como el género o la actitud que tengan frente a una mujer presidenta, quedan subordinadas a la posición política de los medios. De esta manera, el "factor mujer" pasa a ser un campo de aplicación de una posición ya asumida, de modo que se incluyen los factores de género en la medida en que permitan apoyar esa

---

[12] Puede observarse un panorama de la prensa en Monckeberg (2009).

posición política[13]. Ello no quiere decir que no haya sesgo de género en los medios, pero si lo hay está al servicio de una opción política. A todo ello debe agregarse el papel cada vez más importante de los medios en las campañas políticas y en la vida política general[14].

Si en los comienzos de la campaña presidencial de M. Bachelet –cuando recién se lanzaba su candidatura– los medios enfatizaron su condición de separada o de no católica, el acento se puso luego y a lo largo de todo su gobierno en una dimensión de su papel político, que era la ausencia o debilidad de su liderazgo. Hay aquí un componente que tiene claramente un sesgo de género, en la medida en que se asocia el liderazgo a una posición más autoritaria y decisionista que a una capacidad de concitar acuerdos y buscar participación en ellos. Pero también esta crítica tiene otros dos componentes. Uno, estrictamente político, se desprende del hecho de que los medios no gustaban de las decisiones que tomaba Bachelet, que en muchos casos eran más "a la izquierda" que las de otros gobiernos de la Concertación y que, en materia de temas de la mujer y la sexualidad, sin duda confrontaron más con la Iglesia Católica. Es decir que el estilo era el pretexto para criticar el contenido de las políticas. Por otro lado, el segundo componente que debe reconocerse es que durante largo tiempo el nuevo estilo de gobierno, llamado ciudadano, quedó sin expresión concreta que no fuera su propia autoafirmación y otras veces ocultó la ausencia o vacilación respecto de una determinada decisión[15].

---

[13] En 2007, cuando la popularidad de la Presidenta estaba muy baja (véase Gráfico 1), *Punto Final* (10/8/2007), la revista de Izquierda Independiente, habló de un femicidio político, en el sentido de una campaña en la que participaban actores políticos y medios de comunicación destinada a "asesinar la imagen de Bachelet" para así ligar la idea de incompetencia gubernamental al hecho de ser mujer. Aquí es válida la afirmación general que hemos sostenido: que el sesgo de género era más bien pretexto –y quizás el principal– para una crítica de fundamento básicamente político.

[14] En Chile las campañas electorales tienen un hito importante en las franjas televisivas obligatorias durante el mes previo de las elecciones en los canales de televisión abierta, además de los foros televisivos que se organizan entre los candidatos.

[15] Recordemos, por ejemplo, la afirmación de Bachelet respecto de la decisión de operar el Transantiago –a lo que nos hemos referido más arriba–, en el sentido de que su "instinto" le decía que no debía haberlo implementado. Ello permitió una fuerte ironía por parte de los medios respecto del uso de la intuición para tomar decisiones.

Con excepción de alguna fotografía aislada, el fracaso mayor de los medios en querer debilitar a M. Bachelet por su lado de mujer, fue su incapacidad para hacer de los rasgos femeninos o de su vida privada un elemento central para el ataque político. Esto tiene que ver con el modo en que ella se posicionó frente a los medios, no aceptando nunca ningún tipo de frivolización o de inmiscución en su vida privada.

Respecto de este posicionamiento, M. Bachelet desde su comienzo combinó una gran empatía con la firmeza de sus planteamientos, lo que hacía de sus entrevistas una de sus fuertes. Paradójicamente, a juicio de algunos analistas[16], esto no fue suficientemente aprovechado por los estrategas comunicacionales de Gobierno, que al intentar "blindarla" de la crítica política y mediática, proyectaban la imagen de un liderazgo frágil y la sacaban de una arena en que su papel era decisivo debido a las debilidades del proyecto político de su coalición de apoyo. Dicho de otra manera, se tendió a alejar a la Presidenta de sus partidos y de la contingencia política, con lo que se debilitó su liderazgo y también la valorización de la política.

Balance de un gobierno

El gobierno de M. Bachelet hizo avances significativos en materia de protección social y agenda de género, mantuvo políticas macroeconómicas y sociales de carácter neoliberal con algunas modificaciones —en general, respondiendo a presiones y movilizaciones sociales—, paliando los efectos de la crisis internacional con los recursos ahorrados del cobre. Asimismo, creó instancias de expresión de la sociedad civil para resolver conflictos y consensuar políticas públicas, insertó más a Chile en el contexto latinoamericano y dio pasos importantes en la resolución de la demanda boliviana de salida al mar. Todo ello y la especial cercanía de la Presidenta con la ciudadanía le dieron el más alto nivel de apoyo popular de los gobiernos democráticos. Sin embargo, los dos grandes déficits del periodo, producto de la continuidad de dos grandes herencias de la dictadura que encierran a Chile en una época pospinochetista sin el salto a la sociedad democrática del bicentenario, son, por una parte, la institu-

---

[16] Citado por Gerber (2010).

cionalidad política, cuyo eje es la Constitución y que permite el veto de la derecha, el sector civil que fue apoyo de la dictadura; y por otra parte, un modelo económico intrínsecamente desigualitario que impide la labor redistributiva del Estado. Por otro lado, y esto es particular del gobierno de M. Bachelet, por primera vez se produjeron escisiones importantes en la coalición de gobierno, se perdieron las elecciones presidenciales y la Concertación fue desplazada del gobierno por la alianza de derecha liderada por S. Piñera, lo que sin duda constituye un fracaso político.

¿Cómo explicar el relativo éxito de su gobierno según las encuestas de popularidad pero el fracaso político que significa la derrota por primera vez de la coalición gubernamental más duradera y exitosa en la historia política de Chile contemporáneo?

La hipótesis que puede avanzarse es que el Gobierno estuvo permanentemente atravesado por tres tensiones.

La primera de ellas es entre un estilo de gran sensibilidad, pero sin un proyecto consistente que fuera un eje conductor ni una dirección o liderazgo en el seno de la coalición. Evidentemente, a la larga ello juega un papel de debilitamiento de la valoración de la política y de los partidos que sustentan a la Presidenta.

La segunda, es la tensión entre la orientación discursiva de corte más socialdemócrata y una dirección económica de corte más liberal. Si bien esta tensión atraviesa todos los gobiernos de la Concertación, en el caso de M. Bachelet se expresó en que la mandataria concitó el apoyo del sector más "izquierdizante" de su partido en el plano estrictamente político, pero se rodeó del sector más liberal para la implementación de las políticas económicas, lo que significó que incluso en el caso de su política más avanzada como lo fue la reforma del sistema previsional, no sustituyera, sino solo corrigiera la herencia neoliberal.

La tercera tensión es entre la popularidad y liderazgo de la Presidenta y su prescindencia en la conducción política de la coalición y de los partidos, más allá de buscar el apoyo de éstos al Gobierno[17]. Ya hemos hecho

---

[17] Dos buenos ejemplos de este uso que hace el Gobierno de los partidos son los casos del voto voluntario y del lucro en la educación, que el Gobierno impuso a la coalición contra el acuerdo colectivo de la mayoría de sus partidos.

referencia al blindaje que su equipo de asesores hizo de ella para evitar debilitar su imagen, pero con ello no solo se aisló de los partidos, sino que los dejó relegados a la dura tarea del mero apoyo sin participación en la discusión y, por lo tanto, los logros del Gobierno.

¿Fin de un ciclo político?

Con las elecciones presidenciales de enero de 2010[18] y el triunfo de la coalición opositora de derecha se cierra la época de los gobiernos de la Concertación. Pero lo cierto es que el ciclo político iniciado en 1990 se había agotado antes, en la medida en que la coalición —pese a los grandes avances y transformaciones introducidas en la sociedad— no había logrado completar su proyecto democratizador (debido, como ya hemos mencionado, al déficit de institucionalidad y la continuidad del modelo económico heredado), y tampoco había sido capaz de generar otro proyecto que permitiera el salto a la "sociedad del bicentenario". Ello se expresó en el hecho de que las elecciones presidenciales de la primera vuelta se dieron en el mismo escenario del plebiscito de 1988, con la excepción del campo electoral de la Concertación que estuvo dividido entre el candidato oficial y un candidato que, sin un proyecto alternativo claro, expresaba el descontento a una política que se consideraba desgastada. La recuperación de este electorado no alcanzó a completarse en la segunda vuelta y las cifras ratifican que la elección, más que ganada por la derecha, fue perdida por la Concertación en tanto la coalición gobernante no logró aumentar significativamente su votación respecto de elecciones precedentes.

De modo que estas elecciones han abierto dos grandes interrogantes. En primer lugar, si en el gobierno de derecha triunfante primarán las fuerzas más ligadas al pasado autoritario, que constituyen la mayoría

---

[18] La primera vuelta presidencial de diciembre de 2009 arrojó los siguientes resultados: Jorge Arrate (socialista, coalición de izquierda) obtuvo un 6,21%; Marco Enríquez-Ominami (socialista, disidente de la coalición oficialista), un 20,13%; S. Piñera (coalición de derecha), un 44,05%; y Eduardo Frei Ruiz-Tagle (coalición gobernante), obtuvo un 29,6% de los votos. En la segunda vuelta, S. Piñera obtuvo el 51,6% y E. Frei el 48,39%, con un total de votos válidos muy semejante a la primera vuelta (Ministerio del Interior, 2009).

parlamentaria de la coalición que gobierna desde marzo del 2010, o si por el contrario, S. Piñera será capaz de imponer su idea de un gobierno más amplio que no retroceda en los avances democráticos hechos por la Concertación, que "lo haga mejor", como afirmaba en su campaña. En segundo lugar, si la Concertación será capaz —desde la oposición— de limitar sus tendencias centrífugas, de refundar un proyecto y una forma de organización y, al mismo tiempo, de abrirse a las otras fuerzas políticas y sectores sociales independientes que constituyen la gran mayoría sociológica de centroizquierda del país.

Bibliografía

Arenas, Alberto (2009), "La Reforma Previsional en Chile", Ponencia presentada en el XXI Seminario Regional de Política Fiscal de la CEPAL 27 de enero.

CEPAL (2009a), *Panorama Social de América Latina* (Santiago: CEPAL).

——————— (2009b), *Estudio económico de América Latina y el Caribe 2008-2009* (Santiago de Chile: CEPAL).

——————— (2009c), *La reacción de los gobiernos de las Américas frente a la crisis internacional: una presentación sintética de las medidas de políticas anunciadas hasta en 30 de junio de 2009* (Santiago de Chile: División de Desarrollo Económico, CEPAL).

Consejo Asesor Presidencial para la Calidad de la Educación (2006), *Informe Final.* (Santiago: Consejo Asesor Presidencial para la Calidad de la Educación).

Consejo Asesor Presidencial para la Reforma Previsional (2006), *Informe Final.* (Santiago: Consejo Asesor Presidencial para la Reforma Previsional).

Consejo Asesor Presidencial para el Trabajo y la Equidad (2008), *Hacia un Chile más justo: Trabajo, Salario, Competitividad y Equidad Social.* (Santiago: Consejo Asesor Presidencial Trabajo e Equidad).

Díaz, Soledad y Schiapacasse, Verónica (2010), "Derechos sexuales y reproductivos en el gobierno de Bachelet" en Valdés, Teresa (ed.) *¿Género en el poder?* (Santiago de Chile: CEDEM).

Fernández, María de los Ángeles (2007), *Bienvenida Paridad* (Santiago de Chile: Editorial Cuarto Propio).

Fernández, María de los Ángeles (2010), "Análisis exploratorio de la presidencia de Bachelet" en Valdés, Teresa (ed.) *¿Género en el poder?* (Santiago de Chile: CEDEM).

Garretón, Manuel Antonio (2007), "La doble tensión de Bachelet. Comentario Nacional" en *Revista Mensaje* (Santiago de Chile), Nº 565, diciembre.

——————— (2008), "El gobierno de Bachelet en la mitad de su mandato. Balance y Perspectivas" en *Revista Todavía* (Buenos Aires) Nº 18, abril.

——————— (2010a), "Chili: gouvernement de Bachelet, défaite de la Concertation et alternance de droite" en Couffignal, Georges y Louault, Frédéric (dirs.) *Amérique latine, Une Amérique latine toujours plus diverse* (París: IHEAL-La Documentation Française).

——————— (2010b), "Fin de ciclo y perspectivas de la centro-izquierda" en Hardy, Clarisa (ed.) *Ideas para Chile. Aportes de la centro-izquierda* (Santiago de Chile: Ediciones LOM).

——————— (2010c), "Sentido, régimen y actores de la política. Cambio, continuidades y perspectivas" en Lagos, Ricardo (ed.) *Cien años de luces y sombras* (Santiago de Chile: Taurus).

Gerber, Elisabet (2009), "Género, Poder y Comunicación. La presidenta Michelle Bachelet" en Quiroga, Yesco y Jaime Ensignia (eds.) *Chile en la Concertación 1990-2010. Una mirada crítica, balance y perspectivas* (Santiago de Chile: Friedrich Ebert Stiftung).

Genovese, Michael (1993), *Women as national leaders* (Londres: Sage Publications).

Guzmán, Virginia (2006), "Presidenta mujer, paridad democrática y el empoderamiento de las mujeres", Ponencia presentada en el Seminario Internacional "Trillas para el empoderamiento de las mujeres en América Latina" de la Universidad Federal de Bahía, junio).

Monckberg, María Olivia (2009), *Los Magnates de la prensa: concentración de los medios de comunicación* (Santiago de Chile: Editorial Debate).

PNUD 2010 *Desarrollo Humano en Chile. Género: los desafíos de la igualdad* (Santiago de Chile: PNUD).

Valdés, Teresa (ed.)(2010), *¿Género en el poder?* (Santiago de Chile: CEDEM).

Vera, Antonieta (2009), "Una Crítica Feminista a la Madre Pública Postdictatorial: Los Discursos de Género en la Campaña Presidencial de Michelle Bachelet" (mimeo).

Documentos electrónicos

Adimark 2009 "Encuesta: Evaluación Gestión del Gobierno. Informe mensual octubre 2009" en <http://www.adimark.cl/es/estudios/documentos/Evaluacion_gob_Oct09.pdf> acceso 15 de agosto de 2011.

Corporación Humanas 2010 "Encuestas nacionales mujer y política 2007, 2008, 2009" en <http://www.humanas.cl> acceso 15 de agosto de 2011.

Ministerio del Trabajo y Previsión Social 2008 "Ley 20.255. Reforma Previsional" en <http://www.leychile.cl/Navegar?idNorma=269892> acceso 15 de agosto de 2011.

Sitios web

Red de Protección Social (PROTEGE) <http://www.redprotege.gov.cl//frmQuienesSomos.aspx?idarticulo=36> acceso 15 de agosto de 2011.

Servicio Electoral de la República de Chile <http://www.servel.cl> acceso 15 de agosto de 2011.

Centro de Estudios Públicos (CEP) <http://www.cepchile.cl/dms/lang_1/home.html> acceso 15 de agosto de 2011.

Ministerio del Interior. Sitio histórico electoral <acceso 15 de agosto de 2011> acceso 15 de agosto de 2011.

Diarios, periódicos y revistas

La Segunda (Santiago de Chile).

La Tercera (Santiago de Chile).

El Mercurio 2009 (Santiago de Chile) 19 de agosto.

El aMaule 2010 (Maule) 5 de enero.

La Nación 2009 (Santiago de Chile) 21 de mayo.

El Periodista 2003 (Santiago de Chile) Año 2, N° 35, 28 de abril.

Página 12 (Buenos Aires).

Punto Final 2007 (Santiago de Chile) N° 645, 10 de agosto.

IV
Espacio público, ciudadanía y participación política en América Latina

Poderes fácticos y democracia en México: sindicatos, caciques, monopolios y delincuencia organizada en un país en transición

Alberto Olvera[1]*

Resumen

La transición a la democracia en México es un proceso incompleto que ha sido bloqueado por los "poderes fácticos", esto es, las organizaciones sindicales corporativas que desarrolló el viejo régimen, los caciques rurales que han sobrevivido al vendaval neoliberal, las organizaciones clientelistas urbanas, y las redes de intereses creados que defienden sus espacios de extracción de renta en el sistema de justicia, en el Poder Judicial y en los partidos políticos, así como en los gobiernos estatales y locales. La fuerza política de estos actores conservadores es tal que aquellos han bloqueado los tímidos intentos de reforma desplegados por los dos gobiernos democráticamente electos a nivel federal desde el año 2000. Si los escasos actores democráticos en la sociedad civil y en la sociedad política no logran adquirir pronto más poder que las fuerzas conservadoras, en México se completará la restauración autoritaria en las elecciones presidenciales de 2012.

---

[1] Instituto de Investigaciones Histórico-Sociales, Universidad Veracruzana. México.

Palabras clave: Poderes fácticos, corporativismo, clientelismo, democratización fallida, sociedad civil, sociedad política, México.

Abstract

In Mexico the transition to democracy is an incomplete process, jeopardized by the so-called "factual powers", this is, the corporatist unions created by the old regime, the rural caciques that survived the neoliberal transformation, the urban dwellers organizations, and the vested interests networks that populate both ʻpolitical parties and government at state and municipal levels, as well as the judicial power and the institutions that supposedly guarantee access to justice. The political might of these conservative actors is so relevant that they have been able to block the timid reforms proposed by the two national democratic governments elected from 2000 on. If the scarce democratic actors in both civil and political society do not develop a respectable strength in the short term, a full authoritarian restoration will follow the presidential elections of 2012.

Keywords: Factual powers, corporatism, clientelism, failed democratization, civil society, political society, Mexico.

***

Introducción

Constituye hoy un lugar común afirmar que México no ha experimentado una verdadera transición a la democracia, sino tan solo una alternancia de partidos en el poder (Olvera, 2010). Lo que no está claro es la causa de este fracaso de las luchas democráticas. En este capítulo sostengo que una explicación plausible y necesaria de este proceso es el gigantesco poder que han acumulado —desde las estructuras del viejo régimen— los actores políticos y económicos denominados "poderes fácticos", es decir, los grandes sindicatos corporativos, los caciques regionales, las empresas monopólicas y, más recientemente, el crimen organizado. Este poder se ve magnificado por la fragmentación del poder político, que no ha permitido alcanzar una transición completa en México. En definitiva, el poder de estos actores les permite vetar los cambios necesarios para consolidar la democracia y disputar al Estado el control de áreas completas de las políticas públicas y de regiones enteras del país.

De esta manera, la continuidad del régimen autoritario se expresa fundamentalmente en la permanencia del orden legal, institucional y cultural heredado del viejo régimen —cuyos cimientos continúan siendo operativos—, así como también en la adaptación rápida del corporativismo sindical y de los intereses privados a la competencia electoral, manteniendo —y aun aumentando— sus privilegios en el proceso. Cabe preguntarse la razón de este fracaso, que parece estar a punto de concluir en 2012 con el posible triunfo del PRI en las elecciones presidenciales y, por tanto, en la restauración autoritaria plena. ¿Cómo es posible que una nación cuya sociedad civil desplegó grandes luchas por la democracia en los años noventa y en donde tantos actores sociales han desarrollado intensas luchas temáticas, regionales y sectoriales, se vea hundida de esta manera en una parálisis que parece no tener salida? ¿Cuáles son las causas del colapso que vive el país a raíz de la crisis de la seguridad pública, al aumento del poder del crimen organizado y la incapacidad del Estado para enfrentar ese reto?

La continuidad del viejo régimen no depende solamente de la debilidad de los partidos políticos que se opusieron históricamente al PRI o de la carencia de poder de la presidencia de la República, atada hoy de manos por los poderes legales e ilegales. La explicación radica en las estructuras profundas del sistema político, es decir, en la sobrevivencia de los actores sociales y políticos que generó el viejo régimen, en el empoderamiento de los actores económicos que se constituyeron a lo largo del periodo desarrollista y durante el dramático ajuste neoliberal que sufrió México en los años noventa y, por supuesto, en los emergentes poderes vinculados a los grupos criminales.

Es pertinente y necesario ofrecer una explicación sociológica —y no solamente política— de las razones de la continuidad autoritaria. Esta mirada sociológica se centra en una forma distinta de entender lo político y la política. Por su parte, lo político da cuenta de cómo se constituye el campo de disputa por el poder, quiénes son sus actores, cuáles son los proyectos en disputa, qué acciones y prácticas se consideran válidas y legítimas y cuáles no[2]. Remite a los marcos conceptuales y simbólicos

____

[2] Amplia bibliografía discute el tema, entre otros, ver Chantal Mouffe (2007) y Oliver Marchart (2009).

de las relaciones entre el Estado, la sociedad y el mercado, a través de los cuales se define el reparto del poder y la construcción de la hegemonía de unos actores sobre otros. En cambio, la política –que es la práctica cotidiana de estas luchas por el poder– se desenvuelve en marcos institucionales cuyos alcances efectivos están determinados por esos pactos más generales que marcan los contornos de la actividad cotidiana. Esta visión sociológica que queremos aportar se concentra en lo político, es decir, en aquellas estructuras profundas del sistema que nos explican la continuidad autoritaria.

En las páginas que siguen analizaremos a los llamados poderes "fácticos", es decir, aquellos actores sociales, políticos y económicos que constituyeron la columna vertebral del viejo régimen y que han sobrevivido a la alternancia política y han consolidado su poder en campos decisivos de la política estatal, así como aquellos actores monopólicos del mercado que impiden la competencia entre capitales, cuyo poder es tan grande que pueden determinar el comportamiento fiscal y las políticas económicas del Estado. Estos "poderes fácticos" sobreviven por la centralidad que tienen como controladores de campos de acción estratégicos del Estado y del mercado, y por la forma en que han logrado insertarse en las estructuras de la representación (Casar, 2008). Juegan así no solo con el poder de hecho del que disponen en el mundo social, económico y político, sino que además usan a su favor las reglas de la vida política democrática. Son actores del mercado, de la sociedad civil y de la sociedad política que actúan en una forma no civil, es decir, violando las leyes, burlando las reglas, manipulando las instituciones y controlando por vías legales y/o ilegales esferas completas del mercado, todo lo cual les permite tener un doble poder: el de veto sobre cualquier transformación que se trate de llevar a cabo en las reglas que rigen la política y la economía; y de control sobre la clase política, debido a que son capaces de determinar, vía financiamiento o vía operación electoral, los resultados de las elecciones, tanto locales como nacionales. Los "poderes fácticos" son así poderes instituidos en la trama social y económica del país, cuyo desmantelamiento es un requisito esencial para la construcción de una democracia operativa en México. La destitución de su poder implica la construcción de un nuevo polo hegemónico en la sociedad, es decir, una vasta alianza de fuerzas sociales y políticas que desplacen a los poderes instituidos y se tornen en poderes instituyentes de una democracia efectiva.

Los "poderes fácticos" constituyen una sociedad incivil en el sentido de no respetar el orden jurídico, de privatizar lo público, de monopolizar deliberadamente espacios económicos, políticos y sociales para fines privados, además de actuar al margen de la ley o usar ésta en función de sus intereses. Esta sociedad incivil puede expresarse en espacios jurídicamente válidos en la forma de empresas económicas formales que operan en el mercado con un registro legal y que pagan (algunos) impuestos, o bien como sindicatos con registro legal, o partidos políticos igualmente legales. Sin embargo, todo ellos usan a su favor las reglas informales que rigen la operación de cada uno de los campos en los que se expresan.

La sociedad incivil puede ser también directamente delincuencial, sector que está en pleno crecimiento en el México de hoy, expresándose en la economía informal (que es gigantesca en el país), en el crimen organizado, en la existencia de circuitos financieros que practican el lavado del dinero y en la forma de poderes "caciquiles" locales o regionales, sea en su forma antigua propia del viejo régimen, o más contemporánea, propia de un régimen democrático.

Una explicación de la persistencia de estos actores exige una breve indagación histórica. El poder de los privados se ancla en la historia de la constitución del Estado mexicano en general y del régimen de la Revolución Mexicana en particular. En este sentido, en la primera sección de este texto proponemos unas breves reflexiones sobre este tema. En la segunda sección, analizaremos a los grandes sindicatos corporativos y a los caciques regionales, columna vertebral social, cultural y política del viejo régimen, y las formas en que se han adaptado a los tiempos de la competencia electoral. En la tercera, estudiaremos brevemente a los monopolios privados y su poder de veto sobre la entrada de nuevos actores a sus mercados y su poder político derivado del control de los medios y del dinero que necesitan los partidos para sus campañas. Finalmente, en la cuarta sección, haremos una breve mención del poder del crimen organizado y de su anclaje social en una cultura de la ilegalidad, de la enorme economía informal, del sistema policíaco y de procuración de justicia —disfuncional y absolutamente corrupto— y de un sistema político que es estructuralmente débil en su nivel local, lo cual permite que estos actores puedan controlar con cierta facilidad a numerosos gobiernos municipales y estatales.

Antecedentes históricos

La corrupción es un fenómeno constitutivo de la vida política en México y una característica fundacional del Estado mexicano. Como ha sido señalado por Claudio Lomnitz (2000), la corrupción puede ser entendida como el ejercicio privado autorizado de funciones públicas, explicable a partir de la debilidad misma de la institución estatal. Durante la colonia, la Corona española privatizó funciones estatales básicas, dada la imposibilidad práctica del Estado de controlar el territorio y la población de sus nuevas posesiones. El uso de agentes privados para el ejercicio de funciones públicas fue una práctica que continuó vigente después de la época colonial. Como es sabido, los estados latinoamericanos fueron sumamente débiles durante el siglo XIX y aún durante buena parte del XX, por lo que a lo largo de esa etapa la gobernabilidad se fundó en buena medida en pactos específicos de los gobiernos centrales con caciques regionales (actores políticos hegemónicos en ciertas áreas de cada país) que implicaban la concesión de espacios o posiciones de poder federal o central en los estados o departamentos a los representantes de los caciques regionales. De esta forma el Estado federal lograba contar con algún tipo de representación formal y presencia local que, sin embargo, implicaba aceptar la tutela, el mandato o el control de parte de agentes regionales o locales. En contrapartida, el Estado central lograba el reconocimiento y apoyo de los caciques regionales.

Esta clase de pactos implicaban la privatización del Estado, y por tanto, la constitución de una de las características fundacionales del Estado latinoamericano: el neopatrimonialismo. "Patrimonialismo" porque el Estado era visto, en efecto, como una propiedad privada de los actores políticos. "Neo" en el sentido de que esta práctica no se fundaba ya en el principio de la legitimidad divina del soberano, sino en la supuesta aplicación de constituciones modernas. A pesar de estar establecida en la ley la separación clara entre lo privado y lo público, en la práctica política resultaba imposible distinguir una cosa de la otra.

En México, la experiencia del neopatrimonialismo es observable a lo largo de los siglos XIX y XX, expresándose en dos formas principales. La primera es la ya mencionada concesión de funciones públicas a agentes privados, sobre todo a la escala regional. La segunda, emerge más tardíamente, en la época del estado desarrollista, y se expresa como un conjunto de acuerdos privados entre actores del Estado y actores del mercado que, a través de concesiones diversas, pueden llevar a cabo redituables negocios privados, de los cuales se ven beneficiados también en lo personal los actores estatales.

En el caso particular de México, estas formas de corrupción han sido, como decíamos al principio, constitutivas del Estado y del mercado. Constitutivas porque ha sido a través de estos mecanismos que el propio Estado ha podido ser formado: por una parte, una cadena interminable de pactos específicos entre actores estatales cambiantes y poderes hegemónicos locales, y por otra, las concesiones del Estado que sirvieron para formar una burguesía nacional bajo las condiciones del neopatrimonialismo autoritario. Como se ha argumentado en Olvera (2003), la burguesía mexicana se ha formado en el siglo XX a través de los contratos de las empresas públicas y del propio gobierno federal y, más recientemente, en plena etapa neoliberal, a partir de las privatizaciones de numerosas empresas públicas. Esta corrupción estructural ha creado unas características del mercado en las que las formas de regulación estatal sobre la economía y las formas de control social sobre el sector público en su conjunto, son sumamente débiles y fragmentarias, y ha conducido a que, para garantizar su propio funcionamiento, tanto las empresas privadas como las públicas recurran de manera sistemática no solo a la gran corrupción que se da entre los actores centrales del Estado y los grandes empresarios, sino a la pequeña: la que sucede de manera cotidiana entre las agencias estatales y las empresas pequeñas y los ciudadanos en lo individual.

La corrupción puede ser entendida como un mecanismo de intermediación entre el Estado y la sociedad. En efecto, como bien ha señalado

Fernando Escalante (1989), la corrupción sirve como una mediación vigente socialmente para salvar una brecha entre el orden jurídico y el orden práctico. Así pues, la corrupción opera tanto en el sistema político y en el sistema mercantil, como una mediación pragmática entre el orden jurídico y la vida cotidiana. Esta mediación resulta necesaria porque los países latinoamericanos se han dotado históricamente de órdenes jurídicos imposibles de implantar en los hechos, ya sea porque son el resultado de una copia –a veces extralógica y a veces inaplicable– de las regulaciones constitucionales del mundo occidental desarrollado, ya sea porque son creaciones locales que aun siendo normativamente deseables son irrealizables en las condiciones de desarrollo de la trama institucional del Estado. En otras palabras, este último carece de la fortaleza institucional, de las capacidades técnicas y del personal adecuado para implementar las leyes y regulaciones que él mismo emite. Es así que la corrupción intermedia lo real y lo imaginario, constituye una práctica cotidiana que permite la operación misma del Estado y el funcionamiento de los negocios bajo un orden que no es completamente legal. La corrupción es un mecanismo ilegal que permite el funcionamiento del mercado y del Estado en condiciones de debilidad institucional y de inexistencia de un Estado de Derecho.

Siendo la corrupción una práctica generalizada, es lógico que se corresponda con la debilidad estructural de las instituciones estatales en general, pero sobre todo de las instituciones de la justicia. Los derechos de ciudadanía han sido protegidos en México, de acuerdo a la ley, por una serie de instituciones del Poder Ejecutivo, empezando por la hoy Secretaría de Seguridad Pública y la Procuraduría de Justicia, y siguiendo con las Procuradurías del Trabajo, Agraria, del Consumidor y en algunos estados, de los Pueblos Indígenas, incluyéndose en este complejo institucional, desde hace veinticinco años, algunas instancias no jurisdiccionales como las Comisiones de Derechos Humanos. Finalmente, el Poder Judicial se encarga de administrar justicia. Esta estructura se replica en el nivel federal y en los estados.

En la larga noche del autoritarismo, estas instituciones estuvieron totalmente sometidas a los arbitrios del Poder Ejecutivo y carecieron de poder material, simbólico y económico. Las instalaciones de estas instituciones eran las peores del sector público; su personal, escaso y mal pagado; sus medios de acción, precarios (vehículos, armas, computadoras, personal calificado). Esa era la medida de su irrelevancia política, que señalaba claramente la poca atención otorgada a los derechos civiles por el Estado y el hecho de que las decisiones en materias judiciales eran, en última instancia, tomadas por el Poder Ejecutivo.

Puede decirse que el Poder Judicial y las procuradurías de justicia eran usados básicamente como medios discrecionales para la resolución de conflictos entre particulares, entre ciudadanos y Gobierno, y para administrar la delincuencia y la oposición política. La defensa de los derechos no formaba parte de su agenda.

En suma, la otra cara de la corrupción ha sido históricamente la impunidad. Era necesario para los detentadores del poder político tener un sistema de justicia manipulable y dependiente. Es por ello que las procuradurías de justicia eran y son tan inoperantes. Históricamente, el Ministerio Público (la fiscalía) nunca investigó los delitos, con la excepción de casos sonados o de servicios pagados. Casi todos los delitos quedan en la impunidad. La gente supo y sabe que carece de sentido denunciar delitos ante el MP si uno no tiene dinero o poder. Por el contrario, si el sujeto tiene uno u el otro, un MP puede "fabricar" pruebas, inventar testigos, encontrar rápidamente "responsables" (Olvera, en prensa).

Aquellos gobernados que carecen de poder no pueden defenderse de la delincuencia si son las víctimas, y tampoco del abuso de las autoridades del ramo, cuando son perpetradores de delitos o se les acusa injustamente de serlo. La desprotección masiva tiene indicadores objetivos inmediatamente observables. En primer lugar, el índice de impunidad de los delitos es superior al 97% en todo el país, y ésta es reconocida estadísticamente por la diferencia que hay entre las encuestas de victimización y los reportes que hacen el Ministerio Público y el Poder Judicial (Alvarado, 2008). El número de delitos que se denuncian es mínimo porque no hay confianza en las instituciones policíacas, de justicia y judiciales, y porque el índice de delitos denunciados resueltos adecuadamente conforme a la ley es igualmente ínfimo.

El mal funcionamiento de la procuración de justicia y del Poder Judicial refleja muy bien la desigualdad social y política existente en el país, y la carencia de poder de la mayoría de los ciudadanos. La policía ministerial no investiga los delitos que sufren los pobres, a menos que se pague por ello, y en cambio castiga de manera absurda, exagerada y casi infame a aquellos pobres que han cometido un delito, por mínimo que éste sea.

Décadas de discurso anticorrupción y diversas reformas institucionales no han mejorado este panorama. Al contrario, la crisis de la seguridad se explica en parte por la inoperancia del sistema y al mismo tiempo ha profundizado su crisis.

Los "poderes fácticos" sociales

Los "poderes fácticos" localizados en la sociedad civil son básicamente los sindicatos corporativos que controlan la educación, la salud y las empresas paraestatales, es decir, las empresas del Estado. En México es ampliamente reconocido el poder gigantesco que el Sindicato Nacional de Trabajadores de la Educación (SNTE) tiene sobre todo el sistema educativo. Este sindicato, con 1 millón 200 mil miembros, no solamente constituye una representación gremial, sino que es de hecho una parte del Estado en tanto que dirige, organiza y administra el sistema educativo en la mayor parte de las regiones del país. Esta capacidad de dirección y administración del sistema educativo, proviene históricamente de un contrato colectivo que le otorgó a este sindicato el monopolio del ingreso de los trabajadores al campo educativo y le concedió la administración de un peculiar derecho patrimonial: cada trabajador se apropia en forma privada de su plaza de trabajo (en forma ilegal pero fáctica), lo cual les permite a los trabajadores heredar las plazas de trabajo o venderlas como un bien privado (Hevia, en prensa).

Los dirigentes sindicales son, a la vez, funcionarios públicos que distribuyen el trabajo de una manera discrecional sobre la base de criterios políticos. No hubo ni hay un sistema meritocrático, basado en capacidades probadas, por más que en el sector se implementen desde hace décadas mecanismos de actualización y capacitación profesional del profesorado (cuyos efectos son nulos, dado el hecho objetivo de que el ascenso laboral ha dependido de las decisiones sindicales y no de los méritos acumulados en lo individual por los profesores). El poder del sindicato se basa en el monopolio del acceso y la distribución del trabajo, y en la administración de la carrera profesional por vía sindical. El sindicato ha sido profundamente antidemocrático en su interior, siendo controlado por mafias que se suceden las unas a las otras; actualmente es dirigida por una dirigente sindical, Elba Esther Gordillo, que desde 1989 controla el sindicato de una manera dictatorial[3].

El SNTE ha tenido históricamente una generosa cuota de puestos de representación popular dentro del PRI. Ha designado gobernadores, presidentes municipales, diputados y senadores. En 2003, un conflicto interno entre E. Gordillo y el líder formal del PRI, Roberto Madrazo, combinado con la alternancia, condujo a la creación de un nuevo partido político —"Nueva Alianza"— que es directamente un partido del SNTE, y cuyos votos y representantes electos, generados por vía sindical, se negocian con los otros partidos dependiendo de la conveniencia local. Además, un acuerdo entre la dirigente y el presidente Fox le permitió al sindicato designar al Secretario de Educación y mantener su modelo organizacional para la acción política: en cada estado, un amplio número de "comisionados sindicales" se dedica únicamente a la labor política y a la administración de asuntos sindicales. Este es el ejército de operadores electorales más poderoso del país.

Las consecuencias de este modelo de control laboral han sido catastróficas para México. El país se encuentra en el penúltimo lugar de los países que pertenecen a la Organización para la Cooperación y el Desarrollo Económico (OCDE), en todos los indicadores de desempeño educativo: penúltimo en matemáticas, antepenúltimo en español, penúltimo en ciencia. Éstas son pruebas contundentes del catastrófico nivel educativo de los estudiantes mexicanos, tanto décadas atrás como contemporáneamente[4]. El problema de la educación mexicana no es de recursos, puesto

---

[3] No solo posee un poder político extraordinario, sino una riqueza inexplicable. Es dueña de un edificio en la sección más lujosa de la Ciudad de México y tiene departamentos en San Diego, París y Buenos Aires (Raphael, 2007).

[4] Al respecto, se recomienda ver el dossier sobre educación en la Revista Nexos (2011).

que en comparación con otros países de la OCDE invierte una cantidad muy similar a, por ejemplo, Corea del Sur (cuyos niveles educativos son equiparables a los de los países nórdicos). Este bajo nivel educativo se expresa también en áreas que ya no están bajo el control del sindicato, como es la educación superior, la cual padece el lastre de una pésima preparación básica y secundaria de los estudiantes que recibe. La carencia de una política estructural a largo plazo en este campo ha conducido a que haya muy poca producción científica y un desempeño muy pobre del sistema universitario mexicano, que funciona con altos costos y baja eficacia, y dentro del cual se reproducen —no de manera monopólica sino descentralizada— los mismos vicios que plagan la educación básica: sindicatos fuertes y distribución políticamente controlada de las plazas.

El poder del SNTE es tal que ha creado un poder dentro del Estado, el poder que controla la educación, servicio fundamental que otorga el país a su ciudadanos, y lo hace de tal forma que implica un alto costo para la nación, una baja eficacia de sus resultados y una corrupción moral de la planta laboral y de todo el sistema educativo.

Una situación similar se vive en la principal empresa del país, Petróleos Mexicanos (PEMEX), que es una industria nacionalizada desde 1938 y que resulta estratégica para las finanzas públicas del país y para el desarrollo económico de la nación. El Sindicato de Trabajadores Petroleros de la República Mexicana (STPRM) es el único sindicato de una industria que ocupa más de 150 mil trabajadores actualmente. Desde la nacionalización, el sindicato es un cogestor de la empresa, teniendo históricamente la mitad de los puestos del Consejo de Administración y el monopolio de la contratación de trabajadores y del manejo de su carrera profesional. El contrato colectivo tiene disposiciones verdaderamente aberrantes, como que los trabajadores de PEMEX no cotizan a ningún fondo de pensiones, creando un hueco financiero gigantesco en una empresa de tanta antigüedad. Está establecido también el financiamiento por la empresa de toda la actividad sindical, en medio de la más absoluta falta de rendición de cuentas de los fondos sindicales. Los conflictos políticos en el interior del sindicato petrolero han sido siempre resueltos por la vía de la violencia, con múltiples asesinatos de dirigentes, no por razones de represión estatal sino por disputas internas por un poder que implica el manejo de muchos millones de dólares[5].

En el año 2000, el Instituto Federal Electoral hizo una investigación por financiamiento ilegal de parte de este sindicato a la campaña del PRI por cerca de cien millones de dólares. Se demostró la culpabilidad de los dirigentes sindicales y de algunos funcionarios de la empresa. Sin embargo, el dirigente entonces procesado, pero nunca castigado (Carlos Romero Deschamps) sigue siendo, doce años después, el líder del sindicato.

Estos son los casos más conspicuos, que representan tan solo la punta del iceberg del modelo sindical mexicano. En general, los sindicatos de trabajadores al servicio del Estado y de las empresas públicas mexicanas siguen este mismo modelo de privilegio, exclusión, antidemocracia y corrupción sistémica, y su poder no ha sido atacado en lo más mínimo por los gobiernos del periodo de la alternancia. Los tímidos intentos de poner algún control en la industria petrolera han sido inmediatamente retirados. En el caso de la educación, se vive un modesto proceso de modernización que no cuestiona en lo absoluto la hegemonía del modelo caciquil corporativo.

La vida laboral mexicana está marcada por este control corporativo, que ha estado históricamente vinculado a la relación francamente in-moral del Estado con sus sindicatos de trabajadores, y con el pacto con los empresarios privados, que les ha permitido contar con sindicatos manipulables, disciplinados, por más que eventualmente los costos laborales pudieran resultar relativamente elevados debido a las ge-nerosas prestaciones que implica la aplicación de la Ley Federal del Trabajo. El corporativismo sindical ha sido la base fundamental del partido autoritario desde su fundación misma, y permanece vivo su

---

[5] Ha habido dirigentes sindicales famosos, incluidos los actuales, que son visitantes frecuentes de Las Vegas, a donde viajan en jets privados. Toda persona que vaya a una zona petrolera en México sabrá de inmediato que las casas más lujosas de cada ciudad petrolera son de los líderes sindicales y que la elite social local está constituida por la familia de los mismos.

poder, pues cuentan con un poder económico y organizacional que puede desplegarse en la arena electoral en cualquier momento[6].

En el mundo social existen otros poderes fácticos menos visibles, menos nacionales y más locales y específicos, que también son un producto histórico del viejo régimen autoritario. Se trata de los poderes que en México se denominan caciquiles, es decir, poderes regionales, territoriales, históricamente anclados en algún tipo de monopolio rural, sea el de la compra de un producto, del transporte público, o directamente de la administración de la violencia. Como ya vimos en el apartado sobre la corrupción, históricamente el Estado mexicano privatizó formas de control territorial y este mecanismo, a pesar de permitir su modernización y crecimiento, continua existiendo en ciertas regiones del país o se ha reconstituido ante el debilitamiento del poder central.

Así, pequeños caciques regionales que controlan asociaciones de productores de ganado o de algún producto agrícola, y que monopolizan el transporte público –a veces incluso el transporte de droga– han logrado reconstituir un poder local aprovechando el debilitamiento del poder central y la necesidad de los gobernadores de hacerse de las bases sociales y del dinero que les permitan competir ventajosamente en procesos electorales. El caso paradigmático es el del cacique del sur de Veracruz, Cirilo Vázquez, a quien en 1997 el PAN recurrió para poder ganar elecciones locales en varios municipios del sur de Veracruz. C. Vázquez tenía conflictos con el gobernador priísta y al negociar con el PAN consiguió el registro legal que necesitaban sus hijas y allegados para competir por alcaldías y diputaciones locales. Logró así construir un pequeño imperio regional en torno al municipio de Acayucan. Después, este mismo cacique y sus herederos entraron en conflicto con el PAN y decidieron entonces regresar con el PRI y diversificar el marco de sus alianzas, estableciendo pactos incluso con el partido de la izquierda, el PRD, y con los pequeños

---

[6] Este poder sindical es socialmente desproporcionado. Solo el 11% de la fuerza laboral de la economía formal está sindicalizada. De esa minoría, los grandes sindicatos corporativos constituyen una pequeña parte. Su poder deriva del monopolio contractual y de su alianza con el Estado, que le permite reprimir toda oposición interna al tener a su servicio los tribunales laborales (Herrera y Melgoza, 2003).

partidos —aún más oportunistas— como Convergencia y el Partido Verde, en municipios específicos donde el PRI no les dio las candidaturas deseadas[7].

Los partidos políticos usan las redes de estos caciques para ganar votos, pero no ganan poder, pues éste sigue depositado en el cacique. Aunque la forma de la representación partidaria parezca plural, en realidad se trata de la consolidación del poder de un cacique que, usando las reglas de la democracia, ha colocado sus cuadros en los distintos partidos y ha logrado acaparar los puestos de representación. Esto sucede en todo México y es la forma de adaptación más inteligente que estos poderes locales han desarrollado en esta fase de la alternancia, en la que aprovechan la debilidad de los partidos en los espacios locales y regionales en buena parte del país. Al ofrecer sus cuadros y sus recursos económicos, que son los únicos de los que estos partidos débiles pueden disponer en un momento determinado, los poderes fácticos del viejo orden continúan existiendo. Históricamente, algunos de estos caciques han sido aliados voluntarios o forzosos del crimen organizado.

Estos poderes locales también se expresan como redes clientelares, algunas más móviles que otras, que se reconstituyen continuamente mediante la fragmentación y dispersión de grupos con control territorial. En México se han reconfigurado organizaciones clientelares que han aprendido a vender sus servicios a los distintos partidos, los cuales están siempre en busca desesperada de operadores electorales. Estos grupos pueden financiarse y subsistir por medio de la administración y/o acceso privilegiado a ciertas políticas públicas, predicadas en el particularismo, la clasificación, el favor, especialmente en el campo del desarrollo rural, pero también en el reparto de terrenos y casas de interés social y la distribución de bienes (despensas, material de construcción, ropa, entre otros) en las ciudades, y en la intermediación en el acceso a la salud y la educación. El hecho de que el Estado no defina sus políticas públicas con base en derechos de ciudadanía, sino en función de la atención a necesidades específicas —en un modelo de asistencialismo estatal y no de construcción de ciudadanía— facilita esta capacidad de colonización pri-

---

[7] Ver el notable estudio de María Elena Roca (en prensa) sobre este personaje.

vada de las políticas públicas, que es aprovechada precisamente por estos poderes regionales que se constituyen en intermediarios necesarios de la acción del Estado. Se trata de una mediación autoritaria entre el Estado y la sociedad, una mediación costosa que monopoliza rentas del Estado distribuidas en la forma de políticas públicas y que monopoliza también puestos de representación política, dejando a los ciudadanos inermes ante estas redes que han venido a sustituir a las corporaciones priístas históricas o a las redes clientelares del pasado.

Este peculiar transformismo, que opera bajo la mismas reglas y formas del pasado, puede sobrevivir porque los grupos y redes caciquiles hacen política electoral de terreno, tienen agentes que compran votos, que distribuyen favores, que transmiten demandas; en suma, que reproducen una gobernabilidad autoritaria, focalizada en los fragmentos de lo social, pero que rinden votos que pueden ser decisivos en la competencia entre partidos. El pragmatismo de los partidos y la debilidad de los lazos entre los partidos y la sociedad le dan a estas mediaciones autoritarias un poder extraordinario.

Los sindicatos corporativos tanto como las agrupaciones caciquiles y clientelares regionales constituyen una densa red de intermediación entre el Estado y la sociedad, de carácter autoritario, que monopoliza la renta y el empleo público y que impide la emergencia de otras formas de mediación de carácter ciudadano, que podrían reconstruir el pacto representativo desde lo local. Estas fuerzas políticas conservadoras logran, en el actual esquema de representación, utilizar sus capacidades de operación electoral para negociar con todos los partidos, pues les resultan imprescindibles dado que carecen de bases propias y de candidaturas fuertes ancladas en lo local.

Los "poderes fácticos" económicos

Los poderes fácticos económicos son una consecuencia del alto grado de concentración de la economía mexicana, que en algunas áreas existió como parte constitutiva del desarrollismo del país, y la cual ha empeorado en el largo periodo de la implantación neoliberal.

El desarrollismo tuvo como eje varios monopolios estatales: PEMEX en petróleo, gas y gasolina; la Comisión Federal de Electricidad (CFE) y Luz y Fuerza del Centro en la Ciudad de México en la producción y distribución de electricidad; la Compañía Nacional de Subsistencias Populares (CONASUPO) –ya desaparecida– y sus filiales DICONSA y LICONSA –que sobreviven– en la compra y almacenamiento masivo de granos y la distribución de alimentos en las áreas rurales; el monopolio del papel periódico y de la distribución de películas y aun de los cines por largos años; en los años setenta y ochenta del siglo pasado, en periodos diferentes, operaron empresas estatales casi monopólicas en la compra de tabaco, café, y caña de azúcar; desde 1982 a 1992 la banca estuvo nacionalizada, así como las compañías de seguros, y entre 1936 y 1986 fueron creadas cientos de empresas estatales de todo tipo en la industria, el comercio y los servicios que gozaban de protección especial de la competencia. La compañía telefónica también fue un monopolio estatal hasta 1992. La excepción fue la radio y la televisión, donde el Estado intervino poco, si bien el monopolio privado de la televisión actuó en materia política mejor que si la empresa hubiera sido estatal.

Había un régimen de protección arancelaria para fomentar la sustitución de importaciones que condujo a que muchas empresas privadas gozaran de un control compartido y negociado del mercado que les permitía anular, en la práctica, la competencia: automóviles, autobuses, electrodomésticos, maquinaria eléctrica, y casi todo producto imaginable. La protección era otorgada discrecionalmente. Por esta vía, y a través de los contratos de grandes obras públicas, en una época de rápida urbanización, el Estado mexicano creó una potente y diversificada burguesía nacional y extranjera. Todo el sistema de gestión económica estaba pobremente regulado, por lo que la corrupción era el método real de articulación de intereses. El proteccionismo permitió la industrialización del país a un altísimo costo en términos de ineficiencia, atraso tecnológico, altos precios, escasa competencia y creación de una relación entre el gobierno y los empresarios viciada por la corrupción (Schettino, 2007). Parte de este arreglo fue el control estatal sobre los sindicatos y la virtual exención del pago de impuestos a todos los empresarios, fuera por la vía legal (para favorecer la inversión) o por la vía ilegal (corrupción).

Este modelo creó un problema permanente de crisis fiscal (dada la bajísima captación de impuestos) y de balanza de pagos: se importaban muchas cosas y se exportaban pocas. Cuando el sistema llegó a sus límites, en los primeros años de los setenta, el recurso al endeudamiento externo, primero, y la súbita y milagrosa bonanza petrolera, después, permitieron unos años de sobrevivencia del modelo. Pero la caída de precios del petróleo en 1981 puso fin a la ilusión y sobrevino un largo, penoso e inacabado ajuste neoliberal que, durante el gobierno de Carlos Salinas (1988-1994) condujo a la privatización masiva de empresas públicas –incluidos los bancos y la empresa telefónica (pero no PEMEX ni la CFE)– y la desaparición de empresas estatales que operaban en el medio rural. La economía mexicana se abrió al mercado mundial y se operó una reconversión productiva que permitió un crecimiento masivo de la industria maquiladora, de la industria automotriz y de algunas otras ramas industriales, y condujo al colapso a gran parte de la industria privada mediana y pequeña y al estancamiento (con una tremenda diversificación y concentración) del sector agropecuario.

Como resultado, los empresarios privados nacionales perdieron poder político e influencia en las decisiones de política económica, ahora determinadas por la inserción en el mercado mundial. Solo unos pocos empresarios aumentaron su poder al controlar en forma monopólica ciertos mercados especiales, ante todo la telefonía y la televisión.

Las quinientas empresas más importantes de México acaparan el 80% del producto interno bruto, un nivel superior incluso al de Estados Unidos. Pero hay casos dramáticos: la empresa dominante en la telefonía fija, Telmex, controla el 87% del mercado; la misma empresa, pero con otro nombre, Telcel, acapara el 74% de la telefonía celular. Ambas pertenecen al hombre más rico del mundo, Carlos Slim, cuyo holding controla también gran parte de la telefonía celular de América Latina. La empresa televisora principal, Televisa, controla aproximadamente el 70% de la audiencia, la segunda empresa, TV Azteca, el 28%, de manera que hay un duopolio en la televisión mexicana. Tampoco hay competencia en televisión por cable, pues Televisa y TV Azteca controlan más de la mitad del mercado y dejan una proporción pequeña a empresas regionales. Este grado de concentración es también característico de otros mercados, como la producción de cemento, donde la empresa dominante (CEMEX) tiene el 60% del mercado. Cinco bancos extranjeros acaparan el 80% del mercado y otras muchas áreas de la economía nacional se ven afectadas por la capacidad de estos monopolios de determinar precios de servicios básicos[8].

Los monopolios privados impiden a toda costa la entrada de nuevos jugadores. Telmex, Televisa y TV Azteca han recurrido en los tribunales a variadas artimañas jurídicas, y han aprovechado la debilidad de los órganos reguladores del Estado para impedir que haya más competencia. Han colonizado los aparatos que hipotéticamente deberían regularlos, la Comisión Federal de Telecomunicaciones, la Comisión Federal de Competencia, y cada entidad que tiene que ver con el funcionamiento de estos mercados. Estos grandes monopolios también han creado un sistema especial de relación con el Congreso, a través de la contratación de cientos de cabilderos y la financiación de las campañas electorales de diputados y senadores, tal como sucede en Estados Unidos, de tal forma que han logrado extender su capacidad de colonización política al Poder Legislativo.

Igualmente, hay rumores acerca de sus capacidades de "convencimiento" hacia los actores del Poder Judicial, de tal forma que se ha desarrollado un megapoder privado que logra impedir la competencia e imponer precios monopólicos a sus servicios. Este monopolio es tan fuerte que Carlos Slim, el dueño de Telmex y Telcel, controla personalmente entre el 4% y el 5% del PBI mexicano. Su venia y dinero resultan imprescindibles para todos los partidos y actores políticos relevantes. Por su parte, el poder de la televisión es tan grande que es capaz de forjar o de bloquear carreras políticas. En tiempos recientes Televisa ha intervenido abiertamente en la gestación del candidato del PRI a la presidencia, Enrique Peña Nieto, quien es un producto mediático que viene desarrollándose desde años atrás.

Estos poderes están actualmente enfrentados entre sí debido a que el cambio tecnológico ha hecho que el desarrollo de las telecomunicaciones

---

[8] Todos los datos pueden encontrarse en Aguilar Camín y Castañeda (2009).

requiera la presencia simultánea de estas empresas en la telefonía fija y móvil, en la televisión por cable y en la proveeduría de servicios de Internet. La "guerra de los gigantes" no se ha resuelto aún, pero en ella el gobierno aparece como un mero espectador. La ausencia y/o debilidad del Estado en materia regulatoria se extiende a todas las ramas de la economía[9].

Si bien los empresarios no fueron integrados políticamente al régimen corporativo del viejo régimen, gozaron en cambio de una relación especial con el gobierno. La ausencia de Estado de derecho no solo no se convirtió en un obstáculo a su desarrollo, sino que fue su precondición: todo era posible si se mantenían al margen de la política y si, en vez de pagar impuestos como se debía, se financiaban las campañas electorales. Este pacto se rompió parcialmente a mediados de los años setenta, cuando el presidente Echeverría nacionalizó tierras y aumentó la presencia estatal en la economía en una forma notable. Sectores de empresarios medios rompieron con el régimen y se sumaron al Partido Acción Nacional (PAN). Esta pluralización política, que continúa hasta la fecha, no modificó el régimen de "excepcionalidad permanente" en que se mueven los grandes empresarios de México. Ciertamente, la discrecionalidad política, la debilidad de los órganos reguladores, la ficción jurídica en que se mueve el mundo laboral y la inoperancia de los tribunales limitan la inversión privada, sobre todo la extranjera, pues los riesgos y los costos ocultos son grandes.

Este modelo anómalo de relación Estado-empresarios otorga poco poder político a los empresarios como sector, pero mucho a los escasos empresarios grandes con poder monopólico en áreas estratégicas, quienes usan ese poder para perpetuar sus privilegios y que se han convertido, en consecuencia, en un poder conservador.

El crimen organizado como poder fáctico

Los poderes fácticos ilegales se expresan hoy día principalmente en la capacidad del narcotráfico para controlar territorios, diversificar sus negocios a la trata de personas (ante todo el tráfico de indocumentados)

---

[9] Al respecto, ver el extraordinario y original ensayo de González Aréchiga (2008).

y el control del contrabando al menudeo, y disputar el monopolio de la violencia al Estado mexicano. Es imposible determinar el poderío económico de la delincuencia organizada, pero se dice que ingresa al país un monto de divisas superior al producido por el turismo (México es una gran potencia turística mundial) y apenas menor a los ingresos derivados de la remesas de los mexicanos en el extranjero o a las provenientes de la exportación petrolera (ambas en el rango de los 25 mil millones de dólares anuales). La importancia económica del narcotráfico hoy en México es extraordinaria, pues explica mucho del funcionamiento del mercado inmobiliario en varias ciudades del norte y de las costas de México, así como la existencia de una fuente de empleo ilegal para miles de personas.

El crecimiento alarmante del poder del narcotráfico tiene que ver con varias causas analizadas por los especialistas. Entre otras, la masiva demanda de drogas de Estados Unidos, lo cual convierte a México en la vía más apropiada para surtir a este mercado gigantesco; la facilidad de compra de armas de ese mismo estado vecino, donde se venden legal o ilegalmente de manera abierta y son después internadas en el país; la desaparición, con la alternancia, de un poder central que impusiera orden en el campo de la delincuencia organizada; el oportunismo de los empresarios y políticos de las regiones que han aceptado lavar dinero y recibir fondos para sus campañas; la tolerancia cultural a la corrupción; la inexistencia de policías profesionales, la incapacidad de las procuradurías federal y de los estados para investigar los crímenes; la corrupción del Poder Judicial. En suma, un cóctel letal para un país con un Estado débil.

La misma configuración aparece en el caso del tráfico de personas, el nuevo escándalo que enluta al país en años recientes. La cada vez mayor dificultad del acceso ilegal de personas a Estados Unidos elevó los costos y riesgos de los intermediarios que manejaban este negocio. Al elevarse los ingresos potenciales derivados del tráfico de personas, una parte de la delincuencia organizada especializada en la introducción de droga a Norteamérica decidió incursionar en este mercado, recurriendo para ello a la corrupción de las fuerzas policíacas y de los oficiales del Instituto Nacional de Migración, y comprando la conveniente ceguera de los políticos locales de varios estados del país. Lo malo es que pronto algunos delincuentes descubrieron que ganaban más con la extorsión a las familias de los migrantes ilegales que ofreciendo el servicio de introducirlos a Estados Unidos. La extorsión alcanzó proporciones dantescas, afectando a miles y miles de personas, quienes, luego de servir de medio de obtención de renta, eran asesinadas para evitar denuncias y disminuir costos.

Además, es importante destacar la inconcebible incompetencia del sistema de seguridad pública y de justicia. La debilidad estructural del Estado se expresa en este terreno como la imposibilidad material de las instituciones para combatir por vías legales al poder del crimen organizado. La dispersión de las fuerzas policíacas, divididas en miles de policías municipales sumamente débiles y poco profesionales, agentes estatales sin ninguna profesionalización y controlados políticamente por los gobernadores y un cuerpo federal de reciente creación como institución profesional; la inexistencia de capacidades de investigación del delito en las procuradurías de justicia —tanto en la federal como las estatales—; y la falta de profesionalismo y gigantesca corrupción entre los jueces, es decir, la inoperatividad del Poder Judicial, son factores que colocan al Estado mexicano en una posición de debilidad absoluta frente al poder del crimen organizado, que gracias a ello logra avanzar rápidamente en todo el territorio nacional.

En el periodo de la alternancia se han impulsado políticas tendientes al fortalecimiento de las policías y se ha impulsado una reforma judicial que ataca la opacidad y la corrupción del sistema[10]. La Secretaría de Seguridad Pública ha visto aumentar su presupuesto a una tasa de 21% anual en los diez años pasados, de tal forma que la Policía Federal cuenta ya con más de 30 mil efectivos, la mitad de la fuerza del Ejército. Son pocos para un país tan grande como México y el mayor número de policías está en los estados y municipios —donde hay más de cien mil de ellos—, casi todos pobremente entrenados, mal pagados y sujetos a condiciones laborales

---

[10] Reformas judiciales similares se han impulsado en varios países de América Latina, ejemplarmente en Chile. Se trata de pasar de un sistema acusatorio a uno adversarial, basado en juicios orales, en el que las pruebas deben ser bien construidas por el Ministerio Público.

precarias[11]. Hay un acuerdo nacional para constituir policías únicas estatales más profesionales, pero los presidentes municipales se niegan a perder el control sobre sus policías locales, que es la fuente de no pocas ganancias ilegales. Pero aún la renovada Policía Nacional no ha logrado mejorar la eficiencia ni logrado el reconocimiento de los ciudadanos, quienes incluso cada vez denuncian menos los delitos.

El número de delitos ha aumentado a un 12% anual en la pasada década, mientras que el problema histórico de la impunidad se mantiene en sus niveles históricos. En México, solo tres de cada diez delitos se denuncian, lo que implica que la población considera inútil denunciar los delitos menores, y aun los graves si en ello advierten riesgos. De cada diez delitos denunciados, solo en dos se logra consignar a presuntos responsables, y solo en uno se produce sentencia. En suma, el índice de impunidad ronda el 98%[12].

El sistema judicial mexicano es todavía institucionalmente premoderno: todos los trámites se hacen por escrito, los jueces no conocen a quienes enjuician, no hay instancia pública donde debatan con argumentos convincentes los acusadores y la defensa de los acusados; los asuntos son resueltos en la mayor oscuridad a través de intermediarios jurídicos –los abogados–, tanto en su papel de agentes del Ministerio Público que acusan, o como los defensores –si los tienen– de los acusados. Normalmente el juez no aparece nunca ante las partes y las resoluciones que emite son redactadas en un lenguaje incomprensible por secretarios, sin que el juez en sí mismo desempeñe un papel en el proceso. Esta opacidad permite la existencia de altos niveles de corrupción, de manera que la defensa de un ciudadano frente a un potencial abuso del Poder Judicial solo puede ejercerse si se cuenta con recursos suficientes para contratar abogados y el tiempo necesario para apelar y continuar la larga y compleja tramitología judicial[13].

---

[11] Se dice que el salario mensual promedio de los policías locales es de apenas 400 dólares y la mayoría carece de prestaciones tan elementales, como el seguro de vida.

[12] Ver Proceso, Semanario de Información y Análisis (2011), donde se citan las auditorías de la Auditoría Superior de la Federación a la Secretaría de Seguridad Pública.

[13] Consecuentemente, en el Poder Judicial una vez más se reflejan los desniveles de poder de los ciudadanos. Aquel que no tiene dinero no podrá ni siquiera apelar una

El mayor poder del crimen organizado en México se explica no solo por razones de mercado, logísticas y de oportunidad, sino por la inoperancia histórica del sistema de justicia, es decir, por la debilidad estructural del Estado de derecho. Este gigantesco hueco institucional ha sido aprovechado por los delincuentes para controlar, por vías violentas, por medio de la corrupción o por ambas, a numerosos gobiernos municipales, especialmente en el norte del país, y muy posiblemente para construir pactos con algunos gobernadores, sin que esto sea posible de corroborar. Lo cierto es que la cultura de corrupción generalizada facilita la penetración del crimen organizado en el mercado y en la política.

A manera de conclusión

Para comprender los límites de la transición mexicana a la democracia, es preciso trascender los estrechos horizontes de los análisis electorales. El alcance de los "poderes fácticos" —es decir, de los sindicatos corporativos, los caciques regionales, los monopolios públicos y privados, y del crimen organizado— es un factor central que explica los vetos a las reformas necesarias para democratizar la vida sindical, mejorar la eficiencia de la educación y de las empresas públicas en general, abrir el país a la competencia económica y controlar a actores monopólicos, así como reformar el inoperante sistema de justicia y seguridad pública. En suma, las resistencias al cambio de régimen y la construcción de un verdadero Estado de derecho no están solamente en el seno del viejo partido autoritario, el PRI, y de buena parte de una clase política —que procura mantener el monopolio de la representación— sino que también está anclada en actores sociales y económicos muy poderosos, que constituyen una sociedad incivil en tanto no respetan leyes ni derechos y recurren de manera sistemática a la presión, el chantaje y la corrupción. Son actores privados que, de facto, cumplen funciones estatales en ciertas áreas del país y en varios campos de las políticas públicas.

Los grandes sindicatos corporativos de la educación y de la industria petrolera son los pilares de esta sociedad incivil, pero en realidad casi

---

sentencia absurda, o en caso de ser víctima, asegurarse de que el juicio contra un delincuente esté bien fundado.

todos los sindicatos de trabajadores del gobierno federal y de las empresas paraestatales operan bajo esos mismos principios. El gobierno se encuentra así atado de manos para reformar áreas estratégicas de los servicios y empresas públicas. Los intereses privados de las mafias sindicales se imponen a los intereses públicos de la ciudadanía. Lo mismo ocurre con los caciques regionales, quienes adaptándose a la pluralidad política, han aprendido a jugar con los intereses de las burocracias partidarias oportunistas, para mantener el control del poder político local en importantes áreas del país, dándole continuidad al autoritarismo.

Empresas privadas casi monopólicas en el área de las telecomunicaciones han devenido en cuasiestados sectoriales, que definen sus propias reglas e imponen sus intereses privados a los públicos. Telmex, Telcel, Televisa y TV Azteca son los principales actores económicos que chantajean al Estado para evitar que sus negocios sean regulados y se propicie una mayor competencia. El poder político de estas empresas proviene de su capacidad de financiamiento a los partidos y candidatos y de su estratégica función de agentes de publicidad, es decir, de porteros del espacio público más importante de nuestro tiempo.

El crimen organizado crece por razones de mercado y logísticas, así como por la notable e histórica incapacidad del Estado en el área de la procuración de justicia y la seguridad. Para combatir al crimen organizado se necesita una policía profesional, una procuraduría independiente, efectiva y transparente, y un Poder Judicial reformado, trasparente y autónomo. La construcción de un Estado de derecho no se puede hacer sectorialmente, sino solo de manera integral. Y es por ello que los actores políticos, sociales y económicos hegemónicos, no se interesan en tal proyecto. El régimen mexicano se ha fundado en la ilegalidad, el particularismo y la corrupción, y un Estado de derecho es antitético a ese orden. De ahí las dificultades para emprender las reformas al sistema de justicia que todo mundo acepta, pero que nadie quiere implementar.

La construcción de la democracia en México pasa por el control de los "poderes fácticos", que dominan la vida pública mexicana. Pero ese control implica un cambio de régimen: el fin del viejo régimen autoritario —al cual la alternancia le ha dado un aspecto plural y electoralmente competitivo— y el inicio de un régimen realmente democrático, sustentado en un Estado de derecho y en la consiguiente defensa de los derechos ciudadanos. El dilema nacional hoy es caer de plano en los brazos de la restauración priísta, o dar el salto definitivo a la democracia de ciudadanía.

Bibliografía

Aguilar Camín, Héctor, y Castañeda, Jorge (2009), *Un Futuro para México* (México: Punto de Lectura).

Alvarado, Arturo (coord.)(2008), *La Reforma de la Justicia en México* (México: El Colegio de México).

Casar, María Amparo (2008), "Poderes fácticos: una amenaza al espacio público" en Merino, Mauricio *¿Qué tan Público es el Espacio Público en México?* (México: Fondo de Cultura Económica).

Escalante Gonzalbo, Fernando (1989), "La corrupción política: apuntes para un modelo teórico" en *Foro Internacional* (México D.F.) Vol. 30, N° 2.

González Aréchiga, Bernardo (2008), "¿Cómo recuperar el espacio público económico? Fallas y causas de bajo impacto" en Merino, Mauricio *¿Qué tan Público es el Espacio Público en México?* (México: Fondo de Cultura Económica).

Herrera, Fernando y Melgoza, Javier (2003), "Evolución Reciente de la Afiliación Sindical y la Regulación Laboral" en De la Garza, Enrique y Salas, Carlos (coords.) *La Situación del Trabajo en México* (México: UAM-IET-PyV Editores).

Hevia, Felipe (en prensa), "El poder del SNTE y la educación en Veracruz" en Aguilar, Martín (coord.) *Apuntes sobre la Calidad de la Democracia en Veracruz* (Xalapa: Universidad Veracruzana).

Lomnitz, Claudio (coord.)(2000), *Vicios Públicos, Virtudes Privadas: la Corrupción en México* (México: CIESAS-Miguel Ángel Porrúa).

Marchart, Oliver (2009), *El pensamiento político postfundacional* (Buenos Aires: Fondo de Cultura Económica Argentina).

Mouffe, Chantal (2007), *En torno a lo político* (Buenos Aires: Fondo de Cultura Económica Argentina).

Olvera, Alberto (2003), "Las tendencias generales de desarrollo de la sociedad civil en México" en Olvera, Alberto (coord.) *Sociedad Civil, esfera Pública y Democratización en América Latina: México* (México: FCE-Universidad Veracruzana).

——————— (coord.)(2010), *La Democratización Frustrada. Limitaciones Institucionales y Colonización Política de las Instituciones garantes de Derechos y de participación Ciudadana en México* (México: CIESAS-Universidad Veracruzana).

——————— (en prensa), "Acceso a la Justicia y Ciudadanía Precaria en Veracruz" en Aguilar, Martín (coord.) *Apuntes sobre la Calidad de la Democracia en Veracruz* (Xalapa: Universidad Veracruzana).

Raphael, Ricardo (2007), *Los Socios de Elba Esther* (México: Booklet-Planeta).

Roca, María Elena (en prensa), "Cacicazgos del Sur de Veracruz" en Aguilar, Martín (coord.) *Apuntes sobre la Calidad de la Democracia en Veracruz* (Xalapa: Universidad Veracruzana).

Schettino, Macario (2007), *Cien años de confusión* (México: Taurus).

Diarios, periódicos y revistas

Proceso, Semanario de Información y Análisis (2011)(México D.F.) N° 1802, 15 de mayo.

Revista Nexos (2011)(México D.F.) Año 34, Vol. 33, N° 401, mayo.

Derechos sociotecnológicos y ciudadanía

Ariel C. Armony[1]

Resumen

El trabajo introduce el concepto de derechos sociotecnológicos. Se trata de una conceptualización que complementa y actualiza la teoría democrática, enfocando desde el ejercicio de la ciudadanía al impacto que tienen ciencia, comunicaciones y tecnología en una sociedad democrática, y más precisamente, sobre su esfera pública. Como herramienta teórica, los derechos sociotecnológicos nos permiten abordar las posibilidades y limitaciones asociadas al acceso, participación, protección y reconocimiento que definen la relación entre tecnología y sociedad. Se parte del principio de que resulta efectivo estudiar la democracia desde la perspectiva del ejercicio de la ciudadanía, identificando allí la distribución de la exclusión, el alcance efectivo de los derechos y la permanente redefinición de lo que son los derechos de ciudadanía. Dado que el desarrollo en ciencia y tecnología plantea retos a la teoría y práctica de la democracia, por ejemplo, respecto de la batería de derechos tradicionales, nos encontramos ante una desarticulación entre debates científicos o técnicos y los debates que caracterizan a la esfera pública democrática. Ejemplos de estas áreas grises, que la teoría tradicional enfoca con dificultad, son las decisiones científicas y técnicas de impacto social, definiciones jurídicas

---

[1] Center for Latin American Studies. University of Miami (UM). Estados Unidos.

de privacidad y nuevos medios o espacios virtuales de socialización. Los derechos sociotecnológicos ofrecen una herramienta para abordar estos problemas, habilitando el diagnóstico de nuevos procesos de exclusión y permitiendo el planteamiento de alternativas de desarrollo incluyente desde la participación y ampliación de la ciudadanía democrática.

Palabras clave: Ciudadanía, derechos, democracia, esfera pública, exclusión, inclusión, ciencia, tecnología.

Abstract

This work introduces the concept of sociotechnological rights. As a conceptual addition and update to democratic theory, it approaches the impact that science, communications and technology have on a democratic society and its public sphere from the particular perspective of citizenship. Sociotechnological rights are developed as a theoretical tool enabling us to grasp opportunities and limitations related to questions of access, participation, protection and recognition that define the relation between technology and society. This paper analyzes democracy from a citizenship-centered approach, thus focusing on the distribution of exclusion, the effectiveness of rights, and the continuous redefinition of what constitutes citizens' rights. Scientific and technological developments bring along new challenges to the theory and praxis of democracy. Not all of them have been successfully addressed, often because older concepts, like those from the traditional bundle of rights, have a limited power to bridge scientific/technical debates and debates characterizing the democratic public sphere. Scientific or technical choices of considerable social impact, juridical definitions of privacy and novel means or (virtual) spaces of socialization are examples of those gray areas insufficiently explained by traditional theoretical tools. As an alternative, sociotechnological rights offer a powerful concept to tackle such problems, enabling diagnosis of new exclusionary processes, and offering ways to propose inclusive development alternatives through democratic citizenship involvement and expansion of rights.

Keywords: Citizenship, rights, democracy, public sphere, exclusion, inclusion, science, technology.

***

Las expresiones y dinámicas que definen a la democracia en América Latina han cambiado significativamente en los últimos años, por lo tanto no concuerdan adecuadamente con los paradigmas que utilizamos para estudiar los regímenes democráticos en la región. Es necesario poner al día la teoría democrática. Una posible puerta de entrada a una nueva teoría democrática es el concepto de ciudadanía, el cual ha recibido mucha atención en la última década.

La ciudadanía se construye en la esfera pública y dicha construcción está experimentando importantes transformaciones, las que incluyen, entre otras: los nuevos espacios públicos creados por la tecnosociabilidad, las posibilidades que ha abierto la movilidad como herramienta de comunicación, los cambios profundos en el mercado laboral y el predominio de la "inmediatez" de la política. Si bien se han abierto posibilidades insospechadas para la expresión pública gracias a las nuevas tecnologías, preguntas como "¿cuán pública es la esfera pública?" continúan siendo centrales, especialmente cuando la "democratización" de los mecanismos de comunicación ocurre al mismo tiempo en que el control sobre los medios y la provisión de herramientas de comunicación (televisión, mercado de telefonía celular, servicios de Internet, entre otras) está altamente concentrada en unos pocos grupos económicos.

Este capítulo parte de tres simples premisas. Primero, la distribución de la exclusión es una ventana para entender el funcionamiento de la democracia, porque nos permite observar para quiénes y en qué medida los derechos son efectivos. Segundo, como la distribución de los derechos no es uniforme, es necesario estudiar de qué manera la ciudadanía se hace efectiva para los miembros de una comunidad política. Tercero, los derechos de ciudadanía son multidimensionales, se expanden y contraen, y se encuentran en permanente cambio.

Esta constante transformación en la esfera de los derechos es lo que redefine constantemente a la democracia. En respuesta a nuevos estímulos, los ciudadanos "empujan" los límites que definen las condiciones de pertenecer a una sociedad. Uno de los avances más importantes en el estudio y práctica de la democracia ha ocurrido en la intersección de dos factores: la distribución de la exclusión y la constante redefinición de las condiciones de pertenencia a una sociedad. Si aceptamos que los derechos de ciudadanía están en permanente proceso de construcción, y si la exclusión es una pieza clave del entramado democrático, entonces es necesario estar alerta a los nuevos desafíos en la arena de la ciudadanía para entender cómo funciona la democracia.

Estos desafíos requieren esfuerzos novedosos para conceptualizar nuevos derechos. De estos esfuerzos se trata este capítulo. El argumento central es que la teoría democrática debe estar en constante revisión para adecuarse a las nuevas situaciones que surgen en los regímenes democráticos. Una forma esencial de abordar esta revisión es enfocarse en la identificación de nuevos derechos, los cuales van tomando forma a medida que el contexto y las condiciones de pertenencia cambian. Uno de los cambios fundamentales en el campo de los derechos está ligado a la ciencia y la tecnología.

Este capítulo sostiene que los cambios profundos en la relación entre ciudadanos y ciencia y tecnología nos obligan a definir un nuevo tipo de derechos, los que denomino sociotecnológicos. Estos derechos deben ser vistos como un componente de la batería de derechos disponibles para los ciudadanos. La producción científica y el diseño e implementación de tecnologías enmarcan y afectan las relaciones socioeconómicas, modifican los procesos cognitivos e influyen en los marcos culturales. No es ninguna novedad que la ciencia y la tecnología son parte integral de nuestras sociedades y no es novedoso afirmar que no es posible desarrollar e implementar políticas de ciencia y tecnología sin tener en cuenta su papel e impacto en la sociedad. Sin embargo, lo que aquí se propone es la necesidad de definir nuevos derechos ligados a la ciencia y tecnología: este planteo se basa en la profunda revolución que estos campos han experimentado en las últimas décadas, la velocidad con que este proceso ha ocurrido y el complejo impacto que los cambios tecnológicos tienen en nuestras sociedades.

Existen numerosos ejemplos que ilustran este punto. De hecho, los humanos han estado modificando genéticamente la naturaleza por miles de años: lo innovador es que las nuevas tecnologías permiten circunvalar las fronteras biológicas, cruzando información genética de una especie a otra (Public Broadcasting Service, 2001). Esto es algo no visto en 10 mil años. Campos tan diversos como la biotecnología, genómica, clonación, nanotecnología, ingeniería biomédica, bioinformática, robótica y otros han alcanzado un desarrollo sin precedentes. En el campo de la esfera pública, las tecnologías de la información y las comunicaciones (TIC) han redefinido las fronteras de la participación, abriendo nuevos espacios de socialización y movilización. El proceso de digitalización de la comunicación humana, que comenzó hace solo unas décadas, continúa acelerándose gracias a nuevas herramientas tecnológicas. El empleo de las TIC tiene un impacto profundo en la forma de procesar y distribuir la información a nivel global (puede encontrarse un ejemplo de ello en Katz y Hilbert, 2003). El papel de la tecnología es central en la democratización de la esfera pública, el acceso a servicios, la transformación en los medios de producción, la expansión de las redes de comunicación y el desarrollo de nuevas formas de interacción social. Algunos avances tecnológicos, como aquellos vinculados al gobierno electrónico (en inglés, *e-government*), tienen la capacidad de promover cambios sociales, políticos, económicos y culturales.

A partir de las rebeliones populares en el Medio Oriente y el papel que las redes sociales tuvieron en la movilización ciudadana, se ha generado un fuerte debate en torno al verdadero impacto de la tecnología en estos procesos sociales. Mientras que algunos se enfocan en el uso "instrumental" de la tecnología y el acceso a la información, otros privilegian una mirada al "medio ambiente" que crea la tecnología y al modo en que las TIC fortalecen la esfera pública. El énfasis está puesto en el "acceso a la conversación" como un impacto de mayor alcance que puede resquebrajar el control social de gobiernos autoritarios, entre otras cosas (Kalathil, 2011). En suma, lo que se puede concluir es que los avances en el campo de la tecnología y la ciencia presentan desafíos que cambian las coordenadas que definen el espacio social.

Los avances tecnológicos no deben crear nuevas condiciones de exclusión o profundizar patrones de exclusión existentes. Los ciudadanos deben tener la posibilidad de participar en el diseño de tecnologías que tienen un impacto sobre el interés público y en la definición de políticas públicas orientadas a promover la ciencia y la tecnología. En cuanto a la dimensión digital, el enfoque reciente está puesto en el acceso y uso de las TIC. En los últimos años, los términos de "pobreza digital" y "pobreza de información" han cobrado una importancia significativa en los debates sobre las TIC en América Latina (Barrantes, 2007; Dialogo Regional sobre la Sociedad de la Información, 2011). En particular, el concepto de "pobreza digital" está diseñado para operacionalizar dimensiones de uso, consumo, recursos y demanda de las TIC que los conceptos más comunes de "brecha digital" y "alfabetización digital" no alcanzan a esclarecer.

De acuerdo a sus promotores, el concepto de "pobreza digital" permite medir el acceso a canales o medios específicos de conectividad con las TIC (Barrantes, 2007: 21). Su trazado conceptual está influenciado por teorías del desarrollo en general y por los principios del desarrollo como medio y fin de la expansión de las libertades humanas, siguiendo los postulados de Amartya Sen (1999). Precisamente, estos últimos sostienen que el progreso otorga los medios o capacidades por los cuales las personas expanden sus libertades y ven a la pobreza como la carencia de estas capacidades (Barja y Gigler, 2005: 12-13).

Si aceptamos que la ciencia y la tecnología son componentes esenciales de nuestras sociedades, entonces es necesario considerar de qué manera la "cultura tecnológica" en la que vivimos se expresa en el campo de los derechos (Bijker, 2009; Thomas, 2009). Si ignoramos estas dimensiones de nuestras sociedades corremos el riesgo de terminar con una visión muy limitada acerca del modo en que la democracia funciona "en la práctica" para los distintos grupos sociales. Resulta claro que debemos conectar los debates sobre la democracia con aquellos sobre la ciencia y la tecnología, ya que no tiene sentido tratarlos como esferas distintas. A fin de cuentas, entender la manera en que la ciencia y la tecnología influyen en la sociedad nos permite comprender mejor la realidad de quienes están incluidos y quienes no lo están. No podemos seguir viéndolas como una "caja negra", un espacio neutral y un terreno desligado de los procesos políticos, económicos y sociales. Las mismas son parte constitutiva de la ciudadanía democrática.

Uno de los problemas centrales es que nuestras "culturas tecnológicas" no han evolucionado a la par de los campos científicos y tecnológicos (Bijker, 2009). Esta brecha es problemática y la única forma de cerrarla es desarrollando nuevas herramientas conceptuales que puedan servir de marco a las políticas públicas, orientar acciones para corregir las condiciones que limitan el acceso al uso adecuado de los recursos científicos y tecnológicos, así como también contribuir al desarrollo de mecanismos para garantizar y expandir la participación ciudadana. Uno de los objetivos centrales que tienen que ver con la ampliación de la participación es abrir discusiones públicas sobre la forma en que las consecuencias de los peligros y catástrofes, tanto naturales como creados por los humanos, se distribuyen en la sociedad. En otras palabras, no se trata simplemente de cuestiones de acceso a los beneficios de la tecnología y la ciencia (un tema central en el debate sobre la pobreza digital), sino también de la manera en que los aspectos negativos y perjudiciales afectan a distintos sectores de la población. En general, los sectores de menores recursos se ven más perjudicados cuando se producen este tipo de consecuencias negativas (Environmental Justice/Environmental Racism, 2011).

El problema de los derechos

La discusión anterior plantea un aspecto central: el Estado debe tener un papel clave en facilitar y optimizar la relación de los ciudadanos con la ciencia y tecnología. Este rol estatal enfatiza la necesidad de entender la dinámica ligada al tema de los derechos de ciudadanía. Si se trata de proteger el conocimiento tecnológico, el Estado debe proveer el marco legal y la implementación necesaria para que dicha protección funcione. Si se trata de decidir cuáles son las fuentes energéticas más adecuadas, por ejemplo, el Estado debe evaluar los aspectos positivos y negativos teniendo en cuenta el bienestar de la población. Si se trata del acceso a la tecnología, el Estado debe evaluar su responsabilidad para proveer no solo la infraestructura (como en varios países, donde empieza a garantizar el "derecho" a tener acceso a Internet) sino también los conocimientos necesarios para hacer un uso efectivo del recurso tecnológico. En breve, no podemos pensar en la tecnología y la ciencia desligadas de las obligaciones estatales frente a los ciudadanos. La complejidad de este marco nos obliga a desarrollar nuevas herramientas para encarar estos desafíos.

Existe bastante desacuerdo acerca de los tipos de derechos que son indispensables para la democracia. Algunos sostienen que mientras los derechos políticos y civiles son esenciales para la democracia, los sociales y culturales no lo son (Carens, 2007). Sin embargo, una visión completa de las democracias tal cual existen en la realidad requiere entender las diversas formas en que las decisiones científicas y tecnológicas determinan la inclusión de la gente como ciudadanos en una comunidad democrática. Identificar nuevos derechos puede ayudarnos a iluminar aspectos de la democracia que son insuficientemente entendidos o simplemente ignorados. Además, una mejor comprensión nos ayudaría a explicar más eficientemente el carácter "disyuntivo" de la democracia, es decir, la distribución desigual de derechos entre distintos sectores sociales (Holston y Caldeira, 1998).

¿Necesitamos una nueva generación de derechos? Es perfectamente plausible afirmar que la propuesta de definir un nuevo tipo de derechos es irrelevante porque tales derechos pueden ser acomodados dentro del grupo original de derechos políticos, civiles y sociales. Además, es posible argumentar que el papel de la tecnología no es realmente nuevo: hoy nos maravillamos con los cambios que trajo la Internet, lo mismo ocurrió con la difusión de la imprenta. ¿Tal vez estamos cayendo en un "utopismo tecnológico" que no ayuda a clarificar la realidad sino a obscurecerla? Finalmente, podríamos afirmar que la tecnología es puramente una herramienta, por lo que no tiene mayor sentido preocuparnos por una supuesta "cultura tecnológica" o por abrir la "caja negra" de la tecnología. Tal vez estamos exagerando el valor de esta última en nuestras sociedades.

Estos son puntos válidos que, sin duda, cuestionan la tesis de este capítulo. Sin embargo, discutirlos no nos llevaría muy lejos. Estaríamos replicando la discusión sobre la globalización: ¿es un fenómeno nuevo o simplemente una expresión de un fenómeno que ha existido por mucho tiempo? En otras palabras, es una discusión estéril. El propósito de mi análisis es usar el concepto de derechos sociotecnológicos para abrir un debate que, espero, sirva para estimular una mirada diferente sobre este aspecto de la ciudadanía.

Pensar en los derechos sociotecnológicos implica considerar las siguientes preguntas: ¿cuándo la tecnología debe estar disponible para el uso público y cuándo no? ¿Qué parámetros deben regular el acceso al uso de la tecnología? ¿Cuáles son las fronteras entre tecnología y vida privada? ¿Y cómo deben emplearse los criterios éticos para tomar decisiones científicas y tecnológicas? ¿Qué tipo de expertos deben ser incluidos en decisiones sobre el uso, apoyo y desarrollo de ciencia y tecnología? ¿De qué manera deben balancearse los distintos tipos de aportes de expertos? ¿Qué clase de protección debe brindarse a los derechos al conocimiento de las comunidades, los productores de conocimiento tradicional y los innovadores sin educación formal? Estas preguntas sirven para ilustrar no solo la complejidad de los problemas que enfrentan nuestras sociedades, sino también el desafío que significa entender los derechos sociotecnológicos.

Para analizar de forma sistemática los derechos sociotecnológicos, debemos considerar cuatro dimensiones: acceso, participación, protección y reconocimiento. Estas dimensiones capturan la complejidad del concepto y permiten reflexionar sobre los desafíos que se presentan cuando cambiamos el enfoque sobre la democracia del régimen político al ejercicio de derechos. Los derechos sociotecnológicos son relevantes para una variedad de aspectos democráticos, tales como la transparencia y rendición de cuentas, los procedimientos de toma de decisiones y la distribución de recursos en la sociedad.

El resto de este capítulo se orienta a ofrecer una introducción al concepto de derechos sociotecnológicos y discutir algunos aspectos específicos de dicho concepto con ilustraciones tomadas de distintos contextos.

Acceso

Las nuevas tecnologías abren nuevos desafíos respecto de la inclusión social. Proteger los derechos sociotecnológicos en cuanto al acceso no es simplemente una cuestión de poner la tecnología a disposición de todos, sino también de adaptar las tecnologías a las necesidades de distintos grupos sociales. Algunos sectores de la población no pueden beneficiarse de los avances tecnológicos, lo que los coloca en una situación de debilidad. En países como los Estados Unidos, este tipo de conflicto tiende a resolverse por medio de un proceso de "judicialización" de los derechos, es decir, un proceso en el cual el Poder Judicial cumple un papel central en definir derechos y orientar las políticas públicas. Este modelo de redefinir y expandir los derechos por medio de la litigación es característico de los Estados Unidos y se ha venido adoptando con mayor frecuencia en varios países latinoamericanos.

Un caso judicial que ilustra esta dinámica involucra los sitios web que no poseen los códigos necesarios para ser leídos con tecnología de acceso a la pantalla, lo que impide a usuarios ciegos poder utilizar la funcionalidad completa del sitio. Es interesante observar que en un caso contra la compañía Target, la decisión del juzgado a favor del demandante especificó que la compañía consideraba su sitio web como una extensión de sus negocios, por lo que la imposibilidad para los usuarios ciegos de navegar el sitio virtual también les impedía hacer uso de los negocios físicos de Target —lo que se traducía en discriminación— (Disability Rights Advocate, 2010). Otros casos ampliaron los horizontes aún más hacia empresas que se manejan únicamente en el comercio virtual. Tras una demanda contra Amazon, el gigante virtual aceptó firmar un convenio con la Federación Nacional de Ciegos para trabajar juntos en el desarrollo de tecnología de modo de adaptarla a las necesidades de acceso de esta población (Disability Rights Advocate, 2007). Este es un ejemplo relevante para indicar que los derechos sociotecnológicos pueden reflejarse en la creación de espacios en los que los usuarios se transformen de consumidores en productores de tecnología.

En los países en desarrollo, existe un intenso debate acerca de las formas más adecuadas de utilizar la tecnología para empoderar a la población que vive en situación de pobreza. Innovadores como Muhamad Yunus sostienen que la tecnología debe ser diseñada para los pobres y no simplemente adaptada a sus necesidades. Como señala Paul Polak (International Development Enterprises), "la mayoría de los diseñadores del mundo enfocan sus esfuerzos en desarrollar productos y servicios exclusivamente para el 10% de los consumidores más ricos del mundo. Es necesaria una verdadera revolución en el diseño para llegar a los otros 90%" (Design for the Other 90%, 2011). Desde el punto de vista de los derechos, lo que prima es la definición del acceso a la tecnología como un derecho universal. Algunos gobiernos han promovido políticas públicas orientadas a fomentar este tipo de acceso, desde programas para ofrecer servicio de Internet en zonas rurales hasta cooperación con el sector privado para proveer ordenadores portátiles a niños en edad escolar. Programas de este tipo se han desarrollado en los últimos años en países como la Argentina y Uruguay.

El trabajo de las organizaciones no gubernamentales (ONG) en el campo del monitoreo de las actividades del Estado —una de las áreas claves de la "accountability social" por parte de la sociedad civil— no puede ser entendido hoy en día sin referencia a los desafíos tecnológicos. Por ejemplo, las decisiones de los gobiernos nacionales, federales y municipales en cuestiones que van desde la producción energética hasta la calidad del aire y el planeamiento para emergencias dependen de datos que no son accesibles a las organizaciones de ciudadanos. La falta de acceso a datos de alta calidad debilita a los actores sociales frente a otros, como el sector privado y gubernamental, y los pone en desventaja cuando se trata de discutir temas de interés público. Estos datos no solo permiten evaluar los problemas con mayor detalle, sino también son necesarios para construir un discurso que permita a las minorías, "no-expertos" y aquellos sin acceso a los círculos de poder hacer oír su voz en instituciones gobernadas por estándares que privilegian las preferencias de grupos dominantes, tales como los expertos de las instituciones científicas. El acceso a la tecnología es entonces relevante para combatir procesos comunicativos que tienden a silenciar, excluir y desestimar la autoridad epistémica de grupos subordinados (Hawkesworth, 2003).

Como ocurre con otros derechos, los ciudadanos que operan en los márgenes de la sociedad encuentran otras formas de "empujar" sus derechos y redefinirlos fuera del marco institucional. Un buen ejemplo es el del acceso a la telefonía móvil en comunidades de escasos recursos.

Las personas pobres desarrollan estrategias para acceder a este tipo de tecnología (que se ha transformado en una herramienta casi fundamental para la vida diaria) por vías distintas a las que ofrece el mercado formal. De esta forma, a través de la construcción de un mercado informal y de un desarrollo creativo de conocimiento tecnológico, se crea un espacio alternativo de circulación de tecnología que involucra a ladrones, acopiadores, revendedores, técnicos y usuarios.

Uno de los grupos más interesantes es el de los "técnicos", quienes se encargan de "clonar", "chipear", "arreglar", "limpiar" o "liberar" los equipos y las líneas telefónicas. Estos técnicos suelen trabajar en colaboración con *hackers* especializados en acceder a los sistemas de seguridad de las empresas telefónicas. Muchos técnicos que trabajan en el mercado informal de la telefonía vienen de una formación de corte formal (por ejemplo, estudios de ingeniería o electrónica en universidades o institutos especializados) y se emplean en este sector porque no han completado sus estudios o porque no han encontrado empleo en el sector formal. Algunos provienen de las mismas empresas de telefonía: por ejemplo, al ser despedidos por reducción de personal se mueven al sector informal, donde pueden hacer uso de su capital intelectual (Mujica, 2007). Rápidamente, cuando el Estado o el mercado no resuelven el tema de acceso, los individuos mismos construyen estrategias alternativas que ofrecen soluciones concretas a su demanda de derechos. En este caso, el derecho al acceso a tecnología de comunicación es creado por los ciudadanos al margen de la ley y las instituciones formales. Este tipo de acceso ofrece enormes beneficios a los sectores excluidos, ya que la movilidad que provee la telefonía celular tiene efectos inmediatos en su capacidad de generar ingresos, su vida familiar, seguridad y otras dimensiones.

Participación

No hay ninguna duda de que las nuevas tecnologías están redefiniendo la participación ciudadana. Desde las campañas políticas hasta la fiscalización de los funcionarios públicos y desde la circulación y producción de conocimiento hasta la rebelión contra regímenes autoritarios, las herramientas tecnológicas tienen un impacto enorme en la esfera pública, la movilización social y el empoderamiento de los ciudadanos. Se ha resaltado que la tecnosociabilidad tuvo un papel clave en las rebeliones populares que golpearon a los regímenes autoritarios en el Medio Oriente. Hay un debate intenso sobre este tema: ¿se puede hablar realmente de una causalidad? Es decir, ¿se puede afirmar que las nuevas tecnologías fueron un elemento absolutamente esencial en catalizar las rebeliones? ¿O simplemente jugaron un rol ancilar (Diamond, 2010)? Si bien es todavía muy temprano para tener una respuesta final a este interrogante, los recientes sucesos en el Medio Oriente dejan en claro que los nuevos medios de comunicación social no pueden ser ignorados en relación a los procesos de cambio político.

La expansión de las redes sociales (Facebook, MySpace, Twitter) ofrece nuevos desafíos para pensar la cuestión de los derechos en la esfera pública virtual. Su importancia no puede ser ignorada: si Facebook fuera un país, ocuparía el tercer puesto en términos de cantidad de habitantes a nivel mundial, con aproximadamente el 6% de la población del mundo. La "nación Facebook" concentra más individuos que países como los Estados Unidos, Indonesia y Brasil. Las demandas de los usuarios de Facebook por mayor transparencia en la forma en que la compañía maneja su información personal han generado debates importantes sobre los derechos de los usuarios en el mundo virtual. En el año 2009, en respuesta a una "rebelión virtual" de usuarios, Facebook lanzó un nuevo sistema que permitía a los usuarios participar en decisiones de gobernabilidad del sitio por medio de su voto, comentarios e intercambio de opiniones con otros usuarios y empleados y administradores de Facebook. Un grupo creado por la compañía con tal objeto convocó rápidamente a más de un millón de miembros. Este ejemplo advierte sobre las presiones para democratizar la nueva esfera pública creada por las últimas tecnologías.

La participación democrática de los ciudadanos (usuarios-beneficiarios) debería ser un componente integral del proceso de diseño, implementación y administración de los recursos tecnológicos. Una de las preguntas centrales que debemos hacernos es cuál es el papel de los ciudadanos en evaluar costos, externalidades, dimensiones éticas y otros aspectos ligados al desarrollo científico y tecnológico. Plantearse esta pregunta lleva a reconsiderar la noción de "experto". Si sostenemos que el desarrollo científico y tecnológico es el resultado de un proceso social (y no de decisiones individuales), resulta evidente que las decisiones en este campo no pueden limitarse a científicos y expertos en un sentido tradicional (Bijker, 2010). Concepciones lineales de innovación científica y tecnológica están siendo reemplazadas en distintos países por enfoques que ven a la ciencia y tecnología en un contexto social, llevando a privilegiar modelos de deliberación mucho más participativos (Stirling, 2008). En este sentido, la experiencia latinoamericana está bastante poco desarrollada, pero existen los componentes necesarios para extender mecanismos de participación como el presupuesto participativo a otros ámbitos de decisión pública.

La dimensión participativa de los derechos sociotecnológicos puede ser tratada a partir de distintos diseños institucionales. Debe tenerse en cuenta quién participa, cómo se comunican y toman decisiones los participantes y de qué manera sus concepciones y decisiones se conectan con las políticas públicas (Fung, 2006). Decisiones de gran complejidad, como la construcción de un reactor nuclear, requieren estadios múltiples de decisión. Para desarrollar un proceso democrático, cada uno de estas instancias requeriría la intervención de diferentes actores, grupales e individuales, que puedan expresar sus opiniones e intercambiar ideas. Pero en ciertos estadios los expertos deben tomar decisiones aislados de las presiones y opiniones de los ciudadanos. La reciente catástrofe en Japón y el consiguiente debate sobre los beneficios y peligros de la energía nuclear plantean la enorme importancia de pensar estos procesos como parte esencial del entramado democrático. No hemos teorizado lo suficiente en este campo y, en mi opinión, las oportunidades para la innovación son grandes para   América Latina.

Si se trata de pensar los derechos sociotecnológicos, debemos empezar por plantear que los diferentes actores sociales le asignan distintos sentidos al mismo artefacto: un reactor nuclear significa un peligro potencial para grupos que defienden el medio ambiente, una fuente de tensión internacional para expertos en relaciones internacionales y un camino a la autonomía energética para líderes gubernamentales. La identidad de un artefacto y su "éxito" o "fracaso" dependen de variables sociales. Por lo tanto, el diseño de mecanismos de participación que garanticen los derechos de distintos grupos sociales debe tener en cuenta la necesidad de una "flexibilidad interpretativa" sobre la tecnología y ciencia, y debe mantener un balance cuidadoso entre el consejo científico, la participación de las partes interesadas, el debate público y la discreción política (Bijker, Bal y Hendriks, 2009: 5).

Protección

Los avances tecnológicos y científicos crean nuevas condiciones que requieren definir cuestiones de privacidad, seguridad y prevención, las cuales adquieren un papel central en la conceptualización e implementación de los derechos sociotecnológicos. Es cuestionable afirmar que estos desafíos pueden ser resueltos bajo el paradigma de los derechos existentes. La categoría de derechos sociotecnológicos puede ofrecer un marco más apropiado para reinterpretar las dimensiones cubiertas por los derechos tradicionales y para diseñar legislación y políticas públicas mejor articuladas con las nuevas condiciones planteadas por los avances tecnológicos y científicos.

El ejemplo más obvio para discutir esta dimensión es el impacto del uso de la tecnología en la esfera privada. En los Estados Unidos, este debate ya ha llegado a la Corte Suprema de Justicia. Por ejemplo, puede mencionarse un caso en que la policía utilizó un aparato que detecta radiación infrarroja para determinar que una vivienda específica proyectaba niveles muy altos de calor, lo que sirvió para asumir que se debía al uso de luminosidad necesaria para la fotosíntesis de la marihuana. Pese a que la policía obtuvo una orden de allanamiento que permitió entrar a la vivienda y confirmar la sospecha, la Corte determinó que el uso de la tecnología había violado la Cuarta Enmienda, es decir, el derecho a la privacidad. Al capturar niveles de calor, la Corte Suprema dictaminó, la policía ilegalmente obtuvo un detalle "íntimo", lo que representó una "intrusión en un área protegida constitucionalmente" (Supreme Court of the United States, 2001).

Como este caso muestra, el uso de la tecnología crea "áreas grises" en el campo de los derechos. Pero no se trata simplemente de cuestiones de privacidad (que podrían subsumirse bajo los derechos civiles), sino también de cuestiones de protección frente a los efectos perniciosos de la tecnología y la ciencia. Hay muchísimos ejemplos al respecto. Uno de ellos es el tema de los "desechos electrónicos" (en inglés, *e-waste*), el cual constituye un creciente problema transnacional en tanto requiere acciones concertadas que involucren al sistema de producción global y necesita políticas de desarrollo y regulación nacional e internacional (Iles, 2004). En lugar de aislar este asunto en el campo de la justicia medioambiental, es más razonable verlo como parte de un conjunto de derechos vinculados a la relación entre tecnología y sociedad, con el objetivo de proteger la salud de los ciudadanos sin despojarlos de sus fuentes de ingresos. Los desechos electrónicos no representan un problema menor, especialmente para regiones como América Latina: se espera que el mundo en desarrollo supere a los países desarrollados en desechos electrónicos para el año 2017 y que genere el doble de basura electrónica que estos últimos hacia 2025 (Arizona State University, 2010). Pero tal como el Basel Action Network (BAN) concluyó al comienzo de la década, países como China, India y Pakistán —líderes en el reciclado de desechos electrónicos— utilizan tecnologías del siglo XIX para procesar los desechos del siglo XXI (Electronics Takeback Coalition, 2010). Soluciones a este tipo de problemas requieren una colaboración estrecha entre Estado, sociedad civil y el sector privado. El concepto de derechos sociotecnológicos puede ofrecer un marco para encontrar acuerdos consensuados que respeten la salud de los ciudadanos, las pautas del comercio internacional y los imperativos del mercado.

Los derechos sociotecnológicos están íntimamente ligados a la protección de la vida y la salud. Un creciente número de estudios sostienen que los efectos del calentamiento global no se distribuyen de manera pareja. Varios aspectos del cambio climático —como la contaminación del aire y el aumento de temperatura— tienen un efecto desproporcionado en las minorías raciales y los sectores de escasos recursos en términos de empobrecimiento de salud y pérdidas económicas. Por ejemplo, en los Estados Unidos las muertes por altas temperaturas ocurren a una tasa un 150-200% mayor entre la población negra que entre los blancos no hispanos. El asma, que tiene una fuerte correlación con la polución ambiental, tiene una incidencia un 36% mayor sobre los afro-americanos que sobre los blancos. Estos estudios plantean cuestiones que deben resolverse bajo un marco de derechos de ciudadanía (Enviromental Justice Resource Center, 2008).

Reconocimiento

El conocimiento ha experimentado un rápido proceso de transformación como resultado de la globalización de las comunicaciones y el comercio, el papel de la investigación científica en la innovación, la expansión de las cadenas de valor, la incorporación de nuevos actores en el ciclo productivo, la desestructuración de las formas verticales de producción y otros factores. En este contexto, las profundas asimetrías que caracterizan al derecho a proteger el conocimiento propio están siendo resaltadas, pero aún resta mucho por elaborar para entender el tema del reconocimiento como parte de los debates sobre ciudadanía.

En los últimos años ha crecido la atención brindada a la protección de los derechos de propiedad intelectual de los innovadores "de base", es decir, aquellos con escasa o nula educación formal y sin apoyo por parte de las agencias del Estado. En un contexto global en el que prima el concepto de "economía del conocimiento", el valor de las ideas es central para la capacidad productiva de las economías nacionales. Sin embargo, la protección a los derechos al conocimiento de los grupos de escasos recursos es todavía extremadamente débil, lo que significa que la creatividad de estos grupos no es adecuadamente reconocida, respetada y recompensada (Gupta, 2006).

Los derechos de propiedad son vistos como un puente para el acceso a otros derechos, es decir, como una avenida para la incorporación efectiva (como ciudadanos) de los sectores social y económicamente marginalizados. Como sugiere Gupta (2006: 61-62), los derechos de propiedad intelectual constituyen el punto de apoyo en el mercado global: en la medida en que los países en desarrollo transforman sus economías, el conocimiento local adquiere valor más allá de su uso en el contexto tradicional de la comunidad. Por esta razón, los individuos tienen derecho a ser propietarios de su propio conocimiento para tener el derecho a generar una ganancia a partir de él. Es interesante que se haya prestado tanta atención al derecho a tener un título sobre la propiedad física – la influencia de Hernando de Soto y su libro *El misterio del capital* (2000) han sido claves en este sentido– y comparativamente se le haya dado tan poca atención a la propiedad intelectual de los sectores de escasos recursos. En gran parte, esta distorsión tiene que ver con una visión dominante que entiende a estos sectores (a veces llamados "la base de la pirámide") exclusivamente como consumidores y no como productores (especialmente de conocimiento).

Existen demasiados obstáculos que impiden a los grupos de escasos recursos proteger su derecho a que su conocimiento sea adecuadamente reconocido. Es imperativo establecer nuevos parámetros que permitan diseñar mecanismos institucionales para proteger la creatividad de aquellos cuyo acceso a las instituciones formales es virtualmente inexistente. Sin embargo, no es sencillo encontrar soluciones efectivas a este problema. El recurso a mecanismos de mercado para proteger el conocimiento tradicional, por ejemplo, ha sido cuestionado por aquellos que se oponen a patentar cualquier forma de vida y por aquellos que objetan la idea de utilizar un mecanismo diseñado para individuos (como el sistema de patentes) para el beneficio de la colectividad (Farhat, 2008).

Desarrollar un sistema de derechos que sirva para reconocer el conocimiento de los grupos de menores recursos requiere medidas a nivel nacional e internacional. Por ejemplo, algunas organizaciones han propuesto soluciones tales como un registro internacional bajo la tutela de la Organización Mundial de la Propiedad Intelectual (OMPI) que permitiría a los individuos de diferentes partes del mundo compartir ideas bajo un régimen que conecte a los innovadores con inversores y emprendedores (Gupta, 2006: 61). Uno de los problemas más complejos con respecto a la dimensión del reconocimiento es hacer "visible" el conocimiento tradicional y el de los sectores desposeídos frente a las oficinas de patentes, especialmente en los países altamente industrializados. También es complicado contrarrestar la rápida erosión del conocimiento local en las comunidades rurales del mundo en desarrollo (Gupta, 2006). Los procesos de urbanización que han cambiado radicalmente la geografía humana de América Latina han tenido un efecto devastador sobre el conocimiento tradicional y comunitario. Son pocos los gobiernos que han desarrollado políticas nacionales para contrarrestar esta tendencia (entre las excepciones se encuentran las experiencias recientes, aunque con limitaciones, de Bolivia y Ecuador).

A nivel de los ciudadanos efectivamente integrados al mercado, las tecnologías tienen un papel crucial en el desarrollo de nuevas vías de relación entre productores de conocimiento y consumidores. Esto se ve claramente en el campo de las industrias creativas, donde las licencias libres de derechos (en inglés, *copyleft*) o los derechos definidos por los propios autores (denominados *Creative Commons*) están modificando rápidamente las condiciones tradicionales que pautaban el control sobre la obra del autor. La autogestión, los nuevos modelos de venta y de difusión, el avance de la piratería como corriente principal en muchos mercados y la posibilidad del autor de decidir qué hacer con su obra, entre otros cambios, presentan un escenario en el que los derechos que regulan la propiedad intelectual (y los mecanismos tradicionales de mercado) no alcanzan a cambiar con la velocidad necesaria para adecuarse a la nueva realidad (*El País*, 18/5/2011).

Cuando se trata del conocimiento, los derechos sociotecnológicos adquieren un valor enorme no solamente dentro del contexto nacional, sino también en el campo internacional. Un ejemplo clave es el de las patentes genéticas, un ámbito en el que el ordenamiento legal es confuso y los desacuerdos son importantes. No se trata simplemente de determinar qué secuencias genéticas son patentables, sino de los dominios en donde se avanza agresivamente en la conquista de la riqueza genética. En los mares y océanos, por ejemplo, donde la biodiversidad es mayor que en la tierra (pero todavía concentra solo el 2% de los registros presentados en la OMPI), "diez países poseen el 90% de las solicitudes de patentes presentadas relacionadas con genes marinos y el 70% se concentra en los tres primeros de la lista [Estados Unidos, Alemania y Japón]" (*El País*, 30/3/2011). Todavía no se ha llegado a un acuerdo internacional para evitar que la diversidad genómica del océano quede en manos, a través de patentes, de unos pocos países. Queda como desafío construir los cimientos para un acuerdo global que proteja y equilibre el acceso a la riqueza marina. En suma, se trata de generar un marco adecuado de derechos que permita garantizar la protección de la biodiversidad y que siente las bases para que la propiedad de los recursos biológicos sirva los intereses de la humanidad.

Este debate no se debe limitar a una discusión sobre la "riqueza genética", ya que se trata de un problema asociado al conocimiento: el capital intelectual se ha convertido en el valor más preciado de los nuevos modelos de negocios y las estrategias de inversión. El dominio sobre el conocimiento a través del sistema de patentes está modificando las reglas de juego al crear mercados altamente competitivos para el capital intelectual. Dentro de este esquema, nuevas compañías enfocadas en el "mercado líquido del conocimiento" amenazan con controlar el mundo de la propiedad intelectual, limitando las posibilidades que los "pequeños productores de conocimiento" tienen para proteger su propiedad (*New York Times*, 17/2/2010). Este es un problema muy importante para regiones como América Latina, donde la participación en el mercado internacional de la propiedad intelectual es mínima.

Conclusión

Los derechos sociotecnológicos se ocupan de los modos en que la ciencia y la tecnología modifican la interacción entre ciudadanos y Estado, mercado y medioambiente. Estos derechos se refieren a las posibilidades y limitaciones asociadas al acceso, participación, protección y reconocimiento que definen la relación entre ciencia/tecnología y sociedad. Las tecnologías no son neutras, por lo tanto, la expansión de los derechos sociotecnológicos implica un proceso de constante negociación y conflicto. Este proceso tiene lugar en legislaturas, instituciones científicas, corporaciones, comunidades rurales, espacios virtuales y otros escenarios.

Un enfoque en los derechos sociotecnológicos puede ofrecer una guía para un modelo de ciencia y tecnología que se encuentre mejor articulado con la democracia. Como he ilustrado de distintas formas, la mirada que ofrece este tipo de derechos es útil para observar de qué formas se expresa la exclusión y cuáles son los procesos que la alimentan, y que consiguientemente podrían modificarse.

Si cambiamos el enfoque del régimen político hacia el ejercicio de derechos, entonces una agenda centrada en los derechos sociotecnológicos podría dar fundamento a un modelo de políticas públicas que tenga la requerida flexibilidad para adecuar la "cultura tecnológica" a los cambios en el mundo de la tecnología. Profundizar los derechos sociotecnológicos es un camino para ampliar la esfera pública y, consecuentemente, crear las condiciones para expandir otros derechos, mejorando el acceso a productos y servicios con miras a modificar las condiciones que perpetúan la exclusión social y económica en nuestras sociedades.

Bibliografía

Barja, Gover y Gigler, Björn-Sören (2005), "The Concept of Information Poverty and How to Measure It in the Latin American Context" en Galperin, Hernán y Mariscal, Judith (comps.) *Digital Poverty: Latin American and Caribbean Perspectives* (Montevideo: REDIS).

Bijker, Wiebe (2009), "Democratizing Technological Culture", Ponencia presentada en la I Jornada Internacional de Estudios sobre Tecnología y Sociedad, Buenos Aires, 17 de septiembre.

Bijker, Wiebe; Bal, Roland y Hendriks, Ruud (2009), *The Paradox of Scientific Authority: The Role of Scientific Advice in Democracies* (Cambridge: MIT Press).

Carens, Joseph (2007), "Democracy and Citizenship in Latin America" en Tulchin, Joseph y Ruthenburg, Meg (comps.) *Citizenship in Latin America* (Boulder: Lynne Rienner).

De Soto, Hernando (2000), *El misterio del capital* (Lima: El Comercio).

Diamond, Larry (2010), "Liberation Technology" en *Journal of Democracy* (Washington) Vol. 21, N° 3, julio.

Farhat, Rayyar (2008), "Neotribal Entrepreneurialism and the Commodification of Biodiversity: WIPO's Displacement of Development for Private Property Rights" en *Review of International Political Economy* (Londres) Vol. 15, N° 2.

Fung, Archon (2006), "Varieties of Participation in Complex Governance" en *Public Administration Review* (Washington) Vol. 66, N° 1.

Gupta, Anil (2006), "From Sink to Source: The Honey Bee Network Documents Indigenous Knowledge and Innovations in India" en *Innovations: Technology, Governance, Globalization* (Cambridge) Vol. 1, N° 3.

Hawkesworth, Mary (2003), "Congressional Enactments of Race-Gender: Toward a Theory of Raced-Gendered Institutions" en *American Political Science Review* (Washington) Vol. **97**, N° 4.

Holston, James y Caldeira, Teresa (1998), "Democracy, Law, and Violence: Disjunctions of Brazilian Citizenship" en Agüero, Felipe y Stark, Jeffrey (comps.) *Fault Lines of Democracy in Post-Transition Latin America* (Miami: North-South Center Press).

Iles, Alastair (2004), "Mapping Environmental Justice in Technology Flows: Computer Waste Impacts in Asia" en *Global Environmental Politics* (Cambridge) Vol. 4, N° 4.

Katz, Jorge y Hilbert, Martín (2003), *Los caminos hacia una sociedad de la información en América Latina y el Caribe* (Santiago de Chile: Comisión Económica para América Latina y el Caribe).

Mujica, Jaris (2007), "Estrategias locales de acceso a la telefonía móvil. Funciones y estructuras del mercado local en un espacio de escasos recursos" en *Serie Concurso de Jóvenes Investigadores* (Lima: Diálogo Regional sobre la Sociedad de la Información) N° 3.

Sen, Amartya (1999), *Development as Freedom* (Nueva York: Anchor Books).

Stirling, Andy (2008), "'Opening Up' and 'Closing Down': Power, Participation, and Pluralism in the Social Appraisal of Technology" en *Science, Technology and Human Values* (Durham) Vol. 33, N° 2.

Thomas, Hernán (2009), "De las tecnologías apropiadas a las tecnologías sociales. Conceptos/estrategias/diseños/acciones", Ponencia presentada en la I Jornada Internacional de Estudios sobre Tecnología y Sociedad, Buenos Aires, 17 de septiembre.

Documentos electrónicos

Arizona State University 2010 "E-waste: Crude recycling methods used in developing countries contaminate air, water and soil, researchers say" en <http://www.sciencedaily.com/releases/2010/03/100322073534.htm> acceso 22 de marzo de 2010.

Barrantes, Roxana (2007), "Digital Poverty: Concept and Measurement with an Application to Peru" en *Working Papers* (Notre Dame: Kellogg Institute) N° 337, marzo. En <http://nd.edu/~kellogg/publications/workingpapers/WPS/337.pdf> acceso 17 de Julio de 2011.

Bijker, Wiebe (2010), "Democratization of Technology, Who are the Experts?" en <http://www.angelfire.com/la/esst/bijker.html> acceso 2 de marzo de 2010.

Disability Rights Advocate "National Federation of the Blind v. Target" en <http://www.dralegal.org/cases/private_business/nfb_v_target.php> acceso 23 de febrero de 2010.

Disability Rights Advocate 2007 "Cooperation Agreement between the National Federation of the Blind and Amazon.com" en <http://www.dralegal.org/downloads/cases/Amazon/NFB_Amazon_com_agreement.pdf> accceso 10 de febrero de 2010.

Electronics Takeback Coalition 2010 "Responsible Recycling vs. Global Dumping" <http://www.electronicstakeback.com/global-e-waste-dumping/> acceso 2 de julio de 2011.

Kalathil, Shanthi (2011), "The Public Sphere Enters Public Discourse" en <http://blogs.worldbank.org/publicsphere/public-sphere-enters-public-discourse> acceso 20 de mayo de 2011.

Public Broadcasting Service 2001 "Just how radical is this new technology?" en <http://www.pbs.org/wgbh/harvest/viewpoints/radical.html> acceso 5 de mayo de 2011.

Supreme Court of the United States 2001 "Danny Lee Kyllo, Petitioner v. United States" en <http://www.law.cornell.edu/supct/pdf/99-8508P.ZO> acceso 5 de mayo de 2011.

Sitios web

Design for the Other 90% <http://other90.cooperhewitt.org/> acceso 25 de mayo de 2011.

Dialogo Regional sobre la Sociedad de la Información (DIRSI) <http://dirsi.net/> acceso 5 de mayo de 2011.

Environmental Justice/Environmental Racism <http://www.ejnet.org/ej/> acceso 20 de mayo de 2011.

Enviromental Justice Resource Center. Climate Change and African Americans. <http://www.ejrc.cau.edu/ClimateBib1.htm> acceso 25 de mayo de 2011.

Diarios, periódicos y revistas

El País 2011 (Madrid) 30 de marzo.

El País 2011 (Madrid) 18 de mayo.

New York Times 2010 (Nueva York) 17 de febrero.

Giro judicial y legitimidad pública en la política argentina

Lucas G. Martín[1]

Resumen

El propósito de nuestro capítulo es analizar el *giro judicial* en curso en la política argentina de los últimos años. Se da hoy en Argentina una renovada visibilidad de lo jurídico, que se inscribe históricamente en una retórica de los derechos que fue ganando lugar desde la recuperación democrática en 1983 y que cobra forma en un espacio público vitalizado por la creciente invocación de derechos por parte de la ciudadanía. En un contexto de desarticulación de lo social y de metamorfosis de lo político, el ciudadano pone de manifiesto su inquieta desconfianza por medio de la activación de los mecanismos del Poder Judicial. ¿Quiere decir esto que el Poder Judicial y sus jueces devienen los nuevos representantes de una sociedad que ya no confía en las bondades de la democracia electoral y sus representantes? En nuestro análisis argumentaremos que una legitimidad jurídica universal de los derechos acompaña progresivamente a la tradicional legitimidad mayoritaria de las urnas. Según veremos, las instituciones y los magistrados que conforman esa legitimidad no son tanto los depositarios de la confianza ciudadana como el lugar preponderante en que se pone en escena la desconfianza ciudadana en la actual democracia de lo público. En este sentido, los jueces también son puestos a prueba

---

[1] Facultad de Ciencias Sociales, Universidad de Buenos Aires (UBA). Consejo Nacional de Investigaciones Científicas y Técnicas (CONICET). Argentina.

en esa nueva escena y es por ello que han debido tomar la palabra y asumir la tarea de producir una estrategia comunicativa para influir sobre el sentido público de la justicia.

Palabras clave: Judicialización, Argentina, legitimidad democrática, retórica de los derechos, ciudadanía, Poder Judicial, espacio público.

Abstract

The intention of our chapter is to analyze the current juridical turn in Argentine's politics of the last years. A renewed visibility of *the legal*, historically in line with the progress of the rhetoric of rights since the democratic recovery in 1983, is taking place today in Argentina and it is being performed in a public space vitalized by citizens' increasing invocation of rights. In a context of social disarticulation and metamorphosis of politics, the citizen shows their anxious distrust through the activation of the Judiciary's mechanisms. Does this mean that courts and judges became the new representatives of a society that no longer trusts in the kindness of the electoral democracy and its representatives? In our analysis we will argue that a universal legal legitimacy of rights goes progressively along with the traditional majority legitimacy of votes. As we will see, the institutions and the magistrates who constitute that legitimacy are not as much the beneficiaries of the citizen confidence as they are the stage in which the citizen distrust is preponderantly set up in the present democracy of the public. In this sense, the judges are also tested in that new scene and, consequently, they have had to take the word in order to assume the task of producing a communicative strategy to influence the publicly–elaborated sense of justice.

Keywords: Judicialization, Argentine, democratic legitimacy, rhetoric of rights, citizenship, Judiciary, public space.

***

"Se nos obstruye permanentemente con medidas judiciales; es un abuso de poder. No son los jueces, sino la Presidenta, por imperio de la Constitución, la que toma estas medidas" (*Página 12*, 5/3/2010). Con estas palabras se refería, la Presidenta de la Nación, a un fallo judicial que inhibía al Poder Ejecutivo de recurrir a los fondos del Banco Central para garantizar el pago de la deuda pública. Pocos meses más tarde, la misma Cristina Fernández de Kirchner comentaría otro fallo –esta vez de la Corte Suprema de Justicia de la Nación (CSJN)– del siguiente modo: "muchas veces se trata de quedar bien con todos. ¿Y saben qué? Es imposible" (*Clarín*, 18/6/2010). Antes y después durante ese mismo año, figuras del oficialismo ligaban la Corte Suprema a un conato destituyente y se referían al Poder Judicial en términos de "Partido Judicial"[2]. Más recientemente, en abril de 2011, Horacio Rodríguez Larreta, jefe de Gabinete de la Ciudad de Buenos Aires, respondía públicamente a un fallo judicial diciendo que se trataba de una "clara intromisión" del Poder Judicial y que "si el juez quiere gobernar, que se presente a elecciones" (*Clarín*, 16/4/2011).

Estas breves alocuciones, proferidas públicamente al calor de un conflicto de poderes y con la resonancia que les otorgaron los medios de comunicación, expresan de manera hiperbólica cierto malestar que genera el nuevo modo de relación que se ha tejido en los últimos tiempos entre justicia y política. Los límites que el poder judicial opone al poder gubernamental; la tensión entre una legitimidad electoral, mayoritaria, y una legitimidad en la que "se trata de quedar bien con *todos*" y, por último, la escenificación pública de las nuevas formas en que justicia y política se entretejen, la cual otorga una nueva visibilidad a las diversas instancias del Poder Judicial y por eso mismo reconfigura de manera inédita el espacio público, constituyen las nuevas realidades con las que se debe contar para dar cuenta del paisaje político que domina progresivamente en las democracias contemporáneas y que en la Argentina en particular ha venido tomando forma en los últimos años.

El propósito de estas páginas es el de indagar la puesta en escena y la elaboración de sentido de esa nueva centralidad que ha ganado, en

---

[2] Por ejemplo, el jefe de Gabinete de ministros, Aníbal Fernández, recurriría a la figura de "golpe de Estado" para criticar un fallo de la Corte Suprema que exigía a un gobernador reponer en su cargo a un procurador desplazado quince años antes (fallo que no fue ejecutado). El ex presidente Néstor Kirchner fue quien acuñó la fórmula de "Partido Judicial" (*La Nación*, 25/1/2010; 17/9/2010; 19/9/2010; *Página 12*, 19/9/10; *Clarín*, 4/4/2010).

términos de visibilidad pública y de instrumento legítimo de influencia política, el recurso a la justicia en las más variadas discusiones políticas. Lo que aquí nos interesa en particular es la relación que se establece entre política y justicia en el fenómeno de la así llamada judicialización de la política y, en ese sentido, nuestra atención se enfoca —más allá del aumento indiscriminado de la litigiosidad— en las acciones políticas que son a la vez públicas y judiciales. Es decir, lo que podríamos caracterizar como *la escenificación pública del giro judicial de la política* en Argentina.

Esa nueva gravitación público-política de la justicia se da en el contexto de una también renovada exigencia ciudadana que aparece desbordando los marcos tradicionales de mediación y representación y poniendo en escena, en su lugar, una activa desconfianza respecto de todo aquello que parezca postergar la satisfacción de las propias demandas, evadir el cumplimiento de las promesas, opacar una identificación inmediata u obstaculizar la autorrepresentación misma de la ciudadanía. Esa activa desconfianza ciudadana se manifiesta como nunca antes con una retórica de los derechos que encuentra en el espacio público su fuente de legitimidad y, en la escena judicial, su gramática, desplazando en gran medida los discursos y los lugares preponderantes del pasado. De este modo, nuestra indagación se inscribe en una interrogación más amplia sobre la relación entre la ciudadanía y las instituciones de la democracia que tiene su justificación en la crisis de los partidos políticos como instancias mediadoras en el proceso político de legitimación de los gobiernos y de sus decisiones. Tal como se ha dicho, los partidos políticos ya no son lo que solían ser. Las identidades sobre las que reposaba su capacidad instituyente y representativa se han desarticulado. Es por ello que es posible hablar entonces de una doble metamorfosis, en la representación y en la ciudadanía, en cuyo marco tiene lugar un giro hacia la justicia y el derecho[3].

---

[3] Sobre las transformaciones en la representación y la ciudadanía en las democracias contemporáneas ver Manin (1998); Rosanvallon (2007; 2009). Sobre dichas transformaciones en Argentina ver Cheresky (2006ª; 2006b); Quiroga (2006). Sobre el papel que cumple la "judicialización" o el giro judicial de la política en el marco de esas transformaciones, ver Garapon (1997); Rosanvallon (2007), (2009), y para el caso particular de Argentina, ver Smulovitz (2005; 2008a; 2008b).

En ese contexto de desagregación y reconfiguración política y social, de inquieta desconfianza e impaciencia ciudadanas, en una palabra, de "democracia inmediata", la activación de los mecanismos del Poder Judicial puede aparecer como un remedo saliente en lo que se refiere a la constitución del lazo comunitario y a la generación de legitimidad política. ¿Quiere decir esto que el Poder Judicial aparece como último reservorio de confianza en las instituciones de la democracia constitucional y que los jueces constituyen la forma supérstite de la relación de representación entre la sociedad y la política? ¿O es la nueva gravitación del espacio público y las transformaciones que provoca en la forma democrática y la ciudadanía lo que, a la par de la legitimidad mayoritaria de las urnas, ha dado un lugar de privilegio a una legitimidad jurídica, a la vez universal y contramayoritaria? En las páginas que siguen argumentaremos, en este último sentido, que el giro judicial en la política debe comprenderse desde la perspectiva de una nueva visibilidad de lo jurídico, solo posible en la publicidad creada por el espacio público ciudadano y motorizada por una retórica de los derechos que reconoce su origen en los inicios de la democracia recuperada en 1983. Por el mismo argumento, sostendremos que la justicia, sus instituciones y el discurso de los derechos no salen indemnes del viento de desconfianza ciudadana que caracteriza a la democracia actual.

Derecho, Ley y Justicia en la democracia argentina contemporánea

En Argentina, la conformación y la elaboración de sentido del Derecho, la Ley y la Justicia reconocen un momento fundacional en el modo en que se instituyó la recuperación democrática en 1983. Según se ha sostenido, el comienzo del periodo más estable y duradero de la democracia argentina, abierto a fines de 1983, se asentó en gran medida en una valoración inédita de la legalidad y los derechos. Esta nueva valoración tuvo como protagonista al movimiento de derechos humanos, nacido a la sombra de la dictadura de 1976-1983. Como ha sido señalado, los organismos defensores de los derechos humanos produjeron una ruptura histórica al poner en la escena pública el lenguaje de los derechos, dándoles a éstos un nuevo sentido y encabezando de ese modo una transformación en la cultura política argentina. La Argentina se había caracterizado desde mediados del siglo XX por tener una cultura de los derechos fuertemente estatalista y populista, nacida de las conquistas de derechos sociales y laborales durante el periodo peronista. Durante mucho tiempo se había concebido al Estado, encarnado en la figura del Líder, como única fuente de creación y reconocimiento de derechos. El movimiento de derechos humanos transformó esa cultura: en el espacio público que generaba con su sola (y en los inicios, solitaria) presencia pública, ese movimiento interpelaba a la sociedad en nombre del principio del "derecho a tener derechos"[4]. Con su enunciación pública de los derechos humanos ponía en escena la legitimidad de la sociedad civil como fuente de derechos.

Junto a la reivindicación de los derechos humanos, la recuperación del valor del imperio de la ley y el acontecimiento fundacional del juicio a los generales que habían conformado las tres primeras juntas de Gobierno de la dictadura precedente conformaron una constelación que ponía en escena el Derecho como una esfera desimbricada de la esfera del Poder. "*Nunca Más* (Poder sin Ley)" aparecía como "un nuevo principio para la cultura" (González Bombal, 1995: 195)[5]. El Derecho, la Ley y la Justicia ocupaban una centralidad inédita en la política argentina en la forma histórica compuesta por la reivindicación de los derechos humanos, la revaloración de la Constitución Nacional y la legalidad y, por último, el juzgamiento de los dictadores[6].

Una década más tarde, la reforma constitucional de 1994 incluyó en el texto de la Constitución tratados internacionales, nuevos derechos (del

---

[4] Seguimos la lectura del cambio en la concepción de los derechos de Cheresky (1999a). Ver también Cheresky (2008) y Smulovitz (1995; 2008b).

[5] Recordemos, también, que el candidato radical triunfante en las primeras elecciones presidenciales de la democracia restaurada, Raúl Alfonsín, además de haber participado de uno de los organismos defensores de los derechos humanos, desplegó un discurso cívico-republicano durante la campaña electoral cuyo ápice en los actos públicos era el recitado del Preámbulo de la Constitución Nacional.

[6] Es menester acotar que, pese a ese impulso fundacional de tipo político, no habría una reforma del sistema judicial sino mucho más tarde en ocasión de la reforma constitucional de 1994 (Smulovitz, 1995).

consumidor, de comunidades originarias, de *habeas data*, al medio ambiente sano, entre otros), nuevos procedimientos de garantía de derechos (la figura del defensor del pueblo y el recurso de amparo) (Smulovitz, 1995; 1997). En el contexto de una década en la que el Estado veía reducirse su tamaño y eficacia por un conjunto de transformaciones estructurales de tenor liberal, la reforma constitucional coincidió con un doble proceso: por una parte, el crecimiento en número y activismo de las organizaciones de la sociedad civil y por otra parte, la adopción del discurso de los *derechos* como lenguaje para expresar las demandas que quedaban insatisfechas como efecto de las mentadas transformaciones y también por la ineficacia del mercado para sustituir al Estado en la distribución de bienes y servicios entre la ciudadanía. Del modo señalado, allí donde las organizaciones venían realizando un trabajo sobre la salud o la educación –por mencionar dos de los objetivos predominantes en el universo de las organizaciones de la sociedad civil– ahora se orientaban cada vez más en términos de *derecho* a la salud y *derecho* a la educación (Smulovitz, 2008b). Paralelamente, las asociaciones que ya habían elaborado un discurso en términos de derechos –particularmente, los organismos defensores de los derechos humanos– comenzaban ahora a extender sus reivindicaciones hacia nuevos derechos de tipo social[7].

La crisis de 2001-2002 dio un nuevo giro a este doble proceso de movilización social y discursividad de derechos al agregarle el dramatismo del estallido y de la presencia constante de la ciudadanía tanto en calles y plazas como frente a instituciones públicas y privadas (bancos y supermercados, en particular). El consenso negativo elaborado entonces, y elevado contra todas las instancias e instituciones de representación y autoridad, apelaba casi como únicos signos positivos a la simbología nacional y al principio de los derechos ciudadanos. Es en ese contexto que la renovación de la Corte Suprema de Justicia de la Nación a partir de 2003 puede reconocerse como un tercer momento instituyente del Derecho, la Ley y la Justicia. Dicho recambio fue realizado por un nuevo método que limitaba las atribuciones presidenciales y que sometía las

---

[7] Para una evolución del movimiento de derechos humanos, ver Veiga (1985), Jelin (1987) y Leis (1989).

candidaturas a consideración de audiencias públicas. En virtud del modo en que se realizó su conformación y del prestigio individual de cada uno de los nuevos miembros, la nueva Corte contrasta con la desprestigiada Corte precedente –conocida como la de "la mayoría automática" en virtud de su afinidad con el gobierno de Carlos Menem– la cual había sido fruto de un artificio en una sesión secreta del Senado en la que se decidió ampliar de cinco a nueve el número de miembros del máximo tribunal (Verbitsky, 2006; Guthmann, 2007).

Los tres momentos históricos en los que se instituyó lo jurídico no carecieron de matices, especialmente en lo que se refiere al personalismo. Si los juicios a los represores fueron tan inéditos como ejemplares, el Poder Ejecutivo tuvo el rol preponderante en su diseño e implementación. La reforma de la Constitución, a su vez, tenía la contracara de haber sido impulsada por el afán reeleccionista del presidente Carlos Menem y había estado precedida de un acuerdo secreto entre los líderes de las dos principales fuerzas políticas, quienes establecieron un "núcleo de coincidencias básicas" luego incorporado ilegal y autoritariamente a la ley especial que declaraba necesaria la reforma constitucional, avanzando de ese modo por encima de la potestad plena de reforma de la Asamblea Constituyente (Cheresky, 1999b; Smulovitz, 1995). En cuanto a la reconstitución de la CSJN, fue una reforma adoptada de modo personalista por el presidente Néstor Kirchner por la vía del decreto (Cheresky, 2008).

En suma, puede decirse que el giro judicial de la política reconoce, en Argentina, una genealogía propia. Lo jurídico ha tenido un lugar central en los momentos instituyentes de lo político y ha guardado asimismo un vínculo estrecho con sus transformaciones históricas. En este sentido, desde el inicio mismo de la democracia la Justicia fue también perdiendo prestigio y ganando la desconfianza de la ciudadanía (Smulovitz, 1995). Según una estadística oficial, el prestigio institucional de la Justicia argentina fue decreciendo ante la opinión pública desde 1984 (57%) hasta caer en el 12% en 2001 (Smulovitz, 2005)[8]. Eso no ha obstado la eclosión del nuevo giro

---

[8] De acuerdo con el Latinobarómetro, el porcentaje de baja y nula confianza en el sistema judicial alcanzó el 90,3% en 2002, expresión cristalizada del consenso negativo que se había formado en la opinión pública respecto de las instituciones e instancias

judicial, el apogeo de la retórica de los derechos o la judicialización de la representación que ese giro implica. Estos fenómenos abren un interrogante sobre el sentido de lo que hoy parece ser un nuevo momento instituyente de lo jurídico.

Retórica de los derechos y judicialización de la representación

Como sugerimos al inicio de estas páginas, existe una tensión entre la legitimidad de las urnas y la legitimidad de la Justicia. Esa tensión, cuyo origen nos remite a aquélla entre las declaraciones de derechos y la soberanía del pueblo en el acontecimiento de la revolución democrática moderna, cobra una renovada significación en el marco de las transformaciones de las formas jurídicas y políticas en la historia en curso, las cuales atañen a la ciudadanía y a la representación y al modo en que ambas se configuran de manera novedosa en el espacio público. En este sentido, el fenómeno del giro judicial en Argentina presenta un doble movimiento motorizado de manera asimétrica por los dirigentes políticos y por los ciudadanos en el espacio público: si por un lado la ciudadanía aparece ejerciendo a través del sistema judicial una exigencia sobre las instancias de gobierno y representación que, sostenida en su reverberación pública, parece impulsar una ampliación del sentido del derecho y del poder de lo jurídico, por otro lado los representantes parecen recurrir cada vez más a la escena jurídica viendo allí un recurso eficaz y a la vez legítimo ante la opinión pública. Es posible observar así un doble desplazamiento, estimulado por la visibilidad que otorga la luz del espacio público, que lleva a los representantes a actuar crecientemente en la arena judicial, ratificando de ese modo la dependencia que su poder tiene respecto de lo público, y a los ciudadanos a influir cada vez más en las decisiones políticas en términos de derecho y por medio del recurso a la Justicia.

Estos desplazamientos son ambiguos en su sentido. El giro judicial puede adoptar un carácter de veto de las decisiones de los poderes electivos o de cuasigobierno en reemplazo de la falta de decisión de éstos,

---

de representación en el contexto de grave crisis que se vivía entonces (citado en Smulovitz 2008a).

puede también actualizar los principios fundantes de la democracia constitucional o servir de mero instrumento en la competencia política o en la prosecución de intereses sectoriales y puede finalmente constituir el nuevo horizonte de sentido del espacio público, pero también puede llevar a la pérdida misma del sentido de los derechos si éstos terminan identificándose con el simple reclamo de intereses particulares, de forma tal que en lugar de la idea del "derecho a tener derechos" se pasa a la de un "derecho a tomar los intereses como derechos".

Si examinamos en Argentina el giro judicial de la vida ciudadana, se percibe una creciente enunciación de reivindicaciones con una retórica de derechos que se legitima en el espacio público especialmente a través de los medios de comunicación de masas. Los reclamos por los derechos jubilatorios y por el derecho a disponer de los propios depósitos bancarios constituyen dos ejemplos emblemáticos al respecto. La demanda por los derechos jubilatorios tiene su origen en los juicios contra el Estado en los años sesenta y se ha inscripto cíclicamente en el espacio público desde la vuelta a la democracia. No obstante, es en los últimos años, bajo el influjo del giro judicial, que se ha adoptado una retórica de derechos públicamente sustentada y que se ha generado una tensa competencia entre los fallos judiciales, que confirman los derechos de los reclamantes, y las medidas tomadas por los gobiernos, orientadas a evitar las demandas y a eludir las consecuencias de los fallos (por ejemplo, restringiendo el derecho a iniciar procesos, dilatando el pago de lo dictaminado en la sentencia o declarando la emergencia económica) (Smulovitz, 2005). Como resultado, el reclamo obtiene sus logros en los casos particulares pero no alcanza el estatus universal del imperio de la ley pese al requerimiento de la Corte Suprema en este sentido hacia los otros poderes[9]. El ciudadano que invoca derechos en los tribunales no logra reorientar de manera

---

[9] El gobierno ha encontrado menos costoso indemnizar judicialmente al gran —y creciente— número de demandas con fallos inexorablemente favorables desde que la CSJN emitió su opinión en ocasión del fallo "Badaro" exigiendo la actualización de los haberes jubilatorios de acuerdo con las previsiones constitucionales. Incluso hubo un veto presidencial a una ley que elevaba dichos haberes. En 2010, los juicios contra la Administración Nacional de la Seguridad Social (ANSES) alcanzaron la cifra de 400 mil, y las estimaciones preveían un crecimiento de 100 mil por año. El número de demandantes

eficaz la política del gobierno. Pero esto no obsta que se haya establecido a la escena judicial como una instancia públicamente legitimada para la invocación de derechos y en la que muchos ciudadanos pueden obtener buenos resultados.

La misma legitimidad pública de lo jurídico se observa en el caso de los recursos de amparo masivos contra las restricciones a la libre disposición de los depósitos bancarios que establecieron sucesivamente los gobiernos de Fernando De la Rúa y Eduardo Duhalde (los llamados "corralito" y "corralón") y contra la conversión a pesos de los depósitos en dólares[10]. En el marco de la crisis de fines de 2001 y principios de 2002, los amparos judiciales se multiplicaban apoyados por manifestaciones callejeras frente a los bancos y los tribunales y amplificados por la difusión que les daban los medios de comunicación. Como en el caso de las pensiones de retiro, aquí también los reclamos legales se reiteraban y ramificaban a la par que los sucesivos gobiernos buscaban limitarlos (suspendiendo ejecuciones de sentencias y aumentando los requisitos para iniciar demandas, entre otras medidas) (Smulovitz, 2005; 2008a). Al igual que en el primer ejemplo, los amparos y los juicios no logran totalmente los fines de los litigantes, aunque son parte esencial de la forma de legitimación de la presencia ciudadana en el espacio público y del logro de la atención de la opinión pública.

Se trata, en ambos casos, de formas de "movilización legal" que, como tales, promueven la activación de instancias judiciales desde la sociedad civil con el fin de obtener la satisfacción de ciertas demandas[11]. En un

---

indemnizados supera los 100 mil. Ver *Clarín* (19/9/2010), *La Nación* (20/9/2010), *Página 12* (27/11/2007) y consúltese también Smulovitz (2005; 2008).

[10] Pocos días después de la primera medida, el gremio de los empleados judiciales presentó el primer amparo colectivo denunciando el carácter confiscatorio. Una semana más tarde, 220 amparos denunciaban la inconstitucionalidad. Luego, el presidente Duhalde pesificaría los depósitos y ampliaría las restricciones. En abril de 2002, la Procuración del Tesoro de la Nación informa 210.188 amparos contra el corralito presentados solo en la justicia federal. Con el tiempo y las nuevas decisiones del gobierno, los amparos se multiplicarían aún más (Smulovitz, 2005: 165-166).

[11] El uso que se ha dado al término "movilización legal" es amplio e incluye la movilización "desde abajo", "desde arriba" e incluso globalizada, así como también el aumento

contexto de descrédito de la Justicia, esta forma de invocación ciudadana de los derechos cobra sentido en su escenificación en el espacio público. En efecto, las expectativas ciudadanas están orientadas no tanto —o no tan solo— a resultados judiciales favorables como al reconocimiento simbólico y político de los reclamos (Smulovitz, 2005). En este sentido la invocación de derechos ante la Justicia ha sido leída como un recurso para el logro de resultados extralegales, como una vía "para hacer política por otros medios" (Smulovitz, 2008a). Pero bien puede ser entendida, de manera más amplia, como la forma en que la ciudadanía, crecientemente autonomizada de sus lazos de pertenencia, se constituye públicamente. En efecto, la retórica de los derechos que domina en el giro judicial converge con un espacio público abierto y poroso erigido sobre el principio del "derecho a tener derechos" de cualquiera. En estos términos, aun cuando la judicialización se presente en ocasiones como una nueva herramienta política para la consecución de fines particulares, el fenómeno depende de la nueva visibilidad y la nueva legitimidad pública de lo jurídico como retórica de derechos ciudadanos.

En el marco de este nuevo giro judicial de la política, una nueva relación se establece entre la ley y el derecho que ahora se desimbrican y aparecen ligados a dos formas diferentes de construir la legitimidad en un régimen democrático. La retórica de los derechos impulsa la creciente impugnación de las leyes o de los efectos de las leyes por vía judicial tanto como la creación de legislación o de nuevos lazos sobre una base jurídica[12]. La serie de vetos judiciales que desde el momento de su pro-

---

general de la litigiosidad aun cuando carezca de significación en el espacio público. Por nuestra parte, guardaremos un uso más ligado a la acepción que vincula el término a su origen ciudadano y a un horizonte de publicidad definido en términos de un espacio de opinión pública ampliado por los medios de comunicación. Por eso nos referimos tanto a la noción de movilización legal como a la idea de una retórica pública de derechos ciudadanos. Del mismo modo, el uso restringido del término permite mantener la distinción existente en la literatura entre judicialización (de la política) y juridización (fenómeno más amplio que remite a la vida social en su conjunto).

[12] Smulovitz (2005) menciona casos en que demandantes —muchas veces apoyados por organizaciones de la sociedad civil promotoras de reclamos de derechos— hacen oír su voz aun cuando su reclamo no está reconocido por la ley, de modo que relaciones interpersonales que anteriormente eran regidas por la costumbre o la confianza se

mulgación, en diciembre de 2009 y tras un debate público que ocupó el centro de la escena política, sufrió la Ley 26.522/09 de Servicios de Comunicación Audiovisual (LSCA) constituye uno de los ejemplos más notables del primer fenómeno[13]. El ejemplo más notorio del segundo fenómeno en los últimos tiempos es el de la ley que establece el derecho de matrimonio civil entre personas del mismo sexo. La llamada "ley de matrimonio igualitario" fue sancionada luego de que el derecho fuera reconocido en publicitados fallos judiciales y cuando se avizoraba asimismo una sentencia confirmatoria en el nivel del máximo tribunal nacional (*Perfil*, 12/11/2009; *Página 12*, 16/7/2010; *La Nación*, 16/7/2010). De este modo puede aseverarse, en línea con lo argumentado por Pierre Rosanvallon (2009), que la Ley aparece como el producto de un poder investido electoralmente, ligado a la democracia de partidos y escenificado en la actividad parlamentaria, mientras que el Derecho se revela como un principio que liga a toda la comunidad en tanto que comunidad y al que puede apelar cualquier ciudadano *qua* ciudadano. Pero esta distinción no podría ser tajante en la medida en que, en las transformaciones del formato político en curso, el Derecho parece desplegar nuevas significaciones y mayores potencialidades de la mano de una ciudadanía autonomizada que

---

juridifican. Menciona los derechos del consumidor y unión de hecho así como también juicios por mala praxis y por acoso sexual (Smulovitz, 2005: 169-174).

[13] La nueva regulación sobre medios de comunicación, que contemplaba una transformación significativa (aunque no absoluta) del sistema comunicacional, era recibida por una serie de medidas cautelares que la suspendían total o parcialmente. Aunque las partes demandantes fueron principalmente los propietarios de medios de comunicación como directos damnificados, la seguidilla judicial fue iniciada por un diputado de la oposición. La Corte desestimó la suspensión total pero no las medidas cautelares (sin pronunciarse sobre la cuestión de fondo) que habían suspendido, entre otros de menor relevancia, los artículos puntuales 161 (sobre el plazo de un año para desinversión de los propietarios de medios en situación monopólica) y 45 (que dispone la cantidad de medios que pueden poseerse). Ver *La Nación* (9/3/2010; 6/10/2010), *Clarín* (18/6/2010), *Perfil* (19/6/2010) y *Página 12* (6/10/2010). La suspensión por inconstitucionalidad de varios artículos de una ley nacional de protección de la zona de glaciares producto de una acción iniciada por asociaciones empresarias ligadas a la minería —y también por la Confederación General del Trabajo (CGT) de la Provincia de San Juan— es otro ejemplo para destacar. Ver Centro de Información Judicial (2010a).

instituye sus sentidos en el espacio público y gravita de manera indirecta sobre la actividad legislativa.

Este potencial del derecho ha dado lugar a un novedoso activismo político-judicial promovido desde distintas organizaciones de la sociedad civil en términos de "litigios estratégicos", "litigios de reforma estructural" o "litigios de interés público" (Bergallo, 2005; Aldao, 2009). A diferencia del litigio tradicional, que plantea un conflicto de derechos circunscripto a la parte demandada y el particular damnificado y a ser resuelto por un juez que actúa como tercera parte imparcial, el litigio estratégico se caracteriza por poner en la escena jurídica objetivos de largo plazo y derechohabientes colectivos: en consecuencia, atañe a la estructura y al funcionamiento de las instituciones del Estado[14]. La instancia judicial es así instrumentalizada, el fallo deviene un fin importante pero no decisivo y la pretensión última pasa a ser, antes que la defensa del derecho dañado, la escenificación pública de un reclamo y del actor del reclamo con el fin de lograr legitimidad política y reconocimiento social. Se busca un efecto sobre la sociedad a través del Estado o sobre el Estado como regulador de la sociedad (lograr inclusión, poner coto a violaciones de derechos sistemáticas en las que el Estado tiene responsabilidad, generar conciencia ciudadana, educar, entre otros fines) (Asociación por los Derechos Civiles, 2008).

Este nuevo activismo obtuvo uno de sus éxitos más resonantes cuando la Corte Suprema se declaró, primero, competente en una causa que denunciaba la lesión del derecho constitucional colectivo al medio ambiente sano por la contaminación de la cuenca Matanza-Riachuelo y ordenó luego a los distintos niveles de gobierno implicados la implementación de políticas de saneamiento de la cuenca bajo apercibimiento de multa por incumplimiento. La inflexión que esta postura de la Corte imprime en la nueva relación entre el Poder Judicial y los poderes electivos, así como también entre la legitimidad jurídica del primero y la legitimidad electoral de los segundos, cobra sentido en el contexto del giro judicial,

---

[14] Sobre la noción del litigio estratégico puede consultarse el documento de la Asociación por los Derechos Civiles (2008), especialmente la "Introducción" de Mariela Belski y "Consideraciones teóricas en torno al litigio estratégico" de Gustavo Maurino.

de la legitimidad pública de la retórica de los derechos y del necesario trabajo, por parte de la Justicia, de generación de legitimidad y de confianza ciudadana en el espacio público (volveremos sobre este punto en la sección siguiente)[15]. Un derecho constitucional con mayor presencia en la opinión pública que en la expresión electoral encontraba así, en la Justicia, una vía de efectivización inédita.

Ciertamente, el acceso a la Justicia es desigual. Para amplios estratos de la población la vía judicial no aparece como opción por falta de recursos materiales, simbólicos o de tiempo. En ese marco, el giro judicial puede aparecer como instrumento de conservación del *statu quo* y de los privilegios de los poderes fácticos, especialmente, en la ya mentada forma del veto al que pueden acudir las minorías para obstaculizar las decisiones de las mayorías parlamentarias formadas por el voto. Aun cuando no fuere así, la iniciación de demandas muchas veces depende de la participación de actores sociales o políticos organizados, como en la acción legal contra el "corralito", que fue iniciada por dirigentes partidarios y gremiales, o como en las causas sobre matrimonios entre personas del mismo sexo, que fueron impulsadas por activistas de organizaciones de reivindicación de derechos de las minorías sexuales. Sin embargo, inversamente, la visibilidad de la invocación de derechos en el espacio público vuelve a la iniciativa judicial una exigencia para los líderes en busca de apoyo de la opinión. En tal sentido, causas iniciadas por parte de líderes sociales y representantes políticos como las recién mencionadas son atizadas por la necesidad que tienen éstos de revertir la desconfianza ciudadana que recae sobre ellos mismos.

El giro judicial, como puede observarse, no deja indemne a la esfera de la representación política. Los representantes se vuelcan a esa nueva escena de visibilidad, con su renovada retórica, que la opinión ciudadana

---

[15] La causa, que fue iniciada en el año 2004 por un grupo de vecinos de la ribera apoyados por organizaciones de la sociedad civil consagradas a reivindicaciones de derecho, da cuenta de la impronta que pueden tener las decisiones judiciales sobre la esfera de gobierno. Sobre esta causa ver Centro de Información Judicial (2008), también Márquez (2007) y *Página 12* (21/6/2006). En la misma lógica de cambio inflexivo puede contarse el fallo de la CSJN, en 2008, favorable al reclamo por el derecho de libre agremiación promovido por la Central de los Trabajadores Argentinos (*La Nación*, 12/11/2008).

ha abierto. Cada vez más los líderes y representantes políticos acuden a la Justicia, a título individual o institucional, para resolver problemas políticos que tradicionalmente tramitaban en la tribuna pública en términos de oposición partidaria, en el recinto o en los pasillos del Parlamento. Líderes políticos interponen recursos judiciales para frenar decisiones del Poder Ejecutivo, legisladores recusan judicialmente trámites legislativos[16] o se presentan como *amicus curiae* en causas de interés público; y gobernadores presentan reclamos ante la CSJN para zanjar diferencias con la Nación en el régimen impositivo[17]. El verano de 2009-2010 proveyó una puesta en escena singular en este sentido cuando un grupo de diputados de la oposición presentó con éxito un recurso de amparo que pedía la suspensión por inconstitucionalidad del decreto del Poder Ejecutivo que creaba un fondo con recursos del Banco Central de la República Argentina (BCRA)[18] a los fines de dar garantía de pago de futuros endeudamientos públicos. Esa sería la primera de una larga serie de medidas en una escalada judicial entre fuerzas políticas que llegaría hasta la CSJN[19] y que incluiría, entre

---

[16] La impugnación de la llamada "Ley de Medios" fue iniciada por un diputado mendocino, Enrique Thomas (del Peronismo Federal), en diciembre de 2009. Meses más tarde, otra diputada, la salteña Zulema Beatriz Daré, interpondría otro recurso (*Página 12*, 22/12/2009; *La Nación*, 9/3/2010). Asimismo, en el conflicto del Banco Central, un grupo de senadores del oficialismo presentó un recurso impugnando la conformación de la comisión encargada de evaluar los decretos presidenciales de necesidad y urgencia (ver más adelante).

[17] Se trata de varios conflictos sobre la coparticipación de los impuestos entre Estado y provincias y por diferencias en la distribución de aportes del Tesoro Nacional (los ATNs). Los gobernadores son Hermes Binner (de Santa Fe), Juan Schiaretti (Córdoba), Alberto Rodríguez Saá (San Luis), Eduardo Brizuela del Moral (Catamarca) y Oscar Jorge (La Pampa) (*La Nación*, 23/2/2010). Asimismo, un grupo de 34 senadores de la oposición pidieron ser oídos como *amicus curiae* ante la Corte (*Página 12*, 18/12/2009).

[18] La "crisis del Central" fue ampliamente cubierta por la prensa diaria entre fines de diciembre de 2009 y marzo de 2010, especialmente en enero. Consultar *Clarín*, *La Nación*, *Página 12* y *Perfil*, en particular las ediciones siguientes: *Perfil* (9/1/2010; 24/1/2010; 20/2/2010; 7/3/2010), *La Nación* (14/1/2010; 9/2/2010) y *Página 12* (7/1/2010).

[19] Entre los otros recursos ante la Justicia, se destacan la denuncia penal por desobediencia judicial contra la presidenta de la Nación, varios de sus ministros y el directorio del BCRA hecha por la Coalición Cívica (*Página 12*, 5/3/2010; *Perfil*, 13/3/2010); y

otros, el freno judicial a la destitución del presidente del BCRA (quien se negaba a implementar la decisión del Ejecutivo arguyendo la autonomía de la institución que presidía[20]) y a los nuevos intentos de constituir el fondo por la vía de decretos presidenciales (*La Nación*, 6/3/2010).

Ciudadanos, organizaciones y corporaciones de la sociedad recurren a la Justicia y al lenguaje del Derecho para solucionar problemas que tradicionalmente resolvían en otras esferas y con otras prácticas y palabras. Crean e impugnan legislaciones, influyen en las decisiones de gobierno y ponen en movimiento una gramática jurídica a la que los mismos representantes políticos se pliegan en búsqueda de legitimación. ¿Cuál es el sentido de este cambio en curso? ¿Estamos ante una transición desde una forma de representación partidaria hacia una forma de representación judicial de lo social? ¿Sería la judicialización de la política un modo nuevo de esa articulación entre lo social y lo político que anteriormente se esperaba que cumplieran los partidos políticos y que instituyera el voto? Como hemos sugerido antes, el giro judicial en la política constituye más bien un fenómeno denso cuya configuración se opera a la par de las mutaciones producidas en la representación y la ciudadanía y al calor de la eclosión y la ampliación del espacio público. En este sentido, una representación que se pone en juego cada vez más en términos jurídicos es algo diferente de un desplazamiento en la expresión política de lo social en la medida en que lo público y lo jurídico se ligan de un modo novedoso.

El giro judicial señala una puesta en escena jurídica de la condición ciudadana. Los reclamos de jubilados y ahorristas no pueden leerse como un simple incremento de la litigiosidad o como la sola sustracción de un problema político por lo jurídico (uno de los sentidos en los que se entiende la idea de judicialización de la política). Esos reclamos en nombre

---

la impugnación de la conformación de la comisión parlamentaria encargada de evaluar los decretos presidenciales de necesidad y urgencia (la Comisión Bicameral de Trámite Legislativo) presentada por senadores del oficialismo (*Perfil*, 13/3/2010). La Corte desestimó su competencia por tratarse de un recurso de amparo.

[20] El Presidente del Banco Central era por entonces el economista Martín Redrado. Los diputados de la oposición que presentaron el recurso de amparo fueron: Federico Pinedo (PRO), Alfonso Prat Gay (CC), Juan Carlos Vega (CC) y Patricia Bullrich (CC). La jueza Sarmiento dio lugar al recurso. Ver *Perfil* (9/1/2010) y *Página 12* (7/1/2010).

de los derechos se constituyen como tales en virtud de su inscripción en un espacio público con una opinión pública en una vigilia atenta que liga la ciudadanía a la retórica de los derechos. Como se ha dicho, la Justicia *aparece* como una instancia de generación de legitimidad renovada que pone a los jueces como garantes de las promesas de las democracias constitucionales (Garapon, 1997). Debe subrayarse que esa confianza no parece establecerse sobre la base de una confianza en la Justicia o en el imperio de la Ley. Mucho menos es la Justicia el último reducto de fiabilidad en el contexto de una crisis de representación y de desconfianza en las instituciones, como si la confianza hubiese pasado del ámbito de la representación partidaria al ámbito de la Justicia. Al contrario, el giro judicial se da en un contexto en el que la desconfianza alcanza todo aquello sobre lo que posa su atención la opinión ciudadana, incluida la Justicia. Lo saliente es entonces la preeminencia de una ciudadanía que se expresa en términos de confianza/desconfianza, a diferencia de la opinión propia de la competencia electoral, que se expresa en términos de adhesión o identificación (Rosanvallon, 2009). Y es en virtud de esta puesta en escena de la desconfianza que el espacio de opinión pública muestra su gravitación política y, de ese modo, exige al mismo Poder Judicial un trabajo permanente de legitimación pública. Los magistrados de la Justicia deben, como consecuencia, tomar la palabra y elaborar una estrategia comunicativa propia.

La Justicia toma la palabra

A fines de 2001, las manifestaciones de repudio se extendían a todos los poderes del Estado. El frente del Palacio de Justicia era lugar de congregación de ciudadanos descontentos. Durante años, el máximo órgano del Poder Judicial y, con él, la Justicia en su conjunto, había sido uno de los símbolos de la desconfianza en las instituciones. Desde la ampliación del número de sus miembros de cinco a nueve por parte del presidente Carlos Menem con el objeto de lograr una opinión favorable automática de parte de la Corte Suprema (la denominada "mayoría automática"), el tribunal supremo era reconocido por su baja calificación y su partidismo. En 2003, el presidente Néstor Kirchner llevó adelante un cambio de esta situación por medio del impulso de juicios políticos a los miembros de la Corte y con una nueva composición de la misma asentada sobre la base de la buena reputación y reconocida calificación de los nuevos miembros y de un nuevo mecanismo para su designación. Desde entonces, la CSJN ha ganado una visibilidad pública notable que en parte se explica por los fenómenos antes descriptos que afectan al Poder Judicial en su totalidad pero que también se debe a que los propios magistrados han asumido esa nueva visibilidad y han apostado a incidir de manera directa en la elaboración del sentido de la imagen de sí mismos que les devuelve el espacio público.

En las voces de los magistrados y en la estrategia de comunicación del Poder Judicial, podemos reconocer la novedad de un discurso público de la Justicia respecto de sí misma. Se diría que la judicialización de la política tiene el reverso de la politización de la Justicia. La validez de esta afirmación depende, con todo, de reconocer la novedad política del fenómeno y que la independencia como valor propio de la Justicia toma un nuevo sentido al estar vinculada a la vigilia ciudadana derivada de su nueva publicidad. Ya no puede decirse que los jueces hablan *solamente* a través de sus fallos. La situación es otra en el contexto actual: los jueces hablan *públicamente a través* de sus fallos y por eso necesitan hablar, también públicamente, *sobre* sus fallos desde el momento en que el sentido de los mismos es elaborado en un espacio de la opinión pública atento a lo jurídico. Los jueces hablan más allá de sus fallos y lo que intentan con ello es resguardar una capacidad de iniciativa propia, no subordinada a las contingencias de la competencia política, así como legitimarse ante la ciudadanía.

En ese marco es posible reconocer una estrategia comunicativa propia que se articula en tres instancias de expresión pública. Por un lado, las voces de los jueces, especialmente las de los miembros de la CSJN y de algunos jueces federales, tienen una mayor presencia pública (*Página 12*, 18/12/2009; *Página 12*, 3/12/2009; *Clarín* 17/2/2010). Existe una apuesta pública del Poder Judicial orientada a afirmar su independencia en el marco del principio republicano de separación de poderes y cuyo acento recae sobre la necesidad de no judicializar la política[21]. Pero tam-

---

[21] Pueden consultarse las reiteradas declaraciones de los ministros de la CSJN, en particular de Eugenio Zaffaroni y Ricardo Lorenzetti, en el sentido de que no atañe a la

bién hay un discurso que establece una relación directa con la sociedad según el cual la CSJN aparece como garante del contrato social y de la conciencia colectiva[22]. Sin embargo, la nueva visibilidad pública establece un control constante de parte de la ciudadanía que impide a los jueces ser artífices del sentido de sus propios enunciados a la par que les muestra los riesgos propios de toda aparición pública. En este sentido, los mismos jueces de la Corte también han aparecido sosteniendo opiniones desde una retórica propia de la exigencia ciudadana y posiciones que pueden erosionar su legitimidad de imparcialidad y reflexividad (tomo el término de Rosanvallon)[23].

De manera paralela a las voces individuales de los magistrados de jerarquía, el Poder Judicial creó su propia agencia de noticias judiciales: el Centro de Información Judicial (CIJ). Administrado por profesionales del periodismo, el CIJ informa, desde su sitio web, sobre causas de rele-

---

Justicia resolver temas propios de los otros poderes políticos (*La Nación*, 9/2/2010; 19/9/2010; 27/2/2011; *Página 12*, 27/2/2011).

[22] En este sentido, miembros de la Corte han expresado que "el poder judicial es la principal defensa que tienen los argentinos para vivir en una sociedad igualitaria y en libertad" (Centro de Información Judicial, 2010b), o que la CSJN necesita alimentarse de ideas provenientes de la sociedad. A propósito de las decisiones de la CSJN sobre temas de derechos humanos, su presidente en 2010, Ricardo Lorenzetti, daba cuenta en una entrevista del modo en que el desempeño de la Justicia depende del escrutinio público y ciudadano: "En los últimos diez años se incrementó mucho la conciencia colectiva y este es un gran logro del pueblo argentino. La sociedad hoy tiene una idea clara del tema de los derechos humanos, en el sentido de delitos de lesa humanidad más que de derechos humanos en general. Si no existiera ese ambiente social, ninguno de los tres poderes del Estado habría avanzado" (*Perfil*, 6/6/2010). Y, en ocasión de la presentación de un informe de la Corte sobre la evolución de las causas por crímenes de lesa humanidad, sostuvo que la "decisión de llevar adelante los juicios de lesa humanidad es una decisión de toda la sociedad y no hay marcha atrás" y que los juicios "[están] hoy dentro del contrato social de los argentinos, forman parte del consenso básico que tiene la sociedad" (*Página 12*, 12/8/2010).

[23] Por ejemplo, cuando la prensa publicó que el presidente de la CSJN había reclamado "seguridad jurídica" tras una conferencia en la Universidad Católica Argentina (*La Nación*, 6/8/2010), o dio a conocer sus reuniones con empresarios y asociaciones empresariales (*Página 12*, 18/12/2009; *La Nación*, 6/8/2010). Ver también *Página 12* (3/12/2009; 12/8/2010), *Clarín* (17/2/2010; 4/9/2010) y *Perfil* (2/9/2010).

vancia con un estilo más afín a la prensa diaria que al lenguaje técnico que domina en los escritos jurídicos. A tono con las declaraciones públicas de los jueces de la Corte Suprema, el discurso público difundido desde el CIJ tiene como tema sobresaliente los juicios por delitos de lesa humanidad perpetrados durante la última dictadura. En un segundo nivel, ocupan un lugar importante los casos de resonancia pública y de innovación en materia jurisprudencial. Los casos en los que están involucrados funcionarios políticos sobresalen entre los primeros y las causas en las que la CSJN ha emitido fallos innovadores, entre los segundos. Así, por ejemplo, a fines de 2008, el CIJ publicitaba la importancia de varias decisiones de impacto institucional adoptadas en el transcurso de ese año por la propia Corte, destacándose en esa lista los fallos sobre pesificación y sobre libertad de agremiación, la exhortación para adecuar la ley de menores y la orden de implementar políticas ambientales en la cuenca Matanza-Riachuelo (Centro de Información Judicial, 2009). También se informa sobre la participación de los miembros de la Corte en foros públicos, formaciones de capacitación y otras actividades para miembros del Poder Judicial. Pero como en el caso de las voces de magistrados, aquí también la publicidad implica una apertura a la indeterminación de sentido. Así pudo experimentarse cuando el CIJ dio a conocer un pedido de informes proveniente de la Justicia suiza sobre el líder de la Confederación General del Trabajo, Hugo Moyano, y eso desató un escándalo público que expuso al escrutinio ciudadano la estrategia comunicativa del Poder Judicial (*Página 12*, 20/3/11; *Clarín*, 19/3/2011; 22/3/2011; Centro de Información Judicial, 2011a; 2011b; 2011c).

Finalmente, los jueces siguen hablando por sus fallos, como se observa muy especialmente en los fallos de la CSJN que, como el relativo al saneamiento de la cuenca Matanza-Riachuelo[24] o el de libertad sindical,

---

[24] Fallos como éstos, además, habilitan un activismo de los jueces de instancias inferiores que puede llegar a presentarse en el espacio público en términos de confrontación política personalizada antes que como conflicto institucional entre poderes. Así, la decisión de un juez de intervenir el servicio médico público de la Capital Federal y de ordenar medidas para la implementación y el monitoreo de un plan de salud se inscribe claramente en la línea del fallo "Mendoza" de la Corte sobre la contaminación del Riachuelo. Pero aparece también en el espacio público como un escándalo político que

ponen en escena la nueva gravitación de lo jurídico sobre la política. Pero los jueces hablan por sus fallos reconociendo el reflejo de sí mismos que les devuelve la reverberación del espacio público. Esto se percibe en particular en el órgano de mayor visibilidad, la Corte Suprema. En efecto, sus fallos parecen emitidos de manera de administrar pareja e intercaladamente los favorables al gobierno con los que no le son favorables (por ejemplo, tras emitir una decisión favorable al gobierno respecto de la creación por decreto del fondo de garantía con recursos del BCRA, dio a conocer un fallo pendiente en el que se establecían restricciones para la interpretación de la situación de "necesidad y urgencia" sobre la que se fundan los decretos presidenciales especiales) (*La Nación*, 19/9/2010). Es en este sentido también que los magistrados aparecen, al menos desde la perspectiva de la presidencia, como queriendo "quedar bien con todos".

La incógnita sobre la nueva legitimidad de lo público

Cada vez más, la legitimidad electoral, que se define en términos mayoritarios, es acompañada por una legitimidad contramayoritaria y universalista, la que define al campo de los derechos y del Poder Judicial (Rosanvallon, 2009; Garapon, 1997; Walzer, 2007). Más allá de las elecciones, los líderes políticos ingresan en la escena judicial y adoptan la retórica de los derechos como forma de mantener su presencia en el espacio público, ganar el favor de la opinión pública e influir en el gobierno. Los jueces, a su turno, no pueden sustraerse a la exigencia ciudadana y a la indeterminación de sentido que implica su inédita visibilidad en el espacio público. Los puntos de referencia estable para la institución de la autoridad política se desplazan o erosionan en el espacio público de opinión. El giro judicial puede comprenderse entonces en el contexto de "democracia inmediata"[25], donde el mismo Poder Judicial se expone,

---

opone al juez al gobierno de la Ciudad de Buenos Aires. La frase de Horacio Rodríguez Larreta citada al comienzo surge en este contexto (*Clarín*, 16/4/2011).

[25] Sobre este fenómeno ver Cheresky (2006a; 2006b); Schnapper (2004) y Rosanvallon (2009). Asimismo, ver el capítulo de I. Cheresky en este mismo volumen.

con diversa suerte[26], en el nuevo espacio público resignificado por el giro judicial, a la exigencia ciudadana.

Como hemos argumentado, el Derecho reconoce al espacio público como fuente de legitimidad. Y reconoce también al Poder Judicial como lugar privilegiado de escenificación de esa retórica de los derechos y al ciudadano como sujeto de derechos. La publicidad en la que se juega la legitimidad del derecho a tener derechos excede la simple reducción de lo político a lo social en la forma de la articulación política de reclamos sociales. La invocación de derechos difiere de la exigencia de intereses o de la defensa de un programa partidario y esa diferencia cobra sentido en un espacio de opinión pública que está abierto a la indeterminación. Como consecuencia, no es posible reducir el nuevo giro judicial de lo político a un suplemento que viene a resolver un malestar de la representación, una "falta" de lo político en su capacidad de representación de lo social, pues no hay una dimensión de lo social preestablecida a partir de la cual elaborar una exigencia de rendición de cuentas a sus representantes por la vía judicial[27], como tampoco lo judicial puede aparecer como instancia

---

[26] Aunque según las distintas mediciones la confianza de la ciudadanía en la Justicia es baja, existen fluctuaciones al respecto que deben ser analizadas. El Índice de Confianza en la Justicia da cuenta de una relativa invariabilidad en la desconfianza (especialmente en la percepción que se tiene de la Justicia, aun cuando los encuestados admitieran paralelamente que, llegado el caso, acudirían a ella) pero también de fluctuaciones. Así, aun cuando el porcentual de confianza se mantiene en el mismo bajo nivel de los últimos años (siempre apenas debajo del 50% si se computan las inclinaciones de conducta y la percepción, pero rondando el 28% si solo se considera esta última), la última medición, de marzo de 2010, registra un aumento de la confianza de un 5,7% respecto de la medición anterior, de noviembre de 2009 (un 4,2% si se observa solo el nivel de percepción sobre la Justicia). Cabe notar, aun cuando no podría realizarse una afirmación sin un mayor análisis, que ese último relevamiento fue realizado en el contexto de la "crisis del Central", que puso al Poder Judicial en el centro de la escena pública. El mencionado índice es elaborado por la Universidad Torcuato Di Tella, el Foro de Estudios sobre la Administración de la Justicia y la Fundación Libertad (Universidad Torcuato Di Tella, 2010).

[27] Para una visión que cifra la judicialización de la política en términos de cambio en la representación y de emergencia de una *accountability* vertical y social que acompaña a la más espaciada *accountability* vertical y electoral pueden consultarse los trabajos de Smulovitz (2005; 2008a; 2008b), quien reconoce en los efectos "extralegales" buscados

de representación de las identidades en la medida en que los jueces se legitiman, en esa misma retórica pública, como un tercero imparcial.

Puede entenderse mejor, desde la perspectiva que da el reconocimiento de la gravitación de lo público, la paradoja de una judicialización de la vida cívica en el contexto de fuerte desprestigio institucional. Porque confianza y desconfianza son articuladas en un espacio público que ha ganado una preeminencia sin par en la generación de la legitimidad democrática. Si las identidades tradicionales, antes de su desarticulación actual, establecían un punto de referencia para la representación política de lo social, hoy que esas identidades ya no están, la falta de una referencia estable, la ilegibilidad de lo social y la desconfianza ciudadana respecto de la representación política encuentran un nuevo punto de referencia en la puesta en escena jurídica que halla su lugar legítimo en el espacio público. Esto es, en una retórica de los derechos que pone en escena el principio del derecho a tener derechos al que puede apelar cualquier ciudadano por el solo hecho de ser ciudadano. En última instancia, esa "institución invisible" de la (des)confianza de la que habla Rosanvallon (2007; 2009) está menos depositada en el Poder Judicial que en el espacio público.

No se trata entonces de una incomprensible convergencia de la confianza en la Justicia, manifiesta en el fenómeno de la judicialización, y la desconfianza en esa misma Justicia, expresada en el desprestigio de ésta ante la opinión pública, sino de una legitimidad de confianza elaborada crecientemente en una retórica de derechos en el espacio público. En esa escenificación singular que provee el nuevo giro judicial, la opinión pública se observa a sí misma y confirma las potencialidades del poder generado en el espacio público en el que se desenvuelve.

Ciertamente, como puede apreciarse, no es un dato menor que esa confianza autorreferencial de lo público se exprese con una retórica de derechos y dé lugar al giro judicial. El Derecho puede prescindir de lo colectivo —hoy en una mutación que lo desarticula— y aun así lograr visibilidad y legitimidad públicas; pero también ha ganado una dimensión positiva que antes —en una versión que podríamos caracterizar como

---

por los actores de la "movilización legal" esta preeminencia del espacio público de la que hablamos.

escuetamente liberal– no tenía y cuya consecuencia es que su relación con el poder se modifica. Aun cuando no haya desaparecido del horizonte político la posibilidad de una reducción de los derechos a un simple dispositivo legitimador de un Estado que aparece como única instancia de reconocimiento de esos mismos derechos y de enunciación de lo justo (posibilidad inmanente al liberalismo más clásico aunque también presente, por razones casi opuestas, en la experiencia histórica del peronismo) (Abensour, 2004; Breaugh, 2006)[28], la escenificación jurídica de la opinión pública permite confirmar y conformar, aunque no dominar, un poder generado públicamente.

En este sentido, habría un corrimiento del potencial simbólico del "derecho a tener derechos": en un contexto de fuerte desconfianza ciudadana los representantes, depositarios temporales del poder, ponen en escena al mismo en términos de derecho al mismo tiempo que la ciudadanía genera poder de influencia sobre el gobierno más allá del voto. La exigencia ciudadana encuentra una nueva vía de expresión institucional en las sedes tribunalicias; el Derecho se revela como una forma del poder generado públicamente pero también inscripto en la tradición del Estado de derecho. Y los representantes replican esa nueva situación al acudir cada vez más a los jueces para escenificar el juego político, en una suerte de mimesis de la ciudadanía.

Según arguye –no sin precauciones– Pierre Rosanvallon (2009), es posible que estemos ante nuevas formas de la "democracia de apropiación", formas indirectas de legitimación democrática que ganan preponderancia a la par que la legitimidad electoral pierde la centralidad de antaño al revelarse ilusoria la operación metonímica que asimilaba la mayoría electoral con la unanimidad social. De acuerdo con este argumento, el

---

[28] Cabe mencionar en este sentido las dificultades que han tenido los jueces para reflexionar sobre las nuevas formas de protesta en términos de derecho. La institución de la Justicia revela aquí sus limitaciones para enfrentar fenómenos sociales novedosos y sin precedentes. Ver la crítica que realiza Gargarella (2006; 2007) de los fallos relativos a los cortes de ruta, calles y puentes, entre otras vías de comunicación. En el otro extremo, también está el riesgo de una sustitución de la deliberación política pública por una idea del Derecho informada en las teorías de la deliberación de la filosofía del derecho a las que acceden los jueces (Walzer, 2007).

poder autoinstituyente de la sociedad, refractado por la esfera del Derecho y la Justicia, se multiplicaría. Sin embargo, también parece ser el caso que los representantes ungidos en las urnas se sustraen de ese modo a la semirrepresentación del poder autoinstituyente de la sociedad que solían escenificar. El Derecho pierde la figuración del Poder al cual se oponía en el pasado y en su lugar se opone a la Ley. El riesgo implícito es el de la desarticulación y la fragmentación de la institucionalidad de lo jurídico, algo que se percibe singularmente cuando el giro judicial deriva hacia el litigio personalizado y carente de debate (en el ataque judicial permanente de las reputaciones)[29] o hacia la indistinción entre Derecho e interés que se manifiesta, por caso, en la calle, ante los tribunales de justicia[30]. Es el

---

[29] La utilización de causas penales —muchas veces falseadas— contra los adversarios políticos, en especial en tiempos de campaña electoral, constituye el ejemplo más saliente. Ver los casos de Enrique Olivera (*Página 12*, 19/10/2005; *La Nación*, 2/8/2007), De Narváez (*Clarín*, 18/4/2009; *Perfil*, 14/5/2009; *Crítica de la Argentina*, 12/4/2009) y Mauricio Macri (*Perfil*, 13/6/2010, *Clarín*, 18/7/2010).

[30] En el contexto de la judicialización de la Ley de Servicios de Comunicación Audiovisual (2010), hubo dos movilizaciones públicas afines al oficialismo y en defensa de la ley frente al Palacio de Tribunales: una el 15 de abril (marcha del Congreso a Tribunales), la otra, el 28 de septiembre, ambas con una convocatoria de alrededor de unas 25 mil personas, según las estimaciones más confiables (*Perfil*, 17/4/2010; *Página 12*, 2/5/2010; 29/9/2010; *La Nación*, 29/9/2010). Algunos de los discursos pronunciados por los oradores fueron duros hacia la CSJN. El más radical, aquel de Hebe de Bonafini (presidenta de la Asociación Madres de Plaza de Mayo) llegaba hasta plantear la idea de tomar el Palacio de Justicia: "No dejemos la calle. La calle es nuestra. Arranquémosle a la Corte el fallo. Si tenemos que tomar el palacio, tomémoslo. Hay que arrancarle a la Corte lo que es del pueblo" (*La Nación*, 29/10/2010; ver también *La Nación*, 6/10/2010; 25/9/2010). Aunque la retórica de ese discurso era en gran medida inverosímil, se trata de una lógica de las calles que comparte con los más expandidos señalamientos públicos de personalidades no gratas (los "escraches"). Muy distintas y potencialmente más graves fueron las reacciones facciosas en el espacio público tras la detención de dos importantes líderes sindicales: José Pedraza, Secretario General de la Unión Ferroviaria y acusado como instigador en la causa por el homicidio del militante Mariano Ferreyra, y Gerónimo Venegas, de la Unión Argentina de Trabajadores Rurales y Estibadores (UATRE), imputado, entre otros delitos, por comercialización de medicamentos adulterados. En ocasión de la primera detención hubo movilizaciones organizadas y paro en el servicio de trenes (*Página 12*, 26/2/2011), mientras que en la segunda hubo protestas públicas en calles frente a la sede judicial y cortes de rutas en

riego de una deriva hacia la pérdida de la idea misma del Derecho y hacia un recurso a lo jurídico de tipo antipolítico.

Bibliografía

Abensour, Miguel (2004), *La démocratie contre l'État. Marx et le moment maquiavelien* (París: Editions du Félin).

Acuña, Carlos et al. (1995), *Juicio, castigo y memorias. Derechos humanos y justicia en la política argentina* (Buenos Aires: Nueva Visión).

Aldao, Martín (2009), "La esfera pública escindida: los límites del Estado como lugar de la democracia", Ponencia presentada en las 5as Jornadas de Jóvenes Investigadores, del Instituto de Investigaciones Gino Germani, Facultad de Ciencias Sociales, Universidad de Buenos Aires, Buenos Aires, 4 al 6 de noviembre de 2009.

Bergallo, Paola (2005), "Justicia y experimentalismo: la función remedial del Poder Judicial en el litigio de Derecho Público en Argentina", Ponencia presentada en el Seminario Latinoamericano de Teoría Constitucional, mayo de 2005.

Breaugh, Martin (2006), "Le lien social entre utopie et démocratie" en Kupiec, Anne y Tassin, Etienne (dirs.) *Critique de la politique. Autour de Miguel Abensour* (París: Sens & Tonka).

Cheresky, Isidoro (1999a), *La innovación política. Política y derechos en la Argentina contemporánea* (Buenos Aires: Eudeba/Instituto de Investigaciones Gino Germani - Universidad de Buenos Aires).

——————— (1999b), "La experiencia de la reforma constitucional" Novaro, Marcos (comp.) *Entre el abismo y la ilusión. Peronismo, democracia y mercado* (Barcelona/Buenos Aires: Grupo Editorial Norma).

——————— (comp.)(2006a), *Ciudadanía, Sociedad Civil y Participación Política* (Buenos Aires: Miño y Dávila).

——————— (comp.)(2006b), *La política después de los partidos* (Buenos Aires: Prometeo).

——————— (2008), *Poder presidencial, opinión pública y exclusión social* (Buenos Aires: Clacso/Manantial).

Garapon, Antoine (1997), *Juez y democracia. Una reflexión muy actual* (Barcelona: Flor del Viento Ediciones).

Gargarella, Roberto (2006), *Carta abierta sobre la intolerancia. Apuntes sobre derecho y protesta* (Buenos Aires: Siglo XXI/Club de Cultura Socialista "José Aricó").

---

varios puntos del país por parte de los trabajadores pertenecientes al gremio, además de un comunicado de la CGT en apoyo del detenido (*Perfil*, 12/2/2011; 13/2/2011; *Página 12*, 13/2/2011).

————————— (2007), "Un diálogo sobre la ley y la protesta social" en *Postdata. Revista de reflexión y análisis político* (Buenos Aires) N° 12, agosto.

González Bombal, Inés (1995), "'Nunca más': el juicio más allá de los estrados" en Acuña, Carlos et al. *Juicio, castigos y memorias. Derechos humanos y justicia en la política argentina* (Buenos Aires: Nueva Visión).

————————— (1997), "1983: el entusiasmo democrático" en *Agora* (Buenos Aires) N° 7, invierno.

Guthmann, Yanina (2007), "La reforma del sistema de Justicia (2003): una mirada critica", Ponencia presentada en las IV Jornadas de Jóvenes Investigadores del Instituto Gino Germani de la Facultad de Ciencias Sociales, Universidad de Buenos Aires, 19 al 21 de septiembre.

Jelin, Elizabeth (comp.)(1987), *Movimientos sociales y democracia emergente*, Vol. 1 (Buenos Aires: CEAL).

Lefort, Claude (1985), "El problema de la democracia" en *Opciones* (Santiago de Chile) N° 6, mayo-agosto.

————————— (1987), "Los Derechos Humanos y el Estado de Bienestar" en *Revista Vuelta* (Santiago de Chile) N° 12, julio.

————————— (1990), "Derechos del hombre y política" en Lefort, Claude, *La invención democrática* (Buenos Aires: Nueva Visión).

Leis, Héctor (1989), *El movimiento de los derechos humanos y la política argentina*, Vol. 1 (Buenos Aires: CEAL).

Manin, Bernard (1998), *Los principios del gobierno representativo* (Madrid: Alianza).

Márquez, Ignacio (2007), "El caso de la contaminación del Riachuelo" en *Revista Argentina de Teoría Jurídica* (Buenos Aires) Vol. 8, noviembre.

Quiroga, Hugo (2006), "La arquitectura del poder en un gobierno de opinión pública" en Cheresky, Isidoro (comp.) *La política después de los partidos* (Buenos Aires: Prometeo).

Rancière, Jacques (2005), *La haine de la démocratie* (París: La Fabrique).

Rosanvallon, Pierre (2007), *La contrademocracia. La política en la era de la desconfianza* (Buenos Aires: Manantial).

————————— (2009), *La legitimidad democrática. Imparcialidad, reflexividad, proximidad* (Buenos Aires: Manantial).

Schnapper, Dominique (2004), *La democracia providencial. Ensayo sobre la igualdad contemporánea* (Rosario: Homo Sapiens Ediciones).

Smulovitz, Catalina (1995), "Constitución y Poder Judicial en la nueva democracia argentina. La experiencia de las instituciones" en Acuña, Carlos (comp.) *La nueva matriz política argentina* (Buenos Aires: Nueva Visión).

Smulovitz, Catalina (1997), "Ciudadanía, derechos y política" en *Agora. Cuaderno de Estudios Políticos* (Buenos Aires) Año 3, N° 7, invierno.

——————— (2005), "Petitioning and Creating Rights. Judicialization in Argentina" en Sieder, Rachel; Angell, Alan y Schjolden, Line (eds.) *The Judicialization of Politics in Latin America* (Nueva York: Palgrave Macmillan).

——————— (2008a), "La política por otros medios. Judicialización y movilización legal en la Argentina" en *Desarrollo Económico* (Buenos Aires) Vol. 48, N° 189-190, julio-septiembre/octubre-noviembre.

——————— (2008b), "Organizaciones que invocan derechos. Sociedad civil y representación en la Argentina" en *Postdata. Revista de reflexión y análisis político* (Buenos Aires) N° 13, agosto.

Veiga, Raúl (1985), *Las organizaciones de derechos humanos* (Buenos Aires: CEAL).

Verbitsky, Horacio (2006), *Hacer la Corte. La construcción de un poder absoluto sin justicia ni control* (Buenos Aires: Sudamericana/Página 12).

Walzer, Michael (2007), "Philosophy and Democracy" en Walzer, Michael, *Thinking Politically. Essays in Political Theory* (New Haven/Londres: Yale University Press).

Documentos electrónicos

Asociación por los Derechos Civiles (2008), "El litigio estratégico como herramienta para la exigibilidad del derecho a la educación. Posibilidades y obstáculos" en < http://www.redligare.org/IMG/pdf/litigio_estrategico_educacion.pdf> acceso 2 de noviembre de 2010.

Centro de Información Judicial (2008), "Especial Riachuelo" en <http://www.cij.gov.ar/nota-63-Especial-Riachuelo.html> acceso 2 de noviembre de 2010.

——————— (2009), "Cuáles fueron los fallos clave de la Corte durante el 2008" en <http://www.cij.gov.ar/nota-427-Cuales-fueron-los-fallos-clave-de-la-Corte-durante-el-2008--.html> acceso 2 de noviembre de 2010.

——————— (2010a), "Suspenden la aplicación de seis artículos de la 'Ley de Glaciares'" en <http://www.cij.gov.ar/nota-5384-Suspenden-la-aplicacion-de-seis-articulos-de-la--Ley-de-Glaciares-.html> acceso 2 de julio de 2011.

——————— (2010b), "Conclusiones de la Cuarta Conferencia Nacional de Jueces" en <http://www.cij.gov.ar/nota-4877--La-independencia-del-Poder-Judicial-es-una-garantia-del-ciudadano-.html> acceso 2 de julio de 2011.

——————— (2011a), "Comunicado de prensa por presentación de la UEJN" en <http://www.cij.gov.ar/nota-6474-Comunicado-de-prensa-por-presentacion-de-la-UEJN.html> acceso 2 de julio de 2011.

———————— (2011b), "Comunicado del Centro de Información Judicial" en <http://
www.cij.gov.ar/nota-6452-Comunicado-del-Centro-de-Informacion-Judicial.
html> acceso 2 de julio de 2011.

———————— (2011c), "Lavado de dinero: piden información sobre causas abiertas en
el país contra Hugo Moyano" en <http://www.cij.gov.ar/nota-6434-Lavado-
de-dinero--piden-informacion-sobre-causas-abiertas-en-el-pais-contra-Hugo-
Moyano.html> acceso 2 de julio de 2011.

Universidad Torcuato Di Tella (2010), "Índice de Confianza en la Justicia. Marzo
2010" en < http://www.utdt.edu/ver_contenido.php?id_contenido=521&id_
item_menu=1601> acceso 2 de julio de 2011.

Diarios, periódicos y revistas

Clarín 2009 (Buenos Aires) 18 de abril.

Clarín 2010 (Buenos Aires) 17 de febrero.

Clarín 2010 (Buenos Aires) 4 de abril.

Clarín 2010 (Buenos Aires) 18 de junio.

Clarín 2010 (Buenos Aires) 18 de julio.

Clarín 2010 (Buenos Aires) 4 de septiembre.

Clarín 2010 (Buenos Aires) 19 de septiembre.

Clarín 2011 (Buenos Aires) 19 de marzo.

Clarín 2011 (Buenos Aires) 22 de marzo.

Clarín 2011 (Buenos Aires) 16 de abril.

Crítica de la Argentina 2009 (Buenos Aires) 12 de abril.

La Nación 2007 (Buenos Aires) 2 de agosto.

La Nación 2008 (Buenos Aires) 12 de noviembre.

La Nación 2010 (Buenos Aires) 14 de enero.

La Nación 2010 (Buenos Aires) 25 de enero.

La Nación 2010 (Buenos Aires) 9 de febrero.

La Nación 2010 (Buenos Aires) 23 de febrero.

La Nación 2010 (Buenos Aires) 6 de marzo.

La Nación 2010 (Buenos Aires) 9 de marzo.

La Nación 2010 (Buenos Aires) 16 de julio.

La Nación 2010 (Buenos Aires) 6 de agosto.

La Nación 2010 (Buenos Aires) 17 de septiembre.

La Nación 2010 (Buenos Aires) 19 de septiembre.

La Nación 2010 (Buenos Aires) 20 de septiembre.

La Nación 2010 (Buenos Aires) 25 de septiembre.

La Nación 2010 (Buenos Aires) 29 de septiembre.

La Nación 2010 (Buenos Aires) 6 de octubre.

La Nación 2010 (Buenos Aires) 29 de octubre.

La Nación 2011 (Buenos Aires) 27 de febrero.

Página 12 2005 (Buenos Aires) 19 de octubre.

Página 12 2006 (Buenos Aires) 21 de junio.

Página 12 2007 (Buenos Aires) 27 de noviembre.

Página 12 2009 (Buenos Aires) 3 de diciembre

Página 12 2009 (Buenos Aires) 18 de diciembre.

Página 12 2009 (Buenos Aires) 22 de diciembre.

Página 12 2010 (Buenos Aires) 7 de enero.

Página 12 2010 (Buenos Aires) 5 de marzo.

Página 12 2010 (Buenos Aires) 2 de mayo.

Página 12 2010 (Buenos Aires) 16 de julio.

Página 12 2010 (Buenos Aires) 12 de agosto.

Página 12 2010 (Buenos Aires) 19 de septiembre.

Página 12 2010 (Buenos Aires) 29 de septiembre.

Página 12 2010 (Buenos Aires) 6 de octubre.

Página 12 2011 (Buenos Aires) 13 de febrero.

Página 12 2011 (Buenos Aires) 26 de febrero.

Página 12 2011 (Buenos Aires) 27 de febrero.

Página 12 2011 (Buenos Aires) 20 de marzo.

Perfil 2009 (Buenos Aires) 14 de mayo.

Perfil 2009 (Buenos Aires) 12 de noviembre.

Perfil 2010 (Buenos Aires) 9 de enero.

Perfil 2010 (Buenos Aires) 24 de enero.

Perfil 2010 (Buenos Aires) 20 de febrero.

Perfil 2010 (Buenos Aires) 7 de marzo.

Perfil 2010 (Buenos Aires) 13 de marzo.

Perfil 2010 (Buenos Aires) 17 de abril.

Perfil 2010 (Buenos Aires) 6 de junio.

Perfil 2010 (Buenos Aires) 13 de junio.

Perfil 2010 (Buenos Aires) 19 de junio.

Perfil 2010 (Buenos Aires) 2 de septiembre.

Perfil 2011 (Buenos Aires) 12 de febrero.

Perfil 2011 (Buenos Aires) 13 de febrero.

La política de la singularidad de la experiencia

Rocío Annunziata[1*]

Resumen

Las páginas que siguen indagan una de las formas del lazo político contemporáneo que hemos llamado la "política de la singularidad de la experiencia". La misma se inscribe en un marco más amplio de transformaciones en la legitimidad democrática, caracterizadas por la importancia creciente de la "proximidad" en tanto que figura de la representación política. La "política de la singularidad de la experiencia" es una de las declinaciones de dicha "proximidad". Como veremos, aparece de un modo difuso en el discurso político, pero se cristaliza institucionalmente en nuevas instancias de "participación ciudadana". El objetivo de este capítulo es, entonces, analizar la política de la singularidad de la experiencia mediante sus modalidades más cristalizadas: para ello tomamos como ilustración la práctica del presupuesto participativo (PP) en tres localidades argentinas: Morón, Rosario y la Ciudad de Buenos Aires.

Las conclusiones que se presentan en estas páginas son producto de un trabajo de campo desarrollado en las localidades mencionadas. Se realizaron entrevistas con diferentes actores de los presupuestos participativos de Morón, Rosario y la Ciudad de Buenos Aires (funcionarios encargados

---

[1] Facultad de Ciencias Sociales, Universidad de Buenos Aires (UBA). L'École des Hautes Études en Sciences Sociales (EHESS). Argentina y Francia.

de participación y descentralización, facilitadores de reuniones o talleristas, vecinos consejeros o delegados, representantes de asociaciones, etc.) así como observaciones etnográficas de las asambleas e instancias de votación[2].

Palabras clave: Legitimidad de proximidad, singularidad de la experiencia, presupuesto participativo, participación ciudadana, Morón, Rosario, Ciudad de Buenos Aires.

Abstract

The following pages address one of the forms of the contemporary political linkage that we have called the "politics of experience singularity": which is framed within a broader context of transformations in the democratic legitimacy characterized by the increasing importance of "proximity" as a figure of political representation. The "politics of experience singularity" is one of the said "proximity"'s declensions. As we will see, it vaguely appears in the political discourse, but it institutionally crystallizes in new spaces of "citizen participation". This chapter aims, therefore, to analyze the politics of experience singularity in its more crystallized types, by taking as an example the practice of participatory budgeting (*presupuesto participativo-PP*) in three Argentinian cities: Morón, Rosario and Buenos Aires City.

The conclusions presented here are the result of the fieldwork we developed in the mentioned cities. We have interviewed different actors of participatory budgeting in Morón, Rosario and Buenos Aires City (officers in charge of participation and decentralization, meeting moderators, workshop participants, advisor or delegate neighbors, associations' representatives, etc.) and we have also conducted ethnographic observation of assemblies and voting instances.

---

[2] Una instancia de observación importante para este trabajo ha sido el Segundo Encuentro de la Red Argentina de Presupuesto Participativo (RAPP) —4, 5 y 6 de diciembre de 2009, Córdoba— al que asistieron funcionarios de distintos lugares del país encargados de los procesos de PP en sus localidades, o de la coordinación de las asambleas en los barrios. El conjunto de entrevistas y observaciones se desarrolló entre 2007 y 2010, como trabajo de campo integrado a la tesis doctoral de la autora. A fin de preservar la identidad de los entrevistados, solo utilizaremos sus iniciales.

Keywords: Legitimacy of proximity, experience singularity, participatory budgeting, citizen participation, Morón, Rosario, Buenos Aires City.

***

La legitimidad de proximidad

Desde hace algunos años, la legitimidad democrática se encuentra en un proceso de transformación: los partidos políticos y los representantes se enfrentan cada vez más a la desconfianza ciudadana y crece la exigencia de una identificación entre gobernantes y gobernados, es decir, la demanda de que los gobernantes sean "hombres comunes" y que compartan con los ciudadanos sus preocupaciones y problemas cotidianos, prestando atención a la singularidad de sus experiencias. De este modo, emerge una nueva figura de la legitimidad que denominamos de "proximidad" (Rosanvallon, 2008; Lefebvre, 2004; Lefebvre y Le Bart, 2005; Annunziata, 2009a). Constatamos en el presente un cambio en la legitimidad democrática, que consiste en un deslizamiento hacia la proximidad: aquello que hoy es más legítimo o más democrático, expresa en alguna de sus formas a esta figura[3].

Pierre Rosanvallon (2008) sostiene que la elección de un representante se refiere, por un lado, a un principio de distinción (una selección de los "mejores") y, por otro lado, a un principio de proximidad o de identidad. La tendencia a la legitimidad de proximidad aparece entonces como un debilitamiento del primer principio y una exacerbación del segundo, con la consecuente transformación del lazo representativo. Definiremos a la proximidad como una forma de legitimidad promotora de un lazo político (entre representantes y representados, entre gobernantes y gobernados) que niega su propio carácter instituyente. Dicho lazo se apoya en una identificación entre unos y otros, en la que los gobernantes no solo deben asimilarse a los gobernados, sino disimular toda diferencia representativa. La proximidad pone en cuestión la trascendencia del representante respecto de los intereses e identidades particulares de los representados, y su capacidad instituyente en el sentido de la creación de

---

[3] Coincidimos con Lefebvre y Le Bart (2005) cuando afirman que proximidad, implicación, eficacia y legitimidad se equivalen en un discurso dado por evidente.

una voluntad y unidad que no existe antes de la representación (Laclau, 2005). Se comprende fácilmente, en consecuencia, que el discurso de la "crisis de representación" tenga una repercusión tan importante y que sea tan apropiado por los actores políticos. Toda enunciación de la necesidad de "acercar" la ciudadanía a la política o a "los políticos" viene precedida de la constatación de esta "crisis de la representación". Pero, a la vez, no hay que desconocer el hecho de que la proximidad se plantea como una relación entre dos partes: negando el carácter instituyente de la representación, se construye sin embargo al interior del lazo representativo.

La proximidad supone que más legítimo es aquel gobernante o aquella política que "se acerca" más a la realidad cotidiana, a la experiencia concreta y singular de los ciudadanos. Se muestra especialmente en la exigencia de que los representantes sean "hombres comunes", de que compartan las experiencias de los representados, que se dejen guiar por la escucha y la empatía. Se muestra también en el rechazo generalizado a la existencia de una "clase política", a la distancia y la diferencia entre "los políticos" y los ciudadanos, instauradas por la elección (Schnapper, 2004).

Esta figura de la legitimidad promete una "atención a la particularidad" (Rosanvallon, 2008), a la diversidad de vivencias y de experiencias de los ciudadanos. De ahí la importancia creciente del testimonio, del relato de dichas experiencias, en el ámbito político. De ahí también la puesta en marcha de una serie de "dispositivos participativos", que funcionan como instancias de consulta y de escucha de los ciudadanos.

En tanto que espacio asociado al contacto directo entre representantes y representados, el ámbito local, el barrio, el terreno, es objeto de una exaltación que lo convierte en espacio modelo de la política legítima. A la vez, la importancia dada al contacto, a la escucha y a la singularidad de las experiencias hace de la denominada "participación" de los ciudadanos el vehículo de redención de la política. Del mismo modo que las experiencias singulares de los ciudadanos deben tener un lugar, los comportamientos privados, personales, particulares de los gobernantes cuentan cada vez más. Esta atención a las actitudes personales de los dirigentes políticos se traduce también en la obsesión de la lucha contra la corrupción y la identificación moral de la transparencia con la buena política. La obsesión de la corrupción es acompañada de la obsesión de la eficiencia, que descansa en la ilusión posdemocrática (Rancière, 1996) de que todo litigio puede reducirse al nombre de un problema y todo problema a la sola falta, al solo retardo, de los medios de su solución. La exaltación de la eficiencia alienta la inmediatez como modelo de vínculo con el tiempo y la gestión como modelo de política. Diferentes discursos y prácticas contribuyen entonces a poner en forma este lazo de proximidad (Annunziata, 2009a): un "localismo", un "participacionismo", un "transparentismo" y un "eficientismo". Todos están ligados, de una forma u otra, a un movimiento de singularización: singularización del espacio devenido siempre más local y cotidiano, singularización de los problemas devenidos siempre más ligados a una vivencia, singularización de las actitudes personales de los dirigentes políticos devenidas el centro de la visibilidad y la credibilidad, singularización del tiempo devenido inmediatez.

La proximidad vive en la tensión entre igualdad y diferencia. Tal como nos indica Charles Taylor (2007), la noción moderna de dignidad (igualitaria y universalista) y el ideal de autenticidad (ser fiel a sí mismo) nacen juntos: surgen del declive de la sociedad jerárquica. Ahora bien, cada uno de ellos da lugar a un tipo de política: el pasaje del honor a la dignidad alienta una política del reconocimiento igualitario, que otorga a todos los ciudadanos iguales derechos y atribuciones; el desarrollo de una idea moderna de identidad basada en la autenticidad incita, por el contrario, a una política de la diferencia, que requiere que se reconozca la identidad única de tal o cual individuo o grupo, lo que los distingue de los demás. Mientras que podemos afirmar que la proximidad lleva al extremo la igualdad en el sentido de un rechazo, al menos simbólico, de la distancia implicada en la representación política, siendo una crítica de la dimensión aristocrática de la democracia, se constata al mismo tiempo que refuerza también la preocupación por el reconocimiento de las especificidades de las situaciones y las diferencias en las vivencias, en el nivel incluso individual.

Es indudable que la proximidad aparece como un rasgo central de las campañas electorales (Annunziata, 2009c) cada vez más, los candidatos se presentan como "hombres comunes", con los que "se puede hablar", que son "sinceros", y "diferentes a todos los políticos"; las campañas se basan en la presencia y en el contacto, con "comidas", recorridos "puerta a puerta", cartas a los vecinos, en lugar de los tradicionales actos partidarios; los candidatos aparecen mezclados y confundidos con la "gente común". Una mirada sobre los procesos electorales nos revela que la proximidad no es simplemente una característica de las políticas públicas o de la gestión; es una figura de lo legítimo a la que los líderes políticos apelan también por fuera de las funciones de gobierno. Por otro lado, la proximidad no es solo una característica de la política local —ni de las políticas públicas ni de los lazos políticos propuestos por líderes locales— sino que aparece en las estrategias discursivas de los actores políticos en todos los niveles de la representación: local, provincial y nacional. La proximidad, del mismo modo que ocurre con los dispositivos participativos, no es una característica de tal o cual ideología política o identidad partidaria, es invocada en todo el espectro político para construir clivajes, pero finalmente es transversal a los mismos.

Si afirmamos en primer lugar que la actual transformación de la legitimidad democrática implica un deslizamiento progresivo hacia la proximidad, en segundo lugar, sostenemos que la forma institucional más desarrollada de la proximidad puede encontrarse en los llamados "dispositivos participativos" (Annunziata, 2009b), que tienen lugar sobre todo a escala municipal y cuya proliferación posee hoy en día un alcance internacional. La pretensión de estos dispositivos —tales como el presupuesto participativo que aquí analizamos— es la de cristalizar una escucha, una vía de expresión de la especificidad de necesidades y aspiraciones; la de mostrar una disposición al contacto y una actitud de apertura y reconocimiento de la singularidad. De allí que su objetivo declarado sea el de "acercar" a representantes y representados. Si bien la proximidad no se agota en los dispositivos participativos, es cierto que actualmente son ellos los escenarios más tangibles de dicha figura.

Nuestra concepción de la proximidad y de sus modos de cristalizar institucionalmente en los "dispositivos participativos" nos obliga a posicionarnos de una manera no habitual con respecto del sentido de las instancias de "participación ciudadana". Por un lado, creemos que es sobre todo la función de escucha la que es cumplida por los dispositivos participativos, más que la intervención en la toma de decisiones y que la deliberación racional desinteresada. Por otra parte, reconocemos que las instancias participativas son siempre espacios abiertos y regulados por el Estado (Annunziata, Carmona y Nardacchione, 2011), teniendo invariablemente una dinámica *top-down*. Los dispositivos no son implementados a causa de una amplia movilización social que los demanda, de suerte que la magra autonomía de los actores no estatales no puede ser una sorpresa. Finalmente, afirmamos que los dispositivos participativos no deberían definirse como de "izquierda" o de "derecha", puesto que son, al igual que la legitimidad de proximidad, en cierta forma indiferentes o transversales tanto a las ideologías como a las identidades partidarias.

El presupuesto participativo: metodologías y alcances

Dentro del conjunto de "dispositivos participativos" que han proliferado en el mundo en los últimos años, nos dedicaremos en este trabajo al análisis del "presupuesto participativo". Éste es el dispositivo más difundido en Argentina y en América Latina y el que más ha llamado la atención de los científicos y de los dirigentes políticos. Inventado en Porto Alegre en 1998, el dispositivo ha devenido mundialmente célebre por la acción de las organizaciones no gubernamentales y del movimiento altermundista así como de los universitarios y de los organismos internacionales como el Banco Mundial.

Dada su proliferación en los últimos años, y la heterogeneidad de metodologías con las que se ha puesto en práctica la herramienta, las definiciones del presupuesto participativo son también muy variadas. Pero en términos generales, podría definirse al presupuesto participativo como un mecanismo por el cual la ciudadanía es habilitada a proponer y votar proyectos para su distrito, implicando un porcentaje del presupuesto "flexible" del gobierno municipal. Dicho mecanismo se desarrolla en un ciclo de dos años compuesto por diferentes etapas. Las etapas y la metodología del proceso varían de una municipalidad a otra y se van modificando con el tiempo, pero a *grosso modo* podemos identificar cuatro momentos: asamblea general en los barrios, en la que los vecinos expresan sus ideas y demandas; a continuación, asambleas más reducidas de los vecinos delegados o consejeros con la presencia de responsables del gobierno en las que son elaborados los proyectos; luego, votación de los proyectos abierta nuevamente a todos los vecinos de cada barrio; finalmente, seguimiento de la ejecución de los proyectos elegidos –que se han incorporado a la ordenanza municipal del presupuesto– durante el año siguiente.

En el presente, hay más de cuarenta municipalidades argentinas que desarrollan una cierta forma de presupuesto participativo[4]. Si bien los primeros casos datan de 2002 (los de Rosario y Ciudad de Buenos Aires) y el gobierno de Morón lo puso en marcha en 2006, la mayoría de las formas embrionarias de presupuesto participativo se han desarrollado a partir de 2008. Este proceso de contagio vertiginoso se ha visto favorecido por la creación de la Red Argentina de Presupuestos Participativos (RAPP), dependiente de la Secretaría de Relaciones Parlamentarias de la Jefatura de Gabinete de Ministros de la Nación y de la Secretaría de Asuntos Municipales del Ministerio del Interior[5].

---

[4] Provincia de Buenos Aires: Avellaneda, Berisso, Campana, General Pueyrredón, La Matanza, La Plata, Morón, Municipio de la Costa, Necochea, Quilmes, San Fernando, San Martín, San Miguel, Tandil, Zárate; Provincia de Chaco: Resistencia; Provincia de Chubut: Comodoro Rivadavia; Provincia de Córdoba: Córdoba, Unquillo, Villa Carlos Paz, Villa María; Provincia de Corrientes: Bella Vista, Corrientes; Provincia de Entre Ríos: Concepción del Uruguay; Provincia de Jujuy: San Salvador de Jujuy; Provincia de Mendoza: Godoy Cruz, Junín, Mendoza; Provincia de Neuquén: Neuquén; Provincia de Río Negro: San Carlos de Bariloche, Viedma; Provincia de Santa Fe: Cañada de Gómez, Rafaela, Reconquista, Rosario, Santa Fe, Santo Tomé, Sunchales, Venado Tuerto; Provincia de Santa Cruz: Caleta Olivia; Provincia de Tierra del Fuego: Río Grande, Ushuaia; Ciudad Autónoma de Buenos Aires.

[5] Además de difundir las experiencias existentes (siendo muy importantes los encuentros anuales nacionales a partir de 2008) y de ofrecer un apoyo técnico a las municipalidades que quieren poner en marcha el presupuesto participativo, la RAPP ha impulsado en la Cámara de Diputados la presentación de un proyecto de ley que busca la creación de un *Fondo Nacional para el Fortalecimiento de los Presupuestos Participativos*, cuyo objetivo es disponer de un porcentaje del presupuesto nacional para que sea definido por la ciudadanía de cada municipalidad en el seno de su respectivo presupuesto participativo.

Es sabido que los presupuestos participativos implican un porcentaje muy pequeño del presupuesto de cada municipalidad, y que participa en estas instancias también un porcentaje muy reducido de la población. Según una encuesta llevada a cabo por el Instituto del Conurbano de la Universidad Nacional de General Sarmiento el porcentaje del presupuesto municipal consagrado a la herramienta era de 2,5% promedio entre las municipalidades que desarrollaban el presupuesto participativo en 2008. La misma encuesta mostraba que la media de participación era del 1% de la población[6]. Sin embargo, aunque la dimensión cuantitativa de la participación sea fundamental para tener un encuadre del fenómeno y merecería mayores investigaciones, nosotros nos concentraremos aquí en los aspectos cualitativos. El presupuesto participativo parece cristalizar en su funcionamiento, según veremos, algunas de las mutaciones contemporáneas de la legitimidad.

Morón, Rosario y la Ciudad de Buenos Aires son los casos pioneros de la implementación de presupuesto participativo en Argentina. Dado que al considerar las tres localidades encontramos diferentes metodologías y marcos normativos, tendremos que describir brevemente cómo funciona el presupuesto participativo de cada localidad, para hacer más inteligible el análisis que sigue.

Morón

El Presupuesto Participativo es implementado en Morón desde el año 2006. Se apoya sobre el proceso precedente de descentralización municipal que dio lugar a siete Unidades de Gestión Comunitaria (UGC) a partir del año 2004. Con respecto a la institucionalización jurídico-legal de la herramienta, Morón no cuenta con una ordenanza específica sobre el Presupuesto Participativo, que queda enmarcado en la ordenanza relativa a la descentralización. Tanto la descentralización como el Presupuesto Participativo comenzaron a desarrollarse durante el gobierno de

---

[6] Intervención de Alejandro López Acotto- ICO-UNGS durante el "Primer Encuentro Nacional de Presupuesto Participativo. Más Participación. Más democracia." (Secretaría de Relaciones Parlamentarias de la Jefatura de Gabinete de Ministros, Presidencia de la Nación, 2010).

Martín Sabbatella, quien fuera electo intendente en 1999 con la Alianza, y reelecto dos veces con su partido vecinal Nuevo Morón, en 2003 y en 2007. Actualmente ha sido sucedido por Lucas Ghi, de la misma fuerza política. Pese a tratarse de una fuerza vecinalista, Nuevo Morón se esforzó por definirse desde sus orígenes como una fuerza progresista de centroizquierda. El hecho de que hasta el presente no hubiera cambios en el gobierno local ayudó en el sostenimiento ininterrumpido y la expansión de la herramienta desde 2006.

En Morón, la metodología ha cambiado considerablemente en el tiempo. Las primeras experiencias, las de 2006 y 2007, se basaban en un proceso en cuatro grandes etapas. La primera eran las "Asambleas Zonales": esta primera etapa consistía en la realización de asambleas de barrio abiertas a todos los vecinos. Las UGC eran a su vez divididas en zonas para la realización de dos asambleas en cada una de ellas: una de carácter informativo sobre el procedimiento y los alcances del presupuesto participativo, la otra sobre las ideas y propuestas de los vecinos para mejorar sus barrios. Esta última terminaba en la elección de "delegados" que compondrían luego los "Consejos Vecinales". La segunda etapa era el momento de elaboración de proyectos. En cada UGC se conformaba un Consejo Vecinal con los delegados elegidos en las asambleas zonales. Los delegados recibían una capacitación específica sobre la tarea a emprender, y eran coordinados por el "Promotor de Participación Comunitaria" de cada UGC. Éstos eran los encargados de orientar a los vecinos acerca de la factibilidad de los proyectos y de organizar los intercambios durante las reuniones del Consejo Vecinal. El Promotor de Participación Comunitaria actuaba como mediador con las direcciones centrales del gobierno de Morón. Los proyectos elaborados eran enviados a las direcciones centrales para realizar una evaluación de factibilidad técnica y jurídica, antes de la presentación de los proyectos para la votación de todos los vecinos. La tercera etapa era justamente el momento de la votación. En esta instancia, llamada por el municipio "Ferias de Proyectos" la participación volvía a abrirse a todos los vecinos de Morón (mayores de 14 años, que habitaran, trabajaran o estudiaran en el territorio). La votación era secreta y la papeleta permitía elegir más de un proyecto de acuerdo a un orden de preferencias, teniendo un monto fijo por UGC. Todos los proyectos preferidos que podían realizarse sin sobrepasar este monto quedaban seleccionados para su ejecución durante el año siguiente. La cuarta etapa era la actividad de la "Comisión de Seguimiento". Luego de la elección de los proyectos en las Ferias, el Consejo Vecinal de cada UGC realizaba un plenario para elegir entre los delegados a aquellos que integrarían el año siguiente esta comisión. El rol de la Comisión de Seguimiento era el de sostener un monitoreo y control de la ejecución de los proyectos elegidos por los vecinos, en el marco de su UGC. La comisión disponía para eso de un espacio de consulta con las direcciones centrales de la Municipalidad, los otros vecinos y las otras UGC.

Aunque lo esencial del funcionamiento no fue modificado, a partir de 2008 se introdujeron algunos cambios metodológicos en el proceso. La primera etapa pasó a llamarse "Asambleas Barriales", en lugar de "Zonales", pero éstas continuaron cumpliendo una función similar: la presentación de las ideas de los vecinos y la elección de los ahora llamados "voluntarios" en lugar de "delegados" para la etapa siguiente. La segunda etapa es la elaboración de los "Informes Territoriales". Durante esta etapa los "voluntarios" que han sido elegidos en las asambleas se reúnen con los responsables de cada UGC. El objetivo de estas reuniones es el de organizar las ideas surgidas de las asambleas, unificando problemáticas, identificando posibles estrategias de solución y proponiendo el monto que se debería destinar a cada una de ellas. Los voluntarios dan así a los responsables de cada UGC la información para elaborar un "Informe Territorial" que será enviado a las áreas centrales del gobierno. Pero es la UGC la encargada de redactar este informe y de asegurar de esta manera la visión global de todo su territorio. La tercera etapa corresponde al análisis de "factibilidad". Las áreas centrales reciben los informes territoriales de las UGC, analizan entonces si hay superposiciones entre las propuestas y sus propios planes de acción, y examinan la factibilidad en términos técnicos, jurídicos y presupuestarios. Luego de este examen de los informes territoriales, las áreas trabajan en la elaboración de un nuevo informe por UGC, conteniendo todo el plan de acción para el año siguiente, incluidos los diferentes preproyectos para responder a los problemas surgidos de las asambleas. La cuarta etapa se llama "Rondas de Consulta". Se trata de un encuentro entre los responsables de las áreas centrales del gobierno y los voluntarios de las UGC, para que los funcionarios informen a los vecinos sobre su plan de acción para el año siguiente, que contiene los preproyectos del presupuesto participativo. Realizan una consulta a los voluntarios para ver si han sabido capturar el sentido de las propuestas de los vecinos y para escuchar propuestas alternativas. Durante una quinta etapa se elaboran los proyectos definitivos. Las áreas centrales deben cerrar su planificación teniendo en cuenta el resultado de las Rondas de Consulta. La sexta etapa son las Ferias de Proyectos, en las que el conjunto de los vecinos puede votar los proyectos anteriormente elaborados. Finalmente, la "Comisión de Seguimiento" se conforma en una reunión plenaria en cada UGC: tiene por función controlar la ejecución de los proyectos a lo largo del año siguiente.

Rosario

En el marco de la planificación estratégica, en 1996 comenzó en Rosario un proceso de descentralización municipal que dividió al territorio en seis distritos. En cada uno de ellos se creó un Centro Municipal de Distrito (CMD). En el año 2002, con una experiencia piloto y al calor de la crisis política y social, se lanzó el Presupuesto Participativo. Del mismo modo que en Morón, un porcentaje del presupuesto "flexible" es destinado desde entonces cada año a esta herramienta. El marco normativo de la misma está compuesto por varias ordenanzas. La primera ordenanza relativa al Presupuesto Participativo data de mayo de 2002: se trata de la ordenanza municipal N° 7326. Ordenanzas posteriores (N° 7869 de 2005 y N° 8007 de 2006) agregaron la obligación de la consideración del índice de carencia para la distribución del presupuesto entre los CMD y la participación paritaria de hombres y mujeres, respectivamente.

En Rosario el presupuesto participativo tuvo una estabilidad y éxito significativos, pese a su antigüedad en el tiempo. El dispositivo fue puesto en marcha durante la gestión del entonces intendente socialista Hermes Binner. Miguel Lifschitz, el actual intendente en función desde 2003, y de la misma fuerza política que Binner, continuó y consolidó la línea participativa iniciada por aquél. La estabilidad de la gestión, como en Morón, influyó en la estabilidad de la herramienta.

El Presupuesto Participativo rosarino está organizado en cuatro grandes etapas. La primera etapa es la "Ronda de Asambleas de Barrio". Consiste en la realización de asambleas ciudadanas en el territorio de cada CMD, durante las cuales se plantean las necesidades y problemas. Los vecinos reunidos se distribuyen en grupos y trabajan en talleres coordinados por personal especializado, registrando las ideas en formularios. También en esta etapa se elige a los "consejeros" que formarán parte del "Consejo Participativo de Distrito". La segunda etapa consiste en las reuniones de dichos Consejos. Los Consejos Participativos de Distrito se reúnen semanalmente con la participación de los consejeros y los "Secretarios Técnicos del Presupuesto Participativo", quienes coordinan y guían los encuentros. Muchas veces participan también los Directores de los CMD, actuando como mediadores entre los vecinos y las áreas centrales del gobierno, especialmente en el momento de la devolución "de factibilidad" de los proyectos. A lo largo del año, estas reuniones sirven para elaboración de los proyectos por parte de los vecinos, con el asesoramiento de los funcionarios municipales. Los Consejos Participativos de Distrito realizan reuniones plenarias y reuniones de comisión: la Comisión de Proyectos Sociales y la Comisión de Proyectos Urbanos. Para cada proyecto se realiza un diagnóstico de la situación a mejorar, una descripción de las acciones a seguir y un público beneficiario. Los equipos técnicos colaboran para determinar la factibilidad, el diseño y los costos. Los proyectos definitivos, listos para la votación, son aquellos que han sido analizados por las áreas centrales como factibles. La tercera etapa es denominada "Segunda Ronda": consiste precisamente en una jornada de votación de los proyectos presentados por CMD, en la que pueden participar todos los vecinos. La cuarta etapa o "Tercera Ronda" es una reunión conjunta de todos los consejeros del Presupuesto Participativo de todos los CMD, en la que se evalúan, junto con los funcionarios, las actividades realizadas durante el año. Los Consejos Participativos de Distrito funcionan a su vez como instancias de seguimiento y control de la ejecución de los proyectos elegidos en los años precedentes.

Ciudad de Buenos Aires

En la Ciudad de Buenos Aires, como en los dos casos precedentes, el Presupuesto Participativo se apoyó en un proceso previo de descentralización. Dicho proceso comenzó en 1996 de la mano del primer jefe de Gobierno de la Ciudad desde su autonomía, Fernando De la Rúa, dando lugar a la creación de dieciséis Centros de Gestión y Participación (CGP). Desde el año 2000, Aníbal Ibarra gobernó la ciudad durante dos periodos consecutivos, antes de su destitución y reemplazo por Jorge Telerman. La creación de las Comunas encontró muchos obstáculos, hasta que en año 2005 se crearon quince Comunas o Centros de Gestión y Participación Comunal (CGPC)[7]. En el caso de la Ciudad de Buenos Aires es la Constitución de la Ciudad de 1996 la que alienta a poner en práctica el presupuesto participativo, aunque lo hace de manera vaga. El artículo 52 de la Constitución reza en efecto: "Se establece el carácter participativo del presupuesto. La ley debe fijar los procedimientos de consulta sobre las prioridades de asignación de recursos", no estando sancionada la ley a que hace referencia el artículo.

Fue de la mano de Aníbal Ibarra, considerado también progresista de centroizquierda, que el Presupuesto Participativo comenzó a implementarse en 2002. Del mismo modo que en Rosario, la herramienta surgió en plena crisis política y social. La inestabilidad política de la Ciudad y los cambios de la gestión trajeron como consecuencia algunas discontinuidades y modificaciones de la metodología.

Durante 2002 y 2003 se realizaron "Planes Piloto de Prioridades Presupuestarias" y recién en 2004 se implementó el llamado "Programa de Presupuesto Participativo", con un proceso más largo y consolidado de participación de los vecinos. La asunción en 2007 de un nuevo jefe de Gobierno considerado de "centroderecha", Mauricio Macri, no significó el cierre del Presupuesto Participativo. Macri decidió renovar el proceso invitando a un "nuevo presupuesto participativo". Actualmente y desde entonces, el Presupuesto Participativo porteño se efectúa en varias etapas. En primer lugar, se realiza un "Foro Promotor" en cada CGPC, abierto

---

[7] El proceso de descentralización en comunas ha sido conflictivo y todavía no se encuentra concluido, por lo que preferimos no referirnos a él en detalle en este trabajo.

a todos los vecinos y con el objetivo de difundir la herramienta y definir el cronograma de asambleas. En las "Asambleas Barriales" que se realizan a continuación pueden participar todos los vecinos: son dirigidas por el "Coordinador del Presupuesto Participativo" del CGPC. Los vecinos que participan en ambas instancias deben registrarse, llenando formularios y presentando sus documentos. La "Primera Asamblea" es el espacio para que los vecinos planteen los problemas y necesidades barriales, organizados en talleres y con la ayuda de "facilitadores" del CGPC. En la "Segunda Asamblea" se eligen un "delegado" titular y dos suplentes por cada taller temático: "Proyectos Sociales" y "Proyectos Urbanos" en cada uno de los CGPC. Los "delegados" temáticos son los encargados de formular los proyectos. La tercera etapa es la "Ronda de Consulta con los Funcionarios": los "delegados temáticos", el "Coordinador del Presupuesto Participativo" de cada CGPC y el "Coordinador General de Presupuesto Participativo" consultan a los funcionarios de las áreas centrales sobre la factibilidad jurídica, técnica y financiera de los proyectos. Luego de haberse evaluado la viabilidad de los proyectos, se realiza la "Tercera Asamblea", en la que los delegados continúan trabajando en los proyectos devueltos. La "Cuarta Asamblea" sirve para terminar de trabajar en los proyectos y elegir a los "Consejeros Comunales del Presupuesto Participativo": un titular y un suplente por cada CGPC. Para ser consejero comunal es necesario haber sido delegado temático y haber asistido a un 75% de las asambleas. Para votar consejero, es necesario haber asistido a un 50% de las asambleas. Los "Consejos Comunales del Presupuesto Participativo" se encargan se elaborar la lista de los proyectos definitivos y de organizar su exhibición para la votación, en la tercera etapa del proceso. Las votaciones se desarrollan durante una semana en cada CGPC: cada vecino puede votar un solo proyecto con el fin de establecer prioridades, mediante urnas ubicadas en los CGPC o a través del sitio web del Gobierno de la Ciudad. Los dos proyectos más votados por cada barrio son incorporados en el anteproyecto de presupuesto que cada ministerio eleva a la Legislatura. Durante el año siguiente, finalmente, los consejeros de cada CGPC realizan el seguimiento de la ejecución de los proyectos junto con el Coordinador del Presupuesto Participativo.

Decisión, deliberación, consulta

El presupuesto participativo es tomado por la literatura como el dispositivo de "democracia participativa" por excelencia. Por un lado, puesto que se espera de él una amplia implicación de los vecinos, al menos en la etapa de votación de los proyectos. Este dispositivo puede ser presentado como el que logra la participación más numerosa, porque el momento de la votación de proyectos exige en efecto un compromiso mínimo (aunque incluso en esta instancia, la participación sigue siendo débil con respecto al conjunto de la población).

Por otro lado, parecería que este tipo de dispositivos es el que tiene la mayor incidencia sobre la toma de decisiones. Se lo concibe como un dispositivo vinculante o decisional, mientras que la mayor parte de los dispositivos participativos serían consultivos[8]. Sin embargo, su carácter también consultivo permanece como el más importante, y su carácter vinculante debe ser matizado por varias razones.

Una primera razón para la puesta en cuestión del carácter decisional de la herramienta es el incumplimiento en la ejecución de los proyectos o las modificaciones introducidas durante su desarrollo. Los proyectos son ciertamente elegidos, pero luego ocurre con frecuencia que no pueden ser ejecutados. En los tres casos analizados, hay siempre un margen de lo que los vecinos llaman "la falta de respuesta" o la "no respuesta". Entre los años 2004 y 2007 el gobierno de Rosario, por ejemplo, estimaba el porcentaje de cumplimiento de la forma siguiente: 65,50% de los proyectos ejecutados, 6,50% en ejecución y 27,80% en espera (Municipalidad de Rosario, 2009). Se puede observar que los vecinos se dan muchas veces la estrategia de presentar nuevamente los proyectos que habían sido elegidos pero no implementados los años anteriores. En la Ciudad de Buenos Aires, por ejemplo, el Director del CGPC 2 contaba:

---

[8] Tal es la opinión, por ejemplo, de Loïc Blondiaux : "L'institution du Budget Participatif introduit une nouveauté radicale par rapport à des démarches exclusivement consultatives. Sur le principe, il s'agit cette fois de transférer directement une partie du pouvoir de décision à la population en lui permettant d'imposer ses directives en matière budgétaire" (Blondiaux, 2008: 50).

F.C.: Se vota un proyecto y si no se hace, generalmente el vecino lo vuelve a votar para que se haga, insiste en el proyecto..

(Entrevista con F.C., Director del CGPC 2, 10/3/2010.)

El Coordinador del Presupuesto Participativo del CGPC 10 revelaba una lógica similar:

O.C.: En los últimos dos años se repitieron los proyectos del año anterior, como no se había dado respuesta, los vecinos reiteraban lo mismo.

(Entrevista con O.C., Coordinador del Presupuesto Participativo del CGPC 10, 18/11/2010).

Hay también otros elementos que perturban el presupuesto de que todo proyecto elegido se pone en práctica en tanto que tal y por el monto estipulado. Por ejemplo, en la Ciudad de Buenos Aires el Coordinador del Presupuesto Participativo del CGPC 8 afirmaba que los proyectos podían ser realizados como partes o fases de las políticas públicas más generales.

V.C.: Se terminan haciendo cositas, pero muchas veces esas cosas estaban previstas de antes […]. Acá en Lugano hasta la fecha nunca he visto un proyecto concreto que sea exclusivamente del presupuesto participativo.

(Entrevista con V.C., Coordinador del Presupuesto Participativo del CGPC 8, 11/11/2010.)

Los proyectos también pueden ser implementados pero transformados con respecto a lo que los vecinos esperaban, a veces implicando la inversión de un monto de dinero menor. Durante una asamblea del Consejo Participativo del CMD Oeste en Rosario, los vecinos discutían con los funcionarios el hecho de que la Municipalidad ejecutara los proyectos por un monto más bajo que aquel con el que habían sido elegidos. Por ejemplo, con respecto a un proyecto que implicaba la contratación de "talleristas" para Talleres Recreativos, la Directora del CMD sostenía:

L.C.: ¿Qué objetivo tiene ese proyecto y cuándo lo vamos a dar por ejecutado? Cuando haya cumplido el objetivo; después si se gastó $300, si se gastó $500 o si se hizo gratis porque vino un ejército de talleristas voluntarios que cubrieron esa demanda, mientras se haya dado respuesta al objetivo, que era la inclusión de esos chicos… me parece que eso es lo que hay que medir, o tratar de verificar o tratar de seguir en nuestra tarea.

(Entrevista con L.C., Directora del CMD Oeste. Observación etnográfica del Consejo Participativo de Distrito, 22/10/2009.).

Los vecinos se molestaban entonces por el carácter "hipotético" de los proyectos que elaboraban y que luego serían votados. Afirmaban:

A.: Que dejemos de estar armando proyectos en forma hipotética por una cantidad que no sabemos si realmente va a entrar o no va a entrar.

(Entrevista con A., vecina del CMD Oeste. Observación etnográfica del Consejo Participativo de Distrito, CMD Oeste, 22/10/2009.)

G.: Al mes de marzo debían haberse ejecutado los talleres de verano votados y aprobados, y soy molesta con esto porque fue un reclamo de los vecinos, porque vinieron a votarlo, porque salió aprobado, y porque yo pongo la cara en la calle y me preguntan a diario qué pasó con esos talleres y qué va a pasar este año; entonces para saber con qué cara voy a salir yo ahora a decir 'el PP sigue siendo tu herramienta, no está al pepe', tengo que saber claramente, claramente, de cada secretaría qué criterio se va a utilizar y con qué criterio van a salir las cosas, y si se pactan 200 mil pesos qué, cómo, cuándo y dónde se van a utilizar; porque en general no se utilizan del modo y con espíritu con el que salen de acá dentro, sino con el espíritu de un funcionario…

(Entrevista con G., vecina del CMD Oeste. Observación etnográfica del Consejo Participativo de Distrito, CMD Oeste, 22/10/2009.)

Por otra parte, hay que remarcar la importancia de la "evaluación de factibilidad" en la que participan los funcionarios municipales de las áreas centrales. Los vecinos no podrán realmente decidir "hacer lo que quieren"; el filtro de los análisis de factibilidad o viabilidad es significativo también para matizar el carácter decisional del dispositivo.

Si del presupuesto participativo se espera una participación más numerosa y una incidencia mayor en la toma de decisiones, se espera a la vez una mejor calidad de la "deliberación" con respecto a los otros dispositivos participativos[9]. En esta herramienta hay siempre un formato de asamblea y la coordinación/animación de un funcionario del gobierno que orienta y ayuda en la organización de la toma de la palabra y de las reuniones en general así como en la elaboración de los proyectos. Los vecinos se reúnen en asamblea y exponen sus preocupaciones cotidianas: los pozos de una esquina, la basura acumulada en otra, la falta de rampas de acceso en otra. Siempre hay una forma de intercambio entre los vecinos, y entre éstos y los representantes del gobierno, con el objetivo de elaborar una lista de proyectos respondiendo a ciertas necesidades e implicando un presupuesto determinado. El rol de los funcionarios animadores (ya sea de los directores de los CMD o de los Secretarios Técnicos en Rosario, ya sea de los Coordinadores del Presupuesto Participativo de los CGPC en Ciudad de Buenos Aires, ya sea de los Promotores Comunitarios en Morón) es muy importante, porque reconducen la discusión permanentemente, señalando las atribuciones inherentes a la municipalidad, las políticas que ya están siendo implementadas, excusando al gobierno de no haber ejecutado tal o cual proyecto, prometiendo una mediación a favor de los vecinos, entre otras funciones. Los vecinos deben tomar en cuenta las limitaciones presupuestarias e institucionales y manejar una competencia entre las propuestas llevadas por cada uno de ellos.

Ahora bien, hay que saber si este intercambio puede ser leído con el prisma de las teorías de la deliberación o de la "democracia deliberativa" que se desarrollan en el presente. Ciertamente, no se trata de una deliberación racional desinteresada orientada por la fuerza del mejor argumento. Al contrario, son los intereses concretos y particulares de

---

[9] Como, por ejemplo, del Concejo en los Barrios, que existe tanto en Morón como en Rosario, o de la Banca Abierta que existe en Morón. Ambos dispositivos incorporan la presencia de los ciudadanos comunes en las asambleas legislativas locales, pero sin constituir una reunión de ciudadanos que deliberan entre sí. Para una descripción de estos y otros dispositivos participativos y una propuesta de clasificación, ver Annunziata (2009b).

los ciudadanos los que los empujan a participar e instalan una lógica de competencia de los proyectos: cada uno quiere hacer prevalecer su propio proyecto, ligado con frecuencia a una experiencia particular de la cotidianeidad del barrio, tal como veremos enseguida. Si la dinámica es finalmente consensual, se llega a un acuerdo como medio de conciliar diversas particularidades, y no como búsqueda de una "verdad" o "bien común". Una suerte de negociación[10] se instala, en la que la forma de llegar a un consenso final, sobre una lista de proyectos "factibles" para abrir a votación, es el "reparto"[11]. Es importante remarcar que la mayoría de los vecinos que toman la palabra se dirigen más bien al coordinador de la reunión que al resto de los vecinos considerados como auditorio: se trata menos de convencer a los demás que de plantear una pregunta

---

[10] Si tomamos, por ejemplo, la definición de "deliberación" de Bernard Manin, que implica la distinción establecida por Elster entre deliberación y negociación, vemos que la caracterización de las situaciones del presupuesto participativo como deliberativas no es evidente. Manin sostiene " (…) je définis la délibération comme un processus caractérisé par deux traits. En premier lieu, il s'agit d'un processus au cours duquel les membres de la collectivité communiquent entre eux avant de parvenir à une décision (…). D'autre part, dans la définition proposée ici, un processus de communication ne peut être qualifié de délibération que si ses participants emploient exclusivement des arguments, c'est à dire à des propositions visant à convaincre les auditeurs en vertu de leur validité intrinsèque. Les arguments peuvent concerner aussi bien des faits que des valeurs. Mais une proposition ne constitue un argument que si elle vise à gagner l'adhésion des auditeurs en vertu de la validité de ce qu'elle énonce (qu'il s'agisse de justesse morale ou d'exactitude factuelle), et non pas en promettant des récompenses ou en proférant des menaces" (Manin, 2011: 3-4).

[11] Este reparto, como veremos, tendría una fórmula como las siguientes: "Un proyecto para el barrio del Sr. X, un proyecto para el barrio de la Sra. Y, ningún proyecto más caro que los demás"; "No se pueden construir rampas de acceso para discapacitados en todo el barrio, hay que elegir dos calles". Gret y Sintomer (2002) reconocen un componente de "negociación" en las asambleas del presupuesto participativo de Porto Alegre. Apoyándose también sobre la distinción elsteriana, describen la dinámica de negociación de una forma que se aplica a nuestros casos: "Les personnes se confrontent de façon stratégique et l'intérêt général n'est construit que sur une base agrégative, en soupesant et en additionnant les intérêts particuliers" (Gret y Sintomer, 2002: 114). En el nivel microlocal, según el relato de los autores: "Les présents viennent très souvent pour défendre un projet et le faire passer avant d'autres, puisque les moyens sont limités et qu'il faut bien établir des priorités" (Gret y Sintomer, 2002: 115).

sobre el rechazo de un proyecto, de pedir una explicación, de reclamar la ejecución o de exigir un monto más elevado, etcétera. Debe prestarse también atención, entonces, al tipo de intercambio o comunicación entre los representantes del gobierno local y los vecinos[12], que se colocan en general en posición de demanda.

Desde este punto de vista, la forma que adquiere la enunciación no carece tampoco de relevancia. Diremos que el intercambio se produce sobre todo con la dinámica del par *testimonio-escucha*. La modalidad más frecuente de intervención por parte de los vecinos es en efecto el relato y el testimonio, de manera que el lugar que la experiencia singular y las vivencias de los vecinos tienen en el desarrollo de las asambleas es muy significativo. Esta vivencia en con frecuencia contada, narrada, como un sufrimiento, deviniendo muchas veces la actividad de tomar la palabra una actividad catártica. Los funcionarios subrayan por su lado esta dimensión expresiva de la subjetividad y utilizan ellos mismos el término "catarsis" para referirse a lo que los vecinos hacen, al menos en un primer momento, en estas instancias. Los vecinos hablan habitualmente en primera persona, compartiendo una narración de su experiencia particular del barrio, o de sus problemas particulares. Esta narración de la experiencia es legitimada por el reconocimiento de un saber ciudadano surgido de la vivencia del barrio, emergente precisamente de la experiencia cotidiana, sobre el que volveremos. La figura del vecino se construye como la de quien mejor conoce la realidad cotidiana del territorio y su conocimiento se comunica por medio del testimonio.

Del lado de los funcionarios y de los coordinadores de las reuniones, la posición es la de la escucha. Es significativo notar la recurrencia del término "escucha" en el "Primer Diccionario de Presupuesto Participativo" de Rosario (Municipalidad de Rosario, 2010b). Como parte de las actividades de capacitación de los consejeros, el gobierno de la ciudad organizó en 2010 una reunión plenaria con espíritu lúdico, con el obje-

---

[12] Los estudios de las dinámicas deliberativas en los dispositivos participativos contemporáneos dejan de lado este aspecto sin embargo clave, concentrándose en la interacción entre los ciudadanos, aunque la presencia y la toma de la palabra de los funcionarios o moderadores del gobierno local es un hecho casi invariable.

tivo de construir de forma participativa este diccionario. Para elaborar las definiciones los participantes debían pensar también en canciones o proverbios populares y en personajes que evocaran la noción a definir. El término "escuchar" tuvo como personaje característico al "Director de Distrito". En la definición de "democracia participativa" los vecinos eligieron la fórmula "escuchar y ser escuchado". Se espera de los funcionarios que presten atención a las experiencias particulares, a los relatos, a los problemas de los vecinos.

Vemos que el hecho de ser escuchado y el lugar dado al testimonio otorgan a la noción de "consulta" toda la profundidad que la simple oposición entre consultivo y vinculante no pude percibir. A la vez, la fisonomía que toma la comunicación entre los participantes de las reuniones se ve moldeada más por la consulta —bajo la forma del par testimonio-escucha— que por los criterios de las teorías de la deliberación.

Cristalización de una "política de la singularidad de la experiencia"

El criterio territorial y la fragmentación

La puesta en marcha de los presupuestos participativos se apoya en general sobre un proceso previo de descentralización. Siendo las municipalidades instancias descentralizadas de las provincias, la descentralización municipal significa la división del territorio en zonas más restringidas que reciben denominaciones diferentes según el caso.

En Morón, el presupuesto participativo se implementa desde 2006, apoyándose sobre el proceso precedente de descentralización municipal que dio lugar a siete "Unidades de Gestión Comunitaria" (UGC)[13]. Comenzando en 2004, la descentralización se consolidó en 2006, con la creación de un Gabinete Territorial en paralelo al Gabinete Temático en el gobierno de la ciudad, es decir, con la jerarquización de las UGC al nivel de secretarías. El presupuesto participativo se presenta entonces como una derivación de la descentralización municipal en su dimensión

---

[13] UGC 1: Morón Centro Norte; UCG 2: Haedo; UGC 3: El Palomar; UGC 4: Castelar Centro Norte; UGC 5: Castelar Sur; UGC 6: Morón Sur; UGC 7: Villa Sarmiento.

participativa. Los casos de Rosario y de Ciudad de Buenos Aires comparten esta combinación. En 1996 comenzó en Rosario un proceso de descentralización que dividió el territorio en seis distritos. En cada uno de ellos se creó un Centro Municipal de Distrito"[14], que sería luego, a partir de 2002, la base para las asambleas y la elaboración de los proyectos del presupuesto participativo. En Ciudad de Buenos Aires, también el presupuesto participativo descansó sobre la descentralización: desde 2005, quince Comunas o "Centros de Gestión y Participación Comunal" (CGPC)[15] fueron establecidos.

La importancia de la descentralización demuestra que la proximidad en su sentido físico exige siempre más proximidad. Es un movimiento hacia *lo más local posible*. El presupuesto participativo reposa sobre un criterio territorial para la distribución del presupuesto, para la elaboración de los proyectos y para la votación. Incluso para las primeras asambleas, o "asambleas" de barrio, las zonas ya descentralizadas son divididas en barrios; las votaciones de los proyectos también se desplazan por el territorio para "acercarse" a los vecinos. Tal como se puede ver en las listas de proyectos elegidos, muchos de ellos son consagrados a ciertos barrios en lugar de ser pensados para la zona descentralizada (UGC, CMD o CGPC). La "identidad" de los barrios es también puesta de relieve por los proyectos. La "descentralización" se revela entonces como un proceso infinito, nunca acabado.

---

[14] Los CMD son seis : CMD Norte, CMD Sur, CMD Oeste, CMD Centro, CMD Sudoeste y CMD Noroeste.

[15] CGPC 1: Retiro, San Nicolás, Puerto Madero, San Telmo y Montserrat; CGPC 2: Recoleta; CGPC 3: Balvanera y San Cristóbal; CGPC 4: La Boca, Barracas, Parque Patricios y Nueva Pompeya; CGPC 5: Almagro y Boedo; CGPC 6: Caballito; CGPC 7: Flores y Parque Chacabuco; CGPC 8: Villa Soldati, Villa Riachuelo y Villa Lugano; CGPC 9: Liniers, Mataderos y Parque Avellaneda; CGPC 10: Monte Castro, Villa Real, Versalles, Floresta, Vélez Sarsfield y Villa Luro; CGPC 11: Villa General Mitre, Villa Devoto, Villa del Parque y Villa Santa Rita; CGPC 12: Coghlan, Saavedra, Villa Urquiza y Villa Pueyrredón; CGPC 13: Nuñez, Belgrano y Colegiales; CGPC 14: Palermo; CGPC 15: Parque Chas, Chacarita, Villa Crespo, La Paternal, Villa Ortúzar y Agronomía. Sobre la Ciudad de Buenos Aires ver Landau (2008) y Carmona (2011).

El criterio territorial se aplica a la distribución del presupuesto que cada gobierno local destina al presupuesto participativo. En Morón, el criterio de distribución se ha modificado con el tiempo. En las primeras experiencias, las de 2006, 2007 y 2008, el dinero correspondiente a cada UGC era definido en función de la cantidad de población de su territorio. Pero los funcionarios del gobierno de Morón decidieron incorporar como criterio las condiciones socioeconómicas de cada UGC, a partir del índice de NBI (Necesidades Básicas Insatisfechas), combinándose con el criterio anterior. El caso de Rosario es bastante similar con respecto a la distribución del presupuesto. Éste era asignado en partes iguales para cada CMD hasta 2010. A partir de entonces un "Índice de Carencia" se agregó, buscando tomar en cuenta las diferencias socioeconómicas de los territorios. En la Ciudad de Buenos Aires no existe un monto fijo para el presupuesto participativo, de manera que la posibilidad de redistribución queda en las manos de los funcionarios que pueden favorecer los proyectos de un CGPC sobre los de otro. Pero esto muestra, considerados los tres casos en conjunto, que el presupuesto participativo no puede devenir una herramienta redistributiva, salvo si se considera la débil redistribución entre los territorios más pobres y los más ricos, pero nunca entre los estratos más y menos favorecidos de la población en su conjunto.

El proceso de participación es también desarrollado con un criterio territorial, siendo los proyectos elaborados y votados para cada UGC, CMD o CGPC. No existen proyectos concernientes al conjunto de las ciudades. El gobierno de Morón ha intentado sin éxito modificar este aspecto. El cambio de metodología de 2008 respondía, entre otras, a esta cuestión de la primacía de lo territorial. Se experimentó en esa línea en 2008 con la realización de la Ronda de Consultas con los funcionarios, reuniendo a los vecinos de todas las UGC, para incorporar una dimensión más integral y colectiva a la herramienta. El encuentro se organizó en comisiones de trabajo temáticas, dejando de lado esta vez el criterio territorial, mezclando a los voluntarios de todas las UGC. Pero este encuentro único de todas las UGC fue, según los funcionarios, muy difícil de manejar. Cuando se consagraba mucho tiempo a los proyectos pensados para una UGC, los vecinos de las otras se ponían inquietos. Por eso, en

2009, la Ronda de Consulta volvió a ser desarrollada en cada una de las UGC. Como dijimos, el diseño de la herramienta no permite la elaboración de proyectos concernientes a la totalidad de las municipalidades: la única forma de tener un mismo proyecto en todo el territorio es que los vecinos lo presenten en cada una de las zonas descentralizadas y que luego salga elegido en todas ellas. Puede ocurrir, y sucede con frecuencia, que un proyecto de instalación de refugios en una arteria límite entre dos barrios, lleve a la instalación de dichos refugios de un solo lado de la avenida (Entrevista con G.C., Director de Organizaciones y Participación Comunitaria de Morón, 10/11/2010).

Hay que subrayar que estas unidades descentralizadas son a la vez divididas en barrios en ciertos momentos del proceso. Por ejemplo, durante las primeras asambleas de promoción de la herramienta, las reuniones se multiplican en diferentes lugares de las UGC, CMD o CGPC, pudiendo llevarse a cabo en clubes, asociaciones, escuelas, etc. Esta multiplicación se produce asimismo, en el caso de Morón especialmente pero también en Rosario, en el momento de las votaciones de proyectos, al desplazarse las urnas hacia los diferentes barrios para acercarse a los vecinos.

Las "Ferias de Proyectos Itinerantes" en Morón, muestran muy bien este espíritu de "ir a buscar al vecino". No es el ciudadano el que va en la búsqueda de los asuntos públicos, es la gestión local la que va en la búsqueda de los vecinos, invirtiendo el sentido del ritual del sufragio. El lugar de las urnas también se "descentraliza", al colocarse las mismas en distintos edificios municipales, escuelas, organizaciones comunitarias y espacios públicos. Eventos artísticos, deportivos y recreativos acompañan las ferias de proyectos para atraer la participación. En 2010 se decidió en Rosario que la Segunda Ronda se extendiera en el tiempo y que se instalaran más puntos de votación en los barrios. Este desplazamiento y multiplicación de los puntos de votación produjo la mayor participación histórica de esta etapa del presupuesto participativo, alcanzando los 20 mil votantes. No hay que olvidar que la descentralización de las votaciones puede llegar incluso a la generación de público cautivo: lo vemos en el ejemplo de las ferias de proyectos en las escuelas de Morón o en la segunda ronda de Rosario, que aprovechó las esperas en los centros de salud (Observación etnográfica durante la votación de los proyectos en el CMD Norte, Rosario, 17/12/2010).

Lo que queríamos mostrar con la referencia a las votaciones y a las primeras asambleas es que el principio de ir hacia lo más local posible puede significar la organización de la participación no solo a partir de zonas descentralizadas en cada gobierno local, sino también a partir de los distintos barrios al interior de las mismas.

Vemos entonces que este proceso "infinito" de descentralización, en el que todo parece poder finalmente ser más local, produce de entrada una fragmentación. Ahora bien, otra forma de la fragmentación aparece también tanto en la discusión y elaboración de los proyectos por los vecinos como en la votación.

La mayoría de los vecinos se acerca a las instancias del presupuesto participativo a causa de un interés particular, con la intención de resolver un problema que los afecta personalmente. Aunque la herramienta sea presentada como un espacio de discusión y de producción de lo colectivo, en la práctica, los vecinos quieren defender "su proyecto". Opera de esta manera una competencia entre los participantes. Se observa una dificultad para la generalización en la intervención de los vecinos: hablar en términos de "mi proyecto", "el proyecto de X", "ganó", "perdió", termina por ser legítimo para todos los actores. Con frecuencia, los gobiernos lo reconocen como una contrariedad, que va en contra de los objetivos que se habían propuesto al implementar el dispositivo. La Secretaria de Relaciones con la Comunidad y Organizaciones Comunitarias de Morón expresaba, por ejemplo:

> M.J.P.: Es muy heterogéneo lo que aparece. El presupuesto participativo metodológicamente falla: porque si bien dentro de sus objetivos está esto de trabajar comunitariamente en las cuestiones que expresen más lo colectivo que lo individual, en lo concreto no termina pasando tan claramente como uno desearía…
>
> (Entrevista con M.J.P., Secretaria de Relaciones con la Comunidad y Organizaciones Comunitarias de Morón, 13/11/2009.)

El nuevo Director de Organizaciones y Participación Comunitaria sostenía un año después, que su equipo buscaba:

> G.C.: […] una mirada más general y colectiva del barrio, que es una de las dificultades con las que nos encontramos en relación al estilo habitual de participación en una coyuntura como la actual, donde por ahí mucha gente participa pero más desde una mirada del problema individual, desde la puerta de la casa.
>
> (Entrevista con G.C., Director de Organizaciones y Participación Comunitaria de Morón, 25/03/2010.)

Ahora bien, otros funcionarios a cargo del presupuesto participativo encuentran natural que cada vecino participe en función de "su proyecto". Por ejemplo:

> F.C.: […] por supuesto cada vecino quiere que se ejecute su proyecto y que sea votado su proyecto, por lo cual lo defiende, y después cuando salían votados no había un mecanismo confiable para que eso se plasme en resultados.
>
> (Entrevista con F.C., Director del CGPC 2, 10/03/2010.)

Otra versión de la particularización de los proyectos puede aparecer como los proyectos de tal o cual barrio. Si los vecinos no hablan de los proyectos en términos personales, lo hacen en términos de "su barrio", pero la competencia se produce siempre entre los proyectos de un barrio y los de otro, en el marco de cada UGC, CMD o CGPC. Tanto la elaboración como la votación y el seguimiento de los proyectos se tiñen de este espíritu particular, como lo vemos en las opiniones de estas vecinas de Rosario:

> G.: Cada uno presenta su proyecto y quiere que su proyecto salga, que los problemas de su barrio se solucionen.
>
> (Entrevista con G., vecina del CMD Oeste, 16/12/2010.)
>
> E.: Cada uno va votando los que le parecen más importantes para su barrio.
>
> (Entrevista con E., vecina del CMD Centro, 16/12/2010.).

A.: Hay que hacer después el seguimiento de tu proyecto.

(Entrevista con A., vecina del CMD Oeste, 16/12/2010.)

En Rosario, esta fragmentación por barrios conduce incluso a lo que los vecinos llaman una "generación de alianzas". Los vecinos se ponen de acuerdo para votar los proyectos del barrio de al lado a condición de que los otros vecinos voten los suyos. Un vecino de Rosario lo contaba así:

O. : Se genera una política de alianzas, con otros barrios, que llevan otros proyectos, y vos te planteás, bueno "votame el proyecto mío que yo voto el tuyo" […]. Han salido proyectos para el barrio, que han salido de esa manera. Nosotros le hemos votado proyectos de aquel barrio y ellos han votado proyectos del nuestro.

(Entrevista con O., vecino del CMD Noroeste, 22/10/2009.)

La concepción del presupuesto participativo para los mismos vecinos está lejos de ser colectiva o redistributiva. Pareciera que la herramienta es vista más bien como un espacio de canalización de demandas para resolver problemas que afectan directamente y cotidianamente a los participantes, o que se piensan en última instancia como necesidades personales. Leamos, por ejemplo, el testimonio de un vecino de Morón:

El proyecto de participación vecinal me parece perfecto porque cada uno se explaya en lo que quiere, y después se hace una lista de todo lo que uno quiere, cada vecino, después se amplía, se mejora, y se vota.

(Municipalidad de Morón, 2010c.)

Por otra parte, en los casos de Morón y de Rosario, que disponen de montos fijos para cada UGC o CMD –contrariamente a la Ciudad de Buenos Aires–, es posible ver otra forma de la fragmentación. Notamos que en el curso de las asambleas la posibilidad de presentar una gran cantidad de pequeños proyectos es valorada, con el fin de que más proyectos puedan ser seleccionados. Esta valoración es compartida por los vecinos y por los funcionarios. Una fragmentación de los proyectos acompaña la fragmentación por territorio, intentando en general tener el mayor número posible de proyectos para los microterritorios más reducidos. Pero esto produce el efecto paradójico de que la capacidad de la herramienta de resolver algún problema de cierta magnitud, más global, se reduce considerablemente. Los funcionarios coordinadores del Presupuesto Participativo pueden o no alentar la fórmula "muchos proyectos pequeños", pero reconocen en todo caso que los vecinos prefieren sin duda esta fórmula. En Rosario, por ejemplo, la Secretaria Técnica del Presupuesto Participativo del CMD Noroeste, contaba que los vecinos se ponen de acuerdo para no presentar proyectos muy costosos y permitir así que una mayor cantidad de propuestas sean puestas en marcha.

> M.R.: […] los proyectos de montos muy altos, este año, se proponían entre ellos, o, reducirlos, "este es de calles y es muy alto, elegís las dos calles que peor están", eso se hizo con los proyectos muy altos, o proyectos que no se podían achicar en su monto, que no podía bajarse la cantidad, directamente se desestimaron, no entraron en este listado. Por ejemplo una adecuación hidráulica de un sector grande, de un barrio, que si no se hacía entera no servía y salía 5 millones de pesos […]. Si salía votado se llevaba el 95% para un solo barrio, para quince cuadras; entonces ese se desestimó, por ejemplo […] [como también] dos proyectos de pavimentación de 1 millón 700 mil cada uno.
>
> (Entrevista con M.R., Secretaria Técnica del Presupuesto Participativo del CMD Noroeste, 15/12/2010.)

De este modo, no puede haber proyectos que impliquen un porcentaje importante del que corresponde al CMD por el presupuesto participativo:

> M.R.: Una sola vez un proyecto se llevó 1 millón 400 mil pesos, pero nunca un proyecto se lleva más.
>
> (Entrevista con M.R., Secretaria Técnica del Presupuesto Participativo del CMD Noroeste, 15/12/2010.)

Los vecinos parecen convencidos de la preferencia por la mayor cantidad de proyectos; es una consecuencia de la presuposición compartida de que cada vecino quiere ver ganar su proyecto o el proyecto de su barrio.

> M.: Preferimos que los proyectos sean chicos; si no, sale tu proyecto y no salen los otros, consensuamos los proyectos.

(Entrevista con M., vecino del CMD Oeste, Rosario, 16/12/2010.)

M.: Si los proyectos son grandes, sería una obra sola; el problema es que queremos que sean muchos.

(Entrevista con M., vecino del CMD Norte, Rosario, 17/12/2010.)

Se ha señalado con frecuencia que la participación en la escala local puede ir acompañada de un espíritu particular o "de campanario"[16]. Esto adquiere todo su sentido a partir de lo que acabamos de ver en la práctica del presupuesto participativo. Esta afirmación del vínculo entre el tipo de participación y la escala es correcta, pero también puede ser tramposa: acabamos de mostrar que la escala condiciona a la participación; ahora bien, a la vez, la participación condiciona la escala. Lo que es el "espacio local" no es definido solamente por los límites territoriales del gobierno municipal: se define por la fragmentación territorial que opera el gobierno mismo y por la fragmentación que operan los participantes cuando piensan y votan los proyectos.

Podemos conjeturar entonces que dos variables están en juego. Por un lado, la de lo estructural: el diseño de la herramienta de participación influye sobre la forma de encarar las preocupaciones de los vecinos, empujándolos a concentrarse en su barrio. Hasta el presente, no hay dimensiones temáticas atravesando el criterio territorial en la metodología de los presupuestos participativos en Argentina, de manera que los intercambios son siempre en relación con el territorio de cada zona descentralizada o incluso de cada barrio. Por otro lado, la motivación de los vecinos a participar no surge, como los gobiernos locales podrán esperar, de una sed de debate y de profundización de la democracia, sino de una búsqueda de respuestas concretas a sus problemas concretos. O bien: la fragmentación de los proyectos —en un sentido territorial pero también con respecto al presupuesto disponible— parece ser para los actores "más democrática".

---

[16] Por ejemplo, Yves Sintomer afirma en este sentido: "Il ne faut pas nier qu'un esprit de clocher tend souvent à accompagner la participation à l'échelle micro-locale" (Sintomer, 2003: 9). Loïc Blondiaux (2008) coincide en la escala microlocal contribuye a exacerbar los egoísmos locales y sociales y a alentar las preocupaciones sobre el entorno inmediato.

La fragmentación está ligada al deseo, de los funcionarios y de los vecinos, de resolver problemas concretos, cotidianos, que estarían más allá del contenido político de la participación. En otros términos, esta voluntad de satisfacer necesidades puntuales viene acompañada de la idea de que el dispositivo participativo es sobre todo una herramienta de gestión. Lo que nos envía al apartado siguiente.

La gestión y el vecino genuino

El presupuesto participativo pone en evidencia la tensión entre política y gestión en la que habita la participación de los vecinos. Aunque sea presentada como una herramienta para "profundizar la democracia", para "construir ciudadanía", un rechazo a la política coexiste con estos objetivos. La mayoría de los vecinos tienden a denegar la política y a sostener que su participación en el presupuesto participativo no implica en absoluto "hacer política" o relacionarse con ella. Los funcionarios de los gobiernos locales, ellos también, consideran con frecuencia que no hay política en este dispositivo y que los vecinos que participan no buscan allí la política. ¿Se trata entonces de una democracia o democratización sin política? ¿Se trata de la gestión en el nombre de la democracia?

La visión predominante de este tipo de dispositivos los entiende como instancia de gestión y de resolución de problemas cotidianos, que van más allá de la política, de las ideologías y de los partidos políticos. En la Ciudad de Buenos Aires, por ejemplo, lo vemos claramente en el discurso de los funcionarios responsables del Presupuesto Participativo, del mismo modo que en las opiniones de los vecinos que participan. Se trata para ellos de una herramienta no política y que no debe "politizarse". El Director del CGPC 3, por ejemplo, contaba su estrategia para separar la política de la gestión en el proceso del presupuesto participativo:

> M.C.: Algunos vienen a hacer política, entonces yo me quise como despegar de eso, porque la verdad que yo la política la hago desde otro lugar y no la hago desde la gestión, entonces, como no quiero mezclar las cosas entre gestión y política, puse a una persona de planta permanente, como para darle una señal a los vecinos que vengan, de que se hable de gestión…

(Entrevista con M.C., Director del CGPC 3, 19/3/2010.)

La persona a cargo de coordinar el presupuesto participativo en ese GCPC, concebía también la herramienta como alejada de la política:

M.S.: Yo hace 22 años que trabajo en el Gobierno de la Ciudad; cuando comienza un Foro yo lo primero que digo es… me presento y digo que hace 22 años que trabajo en el Gobierno de la Ciudad, que yo no tengo afiliación política y que la gestión que esté, no me interesa […]. Cuando yo me presento es lo primero que les digo: "yo hace 22 años que trabajo acá, no estoy afiliada a ningún tipo de partido político; no me interesa la política". […] en ese ámbito es el trabajo con el vecino…

(Entrevista con M.S., Coordinadora del Presupuesto Participativo del CGPC 3, 19/3/2010.)

El Coordinador del Presupuesto Participativo del CGPC 2 opinaba de manera similar:

E.B.: No lo considero un espacio político; lo considero un espacio de participación entre vecinos […] más allá de la ideología que uno puede tener o no, uno tiene que actuar dependiendo de lo que realmente es mejor para el barrio, más allá de la ideología, ¿se entiende? Entonces en el caso de una herramienta de participación como es el presupuesto participativo, yo puedo tener una opinión respecto a tal o cual tema, pero si los vecinos lo votan y están de acuerdo con ese tema, digo, lo están votando los vecinos… y no debería ser tan politizado […]. Vos tenés que tratar de elegir proyectos para el barrio […]. Vos venís a hablar de proyectos, entonces, más allá de la ideología, no tenés que irte por las ramas…

(Entrevista con E.B., Coordinador del Presupuesto Participativo del CGPC 2, 23/3/2010.)

Otra de las formas en que puede aparecer la concepción política de la herramienta es, o bien la separación de lo "político-partidario" y lo político en general, o bien la asociación del dispositivo a una transformación cultural global. Veamos, respectivamente, la opinión de la Secretaria de Relaciones con la Comunidad y Organizaciones Comunitarias de Morón y de la Secretaria Técnica del Presupuesto Participativo del CMD Norte en Rosario:

M.J.P.: La gran mayoría de los que se integran sin espacios de participación en otro tipo de ámbitos, la política es mala palabra, tienen como esta concepción, "no, yo política no vengo a hacer". No venís a hacer política partidaria y es tu derecho hacerlo como no, pero sí estás haciendo política.

(Entrevista con M.J.P., Secretaria de Relaciones con la Comunidad y Organizaciones Comunitarias de Morón, 13/11/2009.)

S.M.: No se concibe como un espacio político, tiene que ver con la construcción de ciudadanía, de la democracia [...]. Es una herramienta de construcción de ciudadanía.

(Entrevista con S.M., Secretaria Técnica del CMD Norte, Rosario, 17/12/2010.)

Ahora bien, vemos cómo "participación" y "ciudadanía", pierden su contenido político, puesto que finalmente estas dos nociones reenvían en la práctica a la resolución de problemas cotidianos. Los vecinos, por su parte, comparten la perspectiva de muchos funcionarios sobre el carácter no político de este tipo de dispositivos. Veamos algunos ejemplos:

C.: El presupuesto participativo es una herramienta de gestión, a nivel micro, a nivel no político, son proyectos pequeños, barriales; si se involucra la política se desvirtúa.

(Entrevista con C., vecino del CGPC 2, 26/3/2010.)

C.: El que va al presupuesto participativo tiene que actuar más como vecino (que resuelve problemas) que como ciudadano (que vota por un partido político).

(Entrevista con C., vecino del CGPC 2, 26/3/2010.)

M.: Para mí no es nada político, en las reuniones hay distintos ideales (y partidos, pero la gente no lo dice). No se habla para nada de política. Eso está bueno. [La gente viene como vecino, porque eso] tiene más credibilidad que la política, si te conocen a vos [...]. A ningún político le interesaría mi proyecto, porque en mi cuadra hay cuatro casas, es un pasaje de 50 metros, el pasaje Tarragona; el pavimento por política lo tendría en 15 años; el presupuesto participativo es una buena forma de resolver problemas, no de hacer política.

(Entrevista con M., vecina del CMD Noroeste, 15/12/2010.)

M.: Los vecinos aportan al municipio credibilidad, aire, aire fresco; la política es muy sucia, y el aire fresco se lo aporta la gente.

(Entrevista con M., vecino del CMD Oeste, 16/12/2010.)

Podemos afirmar entonces que en estos espacios que invitan a la participación ciudadana, la política, al menos la política ligada a los partidos y a la representación, se encuentra fuertemente cuestionada. La legitimidad de los problemas concretos y cotidianos de los vecinos, más allá de toda ideología, parece prevalecer sobre la legitimidad de la política como visiones del mundo confrontadas y organizadas alrededor de ideas. La "participación" pierde así su dimensión política.

De esta manera, el vecino que quiere resolver problemas aparece como más legítimo que el representante electo. Podemos ver en la opinión de un vecino la ilustración extrema de esta tensión con la representación política y los partidos:

M.: Que el concejal sea elegido del PP, por zona [...]. Los concejales no conocen el barrio, son todos del centro y los ponen los partidos políticos, acá los ponemos nosotros. Se tendría una representación más exacta de la ciudad. Hoy los partidos políticos no representan a nadie. Que estemos vos y yo de acuerdo no quiere decir que conozcamos a la ciudad.

(Entrevista con M., vecino del CMD Oeste, 16/12/2010.)

La mirada crítica hacia los partidos políticos se superpone con la crítica hacia la representación. Hermes Binner, ex intendente de Rosario y el primero en poner en marcha el presupuesto participativo, sostenía con respecto al mecanismo:

Esta es una instancia superadora de la democracia representativa. La democracia participativa es una extraordinaria posibilidad para todos los vecinos que quieren tener presencia en las decisiones y tal vez no se sienten del todo representados por sus representantes.

(Discurso del ex intendente de Rosario, Hermes Binner, durante la presentación oficial del presupuesto 2003.)

La orientación ideológica de la gestión local se desdibuja de este modo. Si de lo que se trata es de responder a las demandas fragmentadas de los vecinos, el rol del gobierno parece también perder su vínculo con lo político. Una buena forma de explorar el problema del lugar de la orientación política o ideológica del gobierno local en el proceso participativo es observar los criterios llamados "de factibilidad" de los proyectos. El presupuesto participativo, ¿supone hacer lo que los vecinos quieren? ¿No existen límites a lo que los vecinos pueden hacer con la herramienta? Y si los hay, ¿cómo se justifican estos límites? ¿Cómo reaccionar si los vecinos proponen desarrollar un proyecto que contradiga una línea política del gobierno en ejercicio? Los funcionarios suelen justificar los límites a la factibilidad en función de criterios técnicos, jurídicos, presupuestarios, pero como tal, el criterio "político" suele estar ausente. Por ejemplo:

> A.L.P.: La no factibilidad puede tener que ver con un criterio técnico, o presupuestario…
>
> (Entrevista con A.L.P., Coordinadora General del Presupuesto Participativo de Rosario, 21/10/2009.)
>
> A.L.P.: Si la gestión está en contra de algo, es por factibilidad técnica, jurídica.
>
> (Entrevista con A.L.P., Coordinadora General del Presupuesto Participativo de Rosario, 16/12/2010.)
>
> M.C.: Hay algunos que uno sabe que no son factibles, que es imposible hacerlo, o por costo, o porque ya está previsto hacerlo por otro lado, o porque jurídicamente tiene trabas, otros es porque ejecutarlos requeriría más de un año y los proyectos son anuales.
>
> (Entrevista con M. C., Director del CGPC 3, 22/10/2009.)
>
> F.C.: Muchas veces se pedían cosas irreales, no irreales, pero no podían llevarse a cabo por impedimento legal, o por un impedimento estructural, o por recursos…
>
> (Entrevista con F.C., Director del CGPC 2, 10/3/2010.)

En sintonía con la idea de que lo que se hace en el presupuesto participativo es gestión y no política, los funcionarios consideran que no es posible enfrentarse a una propuesta de los vecinos que se oponga desde el punto de vista ideológico a su plan de gobierno:

> F.C.: Como son cosas puntuales y comunales es difícil que vayan contra una política de gobierno.
>
> (Entrevista con F.C., Director del CGPC 2, 10/3/2010.)
>
> M.S.: No hay algo ideológicamente opuesto a la gestión. No se plantea esa palabra…
>
> (Entrevista con M.S., Coordinadora del Presupuesto Participativo del CGPC 3, 19/3/2010.)

Otro elemento que revela la primacía de la legitimidad de los problemas concretos de los vecinos por sobre la legitimidad de los representantes y de los partidos políticos es la cuestión del presupuesto consagrado a la herramienta. Si bien algunos funcionarios reconocen que el presupuesto participativo no puede implicar la totalidad del presupuesto municipal, subsiste en ellos y sobre todo en los vecinos la idea de que el horizonte es siempre el aumento del monto afectado al dispositivo. Durante el Segundo Encuentro de la Red Argentina de Presupuestos Participativos (RAPP)[17], los coordinadores del Presupuesto Participativo de diferentes municipalidades del país coincidían en ver el bajo monto como uno de los problemas más importantes a los que se enfrentaban en tanto que responsables políticos de la participación ciudadana. Al contrario, nunca aparece la cuestión del límite de este monto: se deja así entrever que el ideal sería aumentarlo gradualmente hasta que llegara al 100% (o al menos, no se produce un esclarecimiento de parte de los funcionarios sobre este punto). Pero entonces, ¿cuál sería el sentido de la representación político-ideológica que maneja el presupuesto del gobierno para llevar adelante políticas públicas con una orientación determinada? Esta pregunta no se plantea, como si la legitimidad de los problemas concretos de los vecinos fuera tan fuerte que ocultara el rol político de los gobernantes.

El tipo de proyectos elaborados y votados por los vecinos, finalmente, nos habla también de la concepción administrativa de la herramienta. Se

---

[17] Observación etnográfica del Segundo Encuentro de la RAPP, Ciudad de Córdoba, 4, 5 y 6 de diciembre de 2009.

trata, en la mayor parte de los casos, de pequeños proyectos vinculados con el mobiliario urbano (semáforos, arbolado, rampas de acceso, refugios en paradas de transporte público, luminarias, etcétera) o de campañas de concientización y talleres sobre diversas problemáticas (danzas, cuentos para niños, festividades populares, prevención en salud, etcétera). Habitualmente, son tareas que le gobierno municipal está "obligado a cumplir" o que cumpliría de todas formas. Volveremos sobre este aspecto en el apartado siguiente.

En correspondencia con la idea de que el presupuesto participativo es una instancia de gestión, o bien de una "participación" y una "ciudadanía" que no se mezclan con la política, aparece la figura de un "participante ideal": el vecino "independiente", sin lazos asociativos ni políticos, es valorado por todos los actores. Los participantes se presentan a sí mismos como simples vecinos; aquellos que tienen alguna pertenencia, muchas veces la disimulan. Como decía la Secretaria Técnica del presupuesto participativo del CMD Noroeste en Rosario:

> M.R.: Acá al principio no dice nada, "todos somos vecinos", esa es la premisa (…). "Acá vengo como vecino" […]. Como que tiene más valor ser vecino, sin participar en nada, o sin que se le conozcan sus otras vinculaciones, parecería.
>
> (Entrevista con M.R., Secretaria Técnica del Presupuesto Participativo del CMD Noroeste, 15/12/2010.)

El Director del CGPC 2, en la Ciudad de Buenos Aires, describía la misma lógica, la mayoría de los participantes se presentan como "simples vecinos":

> F.C.: Hay muchos vecinos que no son políticos, que no son de ninguna agrupación ni nada. Es más, hay algunos que lo dicen hasta con orgullo "yo soy una vecina independiente" […]. Hay vecinos que se sienten valorados por eso: a mí nadie me manda, mi palabra es legítima.
>
> (Entrevista con F.C., Director del CGPC 2, 10/3/2010.)

Mientras que para los participantes ser un vecino sin pertenencias parece más legítimo, los funcionarios también muestran con frecuencia su preferencia por los no organizados. La Secretaria Técnica del CMD Norte en Rosario afirmaba, por ejemplo:

S.M.: De partidos políticos no hay, no lo dicen abiertamente, te das cuenta porque generan una discusión.

(Entrevista con S. M., Secretaria Técnica del CMD Norte, 17/12/2010.)

El Director del CGPC 2 en Ciudad de Buenos Aires contaba por su parte:

F.C.: El vecino normal te levanta la mano, te pide permiso para hablar, y empieza con "Me parece…" o "Creo…". El político no te pide permiso, se levanta antes de hablar, y cuando habla le habla a todo el mundo y no te habla a vos que estás coordinando la reunión, por decirte una cuestión, ves que plantea posturas firmes, trata de romper algunas otras propuestas…

(Entrevista con F.C., Director del CGPC 2, 10/3/2010.)

La responsable del presupuesto participativo en el CGPC 3 hablaba de los que llamaba "vecinos genuinos":

M.S.: Cuando yo hablo de genuino es que no tienen participación… ningún tipo de participación política.

(Entrevista con M.S., Coordinadora del Presupuesto Participativo del CGPC 3, 19/3/2010.)

M.S.: Para mí el vecino genuino es aquel que si bien tiene un interés personal […] no hay una intervención personal a nivel político sino que hay una intervención a nivel más necesidad barrial, con una necesidad concreta […]. Viene con una necesidad que seguramente le toca en su cuadra, pero que es una necesidad, es necesidad real.

(Entrevista con M.S., Coordinadora del Presupuesto Participativo del CGPC 3, 19/3/2010.)

Vemos que mientras los vecinos con una pertenencia política son percibidos como conflictivos, como obstáculos a la dinámica consensual de la herramienta, y como "farsantes", que no presentan "necesidades reales", el participante ideal es un vecino no organizado y sobre todo no politizado. La forma en la que los funcionarios hablan de estos vecinos revela también la tendencia a valorar su figura: "vecinos independientes", "vecinos sueltos", "vecinos de a pie", "vecinos comunes", "vecinos normales", "vecinos desinstitucionalizados", "vecinos genuinos"[18].

La figura del "vecino" se carga de este modo de toda la significación de lo que es considerado legítimo como "participación" y como "profundización de la democracia".

El saber de la experiencia y la perturbación del Estado

Toda una literatura ha aparecido en los últimos años tomando por objeto los "saberes ciudadanos" y poniendo en cuestión la distinción entre lo experto y lo profano, ver especialmente Sintomer (2008), Fromentin y Wojcik (2008), Blondiaux (2008) y Talpin (2008; 2010). Esto indica un reconocimiento creciente de saberes ligados a la experiencia particular y cotidiana de cada uno, experiencia no profesional así como no política.

El denominado "saber de uso" (*savoir d'usage*) (Sintomer, 2008; Talpin, 2008), por ejemplo, sería un saber adquirido por el ciudadano común en relación con su experiencia de lo cotidiano y del territorio, ligado a su rol de usuario de los servicios públicos locales, no producto de una experiencia cívica democrática, sino de una experiencia permanente de habitar y consumir, de llevar su vida privada, en un territorio dado. Es siempre un saber singular. Puede ser visto como vinculado a una lógica empresarial, inscripto en la relación entre la administración y los usuarios-clientes: si cada uno conoce bien sus intereses en tanto que usuario, el acceso a este interés permitiría una oferta política mejor adaptada a las necesidades (Sintomer, 2008). Cécile Cuny (2008) habla por su parte de "saber local" (*savoir local*), en el mismo sentido que el saber de uso: se trata de un saber empírico, inseparable del contexto de las prácticas y de las situaciones en las que es movilizado; se adquiere por el uso cotidiano de

---

[18] Incluso los funcionarios se presentan a sí mismos en algunas ocasiones como vecinos. Durante una asamblea del presupuesto participativo del CGPC 14, por ejemplo, el moderador de la reunión, empleado municipal, decía: "Yo soy vecino como ustedes […]. No soy uno diferente […]. Y tengo las mismas frustraciones desde adentro y como vecino" (Observación etnográfica, 3ra Asamblea del Presupuesto Participativo, CGPC 14, 11/8/2008)

los equipamientos del barrio. Desde este ángulo, los ciudadanos devienen los "verdaderos expertos del barrio", mientras que los funcionarios, los representantes, devienen los "profanos de lo local", ignorando la realidad de las condiciones de vida y de trabajo de la gente común.

El "saber de uso" y el "saber local" descansan en la idea de que los ciudadanos son los mejores conocedores de las realidades ligadas a su vida cotidiana: debiendo ser tenida en cuenta la singularidad de sus vivencias, este saber puede sostener la justificación misma de los dispositivos participativos, especialmente, de dispositivos tales como el presupuesto participativo en el que los ciudadanos son invitados a pensar proyectos para su entorno inmediato a partir de su conocimiento de éste. Si lo que los funcionarios llaman la "catarsis" forma parte inevitable del proceso participativo, es porque con frecuencia la práctica problemática o sufrida de un territorio, los obstáculos que hacen la vida más difícil, los problemas recurrentes, las necesidades no satisfechas (Talpin, 2008) son los que constituyen el saber adquirido. Y dicho saber se comunica, como hemos visto, a través del testimonio, de las anécdotas, de los relatos.

El profano, o el "ciudadano común", el "vecino común", lo es con respecto a los expertos técnicos, científicos o profesionales, pero también a "los políticos". El ciudadano "sin cualidades" se vuelve entonces portador de un saber reivindicado por el hecho de ser a la vez un no especialista y no politizado; al contrario, tendría una experiencia cotidiana "pura" del territorio, que le confiere un saber inclasificable, no generalizable, y valorado en su singularidad. La figura del "vecino genuino" es su soporte: si es, como acabamos de ver, un ciudadano desligado de pertenencias, puede ser por esto el verdadero experto de la singularidad de la experiencia. El "saber de la experiencia", como preferimos nombrarlo nosotros, abarca a la vez el territorio, el barrio (saber local) y la práctica cotidiana (saber de uso). Ahora bien, el rasgo característico de su experiencia es que es singular; es singular a tal punto que los representantes y los técnicos no podrían nunca acceder a ella, es por eso que hay que consultarlos, escucharlos, y que el relato y el testimonio se colocan en el centro de la escena.

En efecto, los gobiernos locales justifican la puesta en marcha de los dispositivos tales como el presupuesto participativo en razón de este "saber de la experiencia". A la pregunta de por qué es importante participar el gobierno de Morón respondía, por ejemplo: "La participación de todos los vecinos y vecinas de Morón es importante porque nadie sabe mejor que ellos mismos las necesidades y prioridades de su barrio" (Municipalidad de Morón, 2010c). En Rosario, aparece la misma justificación: "Nadie mejor que el vecino para pensar proyectos para su barrio y decidir su realización" (Municipalidad de Rosario, 2010a).

Los vecinos se ven a sí mismos como portadores de un saber que "ayuda" a la gestión. Un vecino del CMD Noroeste en Rosario, por ejemplo, otorgaba la mayor importancia a este saber:

> O.: Me parece a mí que lo del Presupuesto Participativo es una ayuda importantísima a la gestión. ¿Por qué? Porque vamos a ir a llevar un proyecto de que hay que mejorar una calle, de que hay que pavimentar otra, de que hay que resolver el problema de las zanjas, que hay que resolver la instalación de un semáforo, con mucho más conocimiento que incluso el funcionario que está en el distrito. […] O sea que por eso digo que me parece que es un aporte muy interesante: el conocimiento de la realidad cotidiana y de la realidad del lugar.

(Entrevista con O., vecino del CMD Noroeste, 22/10/2009.)

Vemos que Oscar define el saber de los vecinos como una combinación del conocimiento de la "realidad cotidiana" y de la "realidad de lugar"; al mezclar un saber de uso y un saber local, el territorio y su práctica, la experiencia singular debe ser valorada por los funcionarios[19]. Tal como lo afirma también, en este sentido, los vecinos disponen de un saber mayor que los representantes y los técnicos del gobierno.

En efecto, parecería que este saber se revela más legítimo que el de los "expertos". Llevado al extremo, el saber de la experiencia podría reemplazar las *expertises* tradicionales:

> O.: Qué importante este aporte del vecino a la gestión, porque le va a decir: "Ponelo acá el semáforo, porque ésta es la demanda, acá hace

---

[19] O: "Este ayudar a la gestión que realizan los vecinos, participando, dando opinión, llevando propuestas, es una ayuda enorme a la gestión, debe ser muy valorada…" (Entrevista con O., vecino del CMD Noroeste, 22/10/2009.)

falta"; le evitaría al municipio generar estudios de factibilidad en tal o cual lugar, le traería la cosa bastante resuelta…

(Entrevista con O., vecino del CMD Noroeste, 22/10/2009.)

Otros vecinos son de la misma opinión, por ejemplo:

A.: Conocés más que el municipio el barrio donde estás, cómo están las personas…

(Entrevista con A., vecina del CMD Oeste, 16/12/2010.)

M.: El vecino, la vecina, ejerce un derecho porque es el que mejor conoce el barrio […]. Es una herramienta de consulta para el municipio […]. La consulta a través del PP es fundamental, porque el vecino es quien mejor conoce la realidad del barrio.

(Entrevista con M., vecino del CMD Norte, 17/12/2010.)

Ahora bien, hay que remarcar que se trata de un saber singular, difícilmente compartible dado que se encuentra anclado en una experiencia singular y subjetiva. Otra vecina de Rosario afirmaba:

M.: Quién mejor que el vecino sabe las necesidades que tiene, quién mejor que uno mismo para saber sus necesidades.

(Entrevista con M., vecina del CMD Noroeste, 15/12/2010.)

Para el gobierno, el saber singularizado parece devenir inaccesible. Los coordinadores del Presupuesto Participativo de los CGPC 2 y 3 reflexionaban de manera semejante:

M.S.: […] el vecino lo vive, es cotidiano, va a pisar siempre la misma calle […] . Por más que hagas relevamientos, tenés que tener una persona por calle, y eso es imposible para el Ejecutivo.

(Entrevista con M.S., Coordinadora del Presupuesto Participativo del CGPC 3, 19/3/2010.)

E.B. El vecino está todo el día en el barrio y es el que conoce más el barrio. Yo soy vecino del barrio de Recoleta, o sea que tampoco es que vivo en otro lado, pero no estoy todo el día en la calle, en cierta parte del barrio no me voy a enterar nunca de lo que pasa porque tampoco es que estoy todo el día caminando el barrio.

(Entrevista con E.B., Coordinador del Presupuesto Participativo del CGPC 2, 23/3/2010.)

El vecino es portador de un saber que aparece como desinteresado por el hecho, justamente, de no responder más que a necesidades o preocupaciones individuales. Tal era la opinión, por ejemplo, del Coordinador del Presupuesto Participativo del CGPC 8 en la Ciudad de Buenos Aires:

> V.C.: El vecino es el mejor inspector que tengo [...]. Si a mí viene un vecino y me dice que el árbol está seco, el árbol está seco [...] . No va a coimear a nadie, no me va a mentir, como mucho querrá tener el arbolito primero él que otro. [A ese vecino hay que] darle un protagonismo mayor.

(Entrevista con V.C., Coordinador del Presupuesto Participativo del CGPC 8, 11/11/2010.)

Por cierto, los límites del saber de la experiencia aparecen con frecuencia en el proceso. El municipio de Morón implementó el cambio de su metodología a partir de 2008 precisamente por las contrariedades que implicaba la elaboración de los proyectos por los propios vecinos: por un lado, el desgaste, los delegados o voluntarios abandonaban poco a poco el espacio, porque éste les demandaba un gran esfuerzo continuado durante varios meses; por otro lado, los problemas de ejecución de los proyectos elaborados de este modo. Así, el cambio de la elaboración de los proyectos por los vecinos a su elaboración por las áreas centrales del gobierno a partir de informes territoriales derivó de este diagnóstico. No obstante, si es cierto que los límites aparecen, la legitimidad del saber de la experiencia no declina; al contrario, los responsables del presupuesto participativo reclaman a los funcionarios de las áreas centrales que aprendan a adaptarse mejor a los vecinos. Durante el Segundo Encuentro de la RAPP en diciembre de 2009, pudimos constatar que casi todos los funcionarios encargados de prácticas participativas se quejaban de los otros funcionarios porque no estaban suficientemente abiertos a la lógica participativa. Se molestaban así por la falta de "flexibilidad" y de "agilidad", por exceso de "burocracia" del gobierno municipal para adaptarse a esta lógica participativa, que es sobre todo una lógica de la urgencia. Un punto en común en todas las municipalidades presentes durante el encuentro y muy fuertemente subrayado era la necesidad de una "capacitación" para los funcionarios mismos, a fin de que pudieran comprender mejor las prácticas participativas.

De esta manera, el saber de la experiencia termina por prevalecer como el más legítimo, siendo la exigencia que los funcionarios de las otras áreas se adapten a la lógica de la urgencia y de la fragmentación que implica el presupuesto participativo. El saber de la experiencia es el correlato de una mirada singularizante de las políticas públicas, lo que hace que el movimiento de adaptación del gobierno local suponga también una perturbación de su funcionamiento.

Entre los cambios que la participación de los vecinos introduce en las prácticas del gobierno municipal, el más interesante está en relación con el saber de la experiencia. Ya hemos mencionado que muchos de los proyectos urbanos que surgen del presupuesto participativo tienen que ver con tareas municipales habituales que se espera que cumpla el gobierno local: iluminación, poda de árboles, colocación de semáforos, de rampas de acceso, restauración de plazas... Es un fenómeno muy frecuente entonces que se presenten proyectos que se superpongan a las acciones que de todos modos el gobierno municipal lleva o llevará a cabo. En este sentido, el presupuesto participativo sirve solo como una presión para el cambio de agenda de trabajo de los gobiernos: si la municipalidad iba a instalar rampas de acceso en todo el territorio, un proyecto de rampas surgido de una instancia participativa trastorna la planificación de las obras, hay que ocuparse de las rampas allí donde los vecinos han elegido hacerlas. Esto produce dos efectos paradójicos: uno es el hecho de que el gobierno puede mostrar como un proyecto del presupuesto participativo una acción que de todas formas debía implementar o iba a implementar, el otro es el hecho de que la política de rampas de acceso en la ciudad puede volverse un poco incoherente o arbitraria. Lo que aquí queremos subrayar, sin embargo, es simplemente el peso que adquiere el saber surgido de la experiencia singular.

Palabras finales

Estamos en condiciones de preguntarnos qué significa "participar" en una instancia como el presupuesto participativo. Digamos rápidamente lo que se desprende de los elementos que hemos analizado en estas páginas: por un lado, el presupuesto participativo se muestra como un canal de reclamos apoyado sobre el contacto cara a cara más que sobre la impersonalidad del formulario; por otro lado, la herramienta aparece como una "ayuda a la gestión". La primacía de los reclamos, acompañados de los relatos en primera persona, de los testimonios, de las anécdotas y de las quejas, es lo que los funcionarios llaman habitualmente "catarsis"[20]. Tal como lo sostenía el Director del CGPC 3 en la Ciudad de Buenos Aires:

> M.C.: Y en realidad más que nada a lo que los vecinos vienen, el 90%, es a hacer catarsis.
>
> (Entrevista con M.C., Director del CGPC 3, 19/3/2010.)

Los vecinos perciben con mucha frecuencia esta herramienta como una vía para hacer sus "trámites" de manera más ágil. Veamos la opinión de un vecino de Haedo (Morón) y de una vecina de Rosario que van en esta dirección:

> El presupuesto participativo es algo con lo que estoy de acuerdo, por eso participo, porque le da la opción a los vecinos de presentar proyectos, que muchas veces si no fuera por este método es muy difícil llegar al municipio para que los concrete.
>
> (Municipalidad de Morón, 2010c.)

---

[20] Esto es confirmado, para tomar un ejemplo entre otros por fuera de los casos que estudiamos, por la afirmación del jefe del Departamento de Coordinación del Presupuesto Participativo de Campana, Provincia de Buenos Aires: "Un gran problema, que no sé si lo tienen todos, es la altísima rotación de los participantes, ya que muchos toman el Presupuesto Participativo como una mesa de entrada para reclamos. Yo voy, pataleo, grito, gano, movilizo… hacen lo que pido y chau… Porque no voy buscando participar en los problemas de Campana sino solucionar mi problema puntual" (Intervención de José Abel Perdomo durante el "Primer Encuentro Nacional de Presupuesto Participativo. Más Participación. Más democracia." (Secretaría de Relaciones Parlamentarias de la Jefatura de Gabinete de Ministros, Presidencia de la Nación, 2010).

> M.: La mayoría de los que participan lo hacen para hacer reclamos, es porque salen más rápido por presupuesto participativo. [Yo estuve] 15 años haciendo el reclamo, pero por el presupuesto participativo se hace más rápido.
>
> (Entrevista con M., vecina del CMD Noroeste, 15/12/2010.)

"Participar" significa también "ayudar a la gestión", movilizar un "saber de la experiencia" sobre las realidades cotidianas de los barrios que contribuye a la construcción de diagnósticos, aunque parciales y fragmentados, de los problemas a resolver. Reclamar y ayudar a la gestión son entonces las formas concretas que toma la participación en el presupuesto participativo, es decir: "ser escuchado", "ser consultado", "compartir una experiencia singular" por medio del testimonio.

Pero, ¿por qué deberíamos calificar estas modalidades de participación como "democráticas", como apuntando a la aparición de un "cuarto poder" o a una "profundización de la democracia"? En todo caso, es la forma misma de la legitimidad democrática la que se transforma, y podemos ver esta transformación cristalizada en las instancias participativas que examinamos. Más "democrática" y más "legítima" parecer ser la fragmentación. La observamos en el diseño del presupuesto participativo a partir de un criterio territorial de la distribución del presupuesto, la elaboración de los proyectos y las votaciones; la observamos también en la presentación de los proyectos por los vecinos mismos que quieren ver ganar "su" proyecto y que prefieren llegar al acuerdo de "muchos pequeños proyectos" para que haya suficiente para todos. Por otra parte, más "democrática" y más "legítima" parece ser la resolución de los problemas concretos que el compromiso político. Participación, democracia y ciudadanía se desprenden de su vínculo con lo político. Recordemos las palabras de un funcionario de la Ciudad de Buenos Aires que lo expresaba muy claramente al señalar que no consideraba al Presupuesto Participativo como un espacio político sino como un espacio de participación entre vecinos. O en Rosario, recordemos la caracterización que hacía una funcionaria cuando decía que no concebía al Presupuesto Participativo como un espacio político, sino como un espacio de construcción de ciudadanía. Nada de lo que emerge de la participación parece oponerse desde el punto de vista político a los gobiernos, la ideología se neutraliza. Como correlato, el "vecino genuino" se erige en participante ideal de esta "participación": el que interviene solo en su nombre, que no tiene pertenencias ni fines otros que los de resolver los problemas a los que se enfrenta a diario. Él es también el portador de un "saber de la experiencia" del que los gobernantes, los funcionarios, se muestran desprovistos. Los representantes no tendrían acceso a este saber singular más que a condición de ser ellos mismos también vecinos, "ciudadanos comunes". Hace falta que desciendan al mundo de lo cotidiano, de los barrios, del territorio, escuchando a los "vecinos genuinos". Todo esto parece hoy en día más "democrático" y más "legítimo". De esta forma, los contornos de una "política de la singularidad de la experiencia" se delinean. Exceden por supuesto los marcos del presupuesto participativo, pero encuentran en él una escena de institucionalización privilegiada.

La "política de la singularidad de la experiencia" proviene de un movimiento más amplio de mutación de la legitimidad democrática hacia lo que hemos llamado la "proximidad". La crítica de la política representativa y partidaria –y su contracara, la primacía de la resolución de problemas concretos–, el desdibujamiento de la redistribución como intrínseca a lo político –y su contracara, la primacía de lo territorial–, la puesta en cuestión del monopolio de los saberes –y su contracara, la primacía del saber de la experiencia–, ¿no están acaso entre los rasgos de lo se considera hoy democráticamente legítimo?

Bibliografía

Annunziata, Rocío (2009a), "La proximidad: política del presente y de la presencia en la Argentina", Ponencia presentada en el IX Congreso Nacional de Ciencia Política de la Sociedad Argentina de Análisis Político (SAAP), 19 al 22 de agosto.

————— (2009b), "Participación y proximidad. Para una tipología de los dispositivos participativos" en *Demos Participativa* (Buenos Aires) Año 2, Vol. 2, N° 3.

————— (2009c), "Quelques pistes pour interpréter les processus électoraux en clé de proximité. Le cas des élections législatives 2009 en Argentine", mimeo.

————— (2011), "Los mecanismos participativos como puesta en escena de la proximidad. La experiencia del Municipio de Morón" en Nardacchione, Gabriel (comp.) *Todos juntos. Dispositivos de participación de los gobiernos locales en la Argentina reciente* (Buenos Aires: Prometeo/Universidad Nacional de General Sarmiento).

Annunziata Rocío, Carmona, Rodrigo y Nardacchione, Gabriel (2009), "Reflexiones sobre la democracia local: políticas de apertura de la gestión, de participación ciudadana y de deliberación pública", Ponencia presentada en el 1er Seminario Internacional "Participación ciudadana y políticas públicas: miradas desde la sociedad y desde el Estado" del Instituto del Conurbano de la Universidad Nacional de General Sarmiento, 10 al 11 de septiembre.

Blondiaux, Loïc (2008), *Le nouvel esprit de la démocratie. Actualité de la démocratie participative* (París: La République des idées, Seuil).

Carmona, Rodrigo (2011), "Descentralización y Presupuesto Participativo en ciudades metropolitanas. Alcances y desafíos en un escenario de transformaciones Estado-sociedad" en Nardacchione, Gabriel (comp.) *Todos juntos. Dispositivos de participación de los gobiernos locales en la Argentina reciente* (Buenos Aires: Prometeo/Universidad Nacional de General Sarmiento).

Cheresky, Isidoro (2006), "La ciudadanía y la democracia inmediata" en Cheresky, Isidoro (comp.) *Ciudadanía, Sociedad Civil y Participación Política* (Buenos Aires: Miño y Dávila).

Cuny, Cécile (2008), "Figures et savoirs du 'profane' dans un secteur de grands ensembles de l'est de Berlin", en Fromentin, Thomas y Wojcik, Stéphanie (eds.) *Le profane en politique. Compétences et engagements du citoyen* (París: L'Harmattan).

Ford, Alberto (2007), "Experimentos democráticos. Asambleas barriales y presupuesto participativo en Rosario, 2002/2005", Tesis de Doctorado, Buenos Aires.

Fromentin, Thomas y Wojcik, Stéphanie (eds.)(2008), *Le profane en politique. Compétences et engagements du citoyen* (París: L'Harmattan).

Golfrank, Benjamin (2006), "Los procesos de 'presupuesto participativo' en América Latina: éxito, fracaso y cambio" en *Revista de Ciencia Política* (Santiago de Chile) Vol 26, N° 2.

Gret, Marion y Sintomer, Yves (2002), *Porto Alegre. L'espoir d'une autre démocratie* (París: La Découverte).

Laclau, Ernesto (2005), *La Razón Populista* (Buenos Aires: Fondo de Cultura Económica).

Landau, Matías (2008), *Política y participación ciudadana* (Buenos Aires: Miño y Dávila).

Lefebvre, Rémi (2004), "Quand légitimité rime avec proximité" en *Mouvements* (París) N° 32, marzo-abril.

Lefebvre, Rémi y Le Bart, Christian (2005), *La proximité en politique. Usages, rhétoriques, pratiques* (Rennes: Presses Universitaires de Rennes).

Lerner, Josh y Schugurensky, Daniel (2007), "La dimensión educativa de la democracia local: el caso del presupuesto participativo" en *Temas y Debates* (Rosario) N° 13, agosto.

Manin, Bernard (1998), *Los principios del gobierno representativo* (Madrid: Alianza).

————— (2011), "Comment promouvoir la délibération démocratique? Priorité du débat contradictoire sur la discussion" en *Raisons Politiques* (París) Vol. 2, N° 42, junio

Municipalidad de Morón (2010a), *Presupuesto participativo. En Morón, los vecinos y las vecinas deciden* (Morón: Municipalidad de Morón).

Municipalidad de Rosario (2009), *El Presupuesto Participativo en Rosario. Una apuesta renovada al experimentalismo democrático* (Rosario: Proyecto URBAL B-9, Municipalidad de Rosario).

Rancière, Jacques (1996), *El desacuerdo. Política y Filosofía* (Buenos Aires: Ediciones Nueva Visión).

Red Argentina de Presupuestos Participativos (2010), *Informe de Síntesis del Segundo Encuentro de la RAPP "II Encuentro Nacional de Presupuestos Participativos"* (Córdoba: RAPP).

Revault D'Allones, Myriam (2009), *El hombre compasional* (Buenos Aires: Amorrortu Editores).

Rosanvallon, Pierre (2006), *La contre-démocratie. La politique à l'âge de la défiance* (París: Seuil).

Rosanvallon, Pierre (2008), *La légitimité démocratique. Impartialité, réflexivité, proximité* (París: Seuil).

Schnapper, Dominique (2004), *La democracia providencial* (Rosario: Homo Sapiens).

Secretaría de Relaciones Parlamentarias de la Jefatura de Gabinete de Ministros, Presidencia de la Nación (2010), *Primer Encuentro Nacional de Presupuesto Participativo. Más Participación. Más democracia.* (Buenos Aires: Presidencia de la Nación).

Signorelli, Gisela (2009), "Re-presentando la participación. Análisis del Presupuesto Participativo. Rosario 2006-2009", Tesina de Grado, Rosario.

Sintomer, Yves (2003), "Cinq défis de la démocratie participative" en *Territoires* (París) N° 434, enero.

————— (2005), "Los presupuestos participativos en Europa: retos y desafíos" en *Reforma y Democracia* (Caracas) N° 31, febrero.

———————— (2008), "Du savoir d'usage au métier de citoyen?" en *Raisons Politiques* (París) Vol. 3, N° 31.

Sintomer, Yves; Herzberg, Carsten y Röcke, Anja (2008), *Les budgets participatifs en Europe. Des services publics au service du public* (París : La Découverte, Recherches).

Talpin, Julien (2008), "Mobiliser un savoir d'usage. Démocratisation de l'espace publique et confinement de la compétence civique au sein de dispositifs de budget participatif" en Fromentin, Thomas y Wojcik, Stéphanie (eds.) *Le profane en politique. Compétences et engagements du citoyen* (París: L'Harmattan).

———————— (2010), "Ces moments qui façonnent les hommes. Éléments pour une approche pragmatiste de la compétence civique" en *Revue française de science politique* (París) Vol. 60, N° 1.

Taylor, Charles (2007), "La politique de reconnaissance" en *Multiculturalisme. Différence et démocratie* (París: Flammarion).

Documentos electrónicos

Municipalidad de Morón (2010b), "En Morón los vecinos deciden" en <http:// www.moron.gov.ar/presupuestoparticipativo/> acceso 3 de marzo de 2010.

Municipalidad de Rosario (2010a), "Qué es el PP" en <http://www.rosario.gov.ar/ sitio/informacion_municipal/pp_que-es.jsp> acceso 5 de marzo de 2010.

Municipalidad de Rosario (2010b), "Primer Diccionario del Presupuesto Participativo" en <http://www.rosario.gov.ar/sitio/verArchivo?id=5158&tipo=ob jetoMultimedia> acceso 15 de agosto de 2011.

Otros documentos

Ciudad Autónoma de Buenos Aires (1996), *Constitución de la Ciudad Autónoma de Buenos Aires*.

Municipalidad de Rosario (2002), *Ordenanza 7326/2002*.

Municipalidad de Rosario (2005), *Ordenanza 7869/2005*.

Municipalidad de Rosario (2006), *Ordenanza 8007/2006*.

Material audiovisual

Municipalidad de Morón (2010c), *Presupuesto participativo 2010* [video] en <http:// www.youtube.com/user/canalMM#p/u/77/UzMg8ZcfdD0> acceso 15 de agosto de 2011 (Morón: Municipalidad de Morón).

9 798482 623701